KCA 한국상담학회 상담학 총서 ─ 11

심리검사와 상담 2판

Psychological Assessment and Counseling

김동민 · 강태훈 · 김명식 · 박소연 · 배주미
선혜연 · 이기정 · 이수현 · 최정윤 공저

학지사

[2판 발간사]

2013년 상담학 총서가 출간된 후 어느덧 5년이라는 시간이 흘렀다. 1판 발간 당시에는 상담학 전체를 아우르는 상담학 총서 발간에 대한 필요성을 절감하며 한국상담학회 제6대 김성회 회장과 양명숙 학술위원장이 주축이 되어 학술위원회에서 13권의 총서를 발간하기로 하고 대표 저자 선생님들과 여러 간사의 헌신적인 노력으로 상담학 총서를 출간하였다. 이를 계기로 상담학 총서는 상담의 이론뿐 아니라 상담의 실제 그리고 반드시 알아야 할 상담학 연구 등 다양한 영역의 내용을 포괄하여 상담학이 독립된 학문으로 자리 잡을 수 있도록 기초를 다졌다. 이러한 첫걸음은 상담학에 대한 독자의 균형 있고 폭넓은 이해를 도와 상담학의 정체성을 확립하는 디딤돌이 되었다.

이번에 발간되는 상담학 총서는 앞서 출간된 『상담학 개론』 『상담철학과 윤리』 『상담이론과 실제』 『집단상담』 『부부 및 가족 상담』 『진로상담』 『학습상담』 『인간발달과 상담』 『성격의 이해와 상담』 『정신건강과 상담』 『심리검사와 상담』 『상담연구방법론』 『상담 수퍼비전의 이론과 실제』의 개정판과 이번에 새롭게 추가된 『중독상담학 개론』 『생애개발상담』으로 구성되어 있다. 이처럼 여러 영역을 아우르는 총서는 상담학을 접하는 다양한 수요자의 특성과 전문성에 맞추어 활용될 수 있다는 장점이 있다. 각각의 총서는 상담학을 처음 공부하는 학부생들에게는 상담의 이론적 기틀 정립에 도움을 주고 있으며, 대학원생들에게는 인간을 보다 깊이 이해하고 상담학의 체계적인 연구 방법을 배울 수 있도록 한다. 또한 전문 상담자들에게는 상담의 현장에서 부딪힐 수 있는 다양한 어려움과 문제점을 해결할 수 있도록 구체적인 방안을 제공하는 실용서로 자리매김하고 있다. 이처럼 상담학 총서의 발간은 상담학의 학문적 기틀 마련과 전문 상담자의 전문성 향상이라는 학문과 실용의 두 가지 역할을 포괄하고 있어 상담학의 발전에 크게 기여하였다고 자부한다.

최근 우리 사회는 말로 표현하기 힘든 여러 가지 사건과 사고로 심리적인 어려움을 겪었고, 소통과 치유의 필요성은 날로 커지고 있다. 이에 따라 상담자의 전문성 향상에 대한 목소리가 높아지고 있으나, 이러한 때에도 많은 상담자는 아직도 상담기법만 빨리 익히면 성숙한 상담자로 성장할 수 있을 것이라 생각하여 기법 배우기에만 치중하는 아쉬움이 있다. 오랜 시간과 정성으로 빚어 낸 전통 장의 깊은 맛을 손쉽게 사 먹을 수 있는 시중의 장맛이 따라갈 수 없듯이, 전문 상담자로서의 전문성을 갖추기 위해서는 힘든 상담자의 여정을 견뎌 내는 시간이 필요하다. 선배 상담자들의 진득한 구도자적 모습을 그리며 성숙한 상담자가 되기 위해 노력하는 많은 분께 상담학 총서가 든든한 버팀목이 되었으면 한다.

1판의 경우 시작이 있어야 발전이 있다는 책무성을 가지고 어려운 난관을 이겨 내며 2년여의 노력 끝에 출판하였지만 좀 더 다듬어야 할 필요성이 제기되고 있었다. 이에 쉽지 않은 일이지만 편집위원들과 다시 뜻을 모아 각각의 총서에서 시대적 요구를 반영하고 새롭게 다듬어야 할 부분을 수정하며 개정판을 준비하였다. 개정되는 상담학 총서는 기다림이 빚는 우리의 장맛처럼 깊이 있는 내용을 담기 위해 많은 정성과 애정으로 준비하였다. 그러나 아직 미흡한 점이 다소 있을 수 있음을 양해 바란다. 부디 이 책이 상담을 사랑하는 의욕적인 상담학도들의 지적 · 기술적 호기심을 채워 줄 뿐 아니라 고통에서 벗어나 치유를 이루어야 하는 모든 사람에게 하나의 빛이 되기를 기원한다.

바쁜 일정 중에서도 함께 참여해 주신 여러 편집위원과 간사님들 그리고 상담학 총서의 출판을 맡아 주시고 물심양면으로 지원해 주신 학지사 김진환 사장님과 최임배 부사장님을 비롯하여 더 좋은 책이 될 수 있도록 그 많은 저자에게 일일이 전화와 문자로 또는 이메일로 꼼꼼한 확인을 마다하지 않은 학지사 직원 여러분께도 진심으로 감사를 전한다.

2018년 7월
한국상담학회 제9대 회장 천성문

[1판 발간사]

대화와 상호작용을 통해 도움을 주고받는 것이 상담이라고 정의한다면, 상담은 인류의 시작과 함께 시작되었다고 볼 수 있다. 그러나 우리나라에서 현대적 개념의 상담이 시작된 것은 1952년 미국 교육사절단이 정신위생이론을 소개한 이후부터라고 할 수 있을 것이다. 1953년 대한교육연합회 내부기관으로 중앙교육연구소가 설립되었고, 이 기관의 생활지도연구실을 중심으로 가이던스, 카운슬링, 심리검사가 소개되면서 상담에 대한 관심이 대단히 높아졌다.

상담에 대한 이러한 관심은 주로 교육학과나 심리학과를 중심으로 시작되어 그 밖의 분야까지 확산되었다. 1961년 중 · 고등학교 교도교사 100여 명이 '전국 중 · 고등학교 카운슬러 연구회'를 창립하였고, 이 연구회가 발전하여 1963년의 '한국카운슬러협회' 창립으로 이어졌다. 그리고 심리학회에서 1964년에 창립한 임상심리분과회의 명칭을 1974년에 '임상 및 상담심리분과회'로 변경하면서 상담심리가 그 이름을 드러냈다. 상담학이 교육학이나 심리학 등 특정 학문의 하위 학문으로 머물러 있는 한 발전이 어렵다는 공감대 아래, 2000년에 그 당시 이미 학회 활동을 하고 있던 대학상담학회, 집단상담학회, 진로상담학회 등이 주축이 되어 상담학의 독립화와 전문화 및 대중화를 목표로 한국상담학회를 창립하게 되었다.

현재 한국상담학회의 회원만 1만 4,000명이 넘는 등 상담의 대중화는 급물살을 타고 있다. 이러한 추세와 더불어 많은 대학에서 상담학과를 신설하고 있고, 전문상담사를 모집하는 기관도 늘어나고 있다. 그러나 아직도 상담학을 독립된 학문으로 인정하지 않는 사람들이 많고, 전문상담사들이 수혜자들의 요구 수준을 완전히 충족시키지 못하고 있다는 지적이 있다. 이러한 문제에 대해 한국상담학회에서는 수련 시간을 늘리고 전문상담사의 전문적 수준을 높이는 등 전문상담사의 자격관리를 철저히 함은 물론 상담학의 이론적 틀을 확고히 하려는 노력을 여러 방면에서 계속해 왔다.

그 노력 중 하나기 상담학 총서 발간이다. 우리나라에 상담학이 도입된 지 60년이 넘었고, 최초의 상담 관련 학회인 한국카운슬러협회가 창립된 지 50년이 다 되었지만 어느 기관이나 학회에서도 상담학 전체를 아우르는 총서를 내지 못한 것에 대해 전문상담사들의 아쉬움이 컸다. 상담학 총서 발간에 대한 필요성은 제4대 회장인 김형태 한남대학교 총장께서 제의하였으나, 학회 내의 여러 사정상 그동안 이루어지지 못하고 있던 차에 본인이 회장직을 맡으면서 학술위원회에 상담학 총서의 발간을 적극적으로 요구했다.

이에 따라 양명숙 학술위원장이 주축이 되어 학술위원회에서 13권의 총서를 발간하기로 하고 운영위원회의 위임을 받아 준비에 들어갔다. 가급적 많은 회원이 참가할 수 있도록 하기 위해 자발적 참여자를 모집하였고, 이들이 중심이 되어 저서별로 대표 저자를 선정하고 그 대표 저자가 중심이 되어 집필진을 변경 또는 추가하여 최종 집필진을 완성한 후 약 2년간에 걸쳐 상담학 총서의 발간을 추진했다. 그 사이 13권 각각의 대표 저자들이 여러 번의 회의를 했고, 저자들이 교체되는 등의 많은 어려움도 있었다. 그러나 양명숙 학술위원장을 비롯하여 학술위원이자 총서 각 권의 대표 저자인 고홍월, 김규식, 김동민, 김봉환, 김현아, 유영권, 이동훈, 이수연, 이재규, 임은미, 정성란, 한재희 교수와 여러 간사의 헌신적인 노력으로 상담학 총서를 출간하게 되었다. 이에 관련된 모든 분께 감사드린다.

상담학 총서 중 일부는 이전에 같은 제목으로 출판되었던 것도 있지만 처음

출판되는 책들도 있다. 처음 시도된 분야도 있고, 다수의 저자가 참여하다 보니 일관성 등에서 부족함도 있을 것이다. 그러나 시작이 있어야 발전이 있기에 시작을 하였다. 이후 독자들의 조언을 통해 더 나은 책으로 거듭나기를 기대한다. 이번 상담학 총서 발간은 상담학의 발전을 위한 하나의 초석이 될 것으로 확신한다.

끝으로, 상담학 총서의 출판을 맡아 주시고 물심양면으로 지원해 주신 학지사 김진환 사장님과 최임배 전무님을 비롯하여, 더 좋은 책이 될 수 있도록 그 많은 저자에게 일일이 전화로, 문자로 또는 메일을 통해 꼼꼼하게 확인하는 것을 마다하지 않은 학지사 직원 여러분께 진심으로 감사드린다.

2013년 2월
한국상담학회 제6대 회장 김성회

2판 머리말

완벽을 기하기에는 턱없이 부족하다는 느낌에도 불구하고 출간 일정에 맞추어 상담학 총서 1판을 낸 지 벌써 6년이 지났다. 책을 낼 당시에는 바로 그 시점부터 2판을 준비하리라 굳게 마음먹었다. 그러나 그런 마음과는 달리 즉시 행동으로 옮기지 못하고 미루다 이제야 2판을 출간하게 되었다.

2판에서는 초판에서 다루지 못했던 몇몇 심리검사에 대한 소개가 추가되었다. 또한 몇몇 장은 검사도구의 개정에 따라 완전히 다시 작성되었다. 그러나 1판에서 의도했던 바가 그대로 이어질 수 있도록 전체적인 체제는 큰 변화 없이 유지하였다.

앞으로의 바람이 있다면, 이 책의 다음 개정판이 상담 실무에서 효율적으로 활용될 수 있는 검사만을 선택하여 더 깊이 소개하고, 활용방안을 더 많이 제시하는 책이 되었으면 하는 것이다. 그렇게 되면, 상담을 공부하는 전공생들이 상담 장면에서 잘 활용되지도 않고 어려운 검사에 대해 학습하느라 많은 시간과 노력을 낭비하지 않아도 될 것이다. 이 책도 이러한 취지에서 다양한 검사를 선별하고 상담 장면에서 활용할 수 있도록 소개하였다. 그러나 역시 현실적인 문제로 그러한 취지를 제한적으로만 시도할 수밖에 없었다. 다음 개정에서는 이런 취지가 더 구현될 수 있기를 바란다.

　병원 장면이나 임상심리 실무에서 더 효율적으로 활용될 수 있는 검사에 대한 전문적이고 세부적인 소개는 그 영역의 전문서적에서 다루는 것이 적절하다고 생각한다. 이렇게 보면 상담 관련 몇몇 자격시험에서 임상실무자가 병원에서 활용하는 것이 더 적절하다고 생각되는 검사에 대해 시시콜콜 질문하는 것은 그다지 적절하지 않은 것으로 생각된다. 이 책이 이런 제도적 문제점을 개선하는 데 일조하기를 기대한다.

　끝으로, 이 책의 2판이 출판될 수 있도록 물심양면으로 힘써 주신 학지사 김진환 사장님과 최임배 부사장님을 비롯한 학지사 관계자 분들, 이영봉 님에게 고미 움을 전한다. 그리고 맡은 장의 개정에 힘써 주신 여러 저자에게도 감사를 표한다.

2019년 3월
대표 저자 김동민

[1판 머리말]

　상담학 내 여러 영역 가운데 심리평가는 명목적으로 그 중요성을 인정받음에도 불구하고 실제 상담자 교육 및 훈련에 있어서는 인정받지 못하고 있는 듯하다. 좀 더 정확히 얘기하자면, 상담 과정 중 사례개념화의 일환으로 이루어지는 평가에 대한 교육 및 훈련은 슈퍼비전이라는 과정을 통해 매우 빈번히 그리고 심층적으로 이루어지고 있다. 그러나 상담 전 혹은 과정 중에 발생하는 여러 이슈에 대하여 공식적 평가절차를 통해 잠정적인 결론에 도달하며, 궁극적으로 효과적인 처치계획을 하는 심리평가에 대한 교육 및 훈련은 미진한 듯하다. 여기에는 상담학 내 심리평가에 대한 교육이 개개의 심리검사 도구의 실시 및 채점 그리고 결과해석에만 주안점을 둔 것에 그 근본 원인이 있지 않을까 한다. 실제로 상담자에게 필요한 것은 여러 검사도구를 통해 나타난 결과를 통합하여 해석할 수 있는 역량일 것이다. 이러한 역량은 심리검사 도구를 통해 나타난 결과가 어떤 이유로 실제 생활에서의 행동으로 일반화될 수 있는지에 대한 근본적인 이해에서 출발한다.

　이 책에서는 이에 대한 논의를 출발점으로 심리검사 도구의 제작 원리, 여러 심리검사 결과를 통합하는 방법 및 보고서 작성법 그리고 심리상담, 학습상담, 진로상담 등에 활용되는 대표적인 심리검사 도구 개개에 대한 설명의 순으로 그 내용을 구성하였다. 이러한 순서는 심리평가에 대한 통합적인 인지 지도를 구성한 가운데 검사도구 개개에 대한 이해를 도모하도록 하려는 저자들의 의도를 반영한 것이다. 그러나 저자들의 이런 의도가 독자들을 통해 실제 임상 장면에서 잘 구현될 수 있는지의 여부에 대한 책임은 오로지 각 장의 저자 및 편집자의 몫일 것이다.

사실 이 책을 기획하고 나오기까지는 각 장 저자 여러분의 적극적인 참여가 결정적이었다. 기획 후 그 기획 의도를 잘 반영하기 위한 적극적 개입이 있어야 했지만 여러 사정상 그러하지 못하였다. 때문에 각 장들 간의 일관성을 유지하기 위한 노력들이 여전히 필요할 것으로 보인다. 그러나 이 책이 총 13권인 상담학 총서 가운데 한 권임을 감안하여, 적당한 지점에서 멈추어야 했다. 또한 이 책의 한 개 장은 외국 서적의 한 챕터를 번역한 것이고, 다른 한 장도 그 근본 아이디어를 동일 서적의 한 챕터에서 빌려온 것이다. 이 문제는 마지막까지 이 책의 출간 여부에 대한 결정을 미루도록 하는 데 큰 영향을 끼쳤다. 그러나 첫술에 배부를 수 없다는 말을 떠올리며, 앞으로 반드시 수정·보완할 것을 다짐하고 출판을 최종적으로 결정하였다. 어쨌거나 이에 대한 독자들의 양해를 구한다.

끝으로 이 책의 출간을 위해 힘써 주신 학지사 김진환 사장님 이하 직원 여러분과 집필에 참여하신 강태훈, 배주미, 김명식, 최정윤, 선혜연, 박소연, 이기정 선생님 그리고 집필에도 참여하면서 중간중간 진도 점검 및 최종 원고 검토를 도와준 연세대학교 의과대학 이수현 선생님에게 미안함과 함께 감사의 마음을 전한다.

2013년 4월
대표 저자 김동민

[차례]

제1부 심리검사와 심리평가

제2부 임상 장면

제3부 진로 및 교육 장면

제1부

심리검사와 심리평가

제1장
심리평가의 이해*

| 김동민 |

심리검사는 단순히 얘기해서 객관적이고 표준화된 방식으로 행동 표본을 관찰하는 것이 될 것이다(Anasitas & Urbina, 1997, p. 4). 여기에 한 가지 단서를 달자면, 심리검사에서 관찰하는 행동 표본은 다양한 정도의 환경적 통제 상황에서 추출된다는 것이다. 이러한 단서는 심리검사가 단순히 검사를 실시하고 채점하는 기술적(technical) 과정이 아니라 검사가 부과하는 환경의 압력과 이에 대한 피평가자의 반응을 질적으로 해석하는 기예(art)에 가깝다는 점을 나타낸다. 이런 의미에서 이 장에서는 단순히 심리검사라는 명칭보다 심리검사의 실시, 채점, 해석, 임상면접, 관찰 그리고 문서기록 및 발달사를 수집하는 전 과정을 포함하는 심리평가라는 명칭을 사용하고자 한다. 궁극적으로 심리평가는 이러한 정보를 통합하여 내담자의 기능을 신뢰할 수 있고 타당하게 예언하는 데 활용될 것이다. 이 장에서는 이러한 심리평가의 속성 및 심리평가의 과정에 관해 간략

---

* 이 장은 *Integrative assessment of adult personality*(Beutler & Berren, 1994)의 1장과 2장에 제시된 내용을 기반으로 작성되었음을 밝힌다.

히 논의할 것이다. 이 논의에서 심리검사를 행동 표본 추출을 위한 모의환경으로 보는 관점을 강조할 것이다.

1. 심리평가의 의미

임상 장면에서 심리평가의 목표는, ① 진단, ② 원인, ③ 예후 또는 증상의 경과, ④ 처치, ⑤ 일상적 기능 그리고 삶의 특정 기능에 있어서 손상의 정도, ⑥ 개인의 강점 및 적응적이 능력 패턴이라는 여섯 가지 행동 영역에 관한 질문에 답하는 것이 될 것이다. 이러한 노력의 일환으로 우리는 두 가지 일을 한다. 먼저, 행동에 대한 상황적 영향과 개인적 영향을 분리해 내려 하며, 다음으로 개인 각각의 경험에 있어서 유사성과 독특성을 가장 잘 기술할 수 있는 개념을 결정하려 한다.

행동과 개인 경험에 대해 상황(situation)과 특성(characteristics)이 얼마나 기여하는지를 추정(상황 vs. 특성)하기 위해서는 심리검사와 같은 공식 절차 및 비공식 절차를 모두 활용한다. 이 두 가지 방법의 차이는 공식 절차가 과정을 통제하는 논리 규칙을 가지고 있고, 관찰 방법과 맥락을 표준화하며, 관찰된 차이를 기술할 용어를 가지고 있는 반면, 비공식 절차는 그렇지 못하다는 것이다. 공식 절차는 개인 간의 차이에 미치는 특성의 영향 정도를 추정하기 위해 일련의 표준화된 지시문, 실시 절차 등을 제공한다. 이를 통해 외적 상황에 의해 유도되는 변산원(sources of variation)을 줄이거나 제거한다. 예를 들어, Wechsler 지능검사 매뉴얼에는 각 소검사를 실시할 때 말해 주어야 할 지시문, 연령에 따른 시작 문항, 첫 두 문항에서 옳은 답을 하지 못했을 때 어떻게 해야 할지, 검사 중단 규칙, 소검사 도구의 제시순서 및 위치 등 세부적인 것까지 모두 기술되어 있다. 그 일차적인 목적은 검사 실시 환경 또는 상황을 일정하게 함으로써 행동에 대한 특성의 영향을 추정하고자 하는 것이다. 바로 이 점에서 공식 절차가 비공식 절차에 비해 유리하다고 할 수 있다.

이런 절차를 통해 나타난 피평가자의 반응은 숫자로 채점된다. 채점된 점수는 임상적 의미를 지니는 개념으로 번역된다. 이때 의미 부여는 평가자가 가지고 있는 이론적 개념에 따라 이루어진다. 심리검사를 통해 관찰된 행동 또는 보고된 경험은, 예컨대 불안, 지능, 문제해결 기술 등과 같은 가설적 구인을 활용하여 기술된다. 그런데 이런 가설적 구인의 존재는 실제 관찰되는 것이 아니라 추측될 수 있을 뿐이다. 이러한 구인의 가치는 행동을 얼마나 잘 예언하는가 혹은 잘 기술하는가뿐만 아니라 평가자와 의사소통하는 사람들이 그 의미에 대하여 얼마나 동의할 수 있는가에 달려 있기도 하다. 피평가자를 의뢰하는 임상가마다 다른 이론적 배경을 지니고 있다면, 이들의 이론적 관점에서 의미 있는 정보를 제공해야 평가의 유용성이 높아질 것이기 때문이다.

2. 심리평가의 과정

심리평가는 대체로 다음의 네 과정으로 구성된다(Beutler & Berren, 1994).

1. 문제 설정
2. 필요한 정보를 추출하기 위한 방법을 선택하고 실행하기
3. 정보를 통합하기
4. 소견과 추천사항을 보고하기

이 절에서는 '문제 설정' 및 '필요한 정보를 추출하기 위한 방법을 선택하고 실행하기'에 대한 논의를 한다. '정보를 통합하기'와 '소견과 추천사항을 보고하기'는 제4장 '심리평가 보고서 작성'에서 논의될 것이다.

1) 문제 설정

임상 장면에서 심리평가는 다음의 여섯 가지 질문에 답하는 것이 될 것이다.

1. 현재 행동 패턴에 대한 기술 또는 개념화
2. 관찰된 행동의 원인
3. 시간의 경과에 따라 예상되는 현재 행동의 변화
4. 이러한 행동을 교정하는 방법
5. 약점 영역과 패턴
6. 자산과 강점

이 여섯 가지 질문은 결국 앞서 제시했던 ① 진단, ② 원인, ③ 예후 또는 증상의 경과, ④ 처치, ⑤ 일상적 기능 그리고 삶의 특정 기능에 있어서 손상의 정도, ⑥ 개인의 강점 및 적응적 능력 패턴에 관한 질문이라 할 수 있다. 진단에 관한 질문은 진단명이 무엇인지, 어떤 진단명을 배제할 것인지, 또는 증상과 행동 간의 관계는 무엇인지 등에 관한 것이다. 원인에 관한 질문은, 예컨대 현재의 대인관계 문제는 최근의 실직 또는 배우자의 사망으로 그 원인을 귀인할 수 있는지와 같은 것이다. 결국 진단과 원인에 관한 질문에 답하는 것은 피평가자가 갖고 있는 문제의 속성을 명확히 하려는 노력이라 할 수 있다. 예후에 관한 질문은 피평가자가 가진 증상은 시간이 경과하면 사라질 것인가, 피평가자는 앞으로 추가적인 문제를 경험할 가능성이 있는가와 같은 것이다. 네 번째 처치에 관한 질문은, 예컨대 '이 내담자에게는 통찰 지향 심리치료가 효과적일까?' 또는 '이 내담자의 우울증을 치료하기 위해 항우울제를 투여해야만 할까?'와 같은 것이 될 것이다. 기능 손상에 관한 질문은 '이 환자의 발병 전 기능 수준은 어느 정도였을까?' 또는 '이 환자에게 기대할 수 있는 학습 수준은 어느 정도일까?'와 같은 것이다. 마지막으로 강점에 관한 질문은 보호요인, 위험요인, 개인적 자산 및 강점 등 처치를 계획하는 데 기반이 되는 것에 관한 것이다.

그런데 문제는 이런 질문이 의뢰자로부터 명확히 생성되어 제시되지 않는 경우가 많다는 것이다. 흔히 '진단평가' 혹은 '성격평가'라는 단순한 문구와 함께 평가가 의뢰되거나, '로르샤흐 검사' 'MMPI' 등과 같은 검사도구 이름만으로 의뢰되기도 한다. 전자의 경우, 평가자가 어디에 초점을 두고 어떤 검사도구를 선택하여야 할지 알기 어렵다. 극단적인 예로, 진단평가를 위해 로르샤흐, TAT를 포함한 열다섯 가지 투사검사를 모두 실시하거나, 서른 가지 신경심리 검사를 실시할 수도 있고, 15번의 면접과 지필식 검사를 실시할 수도 있을 것이다. 후자의 경우에는 다른 검사 방법 및 도구를 통해 보다 신뢰할 수 있고 타당하게 답해질 수 있음에도 불구하고 특정 도구에 한정된 정보를 제공할 수밖에 없는 상황에 처할 수 있다. 예를 들면, 피평가자의 진로에 관한 질문의 경우 로르샤흐나 MMPI 검사는 그 유용성이 제한될 수밖에 없을 것이다. 보다 직접적으로 피평가자의 진로에 관한 검사도구(예: 스트롱 흥미검사, 직업적성검사 등)나 면접이 보다 적절한 답을 제공할 수 있었을 것이다.

어느 경우든 평가자는 대답될 수 있는 형태의 질문이 만들어질 수 있도록 충분한 정보를 제공해 주기를 의뢰자에게 요청해야 한다. 일반적으로 대답될 수 있는 질문은 심리적 경험 영역(domain) 내 이슈와 개념으로 대답될 수 있고, 또한 측정될 수 있어야 한다. 이러한 질문에 대한 대답은 민감성과 특정성이라는 두 가지 특징을 가지고 있어야 한다. 민감성은 피평가자가 규준에서 벗어나게 되는 때를 명시하는 것을 의미하며, 특정성(specificity)은 피평가자가 규준 내의 범위에 있을 때를 명시하는 것을 의미한다. 이런 특성을 갖춘 대답이 제시될 수 있는 질문을 설정하기 위해 평가자는 피평가자에 대한 배경정보, 현재의 처치 및 예정되어 있는 처치 그리고 평가 결과가 나오기까지 기대하는 시간 등에 관한 정보를 의뢰자에게 요청한다. 보다 구체적으로, 평가자는 의뢰자에게 ① 현재 피평가자의 문제가 무엇인지 보다 정교한 정보를 요청하고, ② 왜 심리평가가 도움이 될 것이라고 생각하는지, ③ 무엇을 알아내기 원하는지, ④ 평가를 통해 얻어 낸 정보를 어떻게 활용할 것인지, ⑤ 평가 결과를 토대로 어떤 결정을 하려고 하는지 등을 질문할 것이다.

2) 필요한 정보를 추출하기 위한 방법을 선택하고 실행하기

심리평가는 검사 환경과 이와 관련된 행동이 각각 실제 외부 환경 및 이 환경에 수반되는 행동 표본이라 가정한다. 이에 따라 임상가는 검사 환경의 중요한 요소가 실제 세상의 유사한 요소에 상응하고, 검사점수의 의미는 이러한 실제 세계라는 환경 내에서 예언할 수 있는 일련의 행동과 관련될 것이라는 가정을 한다.

검사도구는 실제 외부 환경을 여러 가지 방식으로 구조화하고 있다. 실제 심리검사 도구에서 외부 환경의 속성을 나타내는 지시문이 있어서 피평가자의 반응을 제한한다. 이러한 제한을 검사의 '요구 특성(demand characteristics)'이라 한다. 검사의 요구 특성은 피평가자가 해야만 하는 것을 규율하는 규칙이다. 평가자는 의뢰질문에 가장 효과적으로 대응하기 위해 피평가자에게 제시될 다양한 모의 환경을 선택한다(즉, 검사도구를 선택한다). 이와 같이 평가자가 지시문의 속성을 변화시켜서(즉, 검사도구를 선택하여) 이러한 모의 환경을 체계적으로 조작하기 때문에 검사의 요구 특성은 실험에서 독립변인의 조작과 유사하다.

또한 모의 환경의 다양한 요구 특성은 서로 다른 범주의 반응을 유발하도록 설계된다. 어떤 요구 특성은 생각할 것을 요구하여 사고과정에 대한 정보를 제공하게 한다. 또 다른 요구 특성은 정서적 또는 대인 행동에 관한 정보를 유발한다. 이러한 행동이 취하는 형식(form)을 유발 환경의 '반응 특성(response characteristics)'이라 한다. 반응 특성은 환경의 요구 특성에 의해 목표가 되는 관찰하고자 하는 경험 영역을 나타낸다. 각각의 반응 영역 내 피평가자 반응 및 각각의 모의 환경에 대한 피평가자 반응의 변산이야말로 관찰되고 해석되는 것이다. 그러므로 피평가자의 행동과 경험에 대한 관찰 및 측정은 실험에서 종속변인과 동일한 기능을 한다고 할 수 있다.

검사실의 모의 환경 내 관찰로부터 외부 세계의 관련 환경으로 일반화하기 위해 평가자가 해야 하는 두 가지 핵심 가정은, ① 검사 환경의 요구 특성에 존재하는 변산은 피평가자의 일상 환경의 주요 측면과 유사하다는 것, ② 관찰되는 반응 특성은 실제 세상의 환경에서 나타낼 가능성이 높은 행동의 축소판 혹은 상징이라는 것이다. 전자는 자극일반화의 정도를 나타내는데, 이는 검사 환경에서 관찰된 반응이 실제 환경에서도 나타날 확률을 예언하는 토대가 된다. 반대로 후자는 반응일반화를 나타내는데, 반응일반화는 실제 세상에서의 행동이 취하는 형식과 속성을 예측하는 토대가 된다. 자극일반화가 모의 환경과 실제 환경 사이에 존재하는 유사성의 함수라면, 반응일반화는 이러한 두 가지 유형의 환경에서 발생하는 반응 간 유사성의 함수이다.

이와 같은 점을 감안하면, 평가의 가치는 평가자가 모의 환경과 실제 환경 사이의 적절한 유사점을 알고 이를 실현할 수 있는 적절한 검사도구를 선택하여 실시하였는지의 여부에 달려 있다고 할 수 있다. 따라서 적절한 검사도구를 선택하고 실행하는 문제는 검사도구가 요구하는 모의 환경의 속성을 평가자가 정확히 규명하는 데서 출발한다 할 수 있을 것이다.

일반적으로 검사 환경은 최소한 3개의 차원을 갖도록 설계된다. 첫째, 구조화된 정도 혹은 모호한 정도를 나타내는 차원이다. 이 차원을 통해 경험을 조직하고 해석해 내는 피평가자의 능력(추상적이고 논리적 생각과 같은 인지적 자원을 활용하여 경험을 통합하는 능력)에 관한 정보를 추론해 볼 수 있다. 둘째, 내적인 또는 외적인 경험에 주목하는 정도를 나타내는 차원이다. 이 차원을 통해 대처양식, 충동성, 위협에 대한 취약성, 경험에 대한 접근 가능성(지적 능력, 성격장애, 기분장애 진단 및 통찰지향 vs. 행동지향 치료에 대한 적합성 등에 대한 정보제공) 등에 대한 정보를 추론해 볼 수 있다. 셋째, 응답자에게 스트레스를 부과하는 정도를 나타내는 차원이다. 이 차원을 통해 스트레스에 대한 인내, 방어기제의 적절성, 저항 가능성 그리고 충동 통제에 관한 정보를 추론해 볼 수 있다. 검사도구는 이러한 차원 각각에서 피평가자의 반응 변산을 체계적으로 관찰할 수 있도록 선택된다. 이 3개의 차원을 좀 더 구체적으로 살펴보면 다음과 같다.

(1) 구조화된 환경 vs. 모호한 환경

피평가자에게 제공되는 구조화의 정도는 검사도구별로 다양하다. 구조화의 정도는 검사 지시문(요구 특성)에 의해 결정된다. 예컨대, 높은 정도의 구조화를 지닌 경우 검사 지시문은 가능한 반응의 개수를 제한하거나 반응을 '그렇다' '아니다'로 할 것을 지정한다(예: MMPI).

구조화는 개인이 과제 또는 자극을 조직화하고 질서를 부여해야 하는 부담을 면제해 준다. 예컨대, Wechsler 지능검사의 소검사 중 어휘력 검사는 정확성을 요구한다. 그러나 차례맞추기 검사는 정확성뿐만 아니라 속도도 함께 요구한다. 여기에는 평가자가 요구하는 바를 피평가자가 이해하기 위해 인지적 노력을 추가적으로 하지 않아도 될 만큼 모호성이 적다.

모호한 과제가 제시되는 검사는 상대적인 정보의 부재 상태에서 반응을 선택하고 구성할 것을 요구한다. 모호성을 유도하기 위한 방법으로는 정답의 개수나 어떤 답이 옳은지 추측할 수 있는 단서를 주지 않는 것과 구체성이 결여된 지시문을 제시하는 것이 있는데, 대표적으로 투사검사가 있다. 투사는 직접 관찰 또는 측정되지 않는 가설적 과정인데, 모호한 사건에 어떤 의미가 부여될 때 투사가 일어난 것으로 추론된다. 이러한 의미는 외적 세계의 속성이 아니라 피평가자 내부의 특성을 반영하는 것으로 가정된다. 다른 한편으로는 모호한 문제를 해결하려는 피평가자의 노력을 나타내는 것으로도 볼 수 있다. 이 경우 모호한 상황에 대한 피평가자 반응의 질을 문제해결의 속도, 정확성 그리고 효율성 측면에서 평가해 볼 수 있을 것이다.

(2) 내적 경험 vs. 외적 경험

검사 환경의 다양성은 또한 피평가자가 초점을 맞추어야 하는 경험의 속성에서 찾을 수 있다. 평가자는 피평가자에게 내적 경험을 이야기해 주도록 요구하든지 아니면 직접적으로 외적 사건을 관찰할 수 있다. 직접 관찰할 수 있는 외적 행동은 객관적 경험을 구성하고, 피평가자가 말하거나 행한 것으로부터 추론될 수 있는 내적 행동은 주관적 반응 범주에 속한다. 지시에 반응하여 일어나는 행동을 직접적으로 관찰하는 것은 객관적 행동을 표집하는 가장 일반적인 방법이다. 행동 또는 환경에 대해 보고하도록 하는 것은 객관적 경험을 표집하는 다른 한 가지 방법이다.

주관적인 행동에 대한 평가는 내적 경험의 상징적 표현으로 간주되는 행동을 관찰함으로써 이루어진다. 예를 들면, 로르샤흐 검사와 Wechsler 지능검사는 주관적 경험 표본을 유발하도록 설계된 요구 특성을 가지고 있다. 따라서 이런 검사는 손상된 인지 기능의 속성, 인지적 손상의 정도와 같은 진단적 질문에 답하는 데 적절할 것이다.

(3) 스트레스 차원의 다양성

검사 환경에 있어서 세 번째 차원은 유발되는 스트레스의 수준이다. 심리평가의 모의 환경이 스트레스를 부과하는 방법은 다음과 같다.

첫째 방법은 지시를 부과하는 것이다. 이 방법은 피평가자가 다음에 어떤 속성의 행동을 해야 하는지에 관한 통제권을 평가자가 얼마나 행사할 것인가와 관련된다. 이 방법으로부터 유도되는 스트레스의 수준은 피평가자의 행동에 관해 평가자가 가하는 요구 또는 지시의 양에 따라 달라질 것이다. 평가자 통제의 요구 특성은 순종과 반항이라는 반응 특성을 유발한다.

부과된 지시의 정도가 다양한 여러 환경에 대한 피평가자의 반응을 관찰하면 처치가 요구하는 바에 얼마나 순응할 것인지 또는 역으로 지시적 처치에 저항할 가능성을 추측해 볼 수 있다. 외적 통제에 대한 낮은 인내는 여러 형태의 반항과 저항으로 나타날 것이다. 높은 수준의 인내는 평가자를 기쁘게 하려는 일관성 있는 노력으로 나타날 것이다. 평가자는 지시의 강도를 체계적으로 증가시켜서 그 결과를 관찰함으로써 반항적으로 또는 순종적으로 반응하는 경향을 평가할 수 있다.

평가자가 지시적 통제를 증가시켜 가는 데는 두 가지 방법이 있다. 첫째는 정확성을 요구하는 것이고, 둘째는 속도를 요구하는 것이다. 정확성의 요구는, 예를 들면 "최선을 다해서 각각의 그림을 그리라."라는 지시문을 통해 이루어진다. 또한 속도의 요구는 "가능한 한 빨리 하시오."라는 지시문과 눈에 보이는 위치에 초시계를 들고 있는 행동을 통해 이루어진다. 스트레스를 유도하는 이 두 가지 접근에 대한 반응은 서로 다른 해석을 산출할 수 있다. 하나는 인지적인 통제를 통해 충동을 억제하는 피평가자의 능력에 관한 것이고, 다른 하나는 속도에 대한 요구를 수용하기 위해 정확성에 대한 인지적 요구를 통제할 수 있는 피평가자의 능력에 관한 것이다.

둘째 방법은 대인 환경의 속성이 다른 평가 절차를 선택하는 것이다. 다양한 대인 맥락을 피평가자에게 부과하는 이유는 대인민감성, 타인과 관계 맺는 능력 그리고 순종과 반항의 역치를 반영하는 행동을 이끌어 내기 위함이다. 지시가 글로 씌어 있는 검사를 방 안에서 혼자 하는 경우는 개인 심리검사에 비해 훨씬 스트레스를 적게 받을 것이다. 개인용 지능검사나 로르샤흐 검사 같은 투사검사 그리고 면접은 모두 대인 스트레스 요소를 포함하고 있다. 반면, 집단용 지능검사, 자기보고식 성격검사, 문장완성검사 같은 것은 대인 스트레스를 거의 부과하지 않는다. 대인관계에 민감한 피평가자라면 이러한 두 가지 유형의 환경에서 모순되는 반응을 산출할 가능성이 높을 것이다.

모의 환경에서 스트레스를 부과하는 셋째 방법은 갈등을 제시하는 것이다. 이러한 방법의 요구 특성은 피평가자에게 선택을 요구하는 것이다. 일반적으로 지시문은 모순적인데, 피평가자는 충동과 제지 사이를 잘 조율해야 한다. 이러한 조건하에 관찰된 피평가자의 반응은 인지적 조직화 기술이 어느 정도나 영향을 받는지를 나타내는 것으로 해석된다. 이러한 유형의 스트레스를 부과하는 환경은 문제해결 능력에 부정적 영향을 주지 않고도 좌절을 상쇄하기 위해 피평가자가 인지적 강점을 활용할 수 있는지를 알아보는 데 도움을 준다. 예를 들어, 속도와 정확성을 모두 요구하는 개인용 검사 상황을 생각해 보자. 평가자는 이와 같은 스트레스와 지시라는 압력하에 지나친 통제 행동과 통제되지 않은 행동 경향 사이의 타협점을 찾는 피평가자의 능력을 관찰할 수 있다.

이와 같은 세 가지 방식의 스트레스를 부과함으로써 평가자는 피평가자가 스트레스 상황에서 얼마나 평상적인 수행 수준을 유지할 수 있는지에 관한 일반화된 해석을 하고자 한다. 관습적 반응의 급격한 감소, 퇴행적 또는 미성숙한 반응의 증가, 충동 반응의 출현, 감정이 담긴 반응 빈도의 증가 등은 강한 감정적 상황에서 피평가자가 일상적 관점을 유지하기가 어렵다는 것을 시사할 것이다.

환경적 스트레스를 부과함으로써 얻게 되는 한 가지 추가적인 정보는 피평가자가 처치의 요구에 어느 정도나 순응할 수 있는지에 관한 것이다. 모든 처치에서는 일정 정도의 개인적 자유를 희생하고 외부의 권위자를 받아들일 것을 요구한다. 평가 동안 평가자에게 통제권을 양보하는 피평가자의 의지는 장기적 이득을 위해 스스로를 처치에 예속시키는 능력을 나타낼 수 있다.

3. 요약

심리평가는 상황적 속성을 통제하고 개인의 특성에 따른 변산을 관찰하며 이에 적절한 의미를 부여하는 과정이라 할 수 있다. 심리검사 도구는 상황적 속성을 통제하는 동시에 환경을 조작하여 실제 환경에서 나타날 수 있는 행동을 표집하도록 설계된 것이다. 여기에서 적절한 심리검사 도구를 선택해야 하는 문제는 결국 의뢰질문에 적절한 답을 하기 위해 제시해야 할 환경적 압력이 무엇이며, 이에 수반하는 행동 표본은 무엇이어야 하는지를 결정하는 일에 다름 아니라고 할 수 있다. 이 장에서는 평가자가 적절한 검사도구를 선택하는 데 고려해야 할 검사 환경의 세 가지 차원을 제시하였다. 평가자는 검사도구가 부과하는 이러한 환경적 특성을 잘 알고 이를 전략적으로 활용할 필요가 있다.

제2장
검사 신뢰도와 타당도

| 강태훈 |

1. 검사 신뢰도

심리검사의 신뢰도란 검사 결과의 일관성(consistency)을 의미한다(AERA, APA, & NCME, 1999). 즉, 피험자들에게 동일한 검사를 반복적으로 실시하였을 때, 측정 결과나 피험자들의 순위가 거의 변하지 않는다면 그 검사는 신뢰도가 매우 높다고 말할 수 있다. 검사 사용자의 의사결정을 돕기 위해 사용되는 검사 결과는 신뢰할 수 있어야 한다. 만약 한 피험자가 특정한 정신적 문제를 가지고 있는지를 판단하기 위해 실시한 검사가 일관된 결과를 산출하지 않는다면, 오늘의 검사에서 '환자'로 판정된 피험자가 내일의 검사에서는 '정상'으로 나타날 수도 있기 때문이다.

검사 신뢰도는 존재 여부가 아닌 정도의 문제로서 보통 0부터 1 사이의 값으로 표현되며 그 값이 클수록 신뢰도가 더 높다는 것을 의미한다. 예를 들어, 선다형 문항으로 이루어진 한 검사가 어떤 학교의 학생들에게 너무 어려워서 학생 모두가 추측으로 답할 수밖에 없는 상황이라고 가정하자. 이 경우 동일한 검사를 반복적으로 실시한다면 각 피험자의 순위는 매번 크게 바뀔 것이고, 이때 검사 신뢰도는 0에 가까운 값으로 나타나 매우 신뢰할 수 없는 검사가 될 가능성이 크다. 또한 한 검사의 신뢰도는 검사 자체의 속성이라기보다는 검사가 사용된 맥락에 따라 결정되는 속성이기도 하다. 앞의 예에서, 만약 이 검사가 해당 측정 구인에 있어서 능력이 조금 더 뛰어난 집단에게 실시된다면 추측에 의한 정답 선택이 줄어들 것이며 이에 따라 보다 높은 신뢰도가 산출될 수 있다. 또한 피험자 집단이 능력 측면에서 보다 이질적일수록 좀 더 높은 신뢰도가 산출되는 경향이 있다.

1) 신뢰도 추정방법

검사 신뢰도를 추정하는 방법은 대략 다음과 같은 세 가지로 나누어 볼 수 있다. 첫째, 검사-재검사 신뢰도로서 흔히 안정성 계수(coefficient of stability)라고 불리며, 둘째, 동형검사 신뢰도로서 동형성 계수(coefficient of equivalence)이며, 셋째, 동질성 계수 혹은 내적 일관성 계수(coefficient of homogeneity)를 들 수 있다. 안정성 계수는 같은 검사를 반복적으로 실시하는 것을 상정하고, 동형성 계수는 한 검사의 동형 검사를 만들 수 있다는 전제를 가지며, 동질성 계수는 한 검사의 단일 시행 결과만을 가지고 신뢰도를 추정할 수 있는 방법이다.

이들 신뢰도는 모두 이론적인 측면에서의 신뢰도인 정확성 계수를 실제로 계산 혹은 추정하기 위한 방법으로 볼 수 있다. 고전검사이론에서는 다음과 같은 가장 단순한 모형에서 출발하여 신뢰도의 이론적인 의미가 무엇인지를 유도한다.

$$X = T + E \tag{1}$$

X는 한 검사를 치르고 피험자가 얻게 되는 관찰점수를 의미하며, T와 E는 각

각 진점수와 오차점수를 뜻한다. 여기서 진점수의 의미를 이해하기 위해서는 다음과 같은 가상적인 상황을 설정해야만 한다. ① 한 피험자에게 해당 검사를 실시한다, ② 검사 결과는 관찰점수가 된다, ③ 이 피험자에게 최면을 걸어서 검사 내용을 망각하도록 한다, ④ 다시 앞의 '①'로 돌아간다. 고전검사이론에서는 이 과정을 무한히 반복하는 상황을 상정한다. 여기서 기억할 사항은 모든 것이 가상적인 것이며, 실제로 이러한 반복이 가능하다는 의미는 절대 아니라는 점이다. 이러한 과정을 무한히 반복함으로써 무한개의 관찰점수를 얻게 된다. 진점수란 이러한 관찰점수 분포의 평균으로 정의된다. 다시 말해, 한 번의 검사 결과 응답자에게 주어진 관찰점수(X)는 이 검사를 무수히 많이 치렀을 때 얻게 되는 관찰점수 분포의 평균을 뜻하는 진점수(T)와 해당 검사 실시에서 발생하는 오차점수(E)의 합으로 이루어진다.

고전검사이론에서는 많은 피험자에 대해서 이러한 관찰점수 분포를 각각 작성하게 될 때 각자의 능력 수준에 따라 T 값은 다르겠지만 점수가 퍼진 정도를 나타내는 분산은 모든 피험자에게 있어서 같다고 가정한다. 여기서 주의할 점은 많은 통계적 기법에서와 마찬가지로, 이러한 가정은 이후의 이론적 전개를 용이하게 하기 위한 수단일 뿐 항상 옳다는 의미는 아니라는 점이다. 즉, 정규분포 가정이나 등분산성 가정이 성립되지 않으면 두 집단 간에 유의미한 평균 차이가 있는지를 보기 위한 t검정을 적용할 수 없듯이, 이러한 가정이 전제될 수 없는 상황에서는 고전검사이론이 적용될 수 없다.

능력 수준이 다양한 피험자들이 한 검사를 치르게 되면 관찰점수는 매우 낮은 값부터 높은 값까지 산출될 것이며 이때 관찰점수의 퍼진 정도는 관찰점수의 분산($\sigma^2{}_X$)으로 나타난다. 아래에서는 이러한 관찰점수 분산이 어떻게 분해될 수 있는지를 보여 준다. 고전검사이론의 또 다른 가정은 진점수와 오차점수 간에는 공분산 혹은 상관계수가 0이라는 것이다. 결과적으로 관찰점수 분산($\sigma^2{}_X$)은 진점수 분산($\sigma^2{}_T$)과 오차점수 분산($\sigma^2{}_E$)의 합이라고 볼 수 있다.

$$\sigma^2{}_X = \sigma^2{}_{(T+E)} = \sigma^2{}_T + \sigma^2{}_E + 2\sigma_{TE} = \sigma^2{}_T + \sigma^2{}_E \qquad (2)$$

검사 신뢰도란 검사 결과의 일관성이라고 볼 수 있기 때문에, 만약 한 검사가 완벽하게 신뢰할 수 있다면 앞의 무한반복 과정의 '②'에서 얻게 되는 관찰점수 값은 진점수(T)가 되어 언제나 같을 것이며 오차점수(E)는 항상 0이 된다. 즉, E의 분산(σ^2_E)은 0이라는 의미다. 따라서 각 피험자에게 무한반복 결과 얻게 되는 점수 분포의 분산이 0으로서 어떠한 변산도 보이지 않게 된다. 또한 반대로 한 검사가 완벽하게 신뢰할 수 없다면 앞의 무한반복 결과 얻게 되는 각 피험자의 분포는 검사의 최솟값부터 최댓값까지 고루 퍼져 있는 균일분포 모양이 될 것이다. 검사 실시의 무한반복 결과 모든 피험자가 이러한 균일분포를 보인다면 당연히 모든 피험자의 T값이 중앙값으로 같을 것이고 이번에는 T의 분산(σ^2_T)이 0이 된다. 정확성 계수는 다음과 같이 관찰점수의 분산 중에서 진점수의 분산이 차지하는 비중으로 정의될 수 있으며, 앞에서 논의한 바와 같이 한 검사가 완벽하게 신뢰도를 가질 때에는 그 값이 1이 되며 완벽하게 신뢰할 수 없을 때에는 0의 값을 가지게 된다.

$$정확성\ 계수 = \frac{\sigma^2_T}{\sigma^2_X} \tag{3}$$

2) 검사-재검사 신뢰도(안정성 계수)

검사-재검사 신뢰도란 하나의 검사를 동일한 피험자 집단에게 일정한 시간 간격을 두고 두 번 실시하여 그 결과가 얼마나 일관되게 나오는지를 살펴보는 방법이다. 두 번의 검사 결과 간의 적률상관계수를 계산하여 그 값이 클수록 신뢰도가 높다고 판단할 수 있다. 예를 들어, 11명의 초등학교 4학년 학생들에게 같은 지능검사를 한 달 간격으로 실시한 경우 〈표 2-1〉과 같은 형태로 점수가 나타났다고 하자. 이때 두 실시 결과 간의 상관계수를 구해 보면 0.92가 되기 때문에, 이 검사로부터 산출된 점수들은 꽤 신뢰할 만하다는 결론에 도달하게 된다.

ㅇㅇㅇ **표 2-1** 동일한 지능검사를 한 달 간격으로 실시한 결과

학생	첫 번째 실시 결과	두 번째 실시 결과
A	120	118
B	95	98
C	111	114
D	123	127
E	142	137
F	130	129
G	99	101
H	101	115
I	87	97
J	94	113
K	128	125

검사-재검사 결과 간의 상관계수(안정성 계수)가 정확성 계수에 대한 추정치가 될 수 있는 이유는 다음과 같다. 두 검사는 실제적으로 동일한 검사이기 때문에 각 피험자의 진점수는 두 검사에서 같다고 볼 수 있다. 따라서 검사의 관찰점수를 $X=T+E$로 정의할 때 재검사의 관찰점수는 $X'=T'+E'$로 표기할 수 있고, 피험자들이 두 번의 검사를 통해 얻은 관찰점수들 간의 상관계수는 다음과 같이 전개될 수 있다. 여기서 고전검사이론이 가지는 가정은 '검사와 재검사에서 피험자들이 보이는 관찰점수의 분산은 같다($\sigma^2_X=\sigma^2_{X'}$)'는 것과 '두 검사에서 나타난 오차점수들 간의 공분산 혹은 상관계수가 0이라는 것($\sigma_{EE'}=0$)'이다. 따라서 안정성 계수는 한 검사를 다시 실시하여 재검사에 대한 결과까지 얻을 수 있을 때 계산한 그 상관계수를 의미하며, 다음의 식에 의해서 결과적으로 정확성 계수에 대한 추정값이 된다.

$$\rho_{XX'}=\frac{\sigma_{XX'}}{\sigma_X\sigma_{X'}}=\frac{\sigma_{(T+E)(T'+E')}}{\sigma^2_X}=\frac{\sigma_{TT'}+\sigma_{TE'}+\sigma_{ET'}+\sigma_{EE'}}{\sigma^2_X}=\frac{\sigma^2_T}{\sigma^2_X} \qquad (4)$$

검사-재검사 신뢰도의 가장 큰 문제점은 두 번째 실행에 있어서 기억효과나 연습효과 등이 피험자의 검사 수행에 영향을 미칠 수 있다는 점이다. 이 경우, 두 번째 검사 실시에서 피험자의 점수가 바뀌는 이유가 검사의 비신뢰성뿐만 아니라 피험자 스스로에게 일어난 어떤 변화에 기인하는 것이기 때문에 신뢰도를 정확하게 추정하는 것이 매우 어렵다. 이러한 문제를 해결하기 위하여 두 검사 실시 간의 간격을 가능한 한 길게 하는 방법이 사용될 수도 있지만, 이러한 간격이 너무 길면 그 기간에 피험자가 갖게 되는 경험, 독서, 학습 등의 요인에 의하여 측정 구인에 있어서의 능력 변화가 일어날 수 있다는 점을 감안해야 한다. 일반적으로, 두 검사 실시의 간격이 길면 길수록 낮은 안정성 계수가 산출되는 경향이 있다.

3) 동형검사 신뢰도(동형성 계수)

만약 한 검사에 대하여, 다른 문항으로 구성되지만 검사의 난이도와 점수 분산 등이 같은 동형검사를 제작할 수 있다면 이들 두 검사의 실시 결과 간의 상관계수를 계산하여 신뢰도를 추정하는 것이 가능하다. 이는 한 검사와 이 검사의 동형검사 간에 각 피험자의 진점수가 같을 것이라는 점, 두 검사 결과의 관찰점수 분산이 같을 것이라는 점, 오차점수와 진점수 간에 공분산이 0이라는 점, 마지막으로 오차점수 간의 공분산이 0이라는 점을 상정하기 때문이다. 따라서 동형성 계수 또한 앞의 안정성 계수에서와 마찬가지로 정확성 계수에 대한 추정치가 될 수 있다.

동형성 계수는 같은 피험자 집단에 대해서 다른 문항들로 이루어진 두 검사를 연속적으로 실시하는 것이기 때문에 기억효과나 연습효과에서 자유로울 뿐만 아니라 시험 간격이 문제되지 않는다는 점에서 안정성 계수에 비하여 상대적인 장점을 가진다. 그러나 동형검사 신뢰도를 사용하고자 할 때는 다음과 같은 두 가지 사항에 주의해야 한다. 첫째, 동형검사를 제작해야 한다는 점이다. 하지만 한 심리검사의 동형검사를 만드는 것은 매우 어려운 것으로 알려져 있다.

한 검사의 동형검사가 될 수 있으려면 모든 피험자의 진점수가 두 검사에서 같고 관찰점수 분산도 같도록 제작해야 하기 때문에, 실제적으로는 완벽한 동형검사를 만드는 것이 불가능하다고 볼 수 있다. 그러므로 실제로 하나의 검사만 필요한 상황이라면 신뢰도를 추정하기 위하여 군이 추가적 비용과 노력을 들여서 동형검사 제작을 위해 노력할 필요는 없다. 다만 어떤 다른 이유(예를 들어, 검사 보안 등의 이유)로 두 개의 검사를 의도적으로 작성한 경우라면 불완전하지만 동형검사를 제작하여 동형성 계수를 구해 볼 수 있을 것이다. 둘째, 두 검사가 가능한 동일한 여건 혹은 조건 속에서 실시될 필요가 있다는 점이다. 하지만 두 검사를 연달아 실시할 경우 두 번째 검사에서 피험자들의 피로도가 높을 수 있기 때문에 동일한 조건을 충족시키기 어려운 경우가 대부분이다.

4) 동질성 계수

검사-재검사 신뢰도와 동형검사 신뢰도는 검사를 두 번 실시해야 한다는 측면에서 공통점을 가진다. 그러나 한 검사의 신뢰도를 구하기 위하여 반복적으로 검사를 실시하는 것은 매우 번거로운 일이므로 단일 시행을 통한 신뢰도 추정법이 개발되었다. 하나의 검사는 보통 한 가지 기본 개념 혹은 구인을 측정하고자 제작되기 때문에 한 검사 문항을 맞힌 사람이 다른 문항 역시 맞힐 가능성이 크다고 가정하는 것이 타당할 것이다. 다시 말해, 잘 제작된 검사의 문항 점수들은 상호 간의 상관이 높을 것이며 이때 검사가 동질성 혹은 내적 일관성을 가진다고 말할 수 있다. 한 검사의 신뢰도를 내적 일관성 측면에서 추정하고자 하는 경우, 보통 다음의 두 가지 방식이 잘 알려져 있다.

(1) 반분 신뢰도
하나는 반분 신뢰도 방법으로서 한 검사를 두 부분으로 나눈 뒤 둘 간의 상관을 통하여 신뢰도를 추정한다. 한 검사를 반분하는 방법은 여러 가지가 존재하지만 가장 흔히 사용하는 방법은 문항순서에 따라 처음 반 개의 문항과 후반의 나머지 문항으로 나누는 것으로 이를 '전후법'이라고 부른다. 전후법은 검사 문항들의 어렵고 쉬운 정도가 전체 검사에서 고르게 퍼져 있다고 가정할 수 있을 때 적절한 방법이다. 그러나 보통 전반부에 쉬운 문항들이 배치되고 후반부에 어려운 문항들이 존재하는 경우가 일반적이므로, 이러한 상황에서는 짝수와 홀수 문항으로 나누는 '기우법'을 사용하기도 한다. 반분 신뢰도의 가장 큰 문제점은 이렇게 검사를 두 개의 하위검사로 나누는 방법에 따라서 다른 값의 신뢰도가 산출될 수 있다는 점이다. 〈표 2-2〉는 40개의 문항으로 구성된 수학 성취도 검사에서 전반의 20개 문항과 후반의 20개 문항으로 두 부분검사를 만든 뒤 7명의 학생들로부터 얻은 점수를 정리한 것이다.

ㅇㅇㅇ **표 2-2** 전후법으로 구한 두 하위 검사의 점수

학생	전반 20문항	후반 20문항
A	13	16
B	15	17
C	9	8
D	7	8
E	19	18
F	16	14
G	13	11

두 부분검사 간의 상관계수는 0.88이다. 이때 40문항으로 이루어진 전체 검사의 신뢰도가 0.88인지에 대해서는 다시 한 번 생각해 보아야 한다. 일반적으로 문항의 수가 많을수록 검사의 신뢰도는 더 높아지는 경향이 있기 때문에, 여기에서 구한 0.88은 20문항으로 이루어진 검사의 신뢰도($\gamma_{bb'}$)일 뿐이며 실제 우리가 구하고자 하는 전체 검사 신뢰도를 과소 추정하고 있다고 볼 수 있다. 따라서 최종적인 반분 신뢰도($\gamma_{xx'}$)를 구하기 위해서는 Spearman-Brown 공식을 이용하여 다음에서처럼 이를 교정해 줄 필요가 있다(Spearman, 1910). 즉, 40문항 검사의 반분 신뢰도는 0.94로 추정되었다.

$$\gamma_{XX'} = \frac{2 \times \gamma_{bb'}}{1 + \gamma_{bb'}} = \frac{2 \times 0.88}{1 + 0.88} = 0.94$$

(2) 크론바흐 알파

내적 일관성 계수를 구하는 또 다른 방법은 크론바흐 알파(Cronbach's α)이며, 실제로 교육학 및 심리학 등의 분야에서 가장 널리 쓰이고 있는 신뢰도 추정방법이다. 크론바흐 알파를 통하여, 한 검사의 단일 실시 결과를 가지고 신뢰도를 추정할 수 있을 뿐만 아니라 다양한 문항 유형을 포함하는 검사에 대해서도 손쉽게 신뢰도를 구할 수 있다(Cronbach, 1951). 즉, 맞으면 1, 틀리면 0으로 이분 채점되는 선다형 문항으로 이루어진 검사뿐만 아니라 리커트 척도를 사용하는 문항으로 이루어진 검사에도 손쉽게 적용될 수 있다. 크론바흐 알파를 구하는 공식은 다음과 같다. 다음의 식에서 k는 한 검사의 전체 문항 수를 의미하며 σ^2_i는 한 문항 점수의 분산 그리고 σ^2_X는 전체 검사 점수의 분산을 각각 의미한다.

$$\alpha = \frac{k}{k-1} \left[1 - \frac{\sum_{i=1}^{k} \sigma^2_i}{\sigma^2_X} \right] \tag{5}$$

∘∘∘ **표 2-3** 0, 1, 2, 3, 4로 채점된 다섯 개 문항으로 이루어진 검사의 크론바흐 알파

학생	문항1	문항2	문항3	문항4	문항5	총점
A	4	3	2	4	3	16
B	3	4	3	2	4	16
C	2	1	0	3	2	8
D	3	4	2	1	3	13
E	2	3	3	1	2	11
F	2	0	1	0	1	4
G	2	2	0	1	0	5
분산	0.53	1.96	1.39	1.63	1.55	20.82
알파	$\alpha = \frac{k}{k-1} \left[1 - \frac{\sum_{i=1}^{k} \sigma^2_i}{\sigma^2_X} \right] = \frac{5}{5-1} \left(1 - \frac{7.06}{20.82}\right) = 0.83$					

〈표 2-3〉에서는 리커트 척도로 채점된 다섯 개 문항으로 이루어진 심리검사의 신뢰도를 크론바흐 알파로 추정하고 있다. 이 표에서 제시된 바와 같이, 문항의 수와 각 문항 점수의 분산 및 전체 검사 점수의 분산을 구하면 크론바흐 알파를 계산할 수 있으며, 다섯 문항 검사의 신뢰도는 0.83으로 추정되었다.

내적 일관성 계수 중 특히 크론바흐 알파는 한 검사의 단일 시행만으로 신뢰도를 구할 수 있으며, 계산방법의 편리함, 다양한 적용이 가능하다는 점에서 가장 유용하고 인기 있는 신뢰도 추정방법이라고 볼 수 있다. 하지만 그 사용에 있어서 다음과 같은 점을 유의해야 한다.

첫째, 한 검사 내의 모든 문항이 단일한 구인 혹은 개념을 측정하고 있다고 가정할 수 있을 때 적절한 방법이다. 간혹 크론바흐 알파 신뢰도가 높다는 것을 한 검사가 측정하는 구인이 단일하다는 증거처럼 잘못 해석하는 경우가 있는데, 이는 알파 계수의 적절한 용도가 아니므로 주의가 요구된다. 따라서 여러 가지 구인을 함께 다루는 검사에서는 크론바흐 알파를 사용하는 것이 적절하지 않으며, 이러한 경우에는 층화 알파(stratified α)를 사용해야 한다. 다시 말해, 한 검사가 J개의 하위 영역으로 구성된다면 각 영역 점수의 분산과 크론바흐 알파를 구한 뒤에 다음과 같은 공식을 통하여 신뢰도를 추정하는 것이 바람직하다. 다음의 공식이 요구하는 정보는 각 하위 영역에서 계산된 원점수 분산(σ^2_j)과 크론바흐 알파(α_j) 그리고 전체 검사 원점수의 분산(σ^2_X)이다.

$$\text{stratified } \alpha = 1 - \frac{\sum\limits_{j=1}^{J} \sigma^2_j (1-\alpha_j)}{\sigma^2_X} \tag{6}$$

둘째, 문항을 푸는 속도가 검사 결과에 영향을 미치는 속도검사(speeded test)에서는 크론바흐 알파가 과대 추정될 염려가 있으므로 주의를 요한다. 속도검사는 매우 쉬운 문항들로 구성되어 있어서 시간만 충분하다면 피험자들이 모든 문항을 맞힐 수 있지만 시간 제한으로 인해 검사를 끝까지 풀 수 없는 경우를 의미한다. 속도검사에 대칭되는 개념은 역량검사(power test)이며, 이는 대개 매우 어렵거나 혹은 다양한 난이도의 문항으로 구성되는데 피험자에게 충분한 시간을 제공하기 때문에 어떤 문항을 틀리게 되는 원인이 시간보다는 피험자의 능력에 의해 전적으로 좌우된다는 것을 의미한다. 인지적 특성을 측정하는 검사는 보통 순수한 역량 혹은 순수한 속도검사라기보다는 두 가지 요소가 혼합된 형태로 나타난다. 따라서 대개의 검사는 항상 시간 제한이 존재하기 때문에 어느 정도 속도성의 영향을 받게 된다. 이러한 속도성은 크론바흐 알파를 실제보다 크게 추정되도록 만들기 때문에 검사 사용자는 다른 종류의 신뢰도(예를 들어, 검사-재검사 신뢰도, 동형검사 신뢰도 등)도 함께 구해 보는 것이 바람직할 것이다.

5) 신뢰도에 영향을 미치는 요인

신뢰도를 계산하고 이를 적절히 해석하기 위해서는 어떠한 요인들이 신뢰도에 영향을 주는지 이해할 필요가 있다. 앞서 언급한 대로 신뢰도란 검사 결과의 일관성을 의미한다. 또한 이는 한 검사를 치른 가상의 두 피험자가 점수 순위에 있어서 변동이 없으리라고 믿을 수 있는 정도라고 볼 수 있다. 즉, 신뢰도가 높은 검사일수록 능력이 월등히 차이 나는 두 피험자뿐만 아니라 실력이 유사한 두 피험자의 서열도 일관되게 유지해 줄 수 있을 것이다. 이러한 신뢰도에 영향을 미치는 요인들은 다음과 같다.

첫째, 다른 모든 요인이 같다면, 더 많은 문항이 존재할수록, 즉 검사의 길이가 길수록 검사의 신뢰도는 높아지게 된다(Ebel & Frisble, 1991). 달리 말하여 2, 3개의 선다형 문항으로 한 사람의 수학 능력을 측정하는 것보다 20개의 선다형 문항으로 구성된 수학 검사를 사용할 때 그 결과는 보다 신뢰할 수 있을 것이다. 적은 수의 문항을 사용한다면 일단 피험자의 추측(guessing)이 검사 결과에 상당한 영향을 미치게 되므로 일관된 점수 산출이 어려워질 수 있다. 이 원칙에서 주의할 점은 '다른 모든 요인이 같다면'이라는 전제가 붙어 있다는 점이다(황정규, 1998). 간혹 이러한 전제를 무시한 사람들은 '질이 높은 몇 개의 문항 사용이 대충 만들어진 수십 개의 문항을 사용하는 것보다 더 신뢰할 수 있는 결과를 산출

할 것이다.'라는 생각을 하면서 이 원칙이 항상 옳은 것은 아니라는 주장을 하곤
한다. 하지만 문항의 수가 늘어날수록 검사의 신뢰도가 점점 높아진다는 것은
모든 문항의 질이 매우 유사하거나 동일하다는 가정하에서 제시되는 원칙이기
때문에, 이와 같은 주장은 일견 타당해 보일 수도 있지만 기본 전제에 대한 무지
에서 언급되는 것으로 볼 수 있다.

Spearman-Brown 공식은 동일한 질의 문항들이 늘어나거나 줄어드는 경
우 변화하는 검사 신뢰도를 미리 예측해 볼 수 있는 수단을 제공해 준다. 따라
서 Spearman-Brown 공식을 활용하여 검사 길이의 변화에 따른 신뢰도를 예
측할 수 있으며 나아가 현재 검사의 신뢰도를 높이기 위해 필요한 문항 수를 추
정하는 것 또한 가능하다. 즉, 다음의 식에서 $\rho_{XX'}$이 현재 검사의 신뢰도 계수라
면 현재 검사와 새 검사의 길이(문항 수)에 대한 비율(L)만 집어넣으면 검사 길
이의 변화에 따라 새롭게 추정되는 신뢰도($\hat{\rho}_{X'}$)를 계산하는 것이 가능하다. 예
를 들어, 현재 검사에 있는 문항 수가 20개인데 두 배로 늘려서 40개로 만든다면
L=40/20=2가 된다.

$$\hat{\rho}_{XX'} = \frac{L\rho_{XX'}}{1+(L-1)\rho_{XX'}} \tag{7}$$

둘째, 검사 신뢰도는 해당 검사가 피험자들에게 너무 어렵거나 혹은 너무 쉬
운 문항들로 구성되어 있을 때 작아지는 경향이 있다. 검사지를 구성하는 문항
들이 피험자 집단 모두가 거의 모든 문항에 대해 정답을 맞힐 만큼 쉽거나 혹은
거의 모든 문항에 오답을 할 만큼 어렵다면, 피험자 간의 상대적 순위를 일관되
게 파악하는 것이 어려워지기 때문에 신뢰도는 작아질 수밖에 없다. 또한 선다
형 문항으로 이루어진 매우 어려운 검사의 경우 피험자들의 추측에 의한 응답으
로 인해 검사 결과가 우연성에 의존하는 정도가 커지기 때문에, 매우 쉬운 검사
에 비하여 신뢰도가 더 작아질 수 있다. 따라서 한 검사를 보다 신뢰할 수 있게
만들기 위해서는 피험자 집단의 능력 수준을 고려하여 중간 정도의 난이도를 가

진 문항들을 사용하는 것이 바람직하다.

셋째, 한 검사가 측정하는 내용 영역이 다양할수록 검사 신뢰도는 작아지는 경향이 있다. 즉, 한 검사가 측정하는 내용 범위가 좁을수록 다양한 내용 영역을 다룰 경우에 비하여 피험자의 점수 순위가 일관되게 나타나기 쉬울 것이다.

넷째, 피험자 능력 분포의 표준편차가 작을수록, 즉 전체 피험자의 능력이 동질적(homogeneous)일수록 피험자의 능력 분포가 넓게 퍼져 있는 경우(heterogeneous)에 비하여 신뢰도가 작아지는 경향이 있다. 이는 피험자 상호 간의 능력 차이가 작을수록 검사 결과에 따른 피험자 순위가 일관되게 나타나기 어렵기 때문이다. 이 원칙은 산출된 검사의 신뢰도 값이 검사 자체의 속성뿐만 아니라 검사가 실시되는 피험자 집단의 속성에 의해서도 영향을 받을 수 있다는 점에서 주목할 만하다. 이러한 현상이 나타날 수 있는 이유는 검사의 신뢰도가 검사 자체의 속성이라기보다는 검사가 사용된 맥락에 의해서 좌우되는 검사 결과의 일관성에 대한 계수이기 때문이다.

2. 검사 타당도

한 검사를 실시하고 나서 그 결과가 타당하다는 말은 본래 그 검사가 측정하고자 했던 바를 잘 측정하고 있다는 의미다. 예를 들어, 신뢰도가 매우 높은 잘 만들어진 초등학교 6학년용 수학 검사가 있다고 할 때, 이 검사가 6학년 학생들의 수학 능력을 측정하기 위해 사용된다면 우리는 매우 타당한 결과를 얻을 것이라고 기대할 수 있다. 그러나 만약 이 검사가 6학년 피험자들의 지능을 측정하기 위하여 사용된다면 검사 결과는 신뢰할 수 있지만 과연 지능이라는 구인을 측정하기 위하여 그 결과가 타당할지는 확신하기 어렵다. 물론 수학 능력과 일반적인 지능이 높은 상관관계를 가진다고 기대할 수 있지만 지능을 구성하는 요인이 수리적 능력만 존재하는 것은 아니므로, 과연 수학 점수가 학생들의 지능을 나타내는 값으로 쓰일 수 있을지는 의심의 여지가 있다. 즉, 수학 검사의 결과는 수학 능력을 측정하는 면에 있어 개별 문항의 질이나 검사의 신뢰도가 높다는 사실과 관계없이 지능을 측정하는 목적에 있어서는 타당하지 않을 수 있다.

한 검사가 타당하려면 앞서 언급한 대로 본래의 목적 혹은 측정하고자 했던 구인을 그 검사가 제대로 측정할 수 있는지가 관건이 된다. 고전검사이론에서는 이러한 검사 타당도를 살펴보기 위하여 보통 내용타당도(content validity), 준거타당도(criterion validity), 구인타당도(construct validity)의 세 가지 접근방법을 사용한다(AERA, APA, & NCME, 1999). 이 절에서는 이들 각각에 대해 알아보고 추가적으로 안면타당도의 개념에 대하여 살펴보고자 한다.

1) 내용타당도

내용타당도는 검사의 타당도를 살펴보는 가장 직접적인 방법으로서, 내용 전문가들의 주관적인 판단에 기초한다. 내용 전문가들은 검사 문항들을 하나하나 검토하면서 이들이 검사 사용자가 측정하고자 기대하는 바를 충족시키고 있는지를 확인한다. 이러한 작업을 보다 수월하게 하려면, 한 검사가 본래 측정하고자 하는 바가 무엇인지를 구체적으로 기술한 자료가 존재해야 한다. 대개 학업성취도 검사의 경우 이원분류표 작성 등을 통해 구체적인 기술 자료를 구비하기가 용이하지만, 적성검사나 성격검사 등의 경우에는 해당 구인을 적절히 측정하기 위한 문항이 어떠해야 하는가에 대한 기준 자료를 마련하기가 상대적으로 쉽지 않다.

전문가가 판단한 내용타당도 결과를 해석할 때 주의할 점은, 검사 문항들이 원하는 구인을 측정하는 데 있어서 타당해 보인다는 말이 실제 검사 결과가 타당할지에 대해서는 보장해 주지 못한다는 점이다. 예를 들어, 내용 전문가가 어떠한 적성검사를 살펴보고 피험자의 해당 분야 적성을 측정하는 데 적절하다고 판단할지라도 추측요인의 영향, 지나치게 높은 언어 독해력을 요구하는 문항, 다른 구인과 관련된 능력이나 특성이 응답에 영향을 미칠 가능성 등으로 실제 검사 결과에 있어서 검사 사용자가 원하는 피험자의 적성을 타당하게 측정할지는 확신하기 어렵다. 따라서 내용타당도에 대한 전문가 판정은 검사 결과의 타당성을 확보하기 위해 요구되는 최소한의 요건일 뿐이기 때문에 검사 타당도에 대한 다른 접근들이 항상 같이 고려되어야 한다.

2) 준거타당도

검사의 타당도를 살펴보는 두 번째 방법은 검사 결과와 외적 준거(external criterion) 간의 상관관계를 살펴보는 것이다. 준거타당도는 한 검사가 측정하고자 하는 바를 제대로 측정하고 있다면 관련된 준거와 높은 상관을 보일 것이라는 논리를 기반으로 하며, 준거의 시간적 속성에 따라 공인타당도(concurrent validity)와 예측타당도(predictive validity)의 두 유형으로 나뉘게 된다.

먼저, 공인타당도는 준거타당도를 살펴보고자 하는 검사에 대하여 그 준거가 동시간대에 존재하는 경우를 말한다. 예를 들어, 검사 제작자가 피험자의 지능을 측정하기 위해 시간과 비용이 많이 드는 기존 검사들을 대신할 수 있는 간편 지능검사를 만든 경우 그 검사의 타당도를 어떻게 살펴볼 것인가 하는 상황을 생각해 볼 수 있다. 웩슬러(Wechsler) 지능검사는 매우 잘 알려지고 자주 사용되는 검사다. 만약 간편 지능검사의 결과가 이러한 기존 지능검사(말하자면 준거)와 높은 상관관계를 보인다면 공인타당도에 대한 증거가 존재한다고 볼 수 있다. 준거타당도는 내용타당도와 달리 통계적 수치인 상관계수로 표현되며 이러한 상관계수 값을 타당도 계수(validity coefficient)라고 부른다.

새로 제작한 검사의 공인타당도를 구하려면 이 검사와 준거가 되는 기존 검사를 동일한 피험자 집단에게 모두 실시한 후, 두 검사 결과 간의 상관계수를 구하면 된다. 이러한 공인타당도가 검사의 타당성을 밝히는 좋은 증거가 되기 위해서는 대부분의 사람이 인정하고 그 결과를 믿을 수 있는 기존 검사가 존재할 필요가 있다. 이러한 기존 검사가 있는 상황에서, 새로운 검사가 필요하다는 것이 정당화되려면 보다 저렴한 비용, 검사 소요 시간의 단축 등의 이점이 존재하거나 혹은 검사 형식이나 내용 측면에서 기존 검사를 넘어서는 장점을 가지고 있어야 한다.

○○○ **표 2-4** 기존 지능검사와 새로 제작한 간편 지능검사를 실시한 결과

학생	기존 지능검사(준거)	간편 지능검사
A	129	117
B	125	114
C	112	112
D	111	106
E	104	102
F	101	105
G	99	96
H	97	95
I	88	90
J	85	94
K	80	81

〈표 2-4〉에서는 준거가 되는 기존 지능검사와 간편 지능검사의 실시 결과를 보여 주고 있는데, 상관계수를 구해 보면 0.95에 달함을 알 수 있다. 이렇게 높은 상관은 간편 지능검사가 공인타당도를 지니고 있다는 증거가 된다. 보통 상관계수를 타당도 계수로 활용함에 있어서 0.8 이상이면 매우 높은 타당도, 그리고 0.6 이상이면 어느 정도 타당도가 있는 것으로 해석한다(성태제, 1995).

한 검사의 예측타당도를 살펴본다는 것은 한 검사의 점수가 해당 피험자의 미래 행동이나 성과를 얼마나 잘 예측하는가의 증거를 찾는다는 의미다. 이러한 형태의 타당도는 검사 자체의 목적 중에서 미래의 수행을 예측하는 것이 포함되는 경우에 매우 유용하다고 볼 수 있는데, 각종 입학시험이나 적성검사 등이 좋은 예라고 할 수 있다. 예를 들어, 대학수학능력시험의 경우 그 타당성의 근거를 찾기 위하여 수능에서 높은 성적을 받은 학생이 대학에 입학한 후에도 높은 학업성취를 보이는지를 살펴볼 수 있을 것이다. 또한 비행 적성검사가 타당성이 있는 검사인지를 조사하고자 한다면, 비행사가 된 이후의 무사고 비행

시간이나 조종사로서의 능력 등과 높은 상관관계를 보이는지를 확인할 필요가 있다. 예측타당도를 구하려면 타당도를 확인하고자 하는 검사를 피험자 집단에게 실시하고 일정 기간이 흐른 뒤에 동일한 피험자들이 특정 준거에 대해서 보인 수행 결과를 수집할 필요가 있다. 해당 검사와 미래 시점에서의 준거에 대해 피험자들이 획득한 점수들 간의 상관계수를 구하면 이를 예측타당도 계수라고 부른다. 어떤 검사의 주된 목적 중 하나가 미래의 특정 수행에 대한 예측이라면, 그 검사의 가치는 예측타당도에 따라서 좌우될 것이다.

공인타당도와 예측타당도 모두 통계적 수치를 타당도 계수로서 제공한다는 공통점을 가지고 있다. 하지만 예측타당도의 경우 자료의 절단으로 인해 추정된 상관계수가 실제 타당도 계수보다 과소 추정되는 문제가 발생할 수 있다 (Kubiszyn & Borich, 1993). 예를 들어, 특정 대학에서 수능 점수와 학점(GPA) 간의 상관계수를 구하여 수능의 예측타당도에 대해 알아보고자 할 때 수능 점수가 매우 낮은 수험생들은 입학 자체를 하지 못했을 가능성이 크기 때문에 이들의 학점이 존재하지 않을 수 있다. 따라서 수능 점수가 낮았던 수험생들은 예측타당도 계산에 포함되지 않기 때문에 두 변수가 선형적으로 함께 변화하는 정도를 나타내는 상관계수는 이들이 포함되었을 경우에 비하여 작게 추정될 수밖에 없다. 비슷한 경우로, 직업적성 시험 결과가 해당 직장에 입사할 수 있는지에 상당한 영향을 미치는 상황을 볼 수 있다. 이러한 시험의 타당도는, 적성시험 결과가 해당 직장에 입사한 후 업무 수행 능력을 어느 정도 예측하는지 살펴봄으로써 구할 수 있을 것이다. 직업적성 시험이 타당하다면 이 시험 점수가 낮은 취업준비생은 입사 후 업무 수행도가 높지 않을 것이고 반대로 이 시험 점수가 높은 사람은 업무 수행도가 높을 것이라고 기대할 수 있다. 하지만 시험 점수가 낮은 응시생들은 아예 입사 자체를 하지 못할 가능성이 크기 때문에 상관계수 계산에 있어서 이들이 포함되었을 경우에 비하여 과소추정이 일어나게 된다.

3) 구인타당도

어떤 심리검사든지 검사 제작 목적은 특정 구인과 관련된 피험자의 특성 및 능력을 외현화 내지는 점수화하는 데에 있다. 대개의 경우 해당 구인에 대한 관련 심리학적 이론들이 존재하므로, 한 검사의 구인타당도란 이러한 이론적 측면이 검사에서 얼마나 잘 구현되고 있는지의 정도를 의미한다. 예를 들어, 초등학생들의 수와 연산 기능에 대한 논리적 설명이나 이론 구조가 존재할 때 만약 이러한 이론에 부합하는 검사를 제작한다면, 수와 연산에 대한 집중적인 학습과정을 거친 학생들은 이 검사에서 훨씬 향상된 점수를 받을 것으로 기대할 수 있을 것이다. 반면, 외국어에 대한 집중 교육을 받은 학생들은 별다른 점수 향상이 없는 것이 당연할 것이다. 이렇듯 한 검사가 측정하고자 하는 구인에 대한 이론에 얼마나 잘 부합하느냐 하는 사실은 우리가 사용하는 검사도구가 기대한 바대로 작용할 것인가를 결정한다고 말할 수 있기 때문에, 구인타당도를 확인하는 것은 검사의 제작과정 및 결과 활용에 있어서 매우 중요한 일이라고 할 수 있다.

한 심리검사의 구인타당도를 살펴보는 대표적인 방법으로는 문항 점수 간의 상관계수표를 구하여 이론적 기대와 달리 작용하는 문항이 없는지를 살펴보는 방법과, 탐색적 요인분석을 통하여 검사 문항들이 이론적으로 예상한 바와 같이 하위 영역들이 묶일 수 있는지를 살펴보는 방법이 있다. 또한 중다특성-중다방법(multitrait-multimethod) 행렬을 기반으로 하여 수렴타당도와 변별타당도 등의 개념으로 구인타당도를 검증하는 방법이 있다. 근래에 들어서는, 예비검사에 대하여 탐색적 요인분석을 통해 일차적으로 구인타당도를 살펴본 뒤에 본 검사 결과에 대하여 확인적 요인분석을 적용하는 방법도 흔히 사용되고 있다.

문항 점수 간 상관계수표를 살펴볼 때, 두 문항 간 양(+)의 상관이 존재하면 이들은 이론적으로 유사한 구인을 측정하고 있다고 볼 수 있으며, 반대로 음(-)의 상관을 가진다면 이들은 상반되는 특성을 재고 있다고 볼 수 있다(임인재, 1980). 물론 상관이 0에 가깝다면 두 문항이 측정하고 있는 바는 거의 무관하다고 해석할 수 있다. 정리하면, 충분한 양(+)의 상관이 존재할 때 한 검사의 문항들이 하나의 구인 및 개념을 측정하고 있음을 보여 주는 좋은 증거가 된다. 여기서 특정한 상관계수 값을 넘어야 한다는 식의 기준은 존재하지 않는다. 또한 상관계수의 크기가 반드시 두 문항이 같은 구인을 잰다는 사실에 전적으로 좌우되는 것은 아니다. 예를 들어, 다른 모든 조건이 같을 때 각 문항에 대해 리커트 10점 척도를 사용하는 경우가 리커트 3점 척도를 사용하는 경우보다 상관계수 값이 크게 산출되는 경향이 있다.

중다특성–중다방법 행렬을 이용한 접근법은 Campbell과 Fiske(1959)가 고안한 방법으로서 구인타당도를 살펴보는 데 매우 적합한 방식으로 알려져 있다. 즉, 우리 눈에 보이지 않는 잠재변수인 구인에 대한 간접적 증거를 찾는 것과 이를 위해 수집 가능한 여러 관찰변수와 이론적 근거의 비교검토를 수행하는 것이 구인타당도를 평가하는 좋은 방법이라고 할 때, 이러한 방식을 매우 효과적으로 실시할 수 있는 방법이 바로 중다특성–중다방법이다. 이 방법을 적용하기 위해서는 복수 개의 측정방법을 동원하여 복수 개의 구인을 측정한 자료가 필수적이다. 예를 들어, '불안' '우울' 및 '스트레스'라는 세 가지 구인(Anxiety, Depression, Stress, 이하 각각 A, D, S)에 대해서 리커트 5점 척도를 이용하여 '자기보고'와 '전문가 면담 후 판단'이라는 두 가지 방식(Self report, Expert rating, 이하 각각 s, e)으로 각 개인에 대해서 측정했다고 하자. 이러한 6개 변수(=세 가지 구인×두 가지 측정방법)에 대한 측정을 일정한 시간 간격을 두고 두 번 실시한 후 총 12개 변수들 간의 상관계수 행렬을 그리면 [그림 2-1]과 같을 것이다.

이 행렬에서 대각선에 존재하는 상관계수 값들은 일종의 검사-재검사 신뢰도를 나타내는 값들이라고 할 수 있다. T로 표시된 부분은 같은 구인에 대해서 다른 측정방법을 적용한 경우의 상관계수들을 의미한다. 같은 구인을 다른 방법으로 측정했을 때 해당 상관계수들이 크게 나타난다면 이는 이론적 구인이 실제로 존재한다는 간접적 증거가 될 수 있기 때문에 바람직하다고 볼 수 있으며, 달리 말하면 '무엇'을 측정하는가라는 사실이 '어떻게' 측정하는가보다 상관계수를 설명하는 데 더 큰 영향을 주고 있다는 뜻이다. 이를 보통 수렴타당도(convergent validity)라고 부른다. 또한 M으로 표시된 부분은 다른 구인에 대해

첫 번째
측정 결과

	As	Ae	Ds	De	Ss	Se
As	신뢰도	T	M		M	
Ae	T	신뢰도		M		M
Ds	M		신뢰도	T	M	
De		M	T	신뢰도		M
Ss	M		M		신뢰도	T
Se		M		M	T	신뢰도

두 번째
측정 결과

[그림 2-1] 중다특성-중다방법 행렬에서 상관계수들에 대한 해석방법

서 같은 측정방법을 적용한 경우의 상관계수들이다. 만약 불안과 우울이라는 두 구인을 같은 방법으로 측정했다면, 불안이라는 한 가지 구인을 같은 측정방법으로 잰 경우보다 그 상관계수가 적게 나와야 변별타당도(discriminant validity)가 있다고 말할 수 있다.

하나의 심리검사를 타당화하기 위한 목적으로 탐색적 요인분석을 사용할 경우, 흔히 예비문항들 중에서 검사 제작자가 구인에 관한 이론에 따라 상정한 잠재변수들에 대하여 만족할 만한 부하량(loading)을 가진 문항들을 골라내기 위한 용도로 쓰인다. 최종 검사에 사용될 문항 수에 비하여 보통 적어도 2배 이상의 예비문항이 제작되는 것이 바람직하다. 문항 각각을 하나의 관찰변수로 보고 요인분석을 실시할 경우 주의할 점을 정리해 보면 다음과 같다.

• 문항들 간의 상관계수를 어떻게 구하는 것이 바람직할지를 생각해 봐야 한다. 예를 들어, 문항들이 맞으면 1, 틀리면 0으로 이분 채점된 경우 피어슨의 적률상관계수를 구하는 것은 적절하지 않으며 이때에는 사분상관계수

(tetrachoric correlation coefficient)를 구하거나 아니면 상관계수 행렬을 자료로 사용하지 않는 완전정보 문항 요인분석을 실시해야 한다.

- 주성분분석과 요인분석의 용도를 구분하여 사용해야 한다. 요인분석을 시작하는 단계에서 최초 요인의 개수를 정한다거나 요인들 간의 전체 점수 분산에 대한 설명량 등을 알아보고자 할 때는 주성분분석을 사용할 수 있지만, 실제 최종적인 요인부하량을 결정하는 단계에서는 요인분석 방법을 사용하여 요인구조를 추출해야 한다.

- 요인에 대한 해석 가능성을 높이기 위해, 다시 말해 단순 구조(simple structure)를 지향하기 위해 요인회전 방법을 사용할 때 직교회전과 사교회전을 어떤 맥락에서 사용해야 하는지 명백히 이해해야 한다. 사교회전은 한 검사가 측정하고자 하는 하위 요인이 하나 이상 존재할 때 그들 간에 상관관계가 존재한다는, 즉 상호 간의 상관이 0이 아니라는 이론적 근거가 있을 때 사용한다. 매우 흔하게 볼 수 있는 오류는 검사타당화에 관한 하나의 논문 속에서 직교회전을 사용하여 최종 요인부하량을 보고하는 동시에 다른 표나 구절에서 요인들 간의 상당한 상관관계를 보고하는 경우다. 검사 제작자나 사용자가 하위 요인들 간의 상관관계가 어느 정도 존재할 수밖에 없다고 생각한다면 요인부하량을 보고할 때는 사교회전의 결과를 제시하는 것이 바람직하다.

구인타당도의 개념은 준거타당도와 유사한 것처럼 보일 수도 있다. 두 개념의 차이를 단적으로 이야기하자면 전자는 검사 제작자가 의도한 것 혹은 검사의 구인과 관련된 이론이 중요한 것이지 숫자로 계산된 값 자체는 부차적으로 간주된다는 점이다. 예를 들어, 특정 직무에 종사하게 된 사람들을 대상으로 앞으로 직무를 통해 받게 될 스트레스의 정도를 미리 파악해 보기 위한 검사가 있다고 하자. 일정 기간의 직무 기간이 끝난 후 사람들의 건강 상태를 측정한다면, 검사 결과와 건강 상태의 상관관계를 살펴서 예측타당도를 보는 것이 가능할 것이다. 구인타당도는 이보다 좀 더 이론적인 측면이 강조된다. 즉, 만약 스트레스가 건강에 좋지 않은 영향을 미친다는 인과관계에 대한 이론이 존재하고 두 변인 간의 관계를 확인하는 것이 스트레스라는 구인의 존재를 설명하는 데에 이론적 근거로 사용될 수 있다면, 앞에서 구한 상관관계는 예측타당도의 증거일 뿐만 아니라 구인타당도의 증거로 사용될 수도 있을 것이다. 추가적으로 기억해야 할 사항은, 이러한 상관관계 결과는 예측타당도의 직접적인 증거가 되지만 구인타당도를 파악하기 위한 상관관계나 요인분석 등의 결과는 언제나 간접적인 증거일 수밖에 없다는 점이다. 즉, 심리적 구인이란 우리 눈에 직접적으로 보이는 것이 아니기 때문에 이론에 의해서 기대한 바대로 통계치가 산출될 경우 그 값 자체가 구인타당도를 보장해 주는 것이 아니라 구인에 대한 추론이 옳을 수 있다는 것을 간접적으로 지원해 주는 역할을 한다고 볼 수 있다.

4) 안면타당도

내용타당도와 안면타당도는 한 검사가 재고자 하는 구인과 검사 문항들이 적절히 관련되어 있는지를 사람의 판단에 맡긴다는 점에서 유사한 개념이라고 볼 수 있다. 하지만 내용타당도의 경우 내용 전문가가 구체적으로 정해진 절차에 따라 좀 더 구조화된 방식으로 실시하는 것에 비하여, 안면타당도는 비공식적이며 정해진 절차 없이 전문가 혹은 비전문가의 인상에 따라 결정된다고 볼 수 있다. 이러한 안면타당도는 일견 검사의 타당도를 빠르고 효율적으로 검토해 보는 수단으로 인식될 수도 있지만, 한 검사가 측정하고자 하는 구인을 타당하게 젤 수 있는가를 전적으로 결정하기에는 다음과 같은 문제점을 가진다.

예를 들어, 백화점의 문화센터에서 특정한 과목을 수강하기 전에 간단한 설문 조사를 하는 상황을 생각해 보자. 이 설문지 중 응답자의 현재 건강 상태에 대해서 묻는 한 문항이 존재하고, 가능한 답지로는 "매우 좋음" "좋음" "보통" "좋지 않음"의 네 가지가 주어져 있다. 많은 사람은 이 문항에 대해서 응답자의 건강을 묻고 있다고 글자 그대로 믿을 것이다. 즉, 이 문항을 통해 건강 상태에 대한 정보를 얻을 수 있는가라는 측면에서 안면타당도를 갖추고 있다고 말할 수 있다. Idler와 Benyamini(1997)은 이 단일 문항 외에, 건강 상태를 체계적으로 검증할 수 있는 도구와 건강에 대한 심리 상태를 파악할 수 있는 도구를 적용하여 결과를 산출한 뒤 세 가지 변수 간의 상관관계를 계산해 보았다. 그 결과, 단일 문항에 대한 응답과 실제 건강 상태 변수와는 큰 상관이 존재하지 않았지만 심리 상태를 나타내는 변수와는 큰 상관을 보였다. 즉, 실제로 이 단일 문항은 사람들의 건강 상태에 대한 정보를 파악하도록 도와주는 검사도구로서 높은 안면타당도를 지녔음에도 불구하고, 실제로는 사람들의 건강 상태를 측정하기보다는 자신의 건강에 대한 사람들의 심리 상태를 측정하고 있었다.

안면타당도의 또 다른 문제점은 검사가 주는 인상으로서의 타당도 증거가 도대체 누구의 관점에서 명백해야 하는지에 대한 뚜렷한 합의가 없다는 점이다. 즉, 검사 사용자, 검사 응답자, 검사와 무관한 일반인, 내용 전문가 등이 검사에 대한 각자의 인상을 논의할 수 있기 때문에 단순히 안면타당도가 높다는 말이 의미하는 바를 명확히 이해하기 어려울 수 있다. 또한 검사의 종류에 따라서 겉보기의 인상이 실제 타당도와 매우 일치하는 경우도 있고 그렇지 않은 경우도 있을 수 있다. 실제 타당성 있는 검사라면 일단 빠르게 훑어본 결과 얻어진 안면타당도도 존재해야 한다고 말할 수 있다. 따라서 안면타당도를 살펴보는 것이 어느 정도 검사의 타당성에 대한 정보를 제공해 준다는 사실에 대하여 부인할 필요는 없지만 동시에 안면타당도가 검사의 실제 타당도와 전혀 관련이 없을 수 있다는 점도 항상 염두에 두어야 한다.

제3장
심리척도의 제작

| 강태훈 |

1. 들어가며

임상학자, 교사, 심리측정학자 등 심리검사를 제작하거나 이용하는 사람이라면 누구나 심리척도의 올바른 이용과 해석을 위하여 검사 제작의 기본과정 및 평가방법에 대해서 어느 정도의 지식을 가지고 있을 필요가 있다. 이러한 과정을 요약하면 다음과 같다.

- 측정하고자 하는 대상을 명확히 하기
- 예비문항의 작성
- 문항 유형에 대한 결정
- 전문가에 의한 예비문항 검토: 내용타당도 검증
- 예비검사 실시
- 검사에 대한 평가: 신뢰도 및 타당도 검증

- 검사에 포함될 최종 문항 확정: 평가 결과에 따른 문항 선택
- 규준의 작성

다음 절에서는 위의 순서에 따라 검사 제작자가 해야 할 일을 기술한다. 각 단계의 필요 요소들은 실제 검사를 제작하고자 하는 사람이나 만들어진 검사를 평가하고자 하는 사람들에게 구체적 지침으로 활용될 수 있을 것이다.

2. 심리검사 제작과정

1) 측정하고자 하는 대상을 명확히 하기

하나의 심리검사를 제작하고자 하는 사람은 자신이 측정하려는 구인 혹은 대상에 대해 명확히 이해하고 있다고 생각하지만, 실제로는 예비문항을 작성하거나 예비검사를 실시하고 자료를 수집한 단계에 이르러서야 모호한 점이 존재한다는 것을 깨닫게 되는 경우가 많다. 예를 들어, 다음과 같은 질문에 대해 명확한 결정 없이 검사 제작을 진행하는 것은 매우 위험하다고 볼 수 있다. 현재 제작 중인 척도가 측정하고자 하는 구인은 기존 이론에 따를 것인가 아니면 새롭게 주장되는 관련 이론들을 참고할 것인가? 척도가 나타내는 점수는 얼마나 구체적인 정보를 제공할 수 있는가? 척도가 측정하고자 하는 하위 요인들이 존재한다면 그중 일부가 다른 요인들보다 이론적으로 더 중요한가?

(1) 이론의 중요성

심리척도를 제작하고 타당화하는 것과 관련하여 우리가 고려해야 하는 많은 기술적 요소가 있지만, 그중 가장 중요한 것은 측정하고자 하는 구인을 뒷받침하고 있는 실질적인 이론을 분명히 확보해야 한다는 사실이다. 심리검사가 사용되는 이유는 그것이 측정하고자 하는 대상이 우리의 눈으로 관찰 가능한 대상

이 아니라 간접적으로 접근할 수밖에 없는 잠재적 구인이기 때문이다. 검사는 실제 우리 눈으로 관찰할 수 없는 대상을 밖으로 드러내기 위한, 즉 '외현화'하기 위한 도구라고 볼 수 있다. 외현화된 결과 혹은 검사 점수가 정말로 그 대상에 대한 정확한 측정치(measure)인지를 직접적으로 비교해 볼 수 있는 어떠한 준거도 존재하지 않기 때문에, 명확한 이론적 근거를 바탕으로 측정하고자 하는 대상과 관련된 검사 문항들을 구성하는 것이 매우 중요하다.

만약 현존하는 어떤 이론이 검사 제작자가 생각하는 구인의 속성을 제대로 드러내 주지 못한다면 그는 새로운 이론을 담고 있는 참고문헌을 찾거나 아니면 새롭게 이론적 개념을 정립할 필요가 있다. 물론 이러한 작업은 실제로 문항을 작성하는 단계 전에 이루어져야 한다. 예를 들어, 특정한 맥락에서 자기효능감에 대한 척도를 구성할 필요가 있을 때 기존의 어떤 이론이나 이에 따라 만들어진 척도가 존재하지 않는다면, 검사 제작자는 측정하고자 하는 자기효능감이 무엇인지에 대한 개념 정립을 해야 하며 관련 전문가들의 검토를 받아서 이를 조작적으로 정의하기 위한 노력을 기울여야 한다.

(2) 구체적 맥락의 중요성

측정하고자 하는 구인에 대해서 그것이 알려 주기를 기대하는 피험자에 대한 정보가 어느 정도로 일반적 개념인지 혹은 구체적 개념인지를 생각해 볼 필요가 있다(Ajzen & Fishbein, 1980). 때때로 심리척도는 매우 구체적인 행동이나 구인들과 관련되어 제작될 수도 있고, 또 어떤 경우에는 매우 일반적인 혹은 전반적인 성향을 나타내기 위한 목적으로 제작될 수도 있다. 예를 들어, 자신의 삶에 영향을 미치는 것에 대한 개인의 지각을 의미하는 통제소재(locus of control)는 널리 사용되는 심리학적 개념 중의 하나다. 이 구인은 삶 속에서 나타나는 많은 상황 속에 전반적인 행동 유형을 설명하기 위해 사용될 수도 있지만, 반면에 매우 구체적인 맥락 속에서 개인이 어떠한 반응을 보일 것인가를 예측하기 위해 사용될 수도 있다. 전자의 경우, Rotter(1966)가 개발한 다음의 문항들을 그 예로 들 수 있다. "세상은 권력을 가진 몇몇 사람에 의해서 운영되는 것이며 소시

민이 할 수 있는 것은 거의 없다." 비슷한 예로 Levenson(1973)이 만든 통제소재 척도에서 사용된 문항으로 "내 인생 속에서 일어나는 대부분의 일들은 권력을 가진 다른 사람들에 의해서 결정되는 것처럼 느낀다."가 있다. 반대로 매우 구체적인 맥락에 대한 문항의 예로는 Wallston, Wallston과 DeVellis(1978)가 개발한 건강 통제소재 척도의 문항들을 들 수 있다. 여기서는 "내 주치의를 주기적으로 만나는 것이 내가 병을 피하는 최선의 방법이다."라는 문항과 "내가 만약 주치의를 정기적으로 만난다면 당뇨병으로 인한 문제들을 훨씬 줄일 수 있을 것이다."와 같은 보다 구체적인 문항을 포함하고 있다.

(3) 척도가 포함하고자 하는 영역을 명확히 하기

검사 제작자는 측정하고자 하는 구인이 다른 구인들로부터 충분히 구별되는 것인지를 자문해 볼 필요가 있다. 하나의 심리척도는 앞서 논의한 바와 같이 해당 구인이 적용되는 상황을 매우 넓게 혹은 매우 구체적으로 규정할 수 있다. 예를 들어, '일반적인 불안'이라는 구인을 측정하는 것은 충분히 가능한 일이며 이 검사를 통하여 검사 불안과 사회적 불안 모두 평가하는 것도 가능하다. 만약 검사 제작자나 사용자가 이 검사를 통하여 대상에 관계없이 불안이라는 구인을 측정하는 것이 목표라면 별다른 문제가 없을 수도 있으나, 하나의 구체적인 유형의 불안에 관심이 있는 것이라면 해당되지 않는 다른 불안에 관한 문항들은 모두 제외하는 것이 바람직할 것이다.

2) 예비문항의 작성

측정하고자 하는 대상에 대해 명료한 개념 정립이 이루어졌다면, 실제 검사 도구를 작성하기 위한 준비가 끝난 셈이다. 그다음, 첫 번째로 할 일은 실제 척도에 포함될 문항 후보군이라고 할 수 있는 예비문항들을 만들기 시작하는 것이다. 당연히 각 예비문항은 측정하고자 하는 목적을 잘 반영하여 제작되어야 한다. 동일한 구인을 측정하기 위해 만들어진 모든 문항은 이러한 잠재변수와 밀접한 관련이 있어야 하며, 문항 하나하나가 하위 검사라는 생각 속에서 각 문항이 측정하고자 하는 구인을 잘 드러내 줄 수 있어야 한다. 다시 말해서, 문항 수가 늘어날수록 보다 신뢰할 수 있는 검사도구를 구성할 수 있겠지만, 각각의 문항 입장에서 잠재변수와 가능한 한 높은 상관을 가질 수 있어야 한다. 이론적으로 한 검사를 구성하는 문항들은 측정하고자 하는 구인과 관련된 거의 모든 문항으로 이루어진 문항 전집 혹은 모집단으로부터 무선적으로 선택된 것이라고 볼 수 있다. 이러한 전집을 구성하는 것은 실제로 불가능하기 때문에 검사 제작자는 문두와 답지의 기술, 창의적인 상황 설정, 적절한 문항 유형 등에 있어서 관심 구인을 외현화하기 위한 가능성을 최대화할 수 있도록 다양한 예비문항을 구상하고 작성할 필요가 있다.

(1) 중복성

여러 문항을 작성하는 상황 속에서 한 가지 생각해 볼 문제는 중복성을 가지는 문항들을 어떻게 다루어야 하는가다. 한 검사 속에 존재하는 문항의 중복성 (redundancy)은 때로는 좋을 수도 있지만 나쁠 수도 있기 때문이다. 한 구인을 측정하기 위한 특정 질문을 여러 가지 다른 측면으로 접근하여 비슷비슷한 복수 문항들을 만든 경우, 이러한 문항들의 공분산은 크게 나타날 것이며 따라서 크론바흐 알파와 같은 신뢰도를 높이는 효과를 줄 수 있다. 또한 검사에 포함하고자 하는 내용과 관련한 복수 문항들을 집중적으로 다루어 줌으로써 구인과 관련 없는 부수적인 문항 속성에 의한 영향이 자연스럽게 줄어드는 효과를 거둘 수도 있다. 그러나 이러한 중복성이 항상 바람직한 방향으로만 작용하는 것은 아니다. 측정하고자 하는 구인과 관련하여 여러 측면을 보여 주는 중복성은 바람직하지만, 다른 부수적인 문항 속성과 관련된 중복성은 불필요하기 때문이다. 예를 들어, 부모의 자녀에 대한 지원 의지를 묻고자 하는 척도에서 다음과 같은 중복된 문항이 있다. "나에게 정말 중요한 것은 내 자녀의 성공이다."와 "나에게 정말 중요한 일은 내 자녀의 성공이다." 이 두 문항은 '것'과 '일'의 단어 선택에서 오는 차이만 가지고 있을 뿐이며 묻고자 하는 바를 다각도로 접근한다는 바람직한 중복성을 나타낸다고 보기는 어렵다. 대신에 두 중복 문항이 다음과 같은 경우를 생각해 볼 수 있다. "내 자녀의 성공을 위해서 나는 무엇이든 할 수 있다."와 "내가 자녀의 성공을 도울 수만 있다면 어떤 희생이 따르더라도 감당할 수 있다." 이러한 중복성은 구인과 관련된 유사한 아이디어를 다른 측면으로 접근하는 것이기 때문에 유용하다고 말할 수 있다. 이처럼 바람직한 중복성을 가진 문항들을 추가하고 불필요한 중복성을 피해 나간다면, 이는 신뢰도와 타당도를 함께 높일 수 있는 방안이 될 것이다. 물론, 바람직한 중복성이라고 할지라도 문항 수에 제약을 가지는 최종 검사에 모두 포함시키는 것은 적절하지 않을 수도 있다. 하지만 검사를 제작하는 초기 단계에서는 이러한 좋은 중복성을 가지는 문항들을 가능한 한 많이 만들기 위한 노력이 필요하다.

(2) 문항의 수

최초의 문항군(item pool)에 얼마나 많은 문항이 필요한지를 단언하기는 어렵지만, 최종 척도에 포함될 문항 수보다는 많아야 한다. 크론바흐 알파와 같은 신뢰도는 문항 상호 간의 상관계수가 높을수록 커지는 경향이 있다. 그러나 문항을 이제 막 작성하는 초기 단계에서는 이러한 구체적인 상관계수 값을 알기 어렵기 때문에, 충분히 많은 수의 문항을 작성하는 것은 신뢰도가 높은 검사를 개발하기 위한 일종의 보험과 같다고 말할 수 있다. 후보 문항들이 많을수록 최종검사 문항들을 고르는 작업을 할 때 세심하고 엄격한 기준을 적용할 수 있을 것이다. 따라서 보통 최종 검사에 들어갈 문항 수에 비하여 적어도 두 배 그리고 많게는 다섯 배 정도까지 작성하여 충분한 예비문항을 확보할 필요가 있다. 즉, 최종적으로 20문항 정도로 이루어진 척도를 생각하고 있다면 40 내지는 100문항 정도가 예비문항으로 작성되는 것이 바람직하다. 그러나 다양한 예비문항을 제작하기 매우 어려운 내용 영역이거나 혹은 여러 선행연구 결과 적은 수의 문항만으로도 높은 신뢰도를 얻을 수 있는 구인일 경우에는 최소한 1.5배 정도의 예비문항을 작성하는 것을 권장한다. 문항군 속에 있는 예비문항의 수는 많으면 많을수록 좋지만, 예비문항이 너무 많은 경우 예비검사(pilot testing)의 시행에서 이들을 모두 다루기가 곤란할 수 있다. 이는 예비검사를 실시하는 시간과 참여한 피험자들의 피로도를 고려할 때 지나치게 많은 문항을 포함하기는 어렵기 때문이다. 이러한 경우 검사 제작자는 문항과 구인 관계가 명료한지, 중복성이 바람직한지 등의 사전 기준을 세워서 적절한 수의 문항을 추려 내는 작업이 필요하다.

(3) 좋은 문항과 나쁜 문항의 속성

문장의 해석이 난해하고, 유난히 길이가 길며, 피험자의 능력에 적절하지 않은 수준의 독해력을 요구하는 문항은 나쁜 문항이라고 볼 수 있다. 일반적으로 검사도구의 제작 시 받아들여지는 적정한 읽기 관련 난이도는 초등학교 5학년에서 중학교 2학년 수준이라고 본다. 이러한 독해력 수준을 고려할 때, 의미론적·구문론적 요소가 반드시 고려되어야 한다. 보통 짧은 단어와 짧은 문장으로 이루어진 문항이 복잡하고 긴 문장으로 이루어진 문항보다 좋다고 볼 수 있으며, 누구나 알 수 있는 상식적인 단어를 사용하여 문장을 진술하는 것이 바람직하다.

문항을 구성하는 문장이 부정 어구를 포함하게 되면 불필요한 혼란을 야기할 수 있다. 다음 두 문장을 비교해 봄으로써 어느 문장이 피험자에게 혼란을 가중시키는지 혹은 명확한 의미를 제시해 주는지 비교해 보라. "나는 반핵 단체에 투자하는 것을 막는 회사에 찬성하지 않는다." vs. "나는 반핵을 지지하는 단체를 도와주는 것에 찬성한다." 또한 이중으로 해석될 가능성을 가진, 즉 중의적 성격을 가진 문장도 사용을 피하는 것이 바람직하다. "차별은 신의 가르침에 반하는 범죄이므로 나는 모든 사람의 천부인권을 지지한다."라는 문장은 피험자가 신과 범죄 중 어느 단어에 더 초점을 두고 해석하는지에 따라 두 가지 의미로 해석이 된다. 즉, "차별은 신의 뜻에 반하는 것이므로 모든 사람의 천부적 권리를 지지한다."와 "차별은 범죄이므로 모든 사람의 천부적 권리를 지지한다."라는 두 해석은 전자의 경우 종교적 의미가 강조되지만, 후자의 경우 범죄라는 사실에 집중하기 때문에 결코 같은 범주상에 놓이지 않는다. 따라서 두 가지 다른 해석 가능성을 가진 판단의 결과는 피험자를 제대로 이해하는 것을 어렵게 만들기 때문에 누가 보기에도 명확한 한 가지 의미로 해석할 수 있는 문장으로 진술된 문항을 사용해야 한다. 마지막으로 문항을 진술할 때는 애매한 대명사의 사용을 삼가는 것이 좋다. "살인자와 강간범은 정치인들에게 사면을 요구하면 안 된다. 왜냐하면 그들은 인간쓰레기이기 때문이다." 이 문장에서 '그들은'이라는 대명사는 누구를 의미하는가? 살인자와 강간범을 의미하는가 아니면 정치인들을 의미하는가? 이렇듯 검사지의 문항이 피험자에게 조금이라도 혼란이나 애매함 혹은 이중해석의 가능성을 준다면, 그 문항은 나쁜 문항으로 배제되거나 수정되어야 한다.

(4) 긍정적 문항과 부정적 문항

많은 척도 개발자는 구인에 대한 피험자의 낮은 수준을 나타내기 위해 부정적인 단어를 사용하여 문항을 개발하는 방법을 선택하곤 한다. 예를 들어, Rosenberg(1965)의 자존감을 측정하는 척도는 높은 수준의 자존감을 묻는 문항 중 하나로 "나는 많은 양질의 장점을 가지고 있다."를 사용하며, 낮은 수준의 자존감을 묻는 문항의 하나로서 "나는 가끔 자신에 대해 쓸모없다는 생각을 한다."를 사용한다. 같은 척도 내에서 긍정적으로 또는 부정적으로 서술된 문항은 피험자의 응답 경향에 있어서 한쪽 방향으로 편향되는 현상을 방지해 줄 수 있다. 예를 들어, 척도가 높은 수준의 자존감을 나타내는 일련의 문항으로 구성되어 있다면, 하나의 문항에 긍정적인 답을 한 피험자는 다른 문항들의 구체적 내용과 관계없이 응답의 일관성을 유지하면서 매우 높은 자존감을 가진 것처럼 보이도록 답을 하는 행태를 보이기 쉽다. 이러한 현상을 방지하기 위해서는 한 검사지에 긍정적으로 진술된 문항과 부정적으로 진술된 문항을 같은 수로 배열한 후 검사를 실시하는 것이 좋다.

3) 문항 유형에 대한 결정

다양한 유형의 질문지가 존재하기 때문에 검사 제작자는 어떤 유형의 문항을 사용할지를 개발 초기에 고려해야 한다. 문항 개발과 문항 유형에 대한 결정은 서로 밀접한 관계를 가지므로 이 두 과정은 동시에 진행되어야 한다. 예를 들어, 응답 유형이 단답형 문항으로 이루어진 체크리스트일 때 하나의 문항이 몇 개의 문장으로 이루어진 문단을 포함하도록 개발하는 것은 시간 낭비일 것이다.

(1) 서스톤 척도(Thurstone Scaling)

중학교 2학년 과학 시간에 배웠던 소리굽쇠에 대한 기억을 떠올려 보자. 소리굽쇠는 하나의 주파수에 대해서만 진동하여 그에 해당되는 음만을 내도록 고안된 기구다. 따라서 이 U자로 구부러진 쇠막대를 때리면 이 쇠막대는 특정 주파수를 갖는 진동을 하게 된다. 역으로 소리굽쇠와 동일한 주파수 또는 진동수를 만들어 내는 무엇인가를 소리굽쇠 근처에 놓는다면 소리굽쇠를 직접 때리는 것과 같은 반응인 진동을 할 것이다. 소리굽쇠가 자신과 동일한 주파수에 대해서만 반응하여 진동하는 공명 현상을 보인다는 것을 기억하면, 이는 서스톤 척도를 이해하기 위한 좋은 비유가 될 수 있다.

검사 제작자는 구인에 대한 특정 수준을 나타내는 문항들을 개발할 때 그러한 특정 수준을 나타내 줄 수 있는 서술문들을 작성해야 한다. 낙태에 대한 태도를 묻는 질문지를 개발할 때 제작자는 '낙태는 무조건 허용해야 한다.'와 '낙태는 절대 허용해서는 안 된다.'라는 두 서술문 사이에 낙태에 대한 피험자의 다양한 태도 수준을 나타낼 수 있는 서술문들을 개발할 필요가 있다. 즉, 피험자의 특성은 소리굽쇠에 해당하며 이를 구별해 줄 수 있는 질문으로 이루어진 문항은 소리굽쇠와 동일한 주파수를 가진 물체에 해당하는 것이다. 특정 문항의 주파수가 피험자의 성향 특성 정도와 연결 짓게 될 때 피험자는 자신의 성향 특성을 '그렇다' 또는 '아니다'와 같은 척도를 선택함으로써 진동하게 된다.

서스톤 척도는 피험자의 특성을 나타내도록 진술된 문항에 대해서는 '그렇다'

라고 동의하는 응답을 하도록 구성된다. 즉, 한 구인에 대하여 피험자의 특성에 부합하는 문항에 대해서는 동의하는 응답을 하는 반면, 피험자 특성과 부합하지 않는 문항에 대해서는 동의하지 않는다는 부정적인 응답을 하도록 구성된다. 응답자가 동의하는 특성을 가진 문항들 사이에서도 강도의 차이는 존재할 수 있다. 따라서 응답자들이 동의하는 특성과 그렇지 않은 특성에 대하여 다양한 강도를 가지도록 일련의 문항을 개발하여 동일한 간격을 나타내도록 배치해야 하며 동의-동의하지 않음의 두 선택지를 갖도록 구성해야 한다. 결과적으로 한 피험자의 점수는 '그렇다'로 응답한 문항들의 척도값 합을 동의로 응답한 문항수로 나누어서 얻게 된다. 구체적인 서스톤 척도 제작과정은 다음과 같다.

1. 다양한 태도 수준을 나타내는 진술문의 수집(100개 정도)
2. 25명에서 많게는 300명 정도의 평정자를 사용하여 이 진술문들에 대해 평가 (극단에서 극단까지 11단계, 1~11점; 1은 매우 그렇지 않다~11은 매우 그렇다)
3. 척도치의 결정: 중앙치(median)와 사분위편차(QD)를 계산
4. 진술문들의 선택: 대략 등간격의 중앙치를 가지는 항목들을 선택하며, 두 항목의 중앙치가 같을 경우 주로 사분편차가 작은 진술문 선택
5. 모호하거나(QD값이 지나치게 큼) 부적합한 진술문은 제외: 최종 척도 완성

피험자가 검사지의 응답 결과 문항들에 대하여 얼마나 많이 동의하였느냐에 따라서 현상에 대한 피험자의 성향 특성이 드러나므로 검사 개발자들은 어떤 문항 또는 어떤 문항 항목에서 피험자의 동의가 유발되었는지를 살펴볼 필요가 있다. 보통 특정 대상에 대한 태도의 정도를 정밀하고 체계적으로 구분해 낼 수 있는 문항들을 찾거나 개발하는 것은 매우 어려운 일이기 때문에 현실적으로 진정한 의미의 서스톤 척도를 개발하는 것은 매우 어렵다.

(2) 거트만 척도(Guttman Scaling)

거트만 척도는 앞서 살펴보았던 서스톤 척도와 거의 유사한 제작 원리를 갖

지만, 거트만 척도가 서스톤 척도와 구별되는 가장 큰 차이점은 피험자 반응에서의 누적성을 적극적으로 고려한다는 점이다. 다음 일련의 문항을 먼저 살펴보자.

다음 질문에 순서대로 답변해 주십시오. 자신의 의견에 맞는 한 곳에만 V표 해주십시오.

문항	그렇다	아니다
1. 나는 담배를 핀다.		
2. 나는 하루에 10개비 이상의 담배를 핀다.		
3. 나는 하루에 한 갑 이상의 담배를 핀다.		

거트만 척도는 문항번호가 올라가는 것에 비례하여 특정 수준을 재는 강도가 점점 높아지도록 구성된다. 문항에 포함된 특정 수준을 재는 강도가 점점 높아진다는 가정하에, 피험자가 1번 문항부터 순서대로 검사지를 풀어 나갈 때 피험자가 마지막으로 '그렇다'라고 동의하는 문항을 임계점이라고 할 수 있다. 거트만 척도에 의해 검사지가 개발되면, 피험자는 어느 임계점 이하까지의 모든 문항에 동의하는 응답을 해야 하며, 임계점을 초과하는 문항들에 대해서는 모두 부정적인 응답을 해야만 한다. 제시된 예시를 보면 1번 문항에 "아니다"라고 답한 피험자는 2번 문항에 "그렇다"라고 답할 수 없으며 당연히 3번 문항에 "그렇다"라고 답할 수 없다. 만약 피험자가 1번 문항에 "그렇다"라고 답을 한 후 2번 문항과 3번 문항에 "아니다"라고 답하였다면 이 피험자의 임계점은 1번 문항이 되는 것이다.

서스톤 척도가 긍정적인 응답의 개수에만 초점을 둔 반면, 거트만 척도는 긍정적인 응답에서 부정적인 응답으로의 이행에 초점을 둔다. 거트만 척도를 사용할 때 유의할 점은 특정 현상이나 상황에 대하여 구체적으로 진술해야 한다는 것이다. 만약 문항이 구체적으로 진술되지 않는다면 피험자는 문항을 잘못 이해하여 낮은 문항에 동의하지 않지만 그보다 높은 문항에는 동의하는 모순된 상황을 발생시킬 수 있다.

(3) 응답 반응범주의 적절한 수

어떤 검사지는 피험자가 문항에 대한 자신의 의견을 자유롭게 서술할 수 있도록 주관식 문항으로 구성된다. 그러나 일반적으로 분석의 용이함과 해석의 명확성을 위하여 주어진 답지에 반응할 수 있는 형태로 제한을 둔다. 예를 들어, 특정한 상황이 발생했을 때의 분노의 정도를 측정한다고 가정해 보자. 응답란이 서술형으로 되어 있다면 피험자가 자신이 느낀 바나 기분에 따라 "매우 분노함" 또는 "분노하지 않았음"과 같이 진술할 것이다. 그러나 각 피험자마다 분노에 대한 기준이 다를 뿐만 아니라, '매우'와 같은 부사에 대한 해석도 사람에 따라 다를 수 있다. 관찰자에게 피험자의 분노 상태를 관찰하여 응답란에 기록하라고 지시할 때도 앞에서와 유사한 문제가 발생할 수 있다. 따라서 마치 따뜻함의 정도를 측정할 때 온도계를 사용하는 것과 같이, 분노를 측정하는 객관적인 방법이 요구된다. 특정 상황에서 피험자가 가지는 분노의 온도를 측정함으로써 온도계의 최저점에 해당하면 "전혀 화나지 않았음", 온도계의 최고점에 해당하면 "참을 수 없을 만큼 화났음"과 같이 분노에 대한 동일한 기준을 적용하여 측정이 이루어질 수 있도록 하는 것이 좋다. 또 다른 방법으로는 응답자에게 1에서 100까지의 숫자를 사용하여 각 상황에서 어느 정도의 분노가 유발되었는지를 표현하도록 하는 것인데, 이러한 방법은 응답자의 주관적 기준과 기분에 따라 좌우될 수 있음을 유의해야 한다. 어의적 해석에 대한 주관성을 최소화하기 위해서는 피험자가 선택할 수 있는 응답을 엄격하게 제한할 수도 있다. 이를 위해서는 "전혀" "조금" "적당한" "많이"와 같이 제한된 선택을 하도록 응답 반응범주를 제한하거나, 간단하게 "화났음" "화나지 않았음"과 같은 두 가지 선택권을 주는 것도 한 방법이 될 수 있다.

다양한 문항 유형의 조건에서 응답 반응범주 수를 조절함으로써 다양성을 확보할 수도 있다. 문항이 적을 때는 0~100개의 반응범주 척도(예: 1에서 100까지의 숫자를 사용하여 분노 표현)를 사용하며, 문항이 많을 때는 두 가지 정도의 반응범주를 사용해도 다양성을 확보할 수 있다. 그러나 대부분의 피험자는 50개의 응답 반응범주가 주어져도 5~10개 정도의 반응범주만을 사용한다. "매우 그렇다" "그렇다" "보통이다" "아니다" "전혀 아니다"와 같은 특정 단어들의 물리적 배치를 보고 척도를 구별하는 것이 일반적이다.

응답 반응범주 수의 배정은 질문의 종류, 응답 반응의 종류, 검사 제작자의 목적에 따라 달라지지만 응답 반응범주 수를 배정할 때 가장 중요한 것은 각 문항에 대하여 많은 수의 변수를 기록하려는 검사 제작자의 능력과 의지다. 물론 검사 제작자는 하나의 검사지와 그 안의 문항들을 통하여 많은 변수를 기록하고 싶을 것이다. 그러나 검사 제작자가 실제적으로 각 응답 반응에 대하여 정확히 점수화할 수 있는 측정도구와 그 단위를 개발하였는지에 대한 여부를 검토하여 그에 맞는 현실적인 응답 반응범주를 설정해야 한다.

(4) 리커트 척도(Likert Scaling)

리커트 척도는 특정 상황이나 현상에 대하여 서술문의 형식으로 문항을 진술한다. 각 문항에 대한 응답 척도는 피험자가 해당 문항의 상황 또는 현상에 어느 정도 동의하는지 정도에 따른 반응범주로 나누어진다. 이때 나누어진 응답 반응범주의 선택지는 동의하는 정도에 대하여 서로 동일한 간격을 갖도록 작성되며 일반적으로 다섯 개에서 일곱 개 정도로 반응범주가 나누어진다. "보통이다" 혹은 "모르겠다"와 같은 중립적 의견을 배제하려면 다음처럼 짝수 개의 반응범주를 제시하는 것도 좋은 방법이 될 수 있다. "매우(strongly) 동의하지 않음" "적당하게(moderately) 동의하지 않음" "조금(mildly) 동의하지 않음" "조금(mildly) 동의함" "적당하게(moderately) 동의함" "매우(strongly) 동의함".

리커트 척도는 특정 현상이나 상황에 대한 피험자의 의견이나 믿음, 태도를 측정하는 도구로서 심리학이나 교육학 분야에서 널리 사용되고 있다. 매우(strongly), 적당하게(moderately), 조금(mildly)으로 표현되는 응답 반응범주의 진술 양식이 가장 널리 사용되며, 피험자가 가진 참 의견의 다양성을 정확하게 반영할 수 있도록 응답 반응범주의 진술 형태가 결정되는 것이 좋다. 따라서 검사 제작자는 응답 반응범주의 진술 양식을 결정하기 전 '사람들이 해당 문항에 대한 응답 반응범주에 어떻게 반응할 것인가?'를 각 범주별로 고민해 보아야 한다.

한 예로, 한국말로 표시된 위의 여섯 가지 형태의 응답 반응범주를 자세히 들여다보면, 응답자는 '적당하게'와 '조금'에 대하여 개념과 해석상의 혼란을 겪을 가능성이 있다. 따라서 이럴 때에는 여섯 가지 형태의 응답 반응범주를 사용하기보다는 다음처럼 네 개의 응답 반응범주를 사용하는 것이 더 바람직할 수도 있다. "매우 동의함" "동의함" "동의하지 않음" "매우 동의하지 않음". 구체적인 리커트 척도 제작과정은 다음과 같다.

1. 진술문의 수집 및 편집
2. 응답 반응범주의 결정
   ① Strongly disagree
   ② Disagree
   ③ Neither agree nor disagree
   ④ Agree
   ⑤ Strongly agree
3. 편집된 진술문을 (예비) 피험자에게 실시
4. 각 진술문의 각 선택지에 반응한 피험자의 빈도 산출
5. 각 진술문의 선택지에 대해서 점수 가중치 결정
6. 신뢰도 및 타당도 검증

이러한 제작 절차 중 5번에서 언급한 점수 가중치 결정을 위해 'sigma-편차 가중치 방법'이나 '표준점수 가중치 방법'과 같은 여러 가지 방법이 있을 수 있다. 그러나 현실적으로는 '임의적 가중치 방법'으로서 검사 제작자가 임의로 '1' '2' '3' '4' '5'와 같은 점수를 모든 문항의 각 선택지에 부여하는 방법이 가장 널리 쓰이고 있다. 임의적으로 가중치를 부여하는 방법은 가장 간편하다는 장점에 더하여 다른 복잡한 방식으로 구한 결과와 상관계수를 구했을 때 0.99 정도의 일치를 보이는 것으로 알려져 있다. 따라서 위의 절차에서 실제로는 5가 생략되는 경향이 있다.

일반적으로 피험자들은 극단적으로 진술된 응답지를 택하기보다는 온화한 진술문으로 된 응답지를 택하는 경향이 강하다. 그렇기 때문에 너무 온화하게 진술된 응답지는 오히려 극단적으로 진술된 응답지보다 더 큰 문제를 가지고 있을 수 있다. 따라서 검사 제작자는 응답에 대한 진술로서 다음 예에서와 같이 "보통이다"나 "잘 모르겠다" 같은 중립적인 진술문을 사용하여 응답지를 개발할 때, 피험자들이 이 응답지에 몰리는 경향이 크다는 것을 염두에 두어야 한다.

문항	매우 그렇지 않다	그렇지 않다	보통이다	그렇다	매우 그렇다
지역감정 해소를 위해 정당비례 투표제를 도입해야 한다.	①	②	③	④	⑤

다음을 읽고 해당하는 곳에 V표 하시오.

(5) 의미분별법(Semantic Differential)

자동차 판매원이 고객에게 자동차를 판매한 후, 자동차 회사에서는 고객 만족도와 판매원에 대한 평가를 하기 위해 고객에게 자동차 판매원이 제공한 서비스에 대한 평가를 포함하는 질문지에 대한 답안 작성을 문의할 수 있다. 이때 간단하고 유용하게 사용할 수 있는 있는 문항 유형 중의 하나가 바로 의미분별법이다. 다음 문항은 의미분별법을 사용한 예시다.

고객님께 서비스를 제공한 판매원에 대하여 다음의 항목을 V로 평가해 주십시오.

친절함 _____ _____ _____ _____ _____ 불친절함

정직함 _____ _____ _____ _____ _____ 정직하지 않음

위 문항의 "친절함 & 불친절함" "정직함 & 부정직함"은 형용사를 명사화한 서로 반대 의미를 갖는 한 쌍의 단어로 여겨진다. 의미분별법을 사용한 검사에서

문항은 이처럼 서로 반대되는 의미를 갖는 한 쌍의 단어 짝을 서로 인접한 연속적인 선(예시에서는 6개의 인접한 선 사용)의 양극단에 놓는다. 피험자는 검사지에 주어진 상황 또는 인물의 특징에 대하여 자신이 생각하는 대로 연속적인 선의 한 곳에 체크를 하게 된다. 예를 들어, 자동차를 구매한 고객이 자신에게 자동차를 판매한 판매원에 대해서 의미분별법으로 평가를 한다고 할 때, 친절함에 대해서는 가장 오른쪽에 위치한 선에 V표를 하였고, 정직함에 대해서는 오른쪽에서 두 번째에 위치한 선에 V표를 하였다고 하자. 이를 통해 자동차 판매원이 고객에게 매우 불친절하며 꽤 부정직한 자라고 평가받았음을 알 수 있을 것이다.

연속적인 선의 양극단에 놓이는 한 쌍의 명사화된 형용사 단어는 서로 양극성을 띠도록 배치하는 것이 일반적이지만 단극성을 띠도록 배치해도 괜찮다. "부지런함 & 게으름"은 서로 양극성을 띠는 명사화된 형용사 단어이며 "비쌈 & 비싸지 않음"은 단극성을 띠는 명사화된 형용사 단어다. 즉, 양극성을 띠었다는 것은 반대 의미를 가진 별개의 단어를 채택하는 것이며 단극성을 띠었다는 것은 먼저 나타내고자 하는 의미를 가진 한 가지 대표 단어를 채택한 후 그것에 '않은'과 같은 부정어를 붙여 배치하는 것이다. 예를 들어, "신뢰할 만함 & 신뢰할 만하지 않음" "공정함 & 공정하지 않음"은 '정직'이라는 공통된 잠재 변수를 가진 일련의 문항으로서 "정직함 & 정직하지 않음" 문항에 대하여 추가적으로 실시될 수 있다.

(6) 비주얼 아날로그(Visual Analog)

비주얼 아날로그 문항 유형은 앞서 살펴보았던 의미분별법과 비슷한 방법의 문항 유형을 갖는다. 다른 점이 있다면 의미분별법이 6개가량의 인접한 연속적인 선을 사용하여 그 양극단에 반대되는 의미의 명사화한 형용사를 배치한 반면, 비주얼 아날로그 방법은 나누어지지 않은 연속적인 선을 사용하여 그 양극단에 제시된 한 쌍의 기술어를 각각 제시한다는 점이다. 다음은 비주얼 아날로그 문항 양식을 이용하여 병원에서 환자에게 제공할 수 있는 검사지다.

현재 자신의 고통 정도를 V로 평가해 주십시오.

전혀   경험했던 것 중
고통   -   가장
없음   고통스러움

비주얼 아날로그에서 연속적인 선의 양극단에 놓이는 기술어는 의미분별법에서처럼 반대되는 의미를 갖는 한 쌍의 단어를 반드시 사용할 필요는 없다. 검사 개발자는 피험자의 의견, 경험, 믿음 또는 측정하고자 하는 것은 무엇이든지 문항에 기술할 수 있으며, 피험자는 자신이 속한다고 생각하는 의견, 경험, 또는 믿음의 강도를 선 위의 한 지점에 표시할 수 있다. 이는 연속적인 척도로서 응답자가 표시한 연속적인 직선상에서의 길이에 따라 점수가 결정된다.

그러나 연속적인 선을 따라 피험자에 의해 특정 지점에 표시된 마크는 다른 사람들과 그 크기가 같음을 의미하지는 않는다. 예를 들어, 피험자 1번이 연속적인 선 위의 특정 지점에 고통의 강도를 체크하였고, 피험자 2번 또한 피험자 1번이 체크한 특정 지점에 우연히 자신의 고통의 강도를 동일하게 체크하였다고 할지라도, 이것이 피험자 1번과 피험자 2번의 고통의 강도가 같음을 확인시켜 주는 것은 아니다. 즉, 서로 다른 피험자가 같은 위치에 고통의 강도를 체크하였을지라도 피험자가 느끼는 고통의 강도는 다를 수 있다. 이러한 특징은 비주얼 아날로그 방법의 단점이 될 수 있다. 고통에 대하여 측정할 때 고통의 빈도, 강도, 지속성의 다차원적 특성이 한 번에 평가되므로 피험자는 자신이 경험했던 최악의 고통에 대한 기억이 왜곡될 가능성이 있다. 또한 '최악의 고통'에 대하여 피험자마다 경험했던 차이의 정도가 다르기 때문에 개인들끼리의 비교는 매우 복잡해진다. 따라서 비주얼 아날로그 방법은 여러 개인을 비교하기 위한 목적보다는, 피험자 개인이 시간의 흐름에 따라 어떻게 변화하는지를 관찰하는 데 유용하며 특정 사건의 발생 전후의 현상을 측정하는 데 사용하는 것이 바람직하다(Mayer, 1978). 비주얼 아날로그 방법에서는 시간이 지난 후 검사

가 재실시되었을 때 피험자들이 과거 응답 지점을 정확하게 기억해 내기 어렵기 때문에 기억에 의해 같은 지점을 똑같이 체크할 수 없으며 따라서 현재 피험자가 느끼는 상태에만 집중하여 반응하게 된다. 비주얼 아날로그 방법은 주로 '현재 자신의 고통'과 같이 단일 문항을 통하여 측정하곤 하는데 이는 전체적인 신뢰도를 저해하는 요인이 될 수도 있다. 그러나 신뢰도는 타당도의 필요조건이므로 만일 타당도가 충분하다면 어느 정도 신뢰도가 존재함을 미루어 짐작할 수 있을 것이다.

4) 전문기에 의한 예비문항 검토: 내용타당도 검증

지금까지 측정하고자 하는 대상, 예비문항의 작성, 문항 유형에 대한 결정을 살펴보았다. 다음은 문항군의 내용적 측면을 잘 알고 있는 전문가 집단에 의해 예비문항을 검토하는 단계다. 이 단계는 내용타당도의 극대화와 연관이 있다. 척도 개발을 위한 질문지의 핵심은 일련의 문항을 통해 측정하고자 하는 구인이 제대로 외현화될 수 있느냐 하는 점이기 때문에 전문가의 역할 또한 이러한 검사의 역할이 잘 발휘될 수 있도록 하는 데에 집중될 필요가 있다.

전문가를 통해 예비문항을 검토하는 것은 다음의 세 가지 이유로 유용하다.

첫째, 전문가를 통해 문항군을 검토하는 과정을 통하여 검사 제작자의 문항 작성 의도가 실제 문항군이 측정하고자 하는 바와 부합하는지의 여부를 확인할 수 있다. 이러한 목적을 위하여, 측정하고자 하는 구인에 대하여 잘 알고 있는 전문가 패널에게 검사 제작자가 측정하고자 하는 것과 각 문항들이 어떻게 연관성을 가지는지에 대한 평가를 부탁해야 한다. 특히 단일 구인이 아닌 여러 구인을 하나의 검사지를 통하여 측정할 때, 전문가에게 각 문항들과 구인의 연관성에 대하여 조언을 구하는 것은 어떠한 문항군들이 특정 구인에 부합하는지를 결정하는 데 큰 도움이 된다. 모든 문항이 단 하나의 구인을 측정하는 것에만 관심이 있을지라도 전문가들의 의견은 유용할 수 있다. 만일 검사 제작자가 의도하지 않았던 구인을 추정하는 문항이 문항군에 포함되어 있다면 전문가들의 검토를 통하여 이러한 문제가 발견될 수 있으리라 기대할 수 있기 때문이다.

문항 타당성을 평가하는 원리는 전문가 패널에게 측정하고자 하는 구인에 대한 명확한 정의를 제공하는 것으로 시작한다. 전문가 패널은 검사 제작자가 구인에 대하여 내린 정의와 동일한 특성이 각 문항을 통하여 나타날 수 있는지에 관한 정도를 추정해 줄 수 있을 것이다. 전문가들은 각 문항이 구인에 대하여 갖는 타당도를 상, 중, 하와 같은 수준으로 평가하도록 요청받을 수 있다. 이에 추가적으로 전문가에게 개별 문항 자체의 내용 측면에 대해서도 검토를 요청하는 것이 더욱 바람직한 정보를 얻는 데 유용하다. 이는 "특정 문항이 의도한 구인을 측정하는 면에 있어서 애매하다."와 같은 다소 불확실한 조언이라 할지라도 검사 제작자 입장에서는 해당 구인에 대하여 어떻게 측정할 것인지 다시 재고해 볼 수 있는 기회를 제공해 줄 수 있기 때문이다.

둘째, 전문가의 검토를 통하여 문항들의 명확성과 간결성 여부 및 정도에 대하여 확인할 수 있다. 문항의 내용이 측정하고자 하는 구인과 관련되어 있을지라도 단어 선택이나 표현에 문제가 있을 수도 있다. 이러한 문제는 문항의 신뢰도와 연관된다. 모호하거나 해석상으로 명확하지 않은 문항은 측정하고자 하는 구인의 잠재변수와 관련없는 무선적 요인을 문항에 반영할 수 있기 때문에 전체적인 신뢰도를 저해할 수 있다. 따라서 전문가에게 측정하고자 하는 구인과 잠재변수에 대하여 설명한 뒤 이러한 측정 목적을 달성하는 데 있어서 어색하거나 혼란을 줄 수 있는 표현을 선별해 줄 것을 요청하고 마지막으로 이를 대신할 수 있는 적절한 단어를 제안해 주도록 부탁할 필요가 있다.

셋째, 전문가에게 예비문항을 검토받는 과정을 통하여 문항을 개발할 때 미처 포함하지 못했던 현상이나 요인을 찾아낼 수 있다. 검사 제작자가 자신의 선에서 할 수 있는 최선을 다해서 문항을 개발하고 살펴보았을지라도, 전체 문항군 안에 측정하고자 하는 잠재변수와 관련된 모든 현상을 다 포함시키기는 어려울 것이다. 따라서 전문가는 검사 제작자가 포함하지 못했던 현상에 대해 지적해 주고 이를 검토해 줌으로써 검사의 내용타당도를 최대화하도록 도와줄 수 있다.

전문가 의견을 고려하는 데 있어서 가장 주의할 점은, 결국 전문가의 조언을 수용하느냐 하지 않느냐 하는 최종 결정은 검사 제작자의 몫이라는 점이다. 가끔 내용 전문가는 척도의 주요 원리를 잘못 이해하여 잘못된 조언을 제공할 수도 있다. 따라서 검사 제작자는 전문가가 제공한 조언을 어떻게 이용할 것인지에 대한 자신만의 기준과 정보를 만드는 것이 바람직하다.

5) 예비검사 실시

최종적인 질문지가 포함할 문항들을 선정하기 위해서는 내용타당도를 인정받은 예비문항들을 가지고 반드시 예비검사를 실시해 볼 필요가 있다. 이때 예비검사를 실시할 피험자 집단은 우선 질문지가 의도하는 모집단을 잘 대표해야 하며 예비검사 실시 대상의 크기, 즉 표본의 사례 수는 기본적으로 많을수록 좋다. 하지만 과연 어느 정도의 표본 크기가 적합한지는 여전히 논쟁의 대상이다. Nunnally(1978)는 표본의 크기가 300명 정도면 적절하다고 제안한 바 있으나 여러 실제적 연구에 의하면 이보다 적은 수의 표본을 이용하여 성공적으로 척도를 개발할 수 있다고 알려져 있다. 또한 문항의 수 역시 표본 크기의 논쟁과도 관련되어 있다. 만약 20문항 정도로 구성된 질문지를 측정한다면 약 200명 정도의 표본 크기도 충분할 수 있다.

너무 적은 수의 응답자를 사용하는 것은 다음과 같은 몇 가지 위험을 동반한다. 첫째, 문항 사이의 공분산 패턴이 안정적이지 못하게 된다는 점이다. 이러한 경우 예비검사를 통하여 내적 일관성을 증가시키는 것처럼 나타난 문항이 실제로 대표본에 적용되었을 때는 제대로 그 기능(내적 일관성, 즉 신뢰도 증가)을 수행하지 못할 수도 있다. 이는 문항에 응답한 피험자의 수가 얼마 되지 않는다면 문항들 간의 상관관계가 상당 부분 우연에 의해 영향을 받을 수 있기 때문이다. 적은 수의 표본 크기를 사용함으로써 야기될 수 있는 보다 근본적인 문제점은 표본이 모집단을 제대로 대표하지 못하게 된다는 점이다. 크기가 작은 표본은 모집단에서 나타내고자 하는 특성의 전 범위를 포함하지 못하고 특정 부분만을 포함하게 될 확률이 매우 높다. 따라서 표본을 통해 얻어진 평균점수는 모집단에서 기대했던 점수보다 현저히 높거나 현저히 낮게 나오는 등 편파적인 결과를 제공해 주기 쉽다. 또한 적은 수의 표본 크기로 인하여 모집단을 대표하는 전반적인 표본이 선택되지 못하고 극단적인 표본들만이 선택된다면 선택된 표본에 포함된 구성원들은 구인과 관련된 문항의 핵심단어를 이해하지 못할 수도 있다. 그 결과, 표본을 통해 나타나는 문항들 간의 관계 또는 구인들 간의 관계는 모집단에서 얻고자 했던 속성과는 매우 다르게 나타날 수 있다.

6) 검사에 대한 평가: 신뢰도 및 타당도 검증

검사 제작자가 문항에 대한 평가를 하기 위해 살펴보아야 하는 것은 우선적으로 전체 검사 신뢰도에 대한 기여 정도다. 이러한 속성은 각 문항의 진점수와 해당 검사가 측정하고자 하는 구인, 즉 잠재변수의 상관계수를 통해 얻을 수 있을 것이다. 하지만 주지하다시피 각 문항의 진점수를 직접적으로 추정하는 것은 불가능하다. 따라서 크론바흐 알파와 같은 동질성 계수로써 신뢰도를 구하면서 해당 항목을 제외하였을 때 신뢰도가 어떻게 되는지를 살펴보는 것이 좋은 대안이 될 수 있다. 해당 문항을 제외하였을 때, 신뢰도가 낮을수록 그 문항이 전체 검사 신뢰도에 더 많은 공헌을 하고 있다고 해석할 수 있다. 해당 문항을 제외하였을 때, 오히려 신뢰도가 높아지는 것으로 나타난 문항들은 최종 질문지 구성 시에 배제하는 것이 바람직하다.

기본적으로 크론바흐 알파 신뢰도가 높아지기 위해서는 문항들 간에 높은 상관관계를 가질 필요가 있다. 이를 위해서는 각 개별 문항이 측정하는 바가 전체 검사가 측정하는 바와 상당한 상관관계를 가져야 할 것이다. 이를 고전검사이론에서는 문항의 변별도라고도 부른다. 달리 말하여, 각 문항이 능력 혹은 특성의 높고 낮음을 잘 변별해 줄 수 있을 때 전체 검사 신뢰도 또한 높아진다고 말할 수 있다. 크론바흐 알파 등과 같은 신뢰도 지수는 결국 원점수 분산 중에서 진점수의 분산이 차지하는 비율을 의미하는 정확성 계수를 추정하기 위한 것이다. 이러한 신뢰도 추정치는 SPSS나 SAS와 같은 통계 소프트웨어를 통하여 손쉽게 계산할 수 있다. 신뢰도 지수는 항상 0에서 1 사이의 값을 갖게 되며, 보통 상업적 표준화 검사의 경우 0.8 혹은 그 이상이 되어야 어느 정도 신뢰할 수 있는 검사라고 해석한다.

또한 내용타당도 · 준거타당도 · 구인타당도 등에 대한 확인을 통하여 검사 제작자가 측정하고자 의도했던 바가 검사 결과에 제대로 반영되고 있는지를 살펴볼 필요가 있다. 즉, 각 피험자에게 주어진 검사 점수가 측정 구인을 적합하고 의미 있게 외현화하고 있는지를 점검해야 한다.

7) 검사에 포함될 최종 문항 확정

검사 신뢰도는 '문항들 사이의 공분산 크기' '문항의 수(검사 길이)' '검사가 측정하고 있는 영역의 크기' '각 문항의 변별도' 그리고 '각 문항의 난이도' 등에 영향을 받는다. 피험자의 부담을 생각한다면 일반적으로 검사의 길이는 짧을수록 좋다고 여겨지겠지만 검사의 신뢰도를 높이고 싶다면 보다 많은 문항을 검사에 포함하는 것이 좋다. 또한 검사가 측정하고 있는 영역이 너무 넓거나 다양한 구인을 측정하는 경우보다는 그 반대의 경우에서 보다 높은 신뢰도를 기대할 수 있다. 각 문항의 변별도는 높을수록 좋으며 검사의 난이도는 피험자 집단의 수준에 비하여 중간 정도일 때 높은 신뢰도를 얻게 된다.

최종 질문지에 포함될 문항들을 선정하기 위해서 우선 전체 검사 신뢰도에 더 기여할 수 있는 문항들 위주로 골라내는 작업을 해야 한다. 또한 구인타당도를 확인하기 위하여 문항들 간의 상호 상관계수나 탐색적 요인분석 결과를 참고할 필요가 있다. 결과적으로, 전체 검사 신뢰도에 다른 문항들에 비하여 더 높은 기여를 하면서 검사 제작자가 의도한 구인을 잘 측정하고 있다고 판단된 문항들을 선택하여 최종 검사 문항들을 확정하게 된다.

8) 규준의 작성

규준은 각 심리검사에서 얻은 개인의 원점수를 보다 의미 있게 해석할 수 있도록 해 주는 역할을 한다. 예를 들어, 지능검사에서는 각 피험자의 지능지수를 표현할 때 피험자와 동일한 연령과 성별 등으로 이루어진 집단(참조집단 혹은 규준집단) 점수분포에서의 상대적 위치를 사용한다. 물론, 규준집단은 해당 모집단을 잘 대표할 수 있어야 한다. 각 피험자의 원점수가 이 규준집단에서의 평균으로부터 어느 정도 떨어져 있는가를 고려함으로써 지능지수를 산출할 수 있다. 다시 말하여, 규준은 한 피험자가 획득한 원점수가 규준집단의 점수 분포상에서 어떤 위치인지를 설명하기 위해 필요한 도구라고 할 수 있는데, 보통 정규분포 가정하에서는 바로 '평균'과 '표준편차'가 규준이 된다.

규준을 작성할 때는 먼저 피검자 모집단을 잘 대표할 수 있는 사람들로 규준집단을 구성해야 하는데, 이는 보통 모집단의 특징과 성격을 보다 구체적으로 설정함으로써 가능하게 된다. 예를 들어, 모집단의 특성을 그저 '대학생'이라고 설정하는 것보다는 연구 목적에 따라 '서울 지역 1학년 남자 대학생'과 같은 명확한 진술이 보다 바람직하다. 또한 규준집단의 구성이 시간적으로 너무 이전에 이루어진 경우 이로부터 도출된 규준은 사용하기에 적합하지 않을 수 있다. 예를 들어, 중학교 1학년 여학생의 지능지수를 파악하기 위한 지능검사에서 사용 규준집단이 10년 전의 중학교 1학년 여학생들로 이루어진 것이라면 양호한 지능지수 산출이 어려울 것이다.

제4장
심리평가 보고서 작성*

| 김동민 |

    심리평가 분야가 성숙해 가고 또한 그 범위가 확장되어 감에 따라 심리학적 보고서 작성과 관련한 이슈가 더욱 다양해지고 있다. 이론적 관점도 다양해졌고, 사례개념화와 이를 기술하기 위한 용어 또한 다양해졌으며, 의뢰질문과 그에 따른 전문가 간 정보교환의 유형도 다양해졌다. 이런 다양성을 감안하면, 내담자 맥락과 의뢰자의 구체적 요구에 맞춘 통합된 보고서 작성 스타일을 개발하는 것이 필수적이다. 더구나 심리학적 보고서는 피평가자에게 유의미한 영향을 미칠 가능성이 높기 때문에 의미가 있어야 하고 가독성도 높아야 한다. 이 장은 심리평가를 수행하는 대학원생 및 상담자가 자신의 보고서를 평가하고 개선하는 데 도움을 주고자 작성되었다. 이러한 목표를 달성하기 위해 보고서 작성과 일반적인 실무 이슈를 개관하고, 전형적인 심리학적 보고서의 구성요소를 제안하고 설명할 것이다.

---

* 이 장은 *Integrative assessment of adult personality*(Harwood, Beutler, & Groth-Marnat, 2011), 14장 'The integrated psychological report'를 번역한 것임을 밝힌다.

1. 연구와 실무에서 고려해야 할 사항

심리학적 보고서 작성에 관한 연구는 답보 상태에 있다(Groth-Marnat, 2006). 보고서가 평가의 마지막 산물이며 평가의 과정에서 소비자에게 익숙한 유일한 요소라는 점을 감안하면, 이런 관심 부족의 상태는 불행한 일이다. 소비자(말하자면 정신과 의사, 신경과 의사, 변호사)가 보고서의 가치에 대해 평가한 연구에서 대부분의 소비자는 보고서가 잘 조직화되어 있고 유용하다고 지각한다(Finn, Moes, & Kaplan, 2001). 이런 긍정적인 평가에도 불구하고 보고서가 개선되어야 할 여지는 많다. 심리학적 보고서를 부정적으로 여기는 이유를 개관한 연구에 따르면, 가장 빈번한 이유는 다음 세 가지다. 첫째, 보고서가 너무 어려워서 고객이 읽기 어렵다는 것이다(Harvey, 2006). 여기에는 전문가 사이에도 잘 공유되지 않는 이해하기 어려운 기술적 용어를 사용하는 경우가 많다는 것을 포함한다(예를 들면, Rucker, 1967; Weiner, 1985). 둘째, 보고서에 명확하고 유용한 추천사항이 제공되지 않는다는 것이다(Finn et al., 2001; Tallent & Reiss, 1959a, 1959b). 셋째, 보고서상에서 기술된 추론과 판단의 근거가 되는 충분한 데이터를 제공하지 않는다는 것이다(Garfield, Heine, & Leventhal, 1954; Mussman, 1964). 다른 한 연구를 통해 나타난 사항은 일반적으로 의뢰자에게 구체적으로 어떤 정보를 필요로 하는지 질문을 하는 경우 그 보고서가 실제로 활용될 가능성이 높다는 것이다(Affleck & Strider, 1971; Armengol, 2001). 이 연구는 다음과 같이 하면 보고서가 개선될 수 있다고 제안한다.

- 보고서의 목적을 분명하게 진술하기
- 의뢰자와 다른 소비자(피평가자 포함)에게 이해되는 어휘를 사용하기
- 가독성이 높고 잘 조직화된 방식으로 글쓰기
- 사례개념화와 추천사항 모두에서 의뢰질문을 가능한 한 구체적이고 명확하게 제시하기

• 추론과 판단의 근거가 되는 행동의 예나 데이터를 제공하기

심리학적 보고서의 구성요소를 설명할 때 각각의 이슈를 논의할 것이다.

2. 의뢰질문을 명료화하기

1971년 Hartlage와 Merck는 "[상담자는] 이론적 일관성이라는 측면에서는 훌륭하지만 의사결정 가치가 없는(의사결정에는 별 쓸모가 없는) 보고서를 대량 생산할 것이 아니라 보고서가 활용될 독특한 장면에 어떤 기여를 하는가의 측면에서 보고서를 평가해야 한다."(p. 60)라고 진술하였다. 이 말은 현재에도 유효하다. 의사결정 가치란 보고서가 내담자 및 관련 장면에 적합한 임상적 의사결정을 내리는 데 유용한 정보를 제공해 주는 정도를 말한다. Hartlage와 Merck의 경고는 이론적인 사례개념화보다는 추천사항에 더 많은 주의가 기울여져야 함을 시사한다.

평가를 시작하기 전 상담자는 의뢰질문을 명료화하고 어떤 결정이 내려질 필요가 있는지를 확인하기 위해 내담자 및 의뢰자와 밀접하게 작업해야 한다(Armengol, 2001). 의뢰질문을 명료화하는 데 있어서 평가를 수행하는 평가자와 의뢰자는 그 책임을 공유한다. 예를 들면, 어떤 기관에서는 당연히 밟아야 하는 표준적인 절차로 심리평가 보고서를 루틴으로 생성한다. 이 경우 의뢰질문은 '내담자의 성격 역동은 어떠한가?'와 같이 다소 모호할 수 있다. 이런 질문은 내담자의 독특한 맥락에 초점을 맞춘 것도 아니고 그 개인에 대해 내려져야 할 결정이 무엇인지를 고려하지도 못한다. 의뢰질문을 명료화하기 위해서는 의뢰자와의 추가적인 접촉을 요하는 경우가 많다. 우리의 경험에 따르면, 유용한 정보는 문서가 아닌 대면 접촉에서 보다 많이 수집된다. 의뢰자가 자신의 추측을 기재하기 주저하거나 아니면 단순히 시간 제약으로 자세한 정보를 기재하지 않기 때문이다.

의뢰자에 대해 반복적인 경험을 하고 나면 평가자는 의뢰자의 특이한 어휘와 말하지 않은 욕구에 대해 더 잘 이해하게 된다. 예를 들면, 한 병원의 임상심리학자는 그 병원의 스태프진이 만성통증 환자들에 대해 가지고 있는 가장 중요한 질문이 특정 환자가 성격장애를 가지고 있는지에 대한 것이라는 점을 알게 되었다. 만약 성격장애가 있다면(즉, 경계선 혹은 반사회성 성격), 추천사항은 그를 프로그램에 받아들이지 말 것을 권고하거나 반대로 받아들여서 프로그램을 이들의 독특한 성격 역동에 맞추라고 권고하는 것이 된다. 평가자가 의뢰자에게 자문을 해 주는 중이거나 환자를 평가하는 중 의뢰자가 처음 제시한 질문이 가장 중요하거나 혹은 적절한 이슈가 아니라는 것을 발견한다면 평가자는 전문적인 판단을 내려 보다 적절한 이슈를 제기해야 한다. 동시에 의뢰자에게 이슈 변화의 이유를 분명하게 제시해 주어야 한다.

구체적이지 않은 의뢰의 예: 주치의가 X 씨를 심리평가에 의뢰하였다.
보다 적절한 의뢰의 예: 주치의는 우울증 또는 치매가 의사결정의 어려움, 기억력 저하 그리고 지속적인 피로감에 미치는 영향을 평가하기 위해 X 씨를 심리평가에 의뢰하였다.

3. 서로 다른 의제를 다루기

의뢰자와 의뢰질문의 증가를 고려하면, 우리는 더 이상 평가자, 피평가자 그리고 평가 보고서 사이의 단순 관계를 가정할 수 없게 되었다(Armengol, 2001). 종종 심리평가의 대상인 피평가자와 보고서를 일차적으로 보게 되는 의뢰자 또는 고객이 다른 사람인 경우가 많다. 어떤 경우에는 피평가자의 목적과 다른 목적을 지닌 복수의 고객이 있기도 한다. 보고서의 표면적인 목적 또한 의뢰자 또는 피평가자의 말하지 않은 '숨겨진 의제'와 다를 수 있다. 임상가들 사이에 갈등이 있을 때 어느 한쪽의 견해를 지지하려는 것과 같은 것이 숨겨진 의제의 한 예다. 고객과 의제 둘 다 의뢰질문 초기 진술에 간단히 명기될 수 있다.

> 예: 존 도어 씨의 보험사는 직업재활 훈련의 적절성뿐만 아니라 장애의 존재
> 여부 및 장애의 정도를 평가하기 위해 존 도어를 의뢰하였다.
> 예: 병원의 장기이식 적절성 평가위원회는 간 이식에 대해 동의할 수 있는 능
> 력 및 간 이식을 통해 얻을 수 있는 이득에 미치는 심리적 요인의 영향을
> 평가하기 위해 X 씨를 의뢰하였다.

복수의 목적으로 시행되는 평가에 대해 제기되는 이슈 중 가장 핵심적인 것은 비밀보장이다. 구체적으로 기술된 세부사항들의 적절성과 사생활 침해 가능성은 의뢰질문, 의뢰자 그리고 보고서의 목적에 따라 다양하다. 결국 보고서의 목적과 보고서 수취인에 관한 적절한 정보를 기반으로 하여 피평가자의 동의를 구하는 것이 중요하다. 보고서 작성자는 대부분의 경우 피평가자가 언젠가는 보고서에 접근할 수 있다는 점을 염두에 두어야 한다. 그래서 보고서 작성자는 가능한 한 비판단적이고 수치심을 주지 않는 방식으로 정보를 제시하려는 노력을 해야 한다. 동시에 작성자는 피평가자가 읽기에 편하지 않을 수 있는 정보를 도외시하여 자신의 임상적 판단을 훼손하지 않도록 주의를 기울일 필요가 있다. 이 점에 관한 한 가지 유용한 전략은 피평가자의 약점뿐만 아니라 강점에 관해서도 기술하는 것이다(Snyder, Ritschel, Rand, & Berg, 2006).

앞서 제시한 두 가지 문제는 아이디어가 표현되는 방식에 주의를 기울임으로써 균형을 맞출 수 있다. 경멸의 의미가 없고 피평가자가 수용하는 데 어려움이 많지 않을 용어를 선택할 수 있다. 조심스럽게 선택된 단어는 또한 현재의 의뢰질문에 적절하지 않으며 수치심을 유발할 가능성이 높지만 반드시 제기될 필요가 있는 문제를 드러내는 데 사용될 수 있다. 예를 들면, '원가족에서의 문제' 또는 '어린 시절 외상'과 같은 표현이 각각 '알코올 중독 아버지' 또는 '학대'에 관한 세부사항을 대신할 수 있다. 불편하다는 이유로 중요한 이슈를 작게 취급하지 말아야 한다. 작성자는 비밀보장의 원칙을 고려하되 모든 세부사항 기술이 제

기된 질문의 구체적인 이슈에 적절한 것이 되도록 최대한 노력해야 한다.

1) 기록하는 것 대 개념화하는 것

심리학적 평가 보고서는 피평가자의 관심사를 기록한 것과는 다르다. 심리학적 보고서의 유용성에 대한 연구들은 추천사항과 처치계획 항목을 가장 중요한 것으로 보고하고 있고, 단순 기록을 가장 낮게 평가하고 있다(Reynolds, Mair, & Fischer, 1995; Siegel & Fischer, 1981). 이러한 중요성에도 불구하고 '추천사항'은 보고서에서 가장 약한 영역 중 하나로 생각되고 있다(Finn et al., 2001). 기록은 법률적 사례 그리고 법정 사례에서 상대적으로 더 중요한 것으로 생각되는데, 이 경우 추론이 토대를 두고 있는 모든 자료(인용 및 정보의 출처를 포함한)를 포함하는 것이 필요하다(Ackerman, 2006; Derby, 2001). 직접 인용은 흔히 볼 수 없는 사고장애의 특징 또는 자살 및 살인에 대한 사고의 기록과 같은 구체적인 정보를 전달하는 것이 필수적인 상황에서 또한 적절하다. 그러나 보고서 작성에 관해 학생들을 지도한 경험에 따르면, 아마도 전문적인 판단에 대한 자신이 없기 때문이겠지만 학생들은 요청받고 있는 결론적 판단을 명료하게 진술하는 대신 지나치다 싶을 정도로 주변적인 세부사항을 많이 제시한다.

임상가는 보다 세세하게 논의해야 할 영역과 모든 정보를 포함할 필요가 없는 영역을 선택할 수 있다. 보고서에서 임상가가 전문적으로 판단한 부분을 명확히 하면, 원자료와 추론의 차이를 분명히 드러낼 수 있다. 또한 재료를 선택하는 데 있어서의 '편파'도 가능한 한 투명하게 드러낼 수 있다.

2) 진술을 구조화하기

좋은 심리학적 보고서 작성자는 최대한 가독성 높은 보고서를 작성하려 한다. 이 목표를 달성하려면 보고서 내용이 부드럽게 흘러가야 한다. 문단은 주제를 중심으로 조직화되어야 하며, 각각의 문단은 정합적으로 하나의 주제를 다루거나 혹은 한 주제의 일부분을 다루어야 한다. 도입 문장은 전체적인 주제를 기술해야 하고 이슈의 심각성에 대한 평가를 포함하여야 한다. 이러한 방식은 Ownby(1997)의 제안과 일치한다. Ownby는 어떤 구인(예컨대, 지능)을 소개하는 주제 문장과 그 뒤를 이어 적절한 데이터와 평가가 뒤따르는 형태의 문단을 추천하였다.

> 예: 스미스 씨의 지적 능력은 평균 수준이다. WAIS-III의 모든 점수가 그 범위 내에 있다. 각각의 소검사 점수도 그 범위 내에 있거나 그 범위에서 크게 벗어나지 않는다. 그리고 현저한 인지적 결함을 나타내는 어떠한 조짐도 발견되지 않는다.

중요한 이슈는 반드시 적시해야 한다. 예를 들면, 자살 또는 타살 사고는 보고서에서 눈에 띄는 곳에 위치시켜야 한다. 그리고 요약 및 추천사항 부분에도 분명하게 언급해야 한다.

핵심 주제(organizing themes)나 영역(domains)은 진단(예: 우울) 또는 증상 군집(예: 후기외상성 스트레스 장애의 재경험 증상), 대처 양식(예: 외부로 탓하기, 철회), 기능 영역(예: 지능, 정서적 표현), 핵심 갈등(예: 독립성 대 의존성) 또는 보다 구체적인 이슈(예: 정보를 인지한 상태에서 동의하는 능력)를 포함할 수 있다. 소인(predisposing factors), 촉발요인, 유지요인 그리고 악화요인에 대해 언급하는 것도 중요하다. 그러나 이들은 보고서의 결론 부분에 보다 적절히 논의될 수 있으며, 나아가 구체적인 추천사항으로 이어질 수 있다.

처치 성과를 개선하는 데 기여할 수 있는 처치 계획을 개발하기 위해서는 적절한 경험적 연구 문헌을 참조할 필요가 있다. 처치 계획에 초점을 둔 보고서의 경우 어떤 영역은 다른 영역보다 더 중요하다(Armengol, Moes, Penny, & Sapienza, 2001). 예를 들면, 내재화 문제를 가진 내담자는 통찰 지향적인 개입에 더 잘 반응한다. 반대로 외재화 문제를 가진 내담자는 내성적 접근보다는 행동 변화를 위한 구체적인 전략에 가장 잘 반응한다.

예: "X 씨는 공격성이 오래전부터 문제가 되어 왔음을 보고한다."는 진술에 이
어 그에 대한 세세한 사항을 진술하고 그 문제를 만성적이라고 적시한다.
이어지는 문단의 도입에서 "X 씨의 사례는 공격성을 더욱 악화시켰던 것
으로 보이는 10년간의 알코올 남용 문제가 있어서 더욱 복잡하다."라고 하
여 호소문제에 미치는 공존병리의 영향에 대한 주의를 기울이게 한다.

3) 보고서의 가독성

일반적으로 보고서는 평가자의 작업 중 유형(有形)의 부분에 해당한다. 보고
서의 모양과 스타일, 특히 기본적 문법 규칙 및 문체 관습에 맞는지의 여부는 평
가자, 상담자의 전문성 그리고 보고서에 나타난 정보의 타당성에 대한 고객의
견해에 중요한 영향을 미친다. 심리학 관련 글쓰기에 있어서 의문이 있으면 미
국심리학회가 간행한 출판 매뉴얼(2009)을 참고하라. 이 매뉴얼에는 일반적인
문법 및 양식에 대한 간결한 요약이 포함되어 있다.

심리학적 보고서의 가독성은 윤리적 · 전문적 · 법적 원칙의 적용 결과 평가
대상이 되는 사람이 보고서를 받아 읽을 것이기 때문에 하나의 이슈로 새롭게
그 적절성을 인정받고 있다. 불행하게도 임상가는 피평가자가 쉽게 이해하기
어려운 전문적인 보고서를 작성하는 경향이 있다(Harvey, 2006). 가독성은 짧은
문장을 사용함으로써, 심리학적 개념을 일상 용어로 번역함으로써, 그리고 하위
제목을 더 자주 사용함으로써 증진시킬 수 있다. 보고서의 가독성을 높이기 위
한 한 가지 방법은 동료와 소비자로부터 피드백을 받는 것이 될 것이다.

4) 확실성 수준을 전달하기

진단을 하는 사람으로서 스스로가 발견한 사항을 신뢰할 필요가 있다. 그러
나 동시에 우리가 가진 데이터의 한계에 대해서도 의식할 필요가 있다. 우리가
발견할 수 있는 몇몇 사항은 매우 신뢰할 수 있어서 한 번 더 검사를 시행해도

현재와 동일한 결과가 나올 것이라는 예언을 95%의 확신을 가지고 할 수 있을 것이다. 그러나 불행히도 몇몇 검사는 그런 종류의 신뢰도를 향유하지 못한다. 더구나 어떤 해석은 검사 결과에서 직접적으로 도출될 수 있지만 다른 결론은 수많은 가정에 의존하며 훨씬 더 추측에 근거한다. 예를 들어, 지능지수 65인 어느 사람의 제한된 능력에 대해 논의할 때, 우리는 이 사람이 수행할 수 있는 기능과 그렇지 못한 기능을 비교적 정확하게 구분할 수 있다. 다른 한편으로는 의존성 척도에서 약간 높은 점수를 받은 사람의 행동에 대해서는 같은 정도의 확실성을 가지고 얘기하지 못할 것이다. 게다가 만약 우리가 '왜 어떤 사람은 자기애적 성격 스타일을 가지고 있을까?'와 같은 원인론 이슈에 대해 논의한다면, 우리의 주장은 훨씬 더 추론적이 될 것이다.

추론에 근거한 사항도 잠재적으로 이득을 줄 수 있기 때문에 그런 논의를 하지 않도록 해야 하는 것은 아니다. 그러나 훌륭한 보고서는 신뢰할 수 있는 데이터에 기반을 둔 타당한 주장과 그 근거가 덜 탄탄한 추론적 해석을 구분할 것이다. 확실성 수준은 적절한 문구를 사용하여 독자에게 전달할 수 있다. 한 개인이 어떤 특성을 나타내 '보일 수 있을 것이다.' 또는 특정한 속성을 지닌 사람과 '유사하다.'와 같은 진술은 적절한 수준의 불확실성을 전달할 수 있다. '스미스 씨를 바라보는 한 가지 가능한 관점은'과 같은 진술은 좀 더 잠정적인 주장이라 할 수 있다.

5) 성향(disposition)

미국심리학회의 윤리규정에는 다음과 같은 것이 있다. "심리학자는 내담자의 이득을 위해 노력해야 하며 해를 끼치지 않도록 주의해야 한다. 심리학자의 과학적이고 전문적인 판단 및 행위가 여러 사람의 생활에 영향을 미칠 수 있기 때문에 자신의 영향력을 오남용하게 할 수 있는 개인적·재정적·사회적·조직적 또는 정치적 요인에 민감해야 하고 이러한 요인이 작용하지 않도록 노력을 기울여야 한다."(American Psychological Association, 2002, p. 62)

때로는 피평가자의 숨겨진 의제가 보고서의 내용뿐만 아니라 보고서의 활용에도 영향을 미칠 수 있다. 평가자는 자기가 한 작업이 적절한 용도로 활용되는지에 대한 책임을 가정해야 한다. 따라서 보고서를 제출하고 나면 모든 일이 끝났다고 생각하지 않아야 한다. 예를 들면, 학급 배치를 위해 어떤 아이를 평가하고 그 아이의 행동 문제를 관리하기 위한 추천사항을 제시한 후 평가자는 학교 관계자와의 접촉을 다시 시도할 것이다. 윤리적으로 최선의 서비스를 제공하기 위해 이 평가자는 적절한 사람이 보고서를 수령하였는지, 보고서의 결론과 추천사항이 이해할 수 있는 것이었는지, 그리고 추천사항이 실행되었는지를 확인할 필요가 있기 때문이다. 경험에 따르면, 많은 경우 심리학자가 아닌 전문가들은 보고서와 함께 구두로 진행되는 비공식적인 정보 교환을 환영한다. 언제 또는 누가 보고서를 읽을지 그리고 얼마나 많은 부분을 읽을지 평가자가 확인할 수 없기 때문에 구두로 진행되는 정보 교환은 종종 더 즉각적인 영향을 미칠 수 있다. 보고서가 적절히 사용될 수 있도록 하기 위한 방안을 가능하면 보고서 내에 포함하거나 아니면 부록에라도 포함해야 한다.

> 예: 이 보고서의 내용은 Z 부인과 공유하였다. Z 부인은 우리가 제시한 추천사항을 따르기로 하였으며 B 박사로부터 주 1회 개인 상담을 받기로 하였다.
> 예: B 부인은 자살 사고를 이야기하였지만 그런 계획 또는 의도가 있음에 대해서는 부정하였다. 자신이 그런 행위를 고려하고 있음을 자각하면, 자해를 시도하지 않고 상담자에게 연락하기로 하였다. 그녀의 자살 관념은 상담자가 매주 상담시간에 확인할 것이다. 또한 그녀는 우울증 치료약물 투여 여부를 결정하기 위해 정신과 의사인 Z 박사에게 평가 의뢰되었다.

6) 보고서의 길이

심리학적 보고서는 평균적으로 약 5~7페이지 정도된다(Finn et al., 2001). 이 정도의 길이는 직업적·심리학적 또는 교육 세팅에서 작성된 보고서인 경우가 많다(Groth-Marnat, 2006). 그러나 길이는 다양할 수 있다. 의학 세팅에서 심리학적 보고서는 의사가 작성한 보고서와 비슷하다. 의사가 작성한 보고서는 전형적으로 2~3페이지 정도다. 반대로 법정 세팅에서 작성된 보고서는 훨씬 더 길다. 세부 정보, 다양한 출처로부터 수집한 정보의 통합, 발견한 사실의 입증, 역공에 대한 대비 등이 필요하기 때문이다. 전형적인 법정 보고서의 길이는 20페이지까지 가는 경우도 있지만 대개는 7~10페이지 정도다.

4. 심리학적 보고서의 구성요소

심리학적 보고서의 구조에 대해서는 아직 모두가 동의하는 바가 없다. 보고서는 구체적인 제목과 하위제목을 가지고 구조화될 수도 있고 편지 형식으로 제시될 수도 있다. 검사 점수는 보고서 본문에 제시될 수도 있고, 부록으로 제시되거나 제시되지 않을 수도 있다. 보고서 작성 양식에 대한 보다 광범위한 개관 혹은 대안을 검토해 보려면 Goldfinger와 Pomerantz(2010), Groth-Marnat(2009), Lichtenberger(2004) 또는 Zuckerman(2010)을 보라. 이러한 대안은 정신건강 관련 기록을 작성하는 사람이나 독자를 마비시키려는 것이 아니라 다양성과 보다 깊은 생각을 자극하려는 것이다. 이 절에서는 대부분의 심리학적 보고서에 제시되고 있는 구성요소를 개관한다.

1) 의뢰사유/의뢰질문

심리학적 보고서는 전형적으로 피평가자의 이름과 나이, 혼인 여부 등과 같은 인구학적 정보를 포함한 섹션으로 시작된다. 평가자가 넓은 지역의 서비스를 담당하고 있다면 소재지 또한 적절할 것이다. 인구학적 정보를 포함하는 것은 평가 대상자가 누구인지를 명확히 하는 데 도움이 되고, 감별진단을 하는 데 적절한 기본 정보를 제공한다. 의뢰질문과 보고서의 목적이 중요한 것과 같이 의뢰자의 이름과 의뢰자와 평가 대상자 간의 관계 또한 중요하다.

보고서를 시작하는 한 가지 추천할 만한 방법은 독자를 안내하여 피평가자에게로 관심을 두게 하는 간단한 문장을 삽입하는 것이다. "X 씨는 35세 대졸 이혼남으로 우울과 불안을 경험하고 있다."는 그 한 예라 할 수 있다. 다음에는 의뢰질문이 진술된다. "이 평가는 그의 우울과 불안의 정도를 확인하고 공식적 진단을 하며, 자살 관념의 존재 여부를 평가하고 적절한 자원과 강점을 찾고, 처치를 위한 제안사항을 제공할 목적으로 실시되었다."는 그 예다. 모든 의뢰질문을 열거하는 것은 보고서의 마지막 지점, 즉 요약과 추천사항 섹션에서 문제들을 보다 쉽게 언급할 수 있게 해 주는 이점이 있다. 때때로 각각의 질문에 숫자나 불릿 기호를 붙여서 열거하기도 한다. 이렇게 반복해서 열거하는 것은 정신없이 바쁜 다른 분야의 전문가가 의뢰사유, 요약 그리고 추천사항 항목만 읽고 다른 부분은 무시해 버리는 경우에 특히 중요하다. 이 경우 의뢰질문 섹션에서 제기된 의뢰질문과 요약/추천사항 섹션에서 제시되는 대답이 분명하고 강력하게 연결되도록 하는 것이 특히 더 중요하다.

2) 절차

법정 사례의 경우 전형적으로 평가의 절차를 기술하는 부분이 있다. 평가 절차의 기술은 피평가자 및 정보 제공자와의 임상면접으로 시작된다. 정보 제공자의 신분으로 이름과 피평가자와의 관계가 제시된다. 정보의 다른 출처는 보고서에 언급된 의학적 기록 또는 기타 기록이 될 수 있다. 이러한 출처는 작성자와 작성된 날짜가 함께 명기되어야 한다. 심리검사들 또한 제시되어야 하는데, 괄호에 검사의 축약어를 제시하는 것이 좋다. 이렇게 하면 이후 이 축약어가 보고서의 본문에서 사용될 수 있다. 또한 검사를 위해 피평가자와 대면한 시간뿐만 아니라 검사를 실시한 날짜까지 포함시키는 것이 좋다.

3) 행동관찰과 정신상태검사

행동관찰은 모든 보고서에서 찾을 수 있는 핵심 요소 중 하나다. 평가과정에서 이루어지는 피평가자에 대한 관찰은 평가와 진단에 도움이 되는 추가적인 데이터를 제공한다. 이런 데이터는 종종 피평가자의 자기보고보다 더 타당하다(예를 들면, Mazure, Nelson, & Price, 1986). 관찰은 다른 여러 출처의 데이터에 대해서도 새로운 관점에서 볼 수 있도록 해 주어서 피평가자의 진술에 대한 새로운 해석을 가능하게 한다. 시간과 장소에 대한 지남력 상실, 행동 또는 사고 과정의 와해 또는 협업의 결여에 대한 증거가 있는지를 살펴보는 것이 필요하다. 언어(한국어, 미국에서는 영어) 구사 능력의 제한, 주의와 집중을 방해하는 약물의 복용과 같이 데이터의 정확성을 떨어뜨릴 수 있는 요인들에 대해서도 주의를 기울이고 언급해야 한다. 행동관찰은 가능한 한 간결하게 해야 한다. 관찰에 토대를 둔 추론은 호소문제 항목과 특히 논의/해석 그리고 소견 항목에서 이루어지는 것이 더 적절하다. 예를 들면, 내담자는 우울하게 보였다고 진술하기보다는 우울 증상과 일치하는 몇몇 영역의 행동을 기술하는 것이 더 바람직하다(예: "내담자의 느린 말투와 반응 지연에서 심리운동 지체의 증거가 보인다; 그의 정서는 밋밋하고 변화가 없었다.").

그러나 보다 범위가 넓은 정신상태검사(Mental Status Examination: MSE)가 보고서의 한 항목으로 포함될 때는 한 가지 예외사항이 있다. MSE는 일차적으로 피평가자의 행동과 이 행동과 관련한 결론에 기반을 두고 있다(Zuckerman, 2010). 즉, 평가자가 피평가자의 행동을 관찰하고 "이 사람은 시간과 장소에 대한 지남력이 있으며 자신의 행동에 대해 양호한 통찰력이 있다."라고 결론 내릴 수 있다. 정신상태검사 보고서에 포함될 추천 항목은 다음과 같다.

- 지남력(시간, 장소, 사람에 대한)
- 외모
- 평가과정에 대한 태도
- 말(발음, 속도, 볼륨)

- 심리운동
- 정서(특성, 안정성, 범위, 내용 적절성)
- 사고 과정과 내용
- 통찰과 판단

행동에 대한 단순 기술을 하는 부분에 추가적인 예외는 평가자가 평가 절차의 타당성에 대해 추론을 할 때 발생한다. 이러한 추론(예: 동기의 정도, 피로, 역사가로서의 정확성)이 종종 행동관찰에 토대를 두고 이루어지기 때문에 이 부분은 전통적으로 행동관찰 섹션의 마지막에 위치하게 된다. 대표적인 진술은 다음과 같다. "높은 수준의 동기와 MMPI-2의 타당도 지수를 고려하면 평가 결과는 그의 현재 기능에 대한 정확한 평가일 것으로 판단된다." 다른 한편, 평가 결과에 문제가 있는 것으로 보인다면 이 이슈에 대해 논의할 수 있는 적절한 위치도 바로 이 섹션이다.

4) 호소 증상

보고서에서 이 부분은 호소문제의 기술에 포함된다. 어떤 평가자는 문제사를 독립된 섹션에 포함시키기를 선호한다. 그러나 대부분은 현재 상태의 문제에 대해 진술하는 이 섹션에 포함시킨다. 대부분의 피평가자가 평가에 오기까지 일정 기간 스트레스를 경험해 오고 있음을 감안하면 피평가자가 왜 하필 이 시점에서 상담을 하려고 하는지에 대해서도 이 섹션에서 언급해야 한다.

서로 다른 출처의 정보에서 나타나는 불일치 점에 대해서도 명료하게 밝혀 주는 것이 중요하다. 예를 들면, 남편은 결혼 관계가 지지적이라고 진술하고 아내는 이혼을 고려하고 있다고 이야기하면, 그런 불일치는 반드시 명기되어야 한다. 이런 불일치는 약물 남용 문제를 갖고 있거나 신체 증상을 호소하는 사람의 경우처럼 부인(denial)과 국소화(minimization)가 일상화되어 있는 상황에서 종종 이슈로 등장한다.

5) 심리사회사/배경정보

심리사회사는 대인관계 특성 또는 직업 혹은 교육에 있어서 두드러진 이슈와 같이 주제별로 조직화되어야 한다. 전형적인 요소는 이전의 심리적인 문제와 처치 결과, 의학적 정보, 가정 배경, 사회적 관계, 개인의 교육사 및 직업사 등이다. 심리사회사는 의뢰질문에 맞추어서 기술하는 것이 중요하다. 예를 들면, 직업 관련 평가를 위해 의뢰되었다면, 피평가자의 과거 직업사, 포부, 목표 그리고 흥미가 심리사회사 섹션의 초점이 되어야 한다. 가족관계 문제나 성격 문제와 같은 것이 피평가자의 직업적 대안과 직접적으로 관련되어 있지 않는 한 이 요인에 초점을 두는 것은 부적절할 것이다.

6) 검사 결과

검사 결과 섹션에는 다양한 검사의 점수가 열거된다. 검사 점수는 보고서의 본문 가운데 문장으로 제시되거나 표로 제시된다. MMPI-2, MCMI-III 그리고 지능검사와 같은 검사의 점수는 쉽게 표로 제시될 수 있다. 이때 규준집단을 제시해야 한다(즉, 피평가자의 점수가 일반인 표본과 비교되는지 아니면 나이, 성, 교육 수준 등에서 유사한 집단의 표본과 비교되는지 등). 주제통각검사(TAT)나 인물 그리기 등과 같은 검사에서 나타나는 이야기(narrative)는 제시하기가 쉽지 않다. 이런 이야기는 요약되어 제시된다. "TAT에서 산출된 이야기는 성취와 소속에 대한 강한 욕구로 특징지어진다. 그러나 이 두 욕구는 빈번하게 서로 갈등한다."는 이에 대한 하나의 예다.

심리검사 보고서에 검사 점수를 한곳에 모아 제시한 항목이 없는 경우가 많다(Groth-Marnat & Horvath, 2006). 만약 어떤 점수가 제시된다면 그 점수는 더 눈에 띄는 점수일 뿐이며, 대개는 문장들 가운데 포함되어 그 의미가 진술된다. 보고서를 보는 대부분의 독자는 점수를 적절하게 해석하는 훈련을 받지 못하였기 때문에 일부의 점수 또는 점수를 모아 제시하는 항목을 포함시키면 그 의미를 곡해할 소지가 있다. 더구나 검사 점수를 기재하게 되면 검사 점수를 포함하지 않을 때는 불필요한 추가적인 설명을 해야 한다. 예를 들어, 모든 점수를 열거한 가운데 정당한 이유가 있어서 평가자가 특별히 높거나 낮은 점수를 무시하기로 했다고 하자. 그러면 평가자는 왜 이 점수에 대해 언급하지 않는지 설명을 해야 한다.

이러한 견해와는 달리 다른 임상가들은 점수를 기재하는 것에 찬성한다 (Pieniadz & Kelland, 2001). 이러한 입장을 지지하는 한 가지 분명한 근거는 타 의료 분야의 서비스 표준이 검사 점수에 대한 오해의 위험이 있다고 해도 반드시 그 검사 결과를 포함시킬 것을 요구한다는 것이다. 예를 들면, 의료 분야에서도 자격을 갖춘 전문가가 환자의 검사에서 나타난 수치를 해석해야 한다. 그럼에도 불구하고 환자의 모든 검사 결과를 의료기록에 포함하고 있다. 검사 점수를 제시하는 것이 주는 한 가지 이점은 심리평가라는 일이 데이터를 기반으로 하고 있으며 더 정당한 일로 보인다는 것이다. 더구나 타 분야의 전문가가 우리가 사용하는 검사도구로부터 산출된 점수에 접근할 수 있게 됨에 따라 심리검사 자체에 대한 더 많은 지식을 획득하게 되고, 그로 인하여 우리에게 앞으로 더 많은 일을 요청하게 될 것이다. 보고서의 독자가 심리학자일 때 검사 점수를 기재하면 더 깊은 이해가 가능하게 된다. 마지막으로 표로 검사 점수를 나타내면 작성자가 그 사례의 이슈를 논의할 때 눈에 띄는 점수를 제공해야 하는 부담이 적어지기 때문에 더 풍부한 이야기가 제시될 수 있다. 다른 하나의 연관된 이슈는 신뢰수준과 같은 통계적 결과를 논의해야 하는지에 관한 것이다. 통계적 혼란을 줄이는 한 가지 추천할 만한 방법은 검사 점수를 기재할 때 상승의 정도(예: 아주 높음, 높음, 평균)를 나타내 주는 것이다. 또한 많은 사람이 쉽게 이해할 수 있는 표준점수(예: 백분위 점수)가 더 어려운 점수(예: 기저율; Finn et al., 2001)보다 좋다.

평가자의 추론과 판단을 지지해 줄 데이터를 포함시키는 것과 관련해서도 다양한 입장이 있다. 어떤 심리학자는 보고서의 요약 및 해석 항목에 선언적인 진술을 하기 원한다. 이런 진술은 전형적으로 내담자에 관한 수렴적인 (converging) 정보를 통합한 최종 결과다. 이런 통합은 한두 가지 점수 상승을 무시하는 경우도 포함한다. 점수 상승이 함의하는 결론을 다른 출처의 정보(행동

관찰 또는 의학적 정보)가 지지하지 않는다면 말이다. 임상가의 추론과정을 너무 세세하게 기술하면 지나치게 지루한 보고서가 될 수 있다. 그러나 지지하는 데이터가 없으면 독자는 임상가의 추론을 그대로 믿을 수밖에 없다. 독자에게 임상가가 내린 결론의 근거를 충분히 제공하면서도 진술에 있어서 지나친 정당화 때문에 발생할 수 있는 부담을 덜어 주는 중간 입장을 우리는 선호한다. 예를 들어서 다음 진술문을 보자.

"모호한 잉크볼트 반점(로르샤흐 검사)에 대한 페르난데스 씨의 비일상적인 반응은 그가 현실 접촉에 어려움이 있다는 것을 나타낸다. 행동관찰과 과거사 또한 그의 생각이 망상적이거나 기이하다는 것을 나타낸다. 면접에 임하는 동안 그는 가끔 의심의 여지가 없는 현실적인 생각을 하였지만, 오래지 않아 논리적이지 않거나 연관되지 않은 다른 생각으로 대체하였다."

이 예는 독자에게 로르샤흐 검사 결과를 기반으로 결론이 내려졌고 과거사와 행동관찰 또한 이런 결론을 지지한다는 것을 알려 준다. 그러나 이 진술에는 현실 접촉의 어려움을 나타내는 로르샤흐 검사의 결과를 상술하는 부담이 보이지 않는다.

7) 논의/해석 그리고 소견

보고서에서 임상가의 해석을 다루는 항목이 가장 어려운 부분이다. 정확하고 효과적인 기술과 문장 진술을 위한 참고서적으로 Zuckerman(2010)의『Clinician's Thesaurus: The Guide to Conducting Interviews and Writing Psychological Reports』를 추천한다. 이 항목과 요약 및 추천사항 항목은 보고서에서 가장 의미 있고 유용한 부분이다. 또한 이 항목들에서 작성자의 창의성이 가장 잘 발휘될 수 있다. 이 항목의 내용은 독자에게 피평가자에 대한 전반적인 이해를 제공하는 동시에 구체적인 의뢰질문에 대한 답을 제공한다.

한 가지 중요한 어려움은 그 개인에게 의미가 있고 삶과 관련이 있는 해석을 만들어 내는 것이다. 첫 시작은 이 책과 같이 해석을 위한 지침이 제시되어 있는 곳에서 해석을 추출해 내는 것이다. 그러나 평가자가 다른 출처의 정보를 감안하여 이러한 해석이 정확하다고 확신할 수 있을 때만 보고서에 포함시킨다. 다음은 해석을 확장하기 위한 다섯 가지 전략이다(Groth-Marnat, 2009; Groth-Marnat & Davis, 2010a, 2010b).

1. 해석 매뉴얼에서 따온 일반적인 진술문으로 시작하라(예: "내담자는 낮은 언어 능력을 가지고 있다.").
2. 상위 영역의 하위 요소가 열거될 수 있다(예: "특별히 낮은 ~ 영역은 일반 정보의 부족, 낮은 어휘력 그리고 적절한 말을 찾는 데 있어서의 어려움을 시사한다.").
3. 검사 문항에 대한 반응의 특성을 질적으로 기술하라(예: "~는 두 개의 사물 또는 아이디어 사이의 유사성 또는 비유사성을 설명하는 데 어려움을 겪었다." 또는 "~는 아주 단순한 단어를 정의하는 것조차 어려워하였다.").
4. 평가자는 해석에 대한 예를 제공해 주는 행동관찰 또는 개인사로부터 추출한 세부사항을 보고서에 기술한다(예: "학교에서 읽는 법을 배우는 데 어려움을 겪었다고 하였다." 또는 "평가자는 피평가자가 검사에서 요구하는 것이 무엇인지를 이해할 수 있게 하기 위해 검사 지시문을 여러 번 반복해야 했다.").
5. 마지막으로 평가자는 일상과 해석을 연결시킨다(예: "~는 복잡한 지시를 이해하는 데 어려움을 겪었을 것이다." 또는 "~는 복잡한 언어적 정보를 이해해야 하는 일을 수행하느라 어려움을 겪었을 것이다.").

여기에 제시한 전략이 모든 영역(domain)에 사용되어야 한다는 것은 아니다. 어떤 사례에서는 위의 전략 중 하나 또는 두 개의 전략만을 사용하는 것이 적절할 것이다. 그러나 평가자는 어느 한 영역이 의뢰질문에 아주 중요하다고 생각하면 세 개 또는 네 개의 전략을 사용하려 할 것이다.

잘 작성된 논의에서는 마치 소설처럼 한 인물이 묘사되거나 미스터리가 해결

된다. 이 항목은 피평가자에게 초점을 맞추어야 하는데, 기술한 내용을 떠받치는 지지대로 데이터만을 사용한다. 만일 검사 결과가 이 항목에서 언급되어야 한다면 점수보다는 기술적인(descriptive) 표현('아주 높은' '보통 수준' 등)을 사용하는 것이 더 바람직하다. 목표는 피평가자의 적절한 측면을 생생하게 드러내는 데 있다. 기술 내용은 피평가자와 다른 사람이 공통으로 갖고 있는 요소를 나타내는 동시에 개인의 독특함을 부각함으로써 개별적 접근과 보편적 접근의 균형을 유지해야 한다. 진술 내용에는 또한 경험연구를 기반으로 하여 예언될 수 있는 현재 또는 미래 행동에 대한 논의가 포함되어야 한다.

대부분의 경우, 몇몇 개의 조직 도식 중 하나를 선택하여 논의 항목을 구성한다. 이런 조직 도식 중 5개는, ① 기능에 대한 검토, ② 발달 이슈, ③ 성격, ④ 진단 이슈 그리고 ⑤ 검사 결과 검토다(Choca & Van Denburg, 1996).

기능 또는 영역에 대한 검토 도식은 중요한 것으로 판단되는 심리적 기능에 대한 순차적 기술로 기술 내용을 조직화한다. 작성자의 이론적 관점에 따라 논의할 기능이 선택되고, 하나의 구인에서 다음 구인으로의 진행이 이루어진다. 기능에 대한 검토 도식을 이용할 때, 지적 기능에 대한 평가는 피평가자의 전반적 능력에 대한 논의와 함께 시작된다. 다음으로 정신적 통제와 융통성으로 진행되고 궁극적으로 추상 능력, 언어 능력, 시공간 능력 등으로 이어진다(Groth-Marnat, 2000; Groth-Marnat & Davis, 2010a, 2010b). 또한 피평가자의 상대적인 인지 능력의 강점과 약점을 고려하는 것이 중요하다. 예를 들면, 피평가자는 아주 높은 수준의 일반 지적 능력을 가지고 있지만 기억에 있어서는 주목할 만한 어려움을 경험하고 있을 수 있다. 기억에 있어서의 어려움은 청각기억과 시각기억처럼 하위 요소로 나뉘어 논의될 수 있다. 기억과 다른 인지적 어려움의 원인에 대해 알려진 바가 있으면 제시하는 것이 필요하다(예: 신경독성 약물에의 노출, 알츠하이머병, 두부외상). 지적 능력을 기술하는 데 있어서 자주 부딪히게 되는 문제는 기술적 표현(technical language)을 사용하는 것과 관계가 있다(예: "내담자는 시각적 순차처리에 어려움이 있음을 보여 준다."). 이런 표현의 특정성(specificity)은 전문가와의 의사소통에서는 유용할 것이다. 그러나 동시에 일반인을 대상으로 할 때는 보고서의 가독성을 떨어뜨릴 수 있다. 일상적 기능에 대한 기술적 용어나 함의는 일반적으로 일상 언어로 번역될 수 있다(예: "내담자는 지도에 나타난 지시를 읽고 따르는 데 어려움을 겪을 가능성이 있다."; 인지 능력에 관해 일상 용어로 진술해야 할 때 Groth-Marnat, 2009 참조).

성격 보고서에서는 기능에 대해 언급되어야 할 다양한 이슈가 있다. 그중 가장 중요한 것 세 가지가 피평가자의 인지적·정서적 그리고 대인 간-개인 내 기능이다. 인지적 기능은 지능검사를 통해 제공된 정보뿐만 아니라 통찰의 수준, 관습적인 정도, 실제적인 일상의 문제를 해결하는 능력, 지적 효율성 그리고 감정을 효과적으로 다루는 능력(즉, 정서지능)을 포함한다.

정서 기능은 종종 기분과 감정으로 나뉜다. 기분은 내담자의 주관적 정서 경험을 지칭한다. 기분은 일시적인 기복(즉, 상태, state features)뿐만 아니라 성격을 특징짓는(즉, 특성, trait features) 장기적 국면(features)을 포괄한다. 기분은 극도의 행복감(euphoria)에서 불쾌감(dysphoria)까지의 연속선상에 펼쳐진다. 때때로 이 연속선상에서 내담자의 기분이 얼마나 변화 가능한지(즉, 범위와 변동 가능성)뿐만 아니라 내담자가 전형적으로 기능하는 곳이 어디쯤인지에 대해 논의하는 것이 유용하다. 기분이 사람의 내적 경험을 지칭하는 것이라고 하면, 감정은 환경에 대한 관찰 가능한 반응을 지칭한다. 감정에 있어서 가장 중요한 임상 차원은 감정이 상황에 적절한 정도일 것이다. 어떤 내담자는 작은 스트레스 상황에도 과잉 반응을 하고 불안정해질 것이다. 그래서 이들의 문제해결 기술과 행동 레퍼토리는 아주 쉽게 악화될 것이다. 반대로 다른 내담자는 스트레스에 아주 잘 저항한다. 정서 기능에 대한 논의에서는 내담자가 사고장애(예: 정동둔마, flat affect) 또는 기분장애(예: 불안정한 기분, 전반적인 불쾌감)를 진단받을 만한 특징을 가지고 있는지를 명확히 해야 한다.

대인관계 양식에서 두 개의 기본적인 관계 차원은, ① 내담자가 사랑 대 적대 패턴을 표현하는 정도와 ② 내담자가 지배 대 순종 패턴을 표현하는 정도다. 이 책에 제시된 많은 검사도구가 이 두 차원을 나타낸다. 예를 들면, 캘리포니아 성격검사(CPI)는 책임성의 정도, 행동에 대한 통제 그리고 내담자가 지역사회에 느끼는 소속감의 정도 및 지역사회에 대한 공감의 정도와 같은 특성을 평가한다. 대인 기능에 대한 기술에서는 대인관계 갈등에 대한 내담자의 대처 양식도 언급되어야 한다. 예를 들면, 어떤 내담자는 타인과 갈등할 때 문제해결을 위해 적극적으로 나선다. 그러나 다른 내담자는 의심이 심해지고 방어적·적대적이 되어서 갈등을 더욱 악화시키고 지지해 줄 수 있는 잠재적 자원을 격리시킬 수 있는 대인관계 거리 두기 상황을 연출한다.

대인관계 패턴을 기술하는 것뿐 아니라 내적 과정(예: 개인 내적 스타일)을 정교화하는 것 또한 중요하다. 예를 들어, 어떤 내담자는 자기비판적이며 회의주의적이다. 그러나 다른 내담자는 낙관주의자이며 자신의 자존감을 향상시키기 위해 적극적으로 노력한다. 어떤 내담자는 무기력하고 다른 사람의 돌봄을 필요로 하는 사람으로 자신을 내면화하고, 다른 내담자는 극단적으로 독립적이며 자율적인 사람으로 자신을 본다.

기능과 영역에 관한 결과를 조직화하는 한 가지 전략은 격자(grid)를 사용하는 것이다(Beutler & Groth-Marnat, 2003; Groth-Marnat, 2009; Groth-Marnat & Davis, 2010a, 2010b). 여기서 영역/기능(지적, 대처 양식, 현실 접촉 등)은 왼쪽에 행 제목(row head)으로 위치시킨다. 예를 들면, 의뢰자가 처치 계획에 관한 정보를 원한다면 적절한 영역은 내담자의 대처 양식, 사회적 지지 수준 그리고 저항 수준이 될 것이다. 데이터의 출처(발달사, 행동관찰, MMPI-2, CPI 등)는 격자 맨 위쪽 열 제목으로 위치시킨다. 이후 적절한 정보를 영역과 정보 출처의 조합으로 생긴 칸에 기재한다. 보고서를 작성할 시점에서 평가자는 격자 내 다양한 영역과 기능으로 조직화된 정보를 토대로 기술 문단을 개발해 낼 수 있다. 예를 들어, 〈표 4-1〉과 〈표 4-2〉를 보면 피평가자가 강박 성격으로 볼 수 있는 몇 가지 특성을 갖고 있음을 알 수 있다. 격자 내의 각 칸은 세부사항 및 의무에 대한 강조와 타인 무시 등 이런 추론을 지지하는 정보를 제공하고 있다. 평가 데이터를 조직하고 통합하는 이런 전략이 G-M 평가 자습서(Groth-Marnat & Davis, 2001a, 2001b)의 핵심적인 특징이다.

○○○ **표 4-1** 기술을 위해 다른 출처의 정보를 위치시키기: 사례 1

	발달사	관찰	E.A.S.	MCMI-III
지적 능력	훌륭한 학생	어휘력이 탁월함, 자신을 표현하는 능력이 좋음	해당 사항 없음	해당 사항 없음
아동기	작은 실수에도 처벌을 가하는 엄격한 사람인 아버지	해당 사항 없음	해당 사항 없음	해당 사항 없음
강박성격	강박적인 성격	강박척도의 상승, 지나치게 심하게 훈육됨, 꼼꼼한 성격 특성	강박척도의 상승, 지나치게 심하게 훈육됨, 꼼꼼한 성격 특성	
자기애적 요소	약한 정도의 과대망상, 다른 사람을 경멸적으로 대하는 경향	자기애 척도의 상승, 과장된 자기이미지	자기애 척도의 상승, 과장된 자기이미지	
분열형 요소	관계 없음	기묘함	분열형 척도의 준임상적 상승, 기묘한 습관을 가지고 있을 가능성을 시사함	분열형 척도의 상승, 대인관계 고립과 기묘한 습관을 가지고 있을 가능성을 시사함
화와 분개함	빈정거리고 모욕을 줌	분노 척도의 상승, 분노를 말로 표현하는 경향을 시사함	부정적 척도 상승, 분개하는 경향을 시사함	
강박장애	세부적인 것에 집착하는 증상	세균에 대한 공포, 인도의 깨진 부분을 딛는 것을 회피함, 문을 잠그고 여는 것을 여러 번 해야 함	불안척도의 상승, 높은 정도의 긴장을 시사함	불안척도의 상승, 높은 정도의 긴장을 시사함
현실접촉 유지	정신증 증상 없음	정신증 증상 없음	사고장애 척도의 상승이 없음	사고장애 척도의 상승이 없음
반사회적 특성	불편감을 호소하지 않음	증상 없음	상승 없음	상승 없음

주: E.A.S=Emotion Assessment System; MCMI-III=Millon Clinical Multiaxial Inventory-III.

ooo **표 4-2** 기술을 위해 다른 출처의 정보를 위치시키기: 사례 2

	발달사	관찰	WAIS-III	MMPI-2/MCMI-III	로르샤흐 검사
인지	내적·외적 변별이 잘 되지 못함	정합성 있고, 분명한 비일상적 관념	평균	사고장애의 가능성	정합적이지 않으며 비논리적, 기묘함
기분/감정	정서 조절이 잘 되지 않음			우울, 불안, 분노	감정으로부터 철회
대인관계	손상됨, 신뢰하는 데 어려움이 있음			양가적이고 반항적임	적대적, 타인의 의도를 잘못 지각함, 내향적
대처양식	행동화, 외부 조직을 거부함	적당한 정도의 통찰		외재화	수동적 환상, 마술적 사고
저항수준	중간 정도의 저항			중간 정도의 저항	
갈등영역	권위적 인물, 대인관계, 일		반항성이 잠재성을 낮춤	권위적 인물	제한된 대처, 스트레스를 받으면 심장기능의 장애 발생, 회피
동기적 스트레스		중간 정도의 스트레스		괜찮은 수준: 변화하려는 동기 있음	낮은 스트레스
사회지지	고립되었을 가능성 있음				불신

주: WAIS-III=Wechsler Adult Intelligence Scale-III; MMPI-2=Minnesota Multiphasic Personality Inventory-2; MCMI-III=Millon Clinical Multiaxial Inventory-III.

 영역/기능 형식을 이용하면(특히 두 표와 같은 격자를 이용하면) 내용을 쉽게 조직화할 수 있고 의뢰질문에 적절한 답을 제공할 수 있다는 장점이 있다. 그러나 이 형식을 활용한다고 해도 한 개인에 대한 최적의 정합성 있는 기술을 하거나 그 사람이 누구인지 감을 잡을 수 있을 정도로 충분히 기술하지 못할 수 있다. 다음 세 도식을 보고서로 녹아들게 하는 것은 더 어려울 것이다. 그럼에도 불구하고 논의를 더 흥미롭게 하고 개인의 통합성을 보존할 수 있는 가능성을 가지고 있다. 이 도식을 이용한 피평가자에 대한 기술은 특정한 관점을 지닌 주장 또는 이야기에 가깝게 보일 것이다. 그리고 각 요소의 순서는 개발되고 있는 주제에 의해 정해질 것이다. 각각의 문단이 주제를 진척시키기 때문에 논의는 한 개인을 구성하는 서로 다른 기능을 순차적으로 열거할 때 보다 더 정합성을 갖게 될 것이다.

이런 발달 도식을 이용하여 작성자는 피평가자에게 몇 년간 경험된 영향 및 피평가자가 인생의 각 단계에서 대응한 방식을 기술한다. 예를 들어, 영화 〈이보다 더 좋을 순 없다(As Good As It Gets)〉의 주인공 멜빈 우달에 대한 보고서의 논의 항목을 작성하는 과제를 생각해 보자. 보고서 작성자는 실수할 때마다 손에 쥔 자로 멜빈을 때렸던 지나치게 엄격한 아비지가 그에게 미친 영향에 대한 것부터 논의를 시작할 것이다. 이런 방식의 훈육이 실수하는 것에 대한 엄청난 두려움을 불러일으켰기 때문에 멜빈은 뭔가를 감행하는 데 두려움을 느끼게 되었다고 기술할 수 있을 것이다. 바로 이 지점에서 피평가자의 성격 특성이 세세하게 진술될 수 있을 것이다. 그런 특성은 멜빈의 재능과 직업적 성공에도 불구하고 화난 모습과 자기패배적이며 제한되고 충만하지 못한 삶을 낳게 하는 것으로 파악될 수도 있다(이 장의 끝에 이 가상의 인물과 도식을 활용하여 작성한 보고서 샘플을 제시한다).

성격 도식은 피평가자의 기본적 성격 스타일에 대한 기술과 함께 시작하여 내담자가 마주하고 있는 삶의 상황에 대한 개관 및 성격 스타일과 환경적 압력 간의 상호작용에 대한 개관으로 이어진다. Gogol은 그의 소설 『오버코트(The Overcoat)』에서 주인공의 강박 성격을 기술하고 있는데, 주인공은 재미로 서로 다른 폰트의 글자로 글을 쓰는 필경사다. 융통성 없고 지나치게 형식적인 이 개인을 기술한 후 Gogol은 새 오버코트가 절실히 필요한 시점에서 주인공이 직면하는 상황을 이야기한다. 소설은 새 코트를 구입하기 위해 이 필경사가 희생하는 부분에 대해 세세히 기술한다. 그 코트를 처음 입어 본 직후 도난당했을 때 발생한 정신증(psychotic break) 상태는 당연한 것처럼 온다. 성격 도식 형식을 기반으로 한 보고서 또한 의뢰질문을 감안하여 이야기(narrative)에 특히 중요한 측면을 분리하여 기술할 수 있다. 예를 들면, 의뢰질문이 처치를 위한 추천사항을 강조한다면 이야기는 체계적 처치 선택™(STS™) 모델의 변인에 대한 성격요인의 관계에 초점을 둘 수 있을 것이다. 그래서 각각의 독립된 문단이 문제의 심각성, 문제의 복잡성/만성성, 동기적 스트레스, 대처 양식, 저항 가능성, 사회적 지지의 수준 등에 할당될 수 있을 것이다.

감별진단 도식을 활용하면, 검사와 면접 정보는 감별진단 논쟁이라는 기준하에 제시될 수 있다. 보고서는 피평가자가 나타내 보이는 진단적 이슈를 검토하고 문제사와 검사 자료가 그런 이슈를 명료화하는 데 어떻게 활용될 수 있는지를 탐색할 것이다. Ken Kesey의 걸작 『뻐꾸기 둥지 위로 날아간 새(One Flew Over the Cuckoo's Nest)』에서 작자는 주인공 맥머피가 정신과적 장애를 갖고 있는지에 대한 이슈를 제기한다. 맥머피에 대한 보고서는 아마도 진단적 불확실성을 제기함으로써 시작할 것이다. 이후 어느 한쪽을 지지하는 데이터를 탐색할 것이다. 이 평가는, 예를 들면 반사회성 요소를 갖고 있는 경계선 성격장애의 징후를 보여 줄 것이다. 다른 한편으로는 심리적 자료 또한 피평가자가 현실과 잘 접촉하고 있으며 우울하거나 조증 상태가 아니며 불안이나 두려움으로 힘겨워하지 않음을 보여 줄 것이다.

논의 항목을 검사 결과 개관으로 조직하는 것은 피해야 한다. 이 도식에서 결과는 실시된 검사별로 조직화된다. 그리고 그 데이터로부터 끌어낸 추론은 각각의 검사에 대한 논의 내에서 언급된다. 예를 들면, 신경심리검사 배터리를 실시한 후 보고서는 Wechsler 지능검사 점수에 대한 논의로부터 시작하여 다음 검사의 결과 논의로 이어 갈 것이다. 이러한 검사별 접근은 몇 가지 이유에서 바람직하지 못하다. 첫째, 의뢰 문제에 대한 적절성에 상관없이 각각의 검사 결과를 시시콜콜 이야기하는 것은 독자를 지루하게 한다. 의뢰자는 검사 점수보다는 평가에서 나타난 전체적인 의미에 관심이 있다. 검사별로 조직화하는 이런 도식은 작업에서 가장 흥미롭고 중요한 요소, 즉 피평가자의 중요성을 부각시키지 못한다. 이런 방식에서는 인간은 살아서 애쓰며 기능하는 존재라기보다는 일련의 검사 점수로 제시된다. 또한 이런 방식은 기계적이고 분절된 형식이다. 그래서 이런 방식에서는 다양한 정보를 정합성 있는 진술로 통합하는 임상가의 능력이 발휘되지 못한다. 의뢰자와 피평가자에게 가장 의미 있고 적절하게 정보를 가공하는 것은 바로 이런 임상가의 통합 능력이다.

8) 진단적 소견

많은 의뢰인은 DSM-5 진단명을 원한다. 그런 진단명은 전형적으로 비용을 청구할 목적으로 요구된다. 그러나 ① 이런 범주적 진단의 예언타당도에 한계가 있다는 증거(Beutler & Malik, 2002; Carson, 1997; Groth-Marnat, Roberts, & Beutler, 2001; Houts, 2002)와 ② 심하지 않은 사례(subclinical cases)에 있어서도 임상적으로 유의미한 심리사회적 손상이 존재한다는 증거가 축적되고 있다. 이는 보고서의 논의 항목에서 진단명의 적절성에 대한 명확한 이유를 제시할 뿐만 아니라 각 사례의 세부 특성을 충분히 정교화하는 것이 중요함을 나타낸다.

9) 요약 및 추천사항

심리학적 보고서는 대체로 평가자에 의해 작성된 요약과 추천사항에 따라 그 가치가 달라진다. 앞서 제시하였듯이 요약을 조직하는 효과적인 방법은 간단하고 간결하게 각각의 의뢰질문을 언급하는 것이다. 한 가지 유용한 전략은 의뢰질문 항목에 사용되었던 숫자와 요약/추천사항 항목에서 이 질문에 답하는 데 사용된 숫자를 연결시키는 것이다.

추천사항은 평가에서 드러난 문제뿐만 아니라 피평가자의 강점, 흥미, 자원을 고려할 필요가 있다(상담에서 이러한 요인이 중요하다는 논의는 Egan, 2002 참조). 많은 연구와 임상 경험을 통해 볼 때, 추천사항은 가능한 한 구체적이어야 효과적이다(Armengol et al., 2001). 고차적인 구인은 호소문제와 추천사항 사이의 중간 기능을 담당해야 한다. 예를 들면, 환자의 만성적 건강 상태와 우울 기분 및 피로 사이의 매개 구인으로 생각되고 있는 우울 유발 인지(depressogenic cognitions)를 다루는 데는 인지치료가 추천될 것이다. 그러나 추천사항을 명확히 하고 정당화하기 위해 그리고 더 많은 일반 청중에게 이해시키기 위해 피평가자의 특정한 문제 인지의 예들이 제시되어야 한다. 각각의 추천사항은 의뢰 질문뿐만 아니라 보고서의 본문에서 확인한 핵심 주제 또는 문제와 명시적으로 연결되어야 한다(Armengol et al., 2001).

> **구체적이지 못한 추천사항의 예:** 존스 씨에게 인지치료를 받을 것을 추천한다.
> **구체적이며 호소문제와 연결된 추천사항의 예:** 앞서 언급했던 우울 유발 인지를 다루기 위해 존스 씨에게 인지치료를 받을 것을 추천한다. 자신과 자신의 과업 수행에 대한 이런 인지는 동기 부족과 무가치감이라는 그의 현재 문제에 기여하고 있을 가능성이 높다.

좋은 추천사항은 또한 의뢰인의 전문성과 관심에 맞추어진 것이다. 예를 들면, 정신과 의사에게 어떤 약을 사용하라고 얘기하는 것 또는 언어병리학자에게 어떤 발음 문제가 치료되어야 할 필요가 있다고 얘기하는 것은 부적절할 것이다. 그러나 요령 있게 보고서에서 확인한 증상 또는 장애를 치료하기 위해 약물 복용이 적절한지는 자격을 갖춘 서비스 제공자에게 의뢰할 수 있을 것이다.

각각의 추천사항에서 세세함의 정도는 내담자와 보고서의 목적에 따라 달라질 것이다. 예를 들면, 전형적으로 의료보험 회사는 이 내담자를 치료해야 하는지 여부, 추천되는 상담 양식(즉, 개인상담 또는 집단상담), 추천되는 회기 수, 회기 빈도 그리고 성공적 처치를 위해 요구되는 예상 치료지속 기간을 알기 원한다. 의료보험 회사는 상담 성과를 극대화하고 호전 비율을 증가시키기 위해 그런 추천사항이 경험적 연구 결과를 기반으로 할 것을 점점 더 강하게 기대하고 있다. The InnerLife STS의 변인과 같은 것이 그런 기반을 제공해 준다. 많은 진단명의 예언타당도에 제한이 있음을 감안하면 진단명 자체보다는 이런 변인에 따라 처치를 맞춤식으로 재단하는 것이 처치에 대한 반응을 더욱 긍정적이게 할 것이다.

5. 사례보고서의 예

1) 사례 1

　　다음 평가보고서는 영화 〈이보다 더 좋을 순 없다〉에서 도출된 정보에 토대를 두었다. 주인공 멜빈 우달은 강박장애를 특징짓는 많은 고전적 특성 및 이에 상응하는 강박 성격을 보여 준다. 검사 결과는 우달의 발달사와 행동관찰에서 추론하여 만들어졌다. 이 보고서는 대부분의 보고서에서 활용되는 표준적인 구조에 따라 조직되었다. 그러나 논의 항목은 개인의 핵심적 특성을 가장 잘 요약하고 이해하기 위해 발달적 묘사를 어떻게 사용하는지 예시하고 있다. 이 사례의 서로 다른 특성은 앞에서 기술한 격자를 사용하여 조직화하고 요약하였다(〈표 4-1〉 참조). 추천사항은 피평가자에게 가장 적절한 상담 기법, 이슈 그리고 도전을 이해하는 데 초점을 두고 있다.

개인정보

이름: 멜빈 우달
성별: 남성
생년월일: 1951년 5월 22일
평가일: 2001년 8월 12일
의뢰자: 로버트 뉴하르트, 정신과 의사

의뢰사유

　　우달 씨는 만 50세의 백인 남성으로 미혼이다. 우달 씨는 대학 졸업자로 16년간 학교교육을 받았다. 우달 씨는 강박사고, 강박행동 그리고 대인관계 문제로 심리평가에 의뢰되었다. 환자는 정신과 의사인 로버트 뉴하르트 박사로부터 치료를 받고 있지만 아직 별다른 호전을 보지 못하고 있으며, 처방된 약물을 잘 복용하지 않고 있다. 환자는 다음을 목적으로 심리평가에 의뢰되었다.

1. 그의 성격 구조를 알기 위해
2. 그의 성격요인이 호전 여부에 어떤 기여를 하고 있는지 알기 위해
3. 치료를 위한 제안사항을 제시하기 위해

호소문제

우달 씨는 집 출입문에 달린 복수의 자물쇠를 잠갔는지 반복해서 체크하는 강박행동 문제를 가지고 있다. 또한 그는 보도블록의 깨진 부분을 피하기 위해 인도 위를 '깡충깡충' 뛰어다닌다. 그는 비합리적 미신 때문에 이런 습관이 생겼다고 느끼고 있다. 그러나 자신은 그런 미신을 믿지 않는다고 주장한다. 그럼에도 불구하고 보도블록의 깨진 부분을 밟을 때는 너무 불편하게 느껴서 그렇게 하는 것 외에 다른 방법이 없다고 믿고 있다. 더구나 우달 씨는 세균에 대한 공포를 가지고 있다. 그는 지나칠 정도로 씻는 행동을 반복할 뿐만 아니라 이미 다른 사람이 사용한 적 있는 수저를 만지지 않기 위해 자신만의 냅킨과 수저를 갖고 식당에 간다.

우달 씨는 자신의 이런 행동이 개인적 또는 직업적 인간관계에 부정적 영향을 미친다는 것을 알고 있다. 그는 지속적으로 다른 사람을 모욕 주고 함부로 대한다. 비록 그가 다른 사람의 의견에 신경 쓰지 않는다고 공언하지만 이런 방식의 행동이 다른 사람과 어떤 일을 하려고 할 때마다 부정적으로 작용한다는 것을 잘 알고 있다. 그가 다른 방식으로 행동하려 해도 그때 느껴지는 불편이 너무 커서 곧 그의 일상적 방식으로 되돌아가고 만다.

절차

우달 씨와의 임상 면접, 정서평가시스템(EAS), Millon Clinical Multiaxial Inventory-III(MCMI-III), 로르샤흐 검사

행동관찰과 정신상태검사

우달 씨는 평가시간보다 조금 일찍 왔다. 그는 단정한 옷차림을 하고 있었으며 평가가 진행되는 동안 협조적이었다. 그러나 그의 반응을 완성하는 데 오랜 시간이 걸렸다. 예를 들면, 그는 로르샤흐 검사에 대한 반응 각각을 조심스럽게 검토하고 많은 수의 전체 반응을 제시하였다. 더구나 그는 자신의 발달사를 매우 세세하게 얘기하였다. 평가가 진행되는 동안 여러 번에 걸쳐 "내 대답이 마음에 들어요?" 또는 "이것을 가지고 무엇을 할지 모르겠지만 난 정말 개의치 않아요."라는 말을 하였다.

검사를 받는 동안, 환자는 정신이 초롱초롱했고, 시간과 장소에 대한 지남력이 있었으며 말에 정합성이 있었다. 말하기, 언어, 산수계산, 구성 능력, 추상 능력 그리고 기억은 모두 온전하였다. 그의 사고과정은 순차적이었으며 효과적이었다. 그러나 그의 사고 내용은 강박관념에 사로잡혀 있음을 보여 주고 있다. 부적응적 강박행동도 나타났다. 그의 정서 반응은 대화 내용에 적절하였다. 그의 기분은 정상 범위 내에 있었으며, 적절한 범위의 정서를 보여 주었다. 자살 또는 타살 관념에 대한 언급은 없었다. 면접 및 검사 과정 동안 그의 심리운동 활동과 불안 수준은 정상 범위 내에 있었다. 그의 정신 상태, 행동관찰 그리고 검사 반응 패턴을 고려하면 검사 결과는 그의 현재 기능 수준에 대한 정확한 평가로 보인다.

배경정보

■ 사회사

우달 씨와 그의 부모 사이의 관계는 순탄하지 못했으며, 비지지적이었다. 그

는 뉴욕에서 태어나 성장하였다. 그는 그의 아버지를 신체 처벌을 자주 하는 엄격한 분으로 기억하였다. 환자는 어렸을 때 아버지가 사소한 실수에도 손에 쥐고 있던 자로 자신을 때렸던 순간을 기억하였다. 다른 한편, 그의 어머니는 거리감이 있었고 비효과적이었으며, 자신의 아들과 의미 있는 상호작용을 하기에는 스스로에게 너무 빠져 있었다고 회상하였다.

우달 씨는 성인이 되어서도 다른 사람들과 지지 관계를 발달시키지 못하였다. 그는 많은 사람을 알았으나 이들은 실제 친구는 아니었다. 그는 아파트에서 TV를 시청하거나 소설을 읽고 쓰면서 시간 보내는 것을 선호하였다. 그는 20대 초반에 데이트를 해 보려는 시도를 하였으나 소득이 없었다. 이후 그는 이런 노력을 완전히 포기하였다. 그는 자신을 이성애자이지만 성적으로 적극적이지 않은 사람으로 보고 있다.

■ 교육/직업사

우달 씨는 문학사 학위를 가지고 있다. 기록에 따르면, 그는 대부분의 과목에서 평균 이상의 성취도를 보였다. 그는 심리적 증상이 있음에도 불구하고 글을 쓰면서 생활을 유지하였다. 최근에는 연애 소설을 썼는데, 매우 성공적이었다. 이러한 성공의 결과 그는 어느 정도 부를 축적하게 되었다.

■ 병력

환자는 심각한 질병을 앓거나 상해를 입어 본 적은 없다. 검사를 받는 동안 신체적으로 건강하였다.

■ 정신과적 병력

우달 씨는 성인기 동안 간헐적으로 정신역동적 개인심리치료를 받아 왔다. 이 치료는 그의 실제 행동과 사회적 관계 손상의 개선에 큰 효과를 주지는 못했으나 기분은 더 좋게 했던 것으로 보인다. 현재 그는 강박행동을 완화시켜 줄 것으로 기대되는 약물(클로미프라민, clomipramine)의 복용을 거부하고 있다.

검사 결과

EAS	T점수	높음/매우 높음 점수
Tier A: 타당도 지수		
Aa 주의	46	
Ac 이해	42	
Ad 노출	32	
Ai 비일관성	55	
Tier B: 기본 척도-성격		
B01 내향적-분열성	76	높음
B02 회피적	49	
B03 협력적-의존적	30	
B04 극적-연극적	37	
B05 자기확신적-자기애적	75	높음
B06 경쟁적-반사회적	51	
B07 훈련된-강박충동적	84	매우 높음
B08 분열형	65	
B09 경계선	43	
Tier B: 기본 척도-기분		
B10 불안-불안장애	75	높음
B11 분노-폭발장애	70	높음
B12 회의주의-우울	48	
B13 낙관주의-조증	39	
Tier B: 기본 척도-병리적 방어		
B14 신체적 관심	53	
B15 섭식 장애	40	
B16 약물 남용	43	
B17 불신-편집	52	
B18 사고장애	49	
Tier B: 환경적		
B19 현재 스트레스	44	
B20 후기외상성 스트레스	56	
Tier B: 기능 수준		
B21 전반적 기능	54	

MCMI-III	상승	높음/매우 높음 점수
노출	75	
바람직성	80	높음
과장(debasement)	65	
분열성	78	높음
회피적	83	높음
우울	65	
의존	58	
연극성	53	
자기애적	81	높음
반사회적	65	
공격적(가학적)	74	
강박행동	90	매우 높음
부정적인	77	높음
피학대적	53	
분열형	78	높음
경계선	63	
편집성	65	
불안장애	80	높음
신체화장애	52	
양극성 조증장애	57	
기분부전장애	60	
알코올 의존	63	
약물 의존	60	
후기외상성 스트레스	60	
사고장애	54	
주요우울	65	
망상장애	66	

해석/소견

정신상태검사 결과는 인지적 또는 기억 문제를 시사하지 않고 있다. 그가 평균 이상의 일반능력과 뛰어난 언어 기술을 소지하고 있다는 것이 평가자의 소견이다.

우달 씨의 회상에 따르면, 그의 아버지는 엄격하고 자신이 결코 만족시킬 수 없었던 사람으로 거의 감정 표현이 없었다. 우달 씨는 사소한 실수를 이유로 그의 아버지가 손에 쥐고 있던 자로 자신을 때리던 때를 기억하였다. 환자는 자신의 어머니를 거리감이 있고 필요할 때 가까이 갈 수 없었던 사람으로 기술하였다. 최소한 그의 관점에서 보면, 어린 우달이 처벌을 피하기 위해 할 수 있는 최선의 일은 실수를 하지 않는 것이었다. 비록 그에게 성취를 위해 열심히 공부하고 남보다 뛰어날 것이 기대되었다고 해도 그 초점은 권위적 인물, 즉 그의 아버지의 분노를 가라앉힐 수 있도록 실수를 하지 않는 데 있었다.

그런 훈육이 어떻게 자기보고식 척도에서 나타난 바와 같은 자기애 요소와 분열성 요소를 함께 가지고 있는 강박성격을 산출하였는지를 보는 것은 어렵지 않다. 검사 결과, 그는 모든 것이 잘 정리되어야 하며 미래를 계획하는 그런 사람의 유형임을 시사한다. 그는 특히 타인에게 친밀감 및 따뜻함을 표현하는 것에 대해서는 자기절제와 훈육이 필요하다고 강하게 믿고 있었다. 우달 씨는 어느 정도 도덕적으로 올바름을 추구하며 격식을 차리려는 경향이 있다. 그는 성실하고, 잘 준비되어 있으며, 효율적이고, 의존할 만하며, 근면하고, 지속적이다. 다른 사람들은 그를 완벽주의적이며, 융통성 없이 엄격하며, 하찮은 존재로 볼 것이다.

환자는 과대망상적 자기이미지를 갖고 있으며 타인을 자신보다 열등하게 보는 경향이 있다. 이런 자기중심적이고 자만하는 특성(flavor)이 그가 맺고 있는 관계들 속에 퍼져 있다. 우달 씨는 타인으로부터의 애정과 이해를 경험하고 싶어 하지만 사람들은 그에게 문제만 제시한다. 타인과 관계를 맺는 것은 거부당할 위험을 안고 있는 것이어서 그에게는 취약함으로 느껴진다. 그는 친밀한 관계를 회피한다. 그는 취약함으로 느껴지는 감정을 최소화하기 위해 차갑고 일정 거리를 두는 방식으로 타인과 관계한다. 그래서 환자는 거의 관계를 맺지 않는 고립된 삶을 선호한다. 검사를 받는 시점에 이르기까지 그가 가깝게 느끼는 사람은 한 명도 없었다.

고립된 삶에 더하여 우달은 다른 사람들이 보기에 기이하다고 느낄 습관을 가지고 있으며 실제로도 다소 괴벽하다. 때로는 불안하고 걱정이 많은 듯 보이나 다른 때는 감정의 변화를 거의 보이지 않기도 한다. 마지막으로 우달 씨는 이인화, 공허감 또는 의미 없음을 느끼고 있을 수 있다.

우달 씨의 문제를 바라보는 한 가지 방법은 그가 발달에 방해가 되는 성격 결함을 가지고 성인기를 시작하였다는 점을 고려하는 것이다. 비록 그가 대학에서는 성공할 수 있었지만 그의 어색하고, 둔감하며, 거친 행동 경향이 가족 이외의 지지적이며 성숙된 상호적 관계 수립을 어렵게 하였다.

어떤 의미에서 그의 진로 선택은 탁월한 것이었다. 작가는 타인과 상호작용을 많이 해야 할 필요 없는 1인 직업이다. 더구나 글 쓰는 일은 그의 소설 바탕에 있는 낭만적 판타지에 에너지를 공급하기 위해 충족되지 못한 사회적·성적 욕구의 좌절을 활용할 수 있게 한다. 다른 한편으로, 우달 씨의 진로 선택은 성격의 병리적 측면을 악화시켰을 수 있다. 이런 진로는 스스로를 고립시키고 생계에 지장을 주지 않고 타인을 무시할 수 있게 해 주었다. 여성이 주 독자인 연애 소설을 쓰는 작가로서 자신이 성공했다는 것은 그에게 여자란 아둔한 존재라는 더욱 강한 증거로 보였을 것이다. 바로 이 점이 그의 자기패배적이지만 보호적인 철회를 부추긴다. 또한 그의 성공은 그의 교만함과 타인에 대한 경멸을 더욱 강하게 했을 수 있다.

시간이 지나면서 우달 씨의 증상과 기이함은 악화되어 갔다. 그의 강박행동은 너무 심해져서 검사를 받는 시점까지 그는 점점 더 역기능적이 되어 갔다. 위생에 대한 집착과 세균에 대한 두려움, 출입문 자물쇠를 체크해야 할 필요, 걸을 때 보도블록의 깨진 부분을 밟지 않으려는 욕구는 우달 씨가 자신의 집 밖을 나서는 것조차 어렵게 할 정도로 심각한 지경에 이르렀다. 그의 계속되는 빈정거림은 아마도 자신의 부적절감을 방어하는 데 사용되고 있을 것이지만, 그 주변의 모든 사람을 소외시키는 결과를 낳았다. 그의 사회적 행동의 한 측면에 대한 한 가지 가능한 해석은 그가 어머니의 양육과 같은 돌봄을 간절히 원하고 있다는 것이다. 실제 그의 대리 엄마(그가 식사하러 가는 식당에서 일하는 여종업원)가

일하러 나오지 않자 그는 식사를 할 수 없었다.

한 가지 긍정적인 점은 우달 씨가 매우 똑똑하고 재능 있는 사람이라는 점이다. 그는 통찰력이 있으며, 대인관계에서 직관력이 있다. 그의 기이함에도 불구하고 그는 늘 현실과 접촉을 유지할 수 있었다. 사실, 강박장애를 제외하면 다른 어떠한 임상 증후군도 경험한 적이 없다. 그는 이타주의와 같은 고차적 방어를 할 수 있다. 바로 이 점을 활용하여 주위 사람과 사회에 도움이 되도록 충족되지 못한 욕구를 채우게 도와줄 수 있다.

기능 손상과 문제의 복잡한 패턴은 우달 씨의 처치를 계획하는 데 고려해야 할 적절한 변인이다. 그는 관계를 통제하려는 욕구를 가지고 있으며, 그 결과 직접적인 치료 개입에는 저항할 것이다. 대부분의 상황에서 그는 자신의 행동에 대해 깊이 생각하고 중간 수준 정도의 통찰을 한다는 점에서 대처를 위해 내재화 스타일을 활용한다고 할 수 있다. 동시에 그는 거칠고 빈정거리는 상호작용을 통해 자신의 분노를 외재화할 것이다. 그의 증상과 대처 전략 패턴 때문에 사회적 지지는 극단적으로 제한된다.

진 단 소 견

- 300.3 강박장애
- 301.4 강박성격장애, 자기애 및 분열성 요소를 수반함.

요약과 추천사항

의뢰질문을 감안하면 다음 요약과 추천사항은 특히 중요하다.

1. 성격 구조: 우달 씨는 분노가 많으며, 분노를 자기패배적 방식으로 표현한다. 그는 자기애 및 분열성 요소를 함께 가지고 있는 강박성격장애를 경험하고 있다. 그는 분노 문제 및 성격장애 외에도 강박불안장애의 준거를 충족시키고 있다. 심리적 강점은 작가로서의 재능, 자신의 어려움에 대한 통

찰 그리고 변화에 대한 높은 동기를 갖게 하기에 충분한 불편함의 수준이다. 환자가 타인과 더 의미 있는 관계를 맺기 원한다고 해도 그런 관계는 그가 할 수 있는 것보다 더 많은 정서적 관여를 요구할 것이기 때문에 위협이 될 것이라고 느낀다. 그가 타인을 경멸적으로 느끼고 자신이 더 우월하다고 느낀다는 점에서 그의 철회 또한 스스로에게 정당화된다. 관계의 위험으로부터 스스로를 보호하기 위해 그는 점진적으로 더 철회해 왔다. 이러한 대처 양식이 그의 증상을 더욱 악화시키는 결과를 가져왔다.

2. 성격 패턴 및 호전되지 않음: 환자는 치료에 순응하지 않는다. 스스로를 더 유능하고 우월하다고 생각하기 때문이다. 그래서 그에게 약 복용을 수락한다는 것은 성격 문제가 있다는 점을 인정하는 것이 된다. 환자는 심리상담을 가끔씩만 받고 있다. 과거 상담자가 자신과의 더 깊은 관계를 추구했을 때 자신의 취약성이 증가한다고 느꼈기 때문이었다. 한 가지 주된 요인은 그의 지적 방어가 융통성 없이 엄격하기만 해서 그의 감정 경험을 번번이 가로막는다는 것이다.

3. 처치를 위한 제언: 우달 씨를 위해 심리상담을 권유한다. 앞서 기술한 그의 성격을 감안하면, 형식적이고 단정하며, 시간을 잘 지키고 예측 가능한 스타일의 전문가와는 치료적 동맹을 쉽게 형성할 것이다. 우달 씨가 여성에 관해 이야기한 것으로부터 판단해 보면, 남성 상담자와 동맹을 더 잘 형성할 것이다. 지성화를 방어로 사용한다는 것과 그의 지적 능력을 감안하면, 환자가 지적으로 유능하다고 생각하는 상담자를 찾는 것이 유용할 것이다. 초기의 거리를 유지하고 회기의 주요 부분을 그가 통제하도록 하면 좀 더 편안하게 느낄 것이다. 진단명, '병'의 속성 그리고 기대되는 경과에 대한 설명은 우달 씨에게 특히 호소력이 있을 것이다. 어려움은 표면적인 치료 동맹에서 더 의미 있는 관여로 그를 움직이게 하려 할 때 발생할 것이다. 상담 회기 밖의 사회적 지지를 증가시키는 것은 중요한 목표가 되겠지만 회기 내에서 그와 작업할 때와 동일한 어려움을 만나게 될 수 있다. 그가 사용하는 방어를 탐색하도록 조력하는 것이나 다른 사람의 통제에 대한

인내력을 증진시키는 것 또한 성취하기 어려울 것이다. 그가 경험해 오고 있는 문제에 그의 성격이 기여하는 중요한 역할, 사회적 지지의 부족, 증가하고 있는 기능적 손상 그리고 비적응적 방어/대처 전략은 비교적 긴 기간의 처치가 필요함을 시사한다. 진단에 기반을 둔 도움이 될 만한 구체적인 기법으로 노출, 사고 중단, 강박 패턴을 중단시키기, 이완훈련 등을 들 수 있다. 환자의 긍정적인 자원으로는 건전한 재정 상태, 높은 언어 기술, 그의 어려움에 대한 놀라운 통찰 등을 들 수 있다. 환자의 강박 증상을 완화시키기 위해 약물 사용을 고려해 볼 필요가 있다. 그러나 약물이 제공해 줄 수 있는 이점을 그가 확신할 수 있어야 할 것이다.

2) 사례 2

논의/해석 그리고 소견 항목은 발달적 묘사('사례 1'에서와 같이)가 아니라 다양한 영역(인지, 기분/정서, 대인관계)에 따라 조직되었다. 이 보고서는 어떤 처치를 가할 것인지를 추천하는 데 있어서 STS 변인에 기반을 둘 것을 강조한다.

개인정보

내담자: D. K.
생년월일: ○/○○/○○
입원날짜: ○/○○/○○
평가날짜: ○/○○/○○
평가자: J. 스미스, PhD
의뢰자: 프레드 톰슨, MD

의뢰질문

D. K. 씨는 이혼한 경력이 있는 44세의 백인 여성이다. D. K. 씨는 대학을 졸업하기까지 16년간의 학교교육을 받았으며 현재 중간 정도에서 심각한 정도까지의 우울과 불안을 경험하고 있다. 그녀는 절망감, 낮은 에너지, 비관, 불면, 걱정 그리고 자살 관념을 보고하고 있다. 그녀는 자살 시도 후 병원에 입원하였다. 다음 질문과 관련하여 그녀에 대한 평가가 필요하다고 생각된다.

1. 어떤 성격 역동이 우울과 관련되어 있는가?
2. 그녀가 가진 강점은 무엇인가?
3. 그녀에 대한 진단명은 무엇인가?
4. 최적의 치료 계획은 어떤 것이 될 것인가?

평가 절차

임상면접, Minnesota Multiphasic Personality Inventory-2(MMPI-2), Millon Clinical Multiaxial Inventory-III(MCMI-III), Beck Depression Inventory-II(BDI-II), 로르샤흐 검사

행동관찰/정신상태검사

D. K. 씨는 약속 시간 정각에 도착하였으며, 사람, 시간, 장소 그리고 평가를 받는 이유에 대한 지남력이 있었다. 그녀는 천천히 이야기하였으며 때때로 주의를 집중하지 못하는 듯하였다. 그러나 그녀는 협조적이었으며 질문에 적절히 반응할 수 있었다. 정확한 정보를 제공하려는 동기가 강한 것으로 보였다. 그녀의 사고는 논리적이었으며 인지적 역기능이나 환각의 증거는 나타나지 않았다. 전체적으로 환자는 훌륭한 지적 자원을 가지고 있으나 우울성 관념이나 기분에 따라 가벼운 정도에서 중간 정도까지의 인지적 비효율성을 나타내었다. 그녀는 극단적으로 자기처벌적이고 자기비난적이고, 우울성 사고 및 정동을 가지고 있

으며, 만성적으로 우울한 기분을 보고한다. 그녀는 정서적 삶에 의해 지나치게 통제되는 경향이 있고, 타인에 지나치게 민감하며, 거부당했다는 느낌을 두드러지게 가지고 있다. 체중 증가와 수면장애의 증거도 있다. 감정이 주기적으로 불안정해지고 일관성이 없으며, 감정에 의해 쉽게 압도되며, 충동적이고 적대-의존 방식으로 행동할 수 있음을 시사하는 증거도 있다. 발달사에 대한 평가는 그녀가 사회적으로 고립되어 있으며, 스스로를 인생에 있어서의 주요 사건 희생자로 보고 있다는 것을 드러낸다. 그녀는 타인을 잘 믿지 않고, 타인과 가깝게 지내는 것을 어려워하지만 여전히 강력한 의존 욕구가 있다. 그래서 그녀는 적대-의존 방식으로 타인과 관계하고, 아마도 요구와 위협을 모두 하는 패턴을 나타낼 것이다. 이와 같은 행동관찰 결과와 검사 점수 패턴을 감안하면, 본 검사의 결과가 그녀의 기능 수준에 대한 정확한 평가를 반영하고 있다고 할 수 있을 것이다.

배경

■ 개인적/사회적

D. K. 씨는 장녀로서 아래로 남동생(42세)과 여동생(40세)을 두고 있다. 그녀는 어릴 때 가족 상황 및 환경을 비교적 불안정하고 학대적이었던 것으로 보고하였다. 그녀는 부모와도 가깝지 않았으며 남동생과 여동생과도 가깝지 않았다. 아버지는 그녀가 8세일 때부터 그녀를 성적으로 학대하였다. 어머니와 할머니는 늘 그녀의 과체중 상태에 대하여 그녀를 비난하였다. 그녀는 자신의 아버지가 알코올 중독자였으며 부모님 사이의 관계도 좋지 않았다고 보고하였다. 아버지의 성학대는 대개는 옷 위로 그녀를 만지는 것이었다. 그러나 13세가 되었을 때부터는 그녀의 침실로 방문하여 구강 성행위를 강요하기 시작하였다. 그는 말을 듣지 않으면 이 사실을 그녀의 엄마에게 알리겠다고 위협하였다. 아버지는 그녀가 18세 되던 해에 사망하였다. 어머니는 한 남자와 재혼하였는데, 그 역시 성적인 농담과 희롱을 하였다. 그러나 신체적인 접촉은 없었다고 보고

하였다. 그녀는 어머니나 양아버지 모두 자신에 대한 애정이나 걱정을 한다고 는 느끼지 못했다. 양아버지는 그녀가 22세가 되자 집을 떠나라고 하였다.

내담자는 어렸을 때 부모보다는 할머니와 더 가까웠을 것이다. 그러나 이 관계 또한 혼란스러웠고 문제가 많았다. 그녀의 할머니는 지나치게 종교적이었으며 환자가 남자친구를 사귀려 할 때마다 그 관계를 깨려고 적극적으로 개입하였다. 이러한 수많은 사건의 결과로 환자는 자신에 대해 나쁘게 느끼고, 자신의 신체에 관해 지나치게 민감하며, 성에 대해 공포심을 느끼며 성장하였다. 그녀는 종교적 갈등이 많았으며, 10대 때는 종교적 반항성을 드러내기도 하였다. 이러한 행동이 가족을 격랑에 휘말리게 하였다. 이 반항성에서 빠져나왔을 때, 환자는 자신의 성적 느낌과 남자친구가 성관계를 갖자고 하는 압력에 대해 죄의식을 느꼈다. 그녀는 추가적인 갈등을 피하기 위해 그리고 남자친구가 '죄악'의 구렁텅이에 빠지지 않게 하기 위해 결혼하기로 하는 데 동의하였다. 가족은 이전의 구혼자들에게 그랬던 것처럼 그녀의 남편을 인정하지 않았다. 가족은 환자에게 종교를 바꾸고 고향을 떠나라고 요구하였다. 그녀는 25세에 결혼하여 3명의 자녀(이제 12, 15, 18세가 되었음)를 두었다. 9개월 전 그녀와 그녀의 남편은 이혼소송을 제기하였다. 소송에서 남편이 아이의 양육자로 지정되었다. 그녀는 매우 가슴이 아팠으며 소송에서 진 것에 대해 실망하였다. 이에 대해 자신과 그녀의 전남편을 번갈아 가면서 원망하고 있다.

■ **학업/직업**

D. K. 씨는 고등학교를 졸업하였으며, 몇 개의 과목에서 C 학점을 받았지만 대부분의 과목에서 B 학점을 받았다고 보고하였다. 그녀는 교사 자격증을 취득하였으며 교사로 일해 왔다.

■ **병력**

두드러진 병력은 없다.

■ **정신과적 병력**

환자는 첫째 아이 출산 후 시작된 우울 에피소드가 반복되고 있다고 보고하였다. 결혼 생활이 악화되어 갔을 때 환자는 더욱 우울해졌으며, 3년간 임상심리학자로부터 상담을 받았다. 현재 에피소드에 대한 즉각적인 촉진요인은 이혼의 확정, 양육권 상실, 새로운 도시에서 새로운 일자리를 잡아야 하는 것, 현재의 일자리를 잃는 것 등이다. 그녀는 교사로서의 일자리를 잃은 후 몇 시간 내에 약을 복용한 상태에서 손목을 그어 자살하려 하였다. D. K. 씨는 결혼 생활이 결코 만족스럽지 않았으며, 남편과의 관계는 처음부터 불안정하였고 혼란스러웠다고 보고하였다. 그녀는 이런 결혼 생활의 영향으로 20년 동안 정기적으로 우울과 스트레스를 경험해 왔다. 결혼이 유지된 마지막 3년 동안 부부는 별거하였다. D. K. 씨는 남편이 자신을 신체적으로 학대하였으며, 이러한 이유로 그와 헤어지기로 하였다고 진술하였다. 또한 많은 종교적 갈등이 있었는데, 이는 자신이 소속된 근본주의 종교분파에서 남편이 선호하는 보수적인 분파로 똑같이 개종할 것을 요구했기 때문이었다.

환자는 일정 기간 술을 과하게 많이 소비한 적이 있다. 현재 그녀는 일주일에 맥주를 2~6병 정도 마신다. 그녀는 2년 넘게 프로작을 복용해 오고 있다. 톰슨 박사로부터 약물치료만을 받고 있으며 심리치료는 받지 않고 있다. 환자는 자신이 자살을 감행할 위험이 높은 사람이라는 말을 지속적으로 해 오고 있다.

해석과 소견

■ **일반적인 지적 기능의 수준**

지능검사를 실시하지는 않았지만 그녀의 전반적 기능 수준은 평균 상(high-average) 범위에 있는 것으로 추정된다. 그녀는 질문에 대한 초점을 유지할 수 있었으며, 명확하고 일관성 있게 답변하였다. 그녀의 어휘력은 지식 수준과 마찬가지로 평균 이상인 것으로 보였다. 사고 내용은 자살 관념, 자기비판 등이었으며, 다른 사람을 믿지도 않으며 그들과 많은 시간을 보내는 것을 원치도 않는 태도를 암시하였다. 그녀는 또한 우울증의 결과로 가벼운 인지적 속도 저하

(slowing)를 경험하고 있다. 그녀의 정서지능은 평균 저(low-average) 범위에 있으며, 상대적인 강점은 자기인식과 자신의 충동을 조절할 수 있는 능력이다. 반대로 그녀가 어렵다고 느끼는 영역은 자신의 독립성 주장하기와 스트레스에 대처하는 능력이다.

■ 성격

D. K. 씨는 일이 잘 되지 않으면 스스로를 책망하는 심각하고 생각이 많은 사람이다. 그녀는 낙담, 침울, 우울을 느끼고 있다. 더욱이 그녀는 모든 것이 계속 변한다는 사실 때문에 매우 비관적이다. 그녀는 자신이 행한 것 또는 했던 말에 관해 생각하며 많은 시간을 보낸다. 그녀는 일상적으로 해야 하는 기본적인 일을 할 수 있지만 현재 즐길 만한 활동을 추구할 동기는 거의 없다. 그녀는 수면이 고르지 않아서 일어날 때면 피곤하고 활력이 없다고 보고한다. 그녀는 집중하고 의사결정하며 미래를 계획하는 것이 어렵다고 느낀다. 그녀는 과거 알던 사람들이 자신에게 실망만을 주었기 때문에 화가 나고 다른 사람을 믿지 못한다. 그래서 핵심 갈등은 수용받고 돌봄을 받기 원하는 마음과 화가 난 마음 사이에 있다고 할 수 있다. 왜냐하면 이러한 욕구가 거의 충족된 바 없었기 때문이다. 그녀의 성격에 잠재된 분노가 있다고 하더라도 그녀는 이러한 분노에 대해 매우 불편해하며 그 결과 스스로에 대해 매우 비관적이다. 이러한 감정들의 상호작용으로 인해 그녀의 정서는 매우 광범위하게 변한다.

■ 대처 양식

환자는 내향적이고, 자기비판적이며 자책한다. 그러나 그녀는 자신의 분노를 행동으로 분출하는 정기적인 에피소드를 갖고 있다. 그녀는 또한 알코올로 자신을 달래 보려는 시도를 한 적이 있다. 그래서 그녀의 지배적인 대처 양식은 가끔씩의 행동 외현화를 동반한 내현화라고 할 수 있다. 앞서 지적했듯이 그녀는 자신의 분노를 매우 불편해한다. 그 결과, 그녀는 간접적인 방식으로 이 분노를 분출할 것이다. 그녀는 분노를 직접적으로 경험해 오고 있기 때문에 때때로 자신의 분노를 행동으로 분출하고 있다는 것을 의식조차 못할 수 있다. 그녀는 미래에 닥칠 고통을 피하기 위한 시도로 자신을 정서적으로 마비시킨다.

■ 대인관계

D. K. 씨는 자신이 다른 사람을 필요로 한다고 느낀다. 그러나 이는 다른 사람이 자신을 실망시킬 것이라는 걱정 때문에 이들과 얽히게 되는 것을 두려워하는 것과 반대된다. 바로 이것이 그녀가 일반적으로는 세상에 대해 그리고 보다 구체적으로는 관계에 대해 냉소적 견해를 갖게 된 원인이다. 그녀가 다른 누군가를 진정으로 돌보도록 스스로를 허락하는 것은 어려운 일이다. 왜냐하면 그 사람이 그녀를 그렇게 돌볼 것이라고 기대하지 않기 때문이다. 그녀는 세상을 잔인하고 차가운 곳으로 본다. 그 결과, 주의하지 않으면 자신은 취약해질 것이고 다른 사람들이 그런 자신을 이용해 이득을 취할 것이라고 생각한다. 그래서 사람들이란 믿을 수 없는 존재라고 마음속 깊이 느끼고 있다. 그럼에도 불구하고 그녀는 처음에는 다른 사람을 이상화할지 모른다. 그러나 그들이 자신을 실망시킬 때면 극단적으로 화를 낸다. 이런 역동의 결과로 그녀는 낮은 수준의 사회적 지지를 받게 된다. 그녀에게는 룸메이트가 한 명 있는데, 그녀와는 불안정하고 일관적이지 못한 관계를 유지해 왔다. 그럼에도 불구하고 그녀는 이 룸메이트를 사랑스럽다고 기술했으며 이 룸메이트를 중요하게 생각한다고 보고하였다. 하지만 그들은 빈번하게 말싸움을 벌였으며 잡다하게 위협과 비난을 하였다. 이 문제는 환자가 자살을 시도한 이래 더욱 심해지고 있다.

■ 강점

D. K. 씨는 옳고 그름에 대한 강한 감각을 가지고 있어서 이것이 그녀의 외현 행동을 이끌어 주고 있다. 분노와 실망감에도 불구하고 그녀는 다른 사람으로부터 사랑과 인정을 받고 싶어 한다. 또한 그녀는 평균 이상의 지능을 가지고 있으며 지금까지 생산적으로 일해 올 수 있었다. 그녀가 현재의 위기를 잘 넘기기만 하면, 변화하도록 동기화해 줄 적정 수준의 스트레스를 갖게 될 것이다.

처치 계획을 수립하는 데 고려해야 할 환자의 특성

환자는 심각한 수준의 불안과 스트레스를 보이는데, 이는 그녀의 스트레스 수준을 감소시켜 줄 개입이 비교적 시급히 필요하다는 것을 나타낸다. 그녀는 또한 아동기 초기 상호작용과 관련된 복잡한 문제를 가지고 있다. 이는 그녀가 몇 년에 걸쳐 만들고 유지해 온 반복적인 주제 및 강점에 초점을 둔 개입이 필요함을 시사한다. 비록 증상 제거가 초기 초점이 될 것이지만 더 오래 지속되어 온 대인관계에서의 희생과 고립이라는 주제는 그녀가 가진 어려움이 반복되는 것을 궁극적으로 예방하는 데 더욱 중요할 것이다. 그녀는 외현 및 내현 방어를 모두 나타내었다. 그러나 지배적이고 가장 심각한 것은 분노에 압도당하는 경향 및 자살하고 싶은 느낌을 실행으로 옮기는 경향이었다. 그녀는 비교적 낮은 수준의 저항을 보이는데, 이것은 치료에 대한 좋은 전조라 할 수 있다.

요약과 추천사항

D. K. 씨는 훌륭한 지적 자원을 가지고 있지만 우울과 관련된 사고 및 감정의 영향으로 약한 정도에서 중간 정도까지 범위의 인지적 비효율성도 나타내었다. 기분장애는 오래 지속되어 온 것이다. 그녀는 이를 결혼 생활로 귀인하지만 실은 그 전부터 준임상 수준으로 존재했을 수 있다. 환자는 내부 처벌적인 대처 양식과 외부 처벌적인 대처 양식을 모두 사용하였다. 그녀는 자신의 감정으로 어쩔 줄 몰라하고 타인에게 지나치게 민감한 사람이며, 거부에 대한 두드러진 느낌을 가진 사람이다. 그녀는 자신의 불안을 직접적으로 회피하기, 감정을 밖으로 분출하기, 내부에서 비롯된 감정을 다른 사람으로 귀인하기 등을 통해 감소시킨다. 이런 약점에도 불구하고 그녀는 다른 사람에 대한 애착을 발달시키고 협력하는 약간의 능력을 가지고 있다. 비록 상담자에게 지나치게 의존할 위험이 존재하지만, 그녀가 그 가능성에 역으로 대응하여 자신의 치료에 협조하고 협력하는 다소간의 능력이 있음을 보여 준다. 그녀는 또한 아주 높은 정서적 스트레스 수준에서 기능하고 있는데, 이는 그녀 성격의 만성적 특성과 급성 특성

모두인 것으로 보인다.

다음은 의뢰질문에 대한 답이다.

1. 우울과 관련한 성격 역동: D. K. 씨는 자신에 대해 무척 비판적인데, 이러한 태도는 다른 사람에게 의존하고 싶은 갈등적 욕구와 그녀가 경험했던 빈번한 실망에서 생겨나는 분노 주위를 맴돌고 있다. 그 결과, 그녀는 다른 사람으로부터의 잠재적 비난을 극도로 경계하는데, 이러한 비난의 일부는 그녀가 상상한 것일 가능성이 높다. 실망과 비난에 대한 민감성에 기인하여 그녀는 엄청난 분노를 느끼고 있다. 동시에 그녀는 자신의 분노에 매우 불편해하고, 이런 분노를 직접적으로 경험할 때면 자신을 힐난한다. 이러한 패턴이 오래 지속되어 왔기 때문에, 그녀는 삶을 바꿀 자신의 능력에 대해 비관적이고 무력함을 느낀다.

2. 개인적 강점: 환자의 강점은 옳고 그름에 대한 분명한 감, 사랑받고 싶은 욕구, 평균 이상의 지능, 좋은 직업 경력, 현재의 위기를 잘 해결하는 경험을 하면 갖게 되는 적정 수준의 동기적 스트레스 등이다.

3. 진단명: 환자는 재발성 주요우울장애를 나타내고 있다. 또한 수동공격성과 경계선 특성을 가진 성격장애의 가능성도 있다. 그러나 이 시점에서 이러한 가능성은 확인될 수 없다.

4. 최적의 처치 계획:

   a. 그녀의 사회적 관계로부터 지지를 증진시키기 위한 행동 전략과 더불어 자살하지 않겠다는 계약을 시급히 할 필요가 있다. 또한 우울을 감소시킬 긍정적인 생각을 개발하고, 우울 에피소드를 유도하는 대인관계를 더 잘 이해하고 변화시킬 수 있도록 조력하라. 그녀는 20회의 상담 회기에 참여할 것이라는 계약서를 작성해야 한다. 그 기간에 처치의 목표와 진척 정도는 재평가되어야 한다.

   b. 주관적인 스트레스를 낮추는 단기간 동안의 조치가 취해져야 한다. 현재 스트레스 수준이 매우 높아 상담에 참여할 수 있는 능력 및 가족과

생산적으로 상호작용할 수 있는 능력에 제한이 있기 때문이다. 긴장 감소를 위해 약물을 복용하게 하거나 심리사회적 기법을 활용하는 것 또는 둘 다를 적용하는 것이 그 방법이 될 것이다. D. K.의 비교적 낮은 반응성 수준을 감안하면, 그녀를 변화의 과정에 관여시키는 데 가장 좋은 방법은 보다 직접적이고 적극적인 교수 접근일 것이다. 그녀의 자살 가능성과 스트레스 수준을 낮추는 것이 즉각적인 목표가 되지만, 대인관계에 있어서의 오래된 주제 및 어린 시절에 확립되어서 성인기 대인관계의 많은 부분에 지속적으로 영향을 미치는 대처 양식에 대한 작업을 위해 최소 6~12개월간의 심리상담이 필요하다.

c. 자조(self-help) 작업을 위해 다음과 같은 것이 도움이 될 것이다. Daivd Burn의 『Feeling Good』(1980), Edmund Bournes의 『The Anxiety and Phobia Workbook』(2011), 그리고 Thomas Ellis와 Cory Newman의 『Choosing to Live』(1996)

서명:

이름: J. 스미스, PhD, ABPP

타이틀: 상담전문가

6. 요약

평가자는 자신의 보고서에서 제공하는 전문적 판단과 추천사항이 현재의 임상과학에 토대를 두도록 하는 데 최선을 다해야 한다. 더구나 심리학적 보고서의 소비자가 과거에 비해 더욱 다양해졌고, 심리학적 배경이 없는 사람을 포함하여 보고서에 접근할 수 있는 복수의 내담자가 있을 수 있기 때문에 전문가들

사이에서만 통용되는 용어를 사용함 없이 그리고 경멸적이지 않은 방식으로 정
보와 결론을 제시하도록 노력해야 한다. 연구와 임상 경험에 따르면, 의뢰를 결
정하게 된 임상적 관심과 질문에 적절한 정보를 제공할 때 보고서가 활용될 가
능성이 가장 높다. 그런 정보에는 제한된 예언적 가치를 지닌 진단명뿐만 아니
라 처치를 계획하는 데 더 적절성을 지닌 환자의 성격과 문제(즉, 문제의 지속 기
간, 공존병리, 저항 수준 등)도 포함되어야 한다.

지금까지 심리학적 보고서의 표준 요소에 대해 기술하였다. 그러나 보고서
내의 통합적인 항목, 즉 논의 항목을 위해 많은 가능한 조직화 도식이 존재한다.
이러한 도식은 기능에 대한 리뷰, 환자의 발달사에 대한 기술, 성격 스타일과 환
경과의 상호작용에 대한 기술, 감별진단에 대한 논의 그리고 검사 결과에 대한
리뷰(이것은 가장 덜 정합적이고 파편화되기 쉬워서 선호되지 않는다)를 포함한다.
평가자의 책임은 보고서의 제출로 끝나는 것이 아니라 적절한 추천사항을 이해
할 수 있도록 제시하고, 보고서가 당사자들 모두의 이익을 위해 적절하게 활용
되도록 하는 것까지를 포함한다. 마지막으로 이 장에서는 두 개의 보고서 샘플
을 제시하였다.

제2부

임상 장면

제5장
심리평가를 위한 면담

| 배주미 |

    면담은 심리평가에서 가장 기본이 되는 매우 중요한 임상평가 기법이다. 평가면담의 일반적 목표는 다른 방법으로는 얻기 힘든 정보를 모으고, 정보를 얻는 데 도움이 되는 관계를 형성하고, 임상가나 내담자 모두에게 문제행동에 대한 이해를 높이며, 내담자에게 문제행동에 대처하도록 도와줄 수 있는 지침과 지지를 제공하는 것이다.

    임상가는 면담을 통해 내담자 자신이 인식 또는 인정하는 현재의 주요 문제를 상세하게 확인하고, 그러한 문제에 대한 자신 및 주변 사람들의 인식과 입장, 역할 등을 검토하고 비교해 볼 수 있다. 또 현재의 역할 수행 수준, 처해 있는 생활 상황, 의미 있는 대인관계, 자신 및 주변 환경에 대한 태도 등에 관한 정보를 얻을 수 있다. 또한 면담을 통해 내담자의 발달력, 학업력, 직업력 등 개인의 역사적 자료를 얻을 수 있다. 이를 통해 과거의 의미 있는 경험과 환경적 특징을 확인하여 개인을 전체적으로 이해하는 데 활용하게 된다.

    면담을 통해 다른 방법으로는 얻을 수 없는 소중한 정보(예: 행동 관찰, 내담자의 개별 특징, 스트레스 사건에 대한 내담자 반응 등)를 얻을 수 있고, 라포를 형성할 수 있으며, 검사 결과의 의미와 타당성을 점검할 수 있지만, 이러한 면담이 쉽게 이루어지는 것은 아니다. 면담과정에서 주로 내담자의 언어적 보고를 통해 정보 수집이 이루어지기 때문에, 내담자가 자신에 관한 정보를 있는 그대로 보고하지 않으려 하거나 자신에 관한 사실적 정보를 보고할 능력이 없는 경우(예: 정신분열증 환자, 아동 및 청소년 내담자 등), 또한 내담자의 상황이 보다 정확하고 객관적으로 자신의 정보를 보고하기 어려울 경우(예: 평가 결과가 자신의 법적 혹은 경제적 이득과 관련된 경우), 면담으로부터 얻을 수 있는 정보는 제한적이거나 혹은 객관적이지 않을 수 있다. 따라서 임상가는 내담자의 언어적 보고 내용을 토대로 얻은 제한된 정보를 바탕으로 보다 정확하고 전체적인 이해를 해야 하며, 면담 정보 또한 조심스럽게 해석해야 한다.

1. 평가면담의 형식

1) 일반적 고려사항

면담에는 다양한 방식이 있으며 이론적 배경이나 실제적 고려에 따라 차이가 있기 때문에, 면담법에는 정답이나 유일한 방법이 있는 것은 아니다. 임상가는 자신이 따르는 접근에 맞는 평가를 선호하며, 면담 또한 그러한 목적에 맞는 방법을 강조하게 된다.

면담에는 구조적이며 진단적인 것과 비구조적이며 탐색을 하기 위한 것이 있다. 진단면담의 목적은 DSM-IV에 기초하여 구체적인 진단을 내리는 것(Othmer & Othmer, 1994)이며 다음의 네 단계를 따른다. 첫째, 진단하기 위한 단서를 포착하기, 둘째, 포착한 단서를 진단의 준거 내에서 살펴보기, 셋째, 정신의학적 과거력을 알아보기, 넷째, 진단 및 예후의 예측. 이러한 면담은 지시적이며 정신의학 상황에서 주로 사용된다. 진단면담과는 대조적으로 구조화되지 않은 비형식적인 면담에서는 내담자의 대처 양식, 사회적 지지, 가족의 역동, 문제의 특성과 같은 영역에 관심이 주어진다. 이러한 면담은 덜 지시적이고 융통성이 있다.

간혹 면담자들은 자신이 내담자에게 알아보고 싶은 질문을 미리 준비하는 반구조화된 면담의 형식을 따르기도 하는데, 그러한 질문의 예는 다음과 같다.

"당신이 가장 염려하는 것은 무엇입니까?"
"당신의 가장 중요한 걱정거리를 기술해 주시겠습니까?"
"이 문제가 처음 시작된 때는 언제입니까?"
"그것은 얼마나 자주 일어납니까?"
"그것이 일어나는 빈도에 어떤 변화가 있었습니까?"
"그 행동이 일어난 후에는 어떤 일이 일어납니까?"

내담자는 개인적 특징(연령, 교육 수준)과 당면한 문제의 유형(아동기의 문제, 법적 문제, 정신병)이 다르기 때문에 면담 시에 물어보아야 할 질문도 다양할 수밖에 없다. 따라서 반구조화된 면담은 정해진 질문의 순서대로 진행되기보다는 면담 중의 상황에 따라 융통성 있게 실시된다.

2) 비구조화된 면담

비구조화된 면담 또는 개방적 면담이란 특별한 형식과 절차를 미리 정해 두지 않고 면담 시의 상황과 내담자의 반응에 대한 임상가의 판단에 따라 유연성 있게 진행되는 면담 절차를 말한다. 일반적으로 비구조화된 면담은 미리 정해진 일정한 구조와 틀이 없이 내담자가 호소하는 문제의 특징, 내담자의 상태, 면담 당시의 제반 여건과 상황 등에 따라 속도와 분량, 깊이와 범위를 조절하게 된다(김재환 외, 2006).

이와 같은 비구조화된 면담은 내담자의 상황과 문제, 진술에 따라 융통성 있게 진행되고 초점과 시간을 달리할 수 있다는 장점이 있다. 그러나 면담자에 따라 절차가 상이하게 진행되고 내용도 다를 수 있으며, 자료 수집의 효율성이나 가치가 다를 수 있으므로 면담자의 숙련된 전문성이 더욱 필요하다. 또한 다량의 자료 수집이 어려울 수 있고, 수집된 자료를 객관화하고 수량화하기가 어려우며, 자료가 심리검사 자료로서의 신뢰도가 낮을 가능성이 있다는 문제가 있다.

3) 구조화된 면담

구조화된 면담이란 비구조화의 단점인 면담자의 주관과 개인차, 면담 시 면담 내용의 편향이나 제한을 극복하기 위해 면담에 포함되어야 하는 내용과 질문, 진행방법이나 반응기록 방식을 정해 놓음으로써 비교적 표준화된 방식에 따라 필요한 내용을 수집하도록 하는 것이다.

심리검사와 관련하여 이러한 구조화된 면담은 그것의 목적이나 구성된 방식에 따라 진단 정보를 제공하기 위한 것과 증상 심각도를 평가하는 것으로 구분될 수 있다. 그중 진단 정보를 제공하기 위한 대표적인 구조화된 면담도구로는 진단면담 스케줄(The Diagnostic Interview Schedule: DIS; Robins, Heltzer, Croughan, & Ratcliff, 1981)과 DSM-IV 진단을 위한 구조화된 임상면담(The Structured Clinical Interview for DSM-IV: SCID; First, Spitzer, Gibbon, & Williams, 1977)이 있다. 이는 사전에 정해져 있는 일련의 결정진행도를 따라가면서 면담을 진행하게 되는 것으로, 대표적 구조화된 진단면담 도구인 DIS에서는 증상 군집, 증상 지속 기간, 증상들과 증후군 준거의 대응, 손상의 정도 등에 관한 정보를 얻을 수 있도록 질문이 만들어져 있다. SCID의 경우 DSM에 제시되어 있는 증후군과 관련된 주요 증상들에 관한 체계적인 질문을 하게 되며, 이를 통해 공식적 진단을 결정할 수 있게 된다.

또한 증상 심각도를 평가하기 위한 구조화된 면담의 대표적인 것은 정신상태검사(Structured versions of Mental Status Examination; Amchin, 1991)다. 정신상태검사는 비교적 다양한 증상에 대해 폭넓은 면담을 진행하는 것이 가능하며, 정신과 장면에서는 심리검사와 함께 혹은 심리검사 없이 자체만으로도 가장 많이 쓰이는 도구다. 그 외에는 단일 증상군을 심도 있게 평가하기 위한 도구들도 있는데 해밀턴 우울평정척도(The Hamilton Rating Scale for Depression: HRSD; Hamiltom, 1967)가 그 대표적인 예다. 이는 특정한 기능 영역이나 특정 증상군을 평가하는 데 목적을 두는 것이다.

4) 반구조화된 면담

반구조화된 면담(semi-structured interview)은 구조화된 면담과 비구조화된 면담의 단점을 보완하고 장점을 취하기 위해 쓰는 방법이다. 구조화된 면담의 경우에는 미리 준비된 질문의 범위를 벗어나는 정보를 얻을 수 없으며, 또한 면담 과정의 상황이나 내담자의 문제와 특성에 따라 면담자가 자유롭고 융통성 있게 면담하기가 어렵다. 특히 내담자의 자발성도 억제되는 상황이 되기 때문에 개인을 심도 깊게 평가하고자 하는 임상적 심리검사로 사용되기보다는 오히려 연구 목적이나 일차적인 스크리닝 목적으로 사용되는 경우에 적절하다. 그러나 이러한 단점에도 불구하고 면담 절차와 질문이 구체적이기 때문에 단기간 훈련으로 실시할 수 있으며, 필수적인 정보를 빠짐없이 구할 수 있다는 점에서 장점이 있다. 반면, 비구조화된 면담은 면담자에게 고도의 전문성과 숙련도를 요구하며 충족되지 못할 경우 필요한 정보를 제대로 얻을 수 없다는 단점이 있다. 그러나 내담자 특성과 문제에 따른 면담을 융통성 있고 깊이 있게 할 수 있다는 장점이 있다.

이러한 구조화된 면담과 비구조화된 면담의 장점을 살리고 단점을 피하기 위해 흔히 쓰는 방법이 반구조화된 면담방법이다. 반구조화된 면담방법은 구조화된 면담이 지닌 장점인 필요한 정보를 꼭 파악하고 비구조화된 면담의 장점인 융통성 있고 심도 있는 면담이 이루어질 수 있도록 하기 위해 몇 가지 핵심 질문으로 구성하고 나머지는 면담자가 유연하게 진행할 수 있도록 구성되어 있는 면담방법이다.

이러한 반구조화된 면담의 대표적인 예로는 간편 정신상태검사(Mini-Mental State Examination: MMSE; Folstein & McHugh, 1975)가 있는데, 이는 뒤에서 다

시 살펴보도록 할 것이다. 이 외에 각 연령 대상이나 혹은 주요한 장애나 문제에 따라 노인을 위한 정신상태검사(The Geriatric Mental State Schedule: GMS; Cooperland, Kelleher, Kellett, Gourlay, Gurland, Fleiss, & Sharpe, 1976), 아동청소년 사회적응면담(The Social Adjustment Inventory for Children and Adolescents: SAICA; John, Gammon, Prusoff, & Warner, 1987), 아동청소년을 위한 진단면담(Diagnostic Interview for Children and Adolescents: DICA; Reich, 2000) 등이 있다.

2. 평가면담 고려사항 및 기법

1) 신뢰 관계 형성

심리검사나 평가에 대한 잘못된 오해가 있다면 그것은 이 과정에서의 면담자 혹은 검사자가 자신이 수집하고 파악하고자 하는 정보를 중심으로 내담자에게 질문하면 된다고 생각하는 것이다. 물론 심리검사나 평가를 위한 면담의 궁극적 목적이 내담자의 상태나 증상을 파악하고 진단하고자 하는 것이기는 하나 이를 위해서 먼저 선행되어야 하는 것은 양자 간의 신뢰할 수 있는 의사소통 관계 형성, 즉 라포(rapport)를 형성하는 것이다. 이러한 라포가 잘 형성되기 위해서 필수적인 것은, 내담자의 정보가 책임 있고 안전하게 다루어지며, 이러한 면담평가가 자신의 어려움과 문제해결에 도움이 된다는 긍정적인 기대를 갖게 하는 것이다.

이를 위해서 면담자는 평가적인 취조식의 태도가 아닌 진솔하고 공감적이며 무조건적인 수용을 드러내면서도 동시에 객관적인 태도를 갖도록 해야 한다 (Hersen & Turner, 1994). 면담의 목적이 평가를 위한 것이라고 해서 자칫 공감적 태도가 아닌 평가적 태도로 면담을 실시하는 경우 내담자는 자신의 정보를 통해 자신이 부정적으로 평가되는 것을 우려하여 자신의 상황이나 주관적 경험 등을 사실대로 보고하지 않으려 할 수도 있다. 따라서 면담자의 공감적 이해와 무조건적인 수용적 태도는 평가를 위한 면담에서도 가장 중요한 태도라 할 수 있다. 면담자가 보이는 공감적 이해와 수용적 태도를 통해 내담자는 자신을 기꺼이 드러내 보일 것이다. 내담자의 저항이나 방어가 적은 이러한 상황에서 면담자는 그의 외적 상황과 주관적 경험을 모두 이해할 수 있다. 심리적 부적응이나 정신장애의 경우, 외적으로 관찰하게 되는 행동적 징후와 우울이나 불안, 환각 등의 주관적 내적 경험이 서로 일치되지 않는 장애도 있으며, 또한 외적 징후는 두드러지게 드러나지 않은 채 주관적 내적 경험만으로도 존재하는 장애가 있기 때문이다. 따라서 내담자가 자신의 주관적 경험을 드러내어 보고하지 않는다면, 내담자가 가진 문제를 정확히 파악해 진단하는 것이 어렵게 되기 때문이다.

신뢰할 수 있는 협력 관계를 형성하기 위해서는 면담자가 지나치게 전문적 용어를 사용하기보다는 내담자의 언어와 문장 수준에 눈높이를 맞추는 것이 좋다. 특히 연령, 성, 지능, 학력, 사회적 경험, 직업, 종교 및 기타 소속된 집단에 따라 언어 표현과 이해 능력 방식, 선호하는 용어 등이 다를 수 있어서 가능한 한 내담자와 유사한 표현을 사용하는 것이 두 사람의 거리를 좁히고 서로 간의 의사소통 효율성을 높일 수 있다.

만약 내담자가 강요에 의해 강제로 평가를 받게 되거나, 평가를 통해 법적 혹은 경제적 이득이나 손실이 초래되는 상황이라면 내담자와 평가자 간 신뢰를 기반으로 하는 협력 관계를 형성하는 것이 어려울 수 있다. 또한 내담자의 외적 상황뿐 아니라 내담자 특징 자체가 이러한 협력 관계를 형성하기 어려운 사람들도 있는데, 예를 들어 적대적이고 거부적인 태도를 지닌 사람이나 의심과 편집 경향으로 인해 사람을 신뢰하지 못하는 사람들이 이러한 경우다. 물론 면담자는 내담자와 신뢰할 수 있는 관계를 형성하기 어렵기는 하나 지속적인 면담자의 진솔한 태도와 공감적 이해는 더 나은 협력 관계를 형성하게 할 것이다. 이런 지속적 노력에도 불구하고 결국 신뢰 관계를 형성하지 못하였다면 그 또한 중요한 진단 결정 정보가 될 수 있을 것이다.

내담자와의 신뢰할 수 있는 협력 관계 못지않게 전문가적인 객관적 태도를 유지하는 것도 매우 중요하다. 객관적 태도를 통해 내담자의 주관적 경험을 정확히 이해할 수 있을 뿐 아니라 그의 환경적 문제와 갈등 속에서 문제를 정확히 판단할 수 있게 하기 때문이다. 그러나 만약 객관적 태도가 부족하여 섣불리 어느 한쪽의 입장에 치우쳐 상황을 이해하거나 편을 드는 경우 내담자는 오히려 면담자를 신뢰하지 못하고 관계를 해치게 될 수도 있다.

2) 일반적 면담 기법

면담 기법으로는 다양한 방법이 제안되고 있는데, 언어명확성, 직면, 이해, 적극적 경청, 반영, 피드백, 요약, 자기노출, 구체적 예시 사용, 치료적 이중맹목 등이 있다. 이와 함께 또한 중요한 것은 눈마주침, 접촉 등이 있을 수 있다. 평가를 위한 면담에서 중요한 과정과 기법은 다음과 같다.

(1) 사전 준비
면담 초기 단계에서 면담자는 다음 문제들이 적절히 다루어지고 있는지 확인해 볼 필요가 있다.

- 면담실의 물리적 환경이 잘 정돈되고 적절한지를 확인한다.
- 자신을 소개하고, 내담자가 어떻게 불리고 싶은지를 확인한다.
- 면담의 목적을 언급하고, 면담에 대해 내담자가 어떻게 이해하고 있는지 체크하며, 이들 간의 차이를 명확히 한다.
- 면담으로부터의 정보가 어떻게 사용될지를 설명한다.
- 정보의 비밀보장을 설명한다.
- 내담자가 하게 될 활동이 무엇인지, 평가에 사용될 도구가 무엇인지, 검사의 총 소요 시간 등을 설명한다.

(2) 직접 대 간접 면접

면담 동안에 얼마나 구조화시키고 직접적으로 질문할지는 이론적이고 실제적인 고려사항에 따라 달라진다. 만약 시간이 제한되어 있다면, 면담자는 핵심을 직접적으로 파악해야 한다. 면담자는 내담자에 따라서도 다른 접근을 사용할 필요가 있는데, 모호하고 비구조화된 접근은 아마도 불안한 내담자를 더 불안하게 만들 수 있기 때문에 좀더 직접적인 접근이 효과적일 수 있다. 수동적이고 위축된 내담자는 좀 더 직접적인 질문-대답 스타일이 필요할 수 있다. 더 구조화된 스타일이 종종 내담자의 더 깊은 자기탐색을 촉진시키고, 내담자의 조직화 능력을 관찰할 수 있게 하며, 더 나은 라포 형성과 융통성을 유발할 수도 있다.

(3) 개방형 질문과 폐쇄형 질문

면담자는 폐쇄형 질문보다 개방형 질문을 통해 그리고 가능한 한 내담자가 선택하는 화제를 따라 자연스럽고 편안하게 면담을 진행하며, 내담자가 관심이 많은 영역의 이야기를 먼저 할 수 있도록 하여 자발성을 격려한다. 이러한 개방형 질문은 특히 면담이 내담자에 의해 통제되는데, 이를 통해 내담자의 기능 수준이 드러나는 기회가 되기도 한다.

초반에는 개방형 질문을 하여 내담자가 이야기하고 싶은 것을 말하게 한 후 점차 구체적 폐쇄형 질문을 통해 평가에 필요한 정보를 얻을 수 있다. 즉, 내담자가 호소하는 구체적 증상에서부터 일상적 기능까지, 개인에서 환경까지, 현재에서 과거에 이르는 정보를 확대해 나가며 탐색한다. 특히 이러한 구체적 질문이 평가면담에서는 더욱 적절할 때도 있다. 내담자가 질문에 대해 어떻게 답해야 할지 방향을 잡지 못하거나, 모호하게 답하고 있거나, 부적합하게 핵심을 빗나가는 답을 하는 상황에서는 이러한 구체적 질문이 도움이 된다. 심지어 혼란의 정도가 심하거나 통찰이 전혀 없는 경우 선다형 질문을 할 수도 있다. 즉, 개방형 질문으로 시작되었다가, 점차적으로 촉진, 명확화, 직면 등의 구조화된 반응을 보이다가 마지막으로는 직접적인 폐쇄형 질문을 통해 필요한 정보를 마저 채우는 형식으로 하는 것이 좋다. 그러나 이러한 질문들이 면담을 통해 경직되게 나타나서는 안 되며 다양하고 융통성 있게 적절히 제시되어야 한다.

(4) 이해도

평가면담의 중요한 초점은 문제행동과 이 문제행동의 원인을 명확히 파악하는 것이다. 면담자는 관련된 영역에 대한 내용을 다 질문했는지 파악하기 위한 체크리스트를 사용할 수도 있는데, 이러한 체크리스트를 사용할 때는 "이곳에는 어떻게 오게 되었나요?"나 "무엇이 걱정되는 문제인가요?"와 같은 일반적인 질문으로 시작한다. 면담자는 또한 정보를 얻기 위해 촉진, 명확화와 직면 반응을 사용한다. 그리고 관련된 영역에 해당하는 가족 배경도 파악하며, "아버지의 직업은 무엇인가요?" "부모님이 언제 이혼을 하셨나요?"와 같은 질문도 해야한다.

(5) '왜' 질문을 피하기

'왜' 질문은 내담자의 방어를 증가시키기 때문에 피하는 것이 좋다. 흔히 '왜' 질문은 따지거나 비난하는 것처럼 들리고 내담자에게 자신의 행동을 설명하라고 압력을 가하는 것처럼 느껴지게 한다. 그로 인해 내담자는 자신의 상황을 주지화시키고 자신의 감정을 분리시키게 된다. 이에 대한 다른 접근 방식은 '왜'라는 질문보다 "당신은 이 상황을 어떻게 이해하고 있나요?" "어떻게 상황이 이렇게 되었나요?" 등으로 질문하는 것이다. 이러한 질문들은 상황을 정당화하기보다는 기술하고 설명하게 하고 자신의 감정에 초점을 두게 하는 질문들이다.

(6) 비언어 행동에 주의하기

면담자는 내담자의 비언어 행동뿐 아니라 자신의 행동에도 민감해야 한다. 특히 내담자가 자신의 관심을 시선 접촉을 통해 표현하고 있거나, 몸을 내담자 쪽으로 기울여 언어적 · 비언어적 관심을 표현하고 있을 수도 있다. 내담자는 면담자의 언어적 호감도에 의해 신뢰 관계를 형성하기도 하지만, 만약 면담자가 언어적 표현과는 달리 지나치게 긴장되고 거리를 유지하는 비언어 행동을 보이는 경우, 면담자와의 관계 형성을 어려워할 수도 있다.

(7) 면담을 끝내기

면담자는 내담자에게 시간이 종료되기 5~10분 전에 곧 끝날 것임을 알려 주고 질문이나 궁금한 점, 하고 싶은 말은 없는지 물어보아야 한다. 또한 면담이 끝날 때 평가 회기 내용을 간략히 요약해 주고, 적절하다면 간단한 조언을 하기도 한다.

3. 평가면담의 내용

평가면담은 심리검사를 통하여 내담자를 정확하게 이해하기 위한 정보 수집 과정이다. 이를 통해 얻어야 하는 주요 정보는, ① 검사를 하게 된 부적응 문제 및 사유와 그 문제의 배경, ② 내담자의 발달사 및 환경, ③ 정신상태검사 등이다. 이러한 정보는 일차적으로는 평가면담을 통해 내담자로부터 얻어져야 하지만, 동시에 내담자의 행동이나 표정, 태도 등을 통합해 이해되어야 하며, 가능하다면 내담자 외의 다른 정보원을 통한 정보를 통해 타당성을 파악하는 것도 중요하다. 다만 가족이나 제삼자의 보고를 함께 고려하는 경우, 내담자와 이들의 관계에 대한 이해가 충분히 이루어져 정보 간의 불일치 원인을 파악할 수 있어야 한다. 또한 필요시에는 기타 학교 및 직장의 기록, 치료 기록 등이 이를 위한 보조 정보로 활용될 수 있다.

또한 앞에서도 언급한 바와 같이 정확하고 풍부한 정보 수집을 위해서는 면담자와 내담자 간의 신뢰 관계가 매우 중요하다. 따라서 이 과정에서 평가에 대한 오해를 탐색하고 평가 결과가 어떻게 쓰일지를 미리 충분히 설명하는 시간을 갖는 것도 필요하다. 즉, 평가에 대한 동의를 받는 것이 중요한데, 이는 윤리적 · 법적 이유뿐 아니라 내담자가 자발적으로 평가와 면담에 참여하도록 도울 수 있기 때문이다.

ooo 표 5-1 평가면담을 위한 체크리스트

주 문제 발달 배경	
문제 기술	심각도와 기간
초기 발생	이전 치료 경험
빈도 변화	이전의 해결 시도
선행사건/결과	이전의 치료 경험

가족사 배경	
사회경제적 수준	문화적 배경
부모의 직업	부모의 현재 건강
정서적/의료력	성장 지역 등의 배경
결혼/별거/이혼 여부	가족관계

개인력	
유아기	
발달과정	초기 의료력
가족분위기	배변훈련
부모와의 접촉 수준	
초기 및 중기 아동기	
학교 적응	또래관계
성취 수준	부모와의 관계
취미/활동/관심	중요한 생활 변화
청소년기	
아동기 모든 영역	초기 이성관계
문제가 있었던 영역	사춘기 반응
청장년기	
직업	결혼
대인관계	의료/정서력
삶의 목표에 대한 만족도	부모와의 관계
취미/흥미/활동	경제적 안정성
노년기	
의료력	능력 감소에 대한 반응
자아통합	경제적 안정성

기타	
자아개념	신체적 염려(두통, 복통 등)
행복/슬펐던 기억	행복/슬펐던 사건들
초기 기억	반복된/기억날 만한 꿈들
두려움	

1) 검사를 받게 된 사유

많은 초보 심리평가자가 흔히 간과하고 가볍게 다루며 정형화된 면담을 하는 오류를 범하기 쉬우나, 사실 심리평가를 위한 면담에서 염두에 두어야 할 가장 중요한 내용 중 하나는 내담자가 '왜 검사를 받게 되었는가' 하는 심리평가를 받게 된 '주 문제' 또는 '증상'이다. 즉, 주 문제의 구체적 특성과 발생 경과, 그로 인한 영향 및 결과를 파악해야 하며, 이에 대한 내담자 나름의 대처 방식도 알아보아야 한다. 또한 내담자 문제에 영향을 끼치는 사건이나 사람도 파악해야 하고, 이전 심리검사 및 심리치료 경험을 확인하는 것도 중요하다.

주 문제를 파악하는 데 시작점은 내담자가 심리평가를 받게 된 구체적 문제를 정확하게 이해하는 것이다. 즉, 내담자가 어떠한 불편함과 문제를 지니고 있는지, 그것의 증상과 빈도 등을 파악하는 것이다. 이러한 내용이 어떠한 상황일 때에만 문제가 되는 경우 좀 더 구체적으로 그 상황을 이해할 필요가 있다. 특정 사건과 상황으로 인한 내담자의 주관적 경험과 상태 등을 정확히 파악하고자 하는 목적에서는 좀 더 구체적인 기준을 지닌 면담이 필요하다. 이에 대해서는 뒤에서 다시 다룰 것이다.

이와 함께 중요한 내용은 이러한 문제가 언제부터 시작되었는지, 즉 촉발 시점에 발생한 내적 혹은 외적인 사건과 상황을 파악하는 것이다. 얼마나 오래된 것인지, 처음 내담자 혹은 중요한 주변 사람이 이를 알았을 때의 반응은 어땠는지, 그것을 어떻게 받아들였는지, 그 문제를 어떻게 설명해 왔는지, 그 문제가 어떤 상황에서 어떻게 반복되거나 변화되어 왔는지 등을 알아보아야 하며, 특히 이 시점에 상담 혹은 검사를 받게 되었는지를 알아보아야 한다.

또한 내담자에게 나타난 주 문제가 내담자 생활에 끼친 영향을 파악하는 것도 중요하다. 이러한 주 문제가 내담자의 학업이나 직업 등의 주요 일상생활에 끼친 영향은 무엇인지, 이로 인한 2차적인 주관적 어려움은 무엇이었는지, 그리고 대인관계나 주변 환경에 끼친 영향까지 파악해 볼 필요가 있다. 이러한 영향의 범위와 지속 기간을 파악해 보면 내담자의 문제가 얼마나 심각한 것인지도 파악이 된다.

주 문제 발생 및 그 영향과 함께 탐색해야 할 내용은 발생된 문제에 대해 어떻게 대처해 왔는가 하는 대처 방식과 그 결과를 알아보는 것이다. 즉, 내담자가 자신에게 나타난 문제를 다루기 위해 어떠한 인지적·행동적·정서적 방략을 사용해 왔는지, 이러한 대처 방식들은 문제 또는 증상을 감소시키고 자신을 보호하는 데 얼마나 효과적이었는지를 파악해야 한다. 또한 문제 발생과 심각도 변화에 있어 주변 사람들이 미친 영향도 파악해야 한다. 이렇게 파악된 자료와 함께 내담자의 갈등과 대처 양식을 알아보기 위한 면담 내용, 비언어적 행동관찰, 기타 검사 자료 등의 단서를 조화롭게 통합하여야 한다.

2) 환경 및 발달사

내담자의 환경과 발달사에 대한 정보는 면담과정에서 직접적인 질문을 통해 내담자 혹은 내담자의 가족을 통해 얻을 수 있다. 이런 정보는 심리검사 자료나 행동관찰에서는 파악될 수 없으므로, 평가면담에서 파악되어야 할 중요한 내용이다.

구체적으로 이 부분에서는 내담자의 초기 사회적 환경과 그 변화과정에 대한 자료 및 그와 관련된 내담자 자신의 변화를 파악하게 된다. 즉, 어려서부터 지금까지의 가족 관계, 사회적 관계, 학업 및 직업력, 의학력 등이 포함되며, 특히 이러한 변화와 관련된 내담자의 문제 상황과 적응 상황, 내담자 자신의 사회적 조건과 경험 등을 이해함으로써 좀 더 근원적이고 포괄적으로 내담자가 경험하고 있는 문제를 이해하게 된다. 내담자의 가족 구조는 어떠했는지, 그 관계 속에서 내담자의 역할은 무엇이었는지, 초기 가족 구조와 시간 변화에 따른 가족 관계 변화 등의 정보뿐만 아니라 가족 구성원들의 역할이나 동맹 등을 파악할 필요도 있다.

가족 내 병리를 이해하는 것도 중요하다. 가족 중 정신과적 문제를 지닌 사람이 있었는지, 알코올 문제, 약물 문제, 성 문제를 지닌 사람이 있었는지, 범죄 경력 혹은 공격적 태도를 지닌 사람이 있거나 초기 학대 또는 박탈 경험이 있는지 여부도 파악해야 한다. 정신과 문제가 아닌 기타 심각한 신체질병 여부도 알 필요가 있으며, 그 외의 성취나 기대에 대한 가족의 태도, 가족 구성원의 성취 정도도 중요할 수 있다.

내담자의 사회성 발달에 영향을 주었을 정보도 수집한다. 사회성 발달은 내담자의 아동기 및 청소년기 친구 관계, 집단 행동이나 법적인 문제, 이성 관계, 교사와의 관계, 직장에서의 상사와의 관계를 통해 추론할 수 있으며, 특히 발달단계에 따른 사회적 변화를 고려하여 이해하면 내담자의 사회적 발달을 좀 더 정확히 이해할 수 있다. 즉, 초등학교 저학년부터 고등학교 졸업 시까지의 학령기는 가족 관계에서 시작되어 점차 또래 관계, 일반적 사회 관계 및 대인관계로 그 사회적 관계가 확대되면서 다양해지기 때문에 그 시기마다의 내담자의 관계를 이해하면 그의 사회적 발달과 능력을 이해할 수 있다.

이러한 내담자의 대인관계 능력은 결국 내담자의 친밀성 및 자율성을 이해하는 데에도 중요하며, 이는 결국 치료 관계에도 영향을 주게 된다. 만약 내담자가 오랫동안 이성친구나 동성친구가 없었던 사람이라면 치료 관계도 어려울 수 있으며, 이는 내담자가 지니고 있을 수 있는 깊은 불신감 등의 정신병리적 문제를 반영하고 있을 수도 있다. 때로는 친밀성 형성 능력 부족이나 기술의 부족 등으로 설명할 수 있는 대인관계 능력이 결여되어 나타난 결과일 수도 있다. 만약 내담자가 대상에 따라 다른 관계 방식을 유지할 수 있다면, 그것은 내담자가 사회적 관계에 따라 적합하고 유연하며, 현실적인 관계 형성 능력을 지니고 있음을 나타내는 것이다.

내담자의 의학력은 무엇보다도 중요한 정보다. 유아기 질병은 물론이고 아동기 및 그 이후의 의학적 질병이나 신체적 손상은 내담자 개인의 신체적 성숙과 발달, 자기상, 대인관계 방식, 기타 대처 방략 등의 전반에 큰 영향을 끼쳤을 수 있다. 그리고 이와 관련된 가족의 반응이나 대처, 치료력, 약물 복용 등도 파악되어야 한다.

3) 정신상태 평가

정신상태 평가는 원래 신체적 의학검사를 모방하여 만들어진 것이다. 신체적 의학검사가 주요한 기관 체계를 조사하는 것으로 만들어진 것처럼, 정신상태검사 또한 주요한 정신의학적 기능(외모, 인지 기능, 통찰력 등)을 조사하고자 하는 것이다. 1902년 Adolf Meyer에 의해 미국 정신의학계에 소개된 이후, 중요한 정신의료 장면에서 가장 많이 쓰이는 평가도구가 되었다. 대부분의 정신과 의사들은 이것을 자신의 진료에서 필수적으로 사용하는 도구로 여기고 있다 (Rodenhauser & Fornal, 1991).

이러한 정신상태검사는 다양한 이유로 심리검사의 일부로 쓰이고 있다. 특히 좀 더 공식적인 심리평가를 하는 것이 적절한지를 평가하기 위해 간략형 정신상태검사를 실시하는 것이 바람직한데, 만약 내담자가 지남력이나 기억력에 문제가 있다고 시사되면, 대부분의 검사도구가 사용되기 어려울 수 있고 이 경우 좀 더 정밀검사를 할 필요가 있는 입원 등이 권유될 수도 있기 때문이다.

사실 대부분의 정신과 의사가 정신상태검사를 사용하는 것에 비해 심리학자들은 이 도구를 그리 많이 사용하지는 않는데, 더욱 정밀한 심리검사를 통해 정신상태검사를 하게 되는 심리학자들은 그 필요성을 덜 느끼기 때문이기도 하다. 그러나 급하게 어떠한 결정을 요하게 되는 상황이나 충분한 심리검사를 실시하기 어려운 상황에서는 이 정신상태검사가 짧고 체계적인 방식으로 모든 영역의 기능을 평가하기 때문에 많은 유용성을 지니고 있다.

이러한 정신상태검사에 포함되는 내용으로는, ① 잠정적 진단과 예후, 손상의 정도, 가장 적합한 치료 등에 관한 결정을 포함하는 현재 정신병리적 문제의 평가, ② 성격 구조의 파악 및 이를 통한 정신병리적 문제의 역사적·발달적 선행요인의 확인, ③ 치료에 필요한 능력과 치료에 참여하려는 의지의 평가 등이 포함된다(Edgerton, 1994). 통상적으로 정신 상태에 대한 평가는 관찰된 또는 보고된 정보의 포괄적인 추론을 통해 이루어지며, 필요한 경우 정신 상태를 평가하기 위해 만들어진 반구조화된 면담도구(Mini-Mental State Examination: MMSE;

Folstein, Folstein, & McHugh, 1975) 같은 것을 이용할 수도 있다(김재환 외, 2006).

현재 정신병리적 문제의 평가에 초점을 맞춘 정신상태 평가에서는 일반적인 외모와 면담 행동, 면담과 면담자에 대한 태도, 정신운동 기능, 감정과 기분, 언어와 사고, 지각과 감각, 기억, 지남력, 일반적 지적 능력 등이 포괄적으로 검토된다(김재환 외, 2006). 〈표 5-2〉에는 정신상태검사에서 평가하는 주요 항목과 내용을 예시하였다.

ㅇㅇㅇ **표 5-2 정신상태검사의 주요 항목과 내용 예**

일반적 외모와 면담 행동(복장, 얼굴 표정, 자세와 동작 등)
　　단정한, 수수한, 화려한, 깨끗한, 지저분한, 특이한
　　긴장된, 굳어 있는, 피곤한, 평온한
　　느린, 경직된, 조급한

면담자에 대한 태도
　　협조적인, 적대적인, 의심하는, 거부적인, 조정하는, 유혹하는, 양가적인, 무관심한

정신운동 기능
　　초조, 과활동성, 지체, 둔화

감정과 정서
　　적대적인, 가변적인, 부적절한, 둔화된, 밋밋한
　　유쾌한, 우울한, 고양된, 초조한, 불안한, 두려운, 놀란

언어와 사고
　　사고의 형식과 흐름: 횡설수설, 우원성, 이탈, 비약, 이완, 신조어, 모모함, 보속성, 작화
　　　　　　　　　　　성, 차단, 지체, 억제, 함묵증, 실어증
　　사고의 내용: 망상, 집착, 강박사고, 건강염려, 자살 사고

지각의 혼란
　　환각, 착각

감각과 지각
　　지남력, 주의력, 집중력, 비현실감, 이인체험

기억
　　저하된 기억, 허구적 회상, 병적 거짓말
　　기억상실, 둔주상태

지능
   판단력과 병식
   정보의 신뢰성 파악

출처: 김재환 외(2006).

(1) 외모와 행동, 태도

이 영역은 심리평가 보고서의 '행동관찰'에서 요구되는 내용과 유사한 것을 평가하게 된다. 내담자의 복장, 자세, 위생 상태, 체격, 걸음걸이, 얼굴 표정, 장애나 틱 등과 같은 신체적 특이점 등을 기록하는데, 특히 그의 행동이 자신의 사회적 수준에 적절한지도 눈여겨볼 필요가 있다. 즉, 내담자가 자신의 성과 나이, 직업, 상황 등에 적합한 옷을 입고 있는지, 옷차림은 단정한지, 화장은 연령이나 상황에 맞는지, 얼굴 표정과 동작은 자연스러운지 등을 잘 관찰해야 한다. 외모의 부자연스러움이나 의외성은 대처 능력의 악화, 부적합한 인지적 자원, 행동계획과 결과 예견에서의 비효율성, 판단력의 결함, 보호적인 사회 지지 체계의 결함 등과 관련되어 있을 수 있다.

심리평가 상황에서 보이는 내담자의 행동은 그의 일상생활의 한 단면이기 때문에 심리평가의 중요한 자료가 된다. 이때의 행동을 통해 부적응 문제를 관찰할 수 있을 뿐 아니라 내담자의 언어적·비언어적인 소통을 모두 파악할 수 있다. 또한 이러한 면담을 통해 내담자의 정신과적 증상인 틱, 과잉행동, 반항 행동, 행동지연, 지속적 침묵과 같은 증상들을 직접 관찰할 수도 있고, 특별한 목적 없는 허공 응시나 고개를 흔드는 것, 혼자서 중얼거리기, 팔 휘젓기 같은 병리적인 현상을 시사하는 행동도 관찰할 수 있다.

이와 함께 중요한 정보로는 내담자의 얼굴 표정, 눈마주침, 행동 수준, 협조 수준, 신체적 매력이나 주의력 등일 것이다. 내담자가 다정한가, 적대적인가, 유혹적인가 혹은 무관심한가도 파악해야 할 것이다. 내담자의 말 소리가 지나치게 빠르거나 느린가, 너무 크거나 너무 작은가, 혹은 이상한 행동이 있었는가도 파악해야 한다.

(2) 감정과 정서

내담자의 정서는 면담 동안에 표현되는 주된 감정으로, 이것은 그의 언어 표현, 얼굴 표정, 신체 움직임 등을 통해 추론할 수 있다. 어떤 정서 상태인지는 그것의 깊이와 강도, 정도, 기간과 적절성 등에 따라 판단할 수도 있다. 또한 이러한 감정과 정서가 자신의 상황이나 진행되고 있는 대화 내용과 조화를 이루고 있는지, 감정 표현이나 조절의 기복이 지나치게 크고 급박하지 않은지 등을 면담 내용이나 직접관찰을 통해 수집해야 한다.

내담자는 차갑거나 따뜻한지, 감정이 친밀한지 혹은 변덕스러운지, 또는 밋밋하거나 둔화된 것은 아닌지도 파악해야 한다. 이러한 감정 유형과 조절 문제는 신경증, 정신증, 성격장애 등의 대부분의 정신장애에서 나타날 수 있는데, 특히 감정의 특이성은 정신증 진단에 중요한 측면이다. 정신증이 있는 내담자의 감정은 획일적으로 밋밋하거나 부적절하게 변덕스럽고, 괴상한 면을 보일 수 있다. 이러한 혼란된 감정 상태는 그들 기분이 현실적인 외적 상황과 맥락보다는 내적 현상에 의해 조절되기 때문에 나타나는 것이다. 감정의 변이성(lability)은 자아통제의 특징을 파악할 수 있기 때문에 나타나는 것이며, 변이성은 허약한 자아과정 또는 외적 초점화에 어려움이 있는 허약한 자아통제를 드러내는 것이다.

감정혼란의 또 다른 예는 자극과민성(irritability)으로 면담이나 검사 실시 도중 검사 요구에 좌절감이나 압박감을 느끼거나 압도될 때 자극과민성이 나타날 수 있다. 혹은 과도한 폭발적 행동으로 드러날 수도 있다.

내담자의 정서는 이와 같이 행복한, 적대적인, 불안한, 혹은 우울한 정서로 나타날 수 있다.

(3) 사고와 언어
① 인지 기능

인지 기능의 평가는 내담자의 교육 수준, 사회경제적 지위, 가족 배경이나 문화적 특성을 이해해야만 좀 더 잘 이루어질 수 있다. 만약 낮은 인지 기능 수준을 보이는 내담자가 학업이나 직업 성취 수준도 낮다면, 그의 인지적 장애 진단은 좀 더 쉽게 이루어질 수 있다. 그러나 만약 인지 기능 검사에서 낮은 수행을 보였으나, 과거에는 높은 성취 수준을 보인 사람이라면 기질적 손상을 고려해 보아야 한다.

인지 기능의 평가는 전형적으로 읽기와 쓰기, 이해력, 지식, 수리적 능력이나 속담의 의미를 추론할 수 있는 능력 등으로 이루어졌는데, 이러한 평가를 통해 면담자는 전형적으로 내담자의 사고와 표현이 얼마나 정교하고 일관성이 있는지를 평가해야 한다. 때때로 면담자는 벤더-게슈탈트, 실어증 스크린 검사나 지능검사의 일부분을 사용하여 인지 기능을 파악해 볼 수도 있다.

② 지남력

지남력 수준은 내담자들이 자신이 누구인지, 어디에 있는지, 현재와 과거에 발생한 일들이 언제 일어난 것인지를 얼마나 정확히 알고 있는지에 따라 달라질 수 있다. 시간에 대한 혼란은 흔히 나타나는 것이지만, 사람과 장소에 대한 지남력 상실은 드물게 나타나는 것이기 때문에 심각한 것일 수 있다. 이러한 지남력 상실은 흔히 기질적 손상을 의심해 보아야 한다.

지남력과 관련하여 내담자의 감각이 어떠한지도 파악해야 하는데, 내담자의 감각이 정상인데도 이상한 냄새를 맡거나 이상한 소리를 듣고, 감각 상태가 혼란스러운 것은 아닌지도 파악되어야 한다. 감각은 또한 내담자의 의식 수준을 드러내는 것으로 지나치게 과민한 수준인지 혹은 졸리거나 혼란스러운지도 관찰하여야 한다. 내담자의 감각상의 혼란은 기질적 손상을 시사하는 것일 수도 있고 정신증일 수도 있기 때문이다.

③ 기억, 주의력 및 집중력

기억력은 주의력이나 집중력과 관련되기 때문에 이 세 가지 기능은 흔히 함께 평가된다. 장기기억은 내담자의 일반적인 지식과 관련된 정보를 물어봄으로써 평가되며(예: 중요한 날짜, 주요 도시 등), 필요한 경우 지능검사에서 숫자 따라

하기 등으로 평가될 수 있다. 문장을 회상하는 것도 단기기억력을 평가하는 방법으로 사용된다. 특히 자신의 중요한 생활 사건으로 평가되는 내담자의 장기기억력은 그의 과거력에 대한 기록과 비교해 검증되어야 한다.

단기기억력은 내담자의 최근 사건에 대한 기억력과 숫자 따라하기의 바로 따라하기와 거꾸로 따라하기로 평가된다. 연속된 7개 숫자를 따라 할 수 있는지는 그들이 얼마나 잘 집중할 수 있는지를 평가하는 척도도 된다. 불안한 경우 특히 거꾸로 따라하기를 힘들어한다.

④ 통찰 및 판단력

타인에 대한 자신의 행동의 의미와 영향을 파악하는 내담자의 능력은 천차만별이며, 특히 위험을 평가하고 계획을 세우는 능력도 매우 다양하다. 자신 및 타인의 행동과 관련된 가설을 발전시키고 검증하기 위해서는 관련된 적절한 통찰력과 판단력이 요구된다. 내담자는 자신의 문제를 자신의 과거 문제와 관련해 어떻게 이해하고 있는지, 자신의 문제에 대해 무엇을 탓하고 있는지를 파악해야 한다. 그들이 통찰에 근거하여 자신의 문제를 얼마나 효과적으로 풀고 판단하는지도 살펴보아야 한다.

⑤ 언어

말의 높고 낮음, 빠르고 느림, 발음의 명료성 등 개인이 구사하는 언어 행동은 그 사람의 사고 또는 연상의 흐름을 반영할 뿐 아니라 일반적인 인지적 효능성, 기분의 양상, 에너지 수준, 증상의 심각도와 관련이 있어 임상적으로 유용한 정보가 된다. 말의 내용, 구성과 통일성을 관찰함으로써 내면의 사고과정과 내용을 짐작할 수 있다. 언어를 통해 반영되는 연상 기능은 현실을 논리적인 방식으로 구성하고 이해하는 능력, 현실과 적응적으로 관계 맺는 능력, 현실을 통일성 있게 개념화하는 능력을 반영한다.

내담자의 언어 반응을 면밀히 검토함으로써 진행 중인 연상이 이탈적인지 또는 비논리적인지를 결정할 수 있고, 사고장애의 가능성을 평가할 수 있다. 이러한 사고들이 자연스럽고 논리적인 순서로 연결되는 것이 아니라 모호하게 관계를 맺고 있는 것은 혼란된 사고장애의 핵심적 특징이다. 이는 불안 때문에 발음이 방해받는다든지 두려워하는 대상의 본질을 정확하게 말하지 못하는, 그러면서도 통일성과 적절성을 유지하면서 대화할 수 있는 내담자들과는 다르다.

언어 반응에서 나타나는 기괴한 연상, 음향 연상, 신조어 등은 내담자의 기능에 정신증적 과정이 들어 있음을 말해 주는 신호다. 가벼운 혼란이 있는 사람은 면담과정에서 혼란감과 불안감을 경험하더라도 자신을 대체로 논리적으로 조리 있게 표현한다. 우원적(circumstantial) 논리와 이탈적(tangential) 연상은 사고과정이 혼란되어 있음을 보여 주는 표시인데, 우원적 논리의 경우 세부적이거나 무관한 주제로 인해 현재 초점이 맞추어진 주제에 대한 집중을 상실하게 되지만, 전체적인 맥락상 논리적 틀을 유지한다. 흔히 정보를 과도하게 상세히 보고하며, 어떤 면을 강조하는 과정에서 확장된 그러나 논리적으로 느슨한 주변 얘기를 하게 된다. 반면, 연상 이탈은 한 가지 주제를 고수하는 능력의 결함으로 나타나는데, 연상이 느슨하고 비일상적으로 특이한 논리가 나타나 하나의 주제에 대한 완결을 하지 못한다. 사고의 침입(intrusion)은 언어 내용의 자발적 · 순간적인 변화를 통해 알 수 있으며, 이는 인지적 효율성 저하를 의미하는 것일 수 있다.

⑥ 사고

사고 내용의 장해에는 과잉집착 또는 고착된 신념, 강박사고, 망상 등이 있다. 이들 중 가장 심각한 문제는 망상이며 특히 면담과정에서는 강박사고와 망상을 구분하기 어려운 경우가 있으며, 건강염려증과 신체망상도 구분하기 어려울 때가 있다. 이러한 경우 망상 여부를 파악하는 기준으로는 첫째, 사실이 아닌 내용을 굳게 믿는 것, 둘째, 어떤 타당한 증거나 합리적인 설득으로도 바뀌지 않는 것, 셋째, 지극히 개인적인 믿음이며, 어떤 하위 문화에서도 사실로 받아들이지 않는 내용이다. 강박사고는 그 내용이 비현실적이라는 것을 본인이 알고 있다는 점에서 망상과 구분된다.

망상은 주관적인 증상인 만큼 면담과정에서 다양한 방법으로 확인을 시도해
도 내담자가 완강하게 부인하는 경우 존재 여부를 판단하기 어렵다. 이러한 경
우에는 망상이 없다고 판단하지 말고 확인되지 않았다고 결정을 유보하며, 심리
검사에서의 반응, 행동관찰 등 다른 자료를 검토하여 판단한다.

4. 면담 자료의 해석

면담 자료를 해석하고 통합하여 심리검사 보고서를 작성하기 위해서는 임상
적 판단을 하여야 한다. 면담은 임상가가 내담자에 대한 잠정적 가설을 확증하
기 위한 일차적 도구다. 면담 외의 정보가 이러한 가설을 얼마나 지지하는지를
통해 면담 정보의 사용 여부를 결정해야 한다. 또한 이러한 정보는 검사 목적과
부합되는지 여부에 따라 강조될지 또는 배제될지가 결정된다.

Enelow와 Wexler(1966)는 면담 자료를 요약하고 과정 영역과 내용 영역으로
나누어 기술할 것을 제안하였다. 과정 영역에는 특이한 행동, 목소리 톤, 긴장
수준 등이 포함되며, 내용 영역에는 중요한 인생 사건, 내담자의 사고, 흥미 등
이 포함된다.

Ownby(1987)는 주제, 관련 자료, 구성, 진단, 결론, 치료권고 순서로 제시하
라고 하고 있으며, 그 외에도 내담자에게 중요한 주제별로 정리할 수도 있다.

5. 요약

면담과정에서 면담자의 개방적이고 허용적인 태도와 내담자의 자발성은 평
가에 필요한 정보를 얻게 하며, 이후의 상담을 위한 사전 교육으로도 도움이 된
다. 그러나 평가를 위한 면담에서는 시간 제약적이며, 또한 평가에서의 면담은
내담자의 주관적 세계를 '이해'하는 것보다는 내담자를 객관적 기준에 비추어

'판단'하는 것을 더 중요하게 볼 수 있다. 이를 위해서 면담자는 허용적이고 개방적인 태도뿐만 아니라 면담 목적을 정확히 인식하고, 그에 맞는 주도성을 발휘할 필요가 있으며, 면담 상황에서 파악해야 할 정보의 내용을 충분히 인식하는 것이 필요하다(김재환 외, 2006).

이 장에서는 평가를 위한 면담 기법, 형식, 다루어야 할 내용을 간략하게 살펴보았다. 평가 목적에 따라 파악해야 할 내용이 달라지고, 평가 대상에 따라 지침이 달라지므로 일반적 지침이 다 적용되기는 어렵다. 효과적인 임상면접을 위해서는 다양한 상황에서 적절히 대처할 수 있는 임상적 능력을 기르고, 정신병리나 인간 성격 및 정서 등에 대한 이해가 선행되어야 한다.

제6장
인지기능 평가와 Wechsler 지능검사

| 김명식 |

인간의 인지와 지능에 대한 평가는 오래전부터 논쟁이 되어 온 주요한 문제다. 흔히 인지 기능(cognitive function)과 지능(intelligence)은 유사한 개념으로 사용되어 왔다. 인지 기능은 원래 지각, 주의, 기억, 추상적 사고와 추론, 문제해결뿐 아니라 계획, 전략 선택과 실행 같은 실행 기능(executive function)을 포함하는 다양한 정신과정이다. 반면, 지능에 대한 정의는 연구자들마다 매우 다르고 다양하다. Wechsler(1944)는 지능은 목적적으로 행동하고, 합리적으로 사고하며, 환경을 효과적으로 다루어 나가는 전반적 능력이라고 정의했다. Gottfredson(1998)은 지능은 인지적 복잡성을 잘 다루고 처리하는 능력으로서 심리검사와 학교 장면에서 우수한 수행을 보이는 능력이라고 했다. 수많은 지능에 대한 정의는 지능을 학습 능력으로 보는 입장(Binet), 환경이나 새로운 상황이나 문제에 적응하는 능력으로 보는 입장(Stern, Pitner, Colvin, Piaget, Wechsler), 추상적 사고 능력을 구체적 사실과 관련시킬 수 있는 능력으로 보는 입장(Thurstone, Terman)의 세 가지로 정리된다고 할 수 있다(최정윤, 2010에서 재인용).

1. 지능이론

지능에 관한 이론으로서 지능을 구성하는 요인을 강조하는 초기 이론이 있다. Spearman(1904)은 지능에 관한 2요인설(two-factor theory)을 주장했다. 지능은 모든 개인이 가지고 있는 일반요인(general factor: g요인)과 특수요인(special factor: s요인)으로 구성되므로, 어떤 사람의 지적 수행은 일반요인과 특수요인이 상호작용해서 결정된다고 주장했다. Thurstone(1938)은 Spearman의 2요인설에 반대하고 요인분석에 의해 지능의 기본적인 구성요소(basic element)를 발견할 수 있다고 주장했다. 지능을 구성하는 일곱 가지 요인은 언어요인(V요인), 단어유창성(W요인), 수능력(N요인), 기억요인(M요인), 공간관계인식(S요인), 지각속도(P요인), 논리적 능력요인(R요인)으로서, 이 요인들을 주요 정신능력(Primary Mental Abilities: PMA)이라고 했다.

Guliford(1967)는 Thurstone의 다요인설을 확대하여 지능구조 입체모형(Structure of Intellect Model: SI)을 제안했다. 지능은 다양한 방법으로 여러 종류의 정보를 처리하는 능력들의 체계적인 집합체라고 보고, 주어지는 정보의 내용(content), 정보에 대한 조작(operation), 결과의 산출(prodcuct)의 3차원으로 구성된다고 보았다. 내용, 조작, 산출의 차원은 각각 4개, 5개, 6개의 하위 요소를 가지므로 총 120개의 지능 구조가 구성된다. 또한 Guilford가 조작과정에서 강조한 수렴적 사고(convergent thinking)는 문제해결을 위해 기존의 지식으로부터 가장 적합한 답을 찾아 수렴하는 사고로서, 현재 대부분의 지능검사가 이 사고와 관계된 것으로 평가되고 있다. 반면, 확산적 사고(divergent thinking)는 문제해결을 위해 여러 가지 다양한 해결 방식을 도출해 내고 확산시키는 사고로서, 현재 창의성과 관련된 것으로 간주되고 있다.

Cattell(1971)은 다양한 지능의 하위 요인들을 유동성 지능(fluid intelligence)과 결정성 지능(crystallized intelligence)의 2개 군집으로 분류할 수 있다고 주장했다. 유동성 지능은 유전적이고 선천적으로 주어지는 능력으로서 뇌와 중추신

경계의 성숙에 비례해서 18~20세 전후에 가장 왕성했다가 이후 쇠퇴하는 특성을 가진다. 또한 속도(speed), 기계적 암기(rote memory), 일반적 추론(general reasoning) 능력과 같이 새로운 상황에서의 문제해결 능력과 관계된다고 보았다. 반면, 결정성 지능은 환경이나 경험, 문화적 영향에 의해 후천적으로 발달하는 지능이다. 이 지능은 연령이 증가하면서도 계속 발달하는 지능으로서 언어이해(verbal comprehension), 문제해결(problem solving), 논리적 추리력(logical reasoning), 상식(common sense) 등과 같이 세월과 경험이 증가하면서 오히려 쌓이고 증가하는 능력으로 보았다.

1970년대 이후 인지심리학(cognitive psychology)과 정보처리 모형(information processing model)이 발전하면서 지능에 대한 연구가 요인 규명으로부터 지적 행동의 기저에 작용하는 정신과정(mental process)과 그 과정의 정확도와 속도, 정보처리의 특징적 양상에 대한 연구로 그 관심과 초점이 옮겨졌다. Gardner(1993)는 지능이 논리적 추론 능력이라는 전통적 견해에 반대하고, 지능은 특정 문화권이나 장면에서 가치가 있다고 여겨지는 중요한 문제를 해결하거나 결과물(product)을 만들어 가는 능력이라고 정의했다. 지능은 고정된 어떤 특정한 내용이 아니라, 상황이나 환경에 필요한 생각을 가능하게 하는 가능성(potential)이라고 했다. 그는 인지심리학, 뇌신경학, 진화론, 사회문화적 현상 등의 다양한 이론과 관점을 분석하여 일곱 가지 기본지능에 대한 다중지능이론(multiple intelligence theory)을 제시했다. 일곱 가지 다중지능은 언어지능(linguistic intelligence: 말과 언어의 음운, 문법, 의미 등을 적절히 활용해서 언어를 구사하는 능력), 음악지능(musical intelligence: 음악의 기본 특성을 활용해 의미를 창조, 소통하고 이해하는 능력), 논리-수학지능(logical-mathematical intelligence: 논리적·합리적 사고 능력), 공간지능(spatial intelligence: 외적 자극 없이도 3차원의 입체 공간을 상상하고 조작하는 능력), 신체-운동지능(bodily kinetic intelligence: 신체 감각과 운동 기능을 적절히 통합해서 문제해결을 하거나 효과를 내는 능력), 개인내지능(intrapersonal intelligence: 자신의 감정, 의도와 동기를 적절히 지각하고 판단하는 능력), 대인지능(interpersonal intelligence: 타인의 느낌, 생각과 의도를 적절히 인지하고 판단하는 능력)이다. 또한 최근에는 일곱 가지의 지능 이외에도 자연주의적 지능(naturalistic intelligence: 동물, 식물과 기타 자연의 사물들을 인식하고 분류할 수 있는 능력), 실존적 지능(existential intelligence: 인간의 삶의 의미, 현존재, 생과 사 등의 실존적 문제에 대해 깊은 질문과 사고를 할 수 있는 민감성과 능력)이 추가되어 아홉 가지 지능이 언급되고 있다(Gardner, 2006). 또한 Mayer와 Salovey(1997)는 Gardner의 다중지능이론 중 대인지능을 보다 확대해서 정서지능(emotional intelligence: 정서에 대한 정확한 지각과 적절한 감정 표현, 정서와 그 의미를 이해하기, 적절한 감정 표현과 정서조절 능력)을 주장했다.

Sternberg(1996)는 지능에 있어 정보처리 과정뿐 아니라 경험과 맥락을 강조하는 삼원이론(triarchic theory)을 주장했다. 지능을 통합적으로 개념화하고자 했으며, 인지적 기능과 그 차이에 따라 개인 내적 또는 개인 간 차이를 규명하려 했다. 그리고 인지심리학에서 인지 능력을 설명하기 위해 사용하는 성분적 · 경험적 · 맥락적 접근을 응용하여 성분적 지능(componential subtheory: 문제해결, 창의성, 지식획득과 관계되는 분석력과 관계된 지능), 경험적 지능(experimental subtheory: 익숙한 자극에 대한 적절한 자동화와 새로운 문제 상황에 대한 대처의 효율성과 관계된 지능), 맥락적 지능(contextual subtheory: 환경에 대한 적절한 적응, 새로운 환경의 선택과 조성과 관계된 지능)의 세 가지 하위 이론으로 지능을 설명했다.

Anderson(1992)은 지능에 있어 기본적 정보처리 과정(basic processing mechanism)과 모듈(module)의 적절한 성숙이 중요하다고 했다. 우수한 지적 수행을 위해서는 빠른 속도의 정보처리와 특정 지적 수행과 관련된 모듈(module)의 성숙이 필수적이라고 했다. Ceci(1996)는 지능에 관한 생물학적 영향을 강조하는 생물생태학적(bioecological) 이론을 주장했다. 지능에 영향을 주는 여러 가지 인지과정은 생물학적으로 이미 결정되는 것이지만, 그 개발과 활용 능력은 환경적 자극과 도전, 그 안에서 후천적으로 형성된 지식에 의해 결정된다고 보았다. 최근의 지능 이론은 정보처리 과정, 다양한 인지과정과 모듈 같은 인지적 요인은 물론 그 기저에서 작용하는 생물학적 측면과 환경적 · 맥락적 요인을 강조하고 있다. 최근에는 지능에 관한 연구가 환경과 생물학적 요인 간의 상호작용에 많은 관심과 초점을 두게 되었다.

2. 지능검사의 주요 역사

현대적 지능검사의 발전에 있어 영국의 Francis Galton(1822~1911)의 공헌은 매우 크다고 할 수 있다. Galton은 진화론을 주장한 Darwin의 사촌으로서, 그의 진화론을 인간의 능력에 적용하고자 했다. Galton은 지능도 인간의 능력 중의 하나이므로 수량화가 가능하고, 평균적인 능력을 가진 사람이 가장 많이 분포하고, 양극단으로 갈수록 적어지는 정규분포(normal distribution)를 이룬다고 가정했다(Boak, 2002).

Galton

프랑스의 Binet와 Simon은 프랑스 교육부의 의뢰를 받아 학교에 다니는 지적으로 결핍되거나 지체된 아동을 선발해서 특수교육에 배치하기 위해 지적장애/정신지체(mental retardation)에 대한 연구를 같이 했다. Binet는 지능을 [MA(정신연령)/CA(생활연령)]×100으로 보고 같은 나이 또래의 아동의 수행과 비교해 비슷하면 정상지능, 매우 상승하거나 저하되면 매우 우수하거나 지체된 것으로 개념화했다. 1905년에 Binet-Simon 지능검사가 처음으로 개발되었는데, 주로 언어적 수행에 대한 측정이 대부분이었다. 1916년에 Binet는 미국 스탠퍼드 대학의 Terman과 공동연구를 하여 1916년에 Stanford-Binet 검사를 개발했다. 이후 1937년, 1960년, 1970년, 1986년을 거쳐 2003년에 Stanford-Binet 5판(SB5)이 개발되었다. SB5에서는 전체 지능(Full Scale IQ)이 언어성 지능(Verbal IQ)과 비언어성 지능(Nonverbal IQ)으로 구성되며, 두 지능은 모두 유동성 지능(fluid intelligence), 지식(knowledge), 수량적 추론(quantitative reasoning), 시공간처리(visual-spatial processing), 작업기억(working memory) 등으로 구성된다(Roid, 2003).

미국에서는 1916년에 Stanford-Binet 검사가 개발된 이후 여러 가지 용도를 위한 다양한 검사가 개발되었다. Yerkes 등(1917)은 제1차 세계대전 동안 Army α Test를 개발해 영어가 가능한 군입대를 지원하는 사람들을 선별(screening)하기 위해 집단으로 실시했다. 이후 영어가 서툴거나 문맹인 사람들을 위한 비언어 검사인 Army β Test를 개발해 집단으로 실시했다(Gottfredson & Saklofske, 2009).

미국의 Wechsler는 Binet와 같이 지능에 다양한 정신 능력이 작용한다고 보았으나, Stanford-Binet 검사(1916)가 지나치게 언어적 능력에 치우친 것에 불만을 갖고, 지능의 정확한 평가를 위해서는 비언어적인 수행(performance) 능력도 언어적 능력과 함께 측정되어야 한다고 생각했다. 보통 Wechsler 지능검사는 전체 지능(Full Scale IQ), 언어성 지능(Verbal IQ), 동작성 지능(Performance IQ)으로 구분해서 지능이 산출된다(Kamin, 1995). 이러한 Wechsler의 견해는 Stanford-Binet 검사에서도 받아들여져 Stanford-Binet 검사 5판(SB5)에서는 전체 지능 외에도 언어성 지능, 비언어성 지능의 하위 차원을 갖게 되었다. Wechsler는 1939년에 성인용 지능검사인 WBIS(Wechsler-Bellevue Intelligence Scale)를 개발했다. 이후 1955년에 WAIS(Wechsler Adult Intelligence Scle), 1981년에 WAIS-R, 1997년에 WAIS-III, 2008년에 WAIS-IV가 개발되었다. 1949년에 아동용 검사인 WISC(Wechsler Intelligence Sclae for Children)가 개발되었고, 이후 1974년에 WISC-R, 1991년에 WISC-III, 2003년에 WISC-IV가 개발되었다. WISC-IV는 6~16세의 아동을 대상으로 했다. 한편, 6~8세 미만인 영유아의 지능을 평가하기 위해 1967년에 2세 6개월~7세 3개월의 영유아를 대상으로 하는 WPPSI(Wechsler Preschool and Primary Scale of Intelligence)가 개발되었고, 이후 1989년에 WPPSI-R, 2002년에 WPPSI-III가 개발되었으며, 2012년에는 WPPSI-IV가 개발되었다. WPPSI-IV는 2.5~7.5세 영유아들을 대상으로 하며, 세 가지 주요한 지표로서 작업기억(Working Memory), 처리속도(Processing Speed), 억제적 통제[Inhibitory Control; 실행 기능(executive function)에 속함]가 있다.

최근에는 Binet가 제시한 비율지능(ration IQ)의 개념 대신 편차지능(deviation IQ)의 개념이 사용되게 되었다. 정신연령과 생활지능의 비율에 100을 곱해 소수점 없이 산출하는 비율지능은 논리적인 단순하고 명확한 장점이 있지만, 연령에 따라 비율지능의 표준편차(Standard Deviation: SD)가 달라지므로 연령이 다른 아동의 지능을 비교할 수 없다. 이런 문제점 때문에 편차지능을 사용하게 되었는데, 이 개념은 지능의 분표가 통계학의 정규분포(normal distribution)와 같은 종 모양을 갖고 있다는 사실에 기초한 것이다. 모든 연령 집단의 지능분포를 표준편차가 동일한 정규분포로 전환시켜 지능의 단위를 통일시킨 것이다. 만일 어떤 사람의 지능이 평균(M)으로부터 ±1SD(σ)에 속하면 ±68.3%에 해당되며, ±2SD(σ)에 속하면 ±95.5%에 해당되게 된다([그림 6-1], 〈표 6-1〉 참조). 이와 같은 과정은 검사의 표준화(standardization)에 있어 매우 필수적인 과정으로서 일반적으로 표준화 점수로 분류되는 백분위(%ile), 표준점수(standard score), 스테나인(stanine: standard nine의 약어)과 밀접한 관련이 있다.

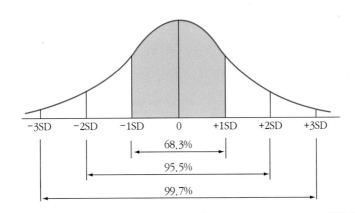

[그림 6-1] 지능점수 분포

ㅇㅇㅇ 표 6-1 지능의 분포

IQ	분류	비율분포
130 이상	최우수	2.2%
120~129	우수	6.7%
110~119	평균 상	16.1%

90~109	평균	50.9%
80~89	평균 하	16.1%
70~79	경계선	6.7%
~69 이하	지적장애	2.2%

현대에 와서 신경심리학(neuropsychology)이 발전하면서 지능에 대한 새로운 정의와 관점을 갖고 새로운 지능검사들이 나오고 있다. 신경심리학에서는 기존의 지능검사들이 지능 이론에 충실하지 않고, 동일한 검사를 다른 연령대의 피검자에게 실시하며, 대부분의 지능검사(Wechsler 검사를 포함해)가 주로 좌뇌 지향적 검사가 많으며 처리 중심이 아닌 내용 중심이므로 교육적 처방이 어렵다고 비판하고 있다. Luria(1980)는 지능을 이해하는 데 있어 뇌의 각 부분에서 담당하는 기능인 각성(뇌간과 중뇌), 감각 입력(측두엽, 두정엽, 후두엽), 조직화와 계획(전두엽)이 매우 중요하다고 했다(Sparrow & Davis, 2000). 또한 언어성과 동작성을 구분하는 전통적인 지능검사 모형과 달리 대부분의 신경심리학적 지능검사는 주의(attention), 청각적 · 시각적 · 촉각적 지각 기능(auditory, visual, and tactile perceptual functions), 언어적 기능(verbal and language function), 공간/구성처리 능력(spatial/constructional processing abilities), 기억과 학습(memory and learning), 실행 기능(executive function: 개념적 추론, 문제해결, 계획, 인지적 전략의 유연성, 인지적 계획을 실행에 옮기기)을 주로 평가한다. 이러한 전통적인 지능검사의 문제점을 극복하기 위해 Kaufman은 1983년에 K-ABC(Kaufman Assessment Battery for Children)를 개발했다. K-ABC는 16개의 하위검사로 이루어지지만, 실제로 아동에게 실시되는 하위검사 수는 연령에 따라 달라지며 최대 13개의 하위검사가 실시된다. K-ABC의 주요한 4개의 하위척도는 순차처리척도(Sequential Processing Scale), 동시처리척도(Simultaneous Processing Scale), 인지처리과정 척도(순차처리+동시처리: Mental Processing Scale), 습득도처리척도(Achievement Scale)이며, 각 하위척도는 평균 100 표준편차 15의 표준점수를 산출하도록 되어 있다. 또한 K-ABC는 Cattell-Horn의 유동성 지능-결정성 지능이론(Cattell,

1971)을 상당히 많이 반영하고 있다. K-ABC의 순차처리와 동시처리는 낯선 문제 상황에서 아동이 융통성 있게 적절히 대처할 수 있는 능력을 측정하므로 유동성 지능이라 할 수 있다. 반면, 습득도처리는 아동이 이미 습득한 지식과 기능을 반영하므로 결정성 지능이라 할 수 있다(김영환, 문수백, 홍상황, 2005).

3. Wechsler 지능검사의 해석과정

Wechsler 지능검사는 편차 지능을 사용하므로 전체지능 지표, 네 가지 지표 점수 모두 평균(Mean) 100, 표준편차(SD) 15이다. 또한 소검사(subtest)의 평균은 10이고 표준편차는 3이 된다. 5%의 유의도 수준에서 통계적으로 유의한 차이가 나기 위해서는 전체지능과 각 지표점수는 15점 이상 차이가 나야 하며, 소검사는 3점 이상의 차이가 나야 한다.

1) 지능검사 해석의 유의점

지능검사가 단지 전체지능만을 평가한다고 보거나, 현재의 지능검사 결과만으로 그 사람 전체를 파악하려 해서는 안 되므로 다음과 같은 점에서 주의가 필요하다. 첫째, 지능검사는 기본적으로 지능 수준이나 발달 수준을 확인하기 위한 객관적 검사다. 그러나 그 사람의 현재 지능이 일반적인 지적 능력과 일치하는지는 좀 더 평가해야 한다. 또한 일반적인 인간의 지적 수행이나 학업에는 지능 이외에도 창의성과 정서, 동기 등 다양한 요인이 작용하므로 지능이 높다고 반드시 좋은 지적 수행이나 학업 능력을 보인다고 하기는 어렵다.

둘째, 지능검사를 통해 그 사람의 전체지능을 파악하는 것도 중요하지만, 더 중요한 것은 그 사람의 인지적 장단점인 인지 특성을 확인하는 것이다. 지능지수(IQ)라는 것은 전체적인 능력을 평균하고 종합한 수치이므로, 전체적으로 지능이 높다고 해서 그 사람의 모든 인지 기능이 뛰어나다고 할 수 없다. 그보다는 각 인지 능력 간의 인지적 발달을 평가하고 비교해서 장점을 잘 유지 및 개발하도록 해서 적성과 연결시키며, 단점은 지속적으로 보완 및 훈련하기 위해 처방이나 지시를 주도록 해야 할 것이다.

셋째, 지능검사는 인지 능력의 결함이나 손상을 진단하기 위해 실시할 수 있다. 예를 들어, 지능검사를 통해 교통사고로 인해 어느 정도 뇌가 손상되었는지, 그에 따라 인지적 능력이 얼마나 손상되었는지 평가할 수 있다. 또한 뇌의 일정 부분의 손상을 정밀하게 확인하기 위해 지능검사와 함께 신경심리검사를 사용할 수 있다.

넷째, 지능은 상담을 구조화하고 치료 계획을 세우는 초기 과정에서 유용하게 사용될 수 있다. 지능이 높은 사람들과 지능이 낮은 사람에 대해서는 그 인지적 수준에 맞는 차별적 접근을 하는 것이 효율적일 것이다. 또한 어떤 특정 인지기능이 발달된 사람에 대해서는 그 사람이 흥미를 끌 수 있는 주제와 대화방법을 더 많이 활용할 수 있는 반면, 단점이거나 보통 수준의 인지 영역에 대해서는 보다 체계적이고 지속적인 훈련과 상담을 할 수 있을 것이다.

다섯째, 지능검사 역시 심리검사(psycholgical test)로서 피검사의 과거 병력이나 치료 이력 등을 모른 채 그냥 해석하는 맹목적(blind) 해석은 매우 위험하다고 할 수 있다. 심리검사를 해석할 시 가장 필요하면서도 유념해야 할 사항 중의 하나가 피검자가 임상군인지 정상군인지 구별하는 문제다. 동일한 심리검사 결과라 할지라도 임상군의 경우에는 심각한 정신과적 문제나 행동장애의 지표 또는 재발의 초기 단계로 해석될 수 있지만, 정상군의 경우에는 상황적 스트레스에 의한 일시적 반응일 수 있기 때문이다. 이러한 위험을 방지하기 위해서는 지능검사 해석 시 피검자의 병력, 치료력, 가족력과 최근의 생활 스트레스 등에 대한 기본적 평가와 검토가 매우 중요하다. 특히 정상군의 경우 현 지능이나 인지적 특징이 생활 스트레스 등 상황적 요인에 의한 것이라는 가능성이 높다고 판단되면, 2~3개월 지나 어느 정도 상황적 요인이 안정된 후 지능검사를 재실시할 수 있다[지능검사의 경우 2~4주 후에 재실시할 경우 연습효과(practice effect) 등이 작용할 수 있어, 최소 1~2개월 이후에 재실시하는 것이 좋다].

여섯째, 뇌 생리와 발달에 기초한 심리검사의 적용과 해석에 유념해야 할 것이다. 뇌 발달에 있어 후천적 교육과 지적 자극의 제시도 중요하지만, 생물학적 프로그래밍에 의한 성숙(maturation)의 과정이 기본적으로 진행되고 있기 때문이다. 예를 들어, 지적장애 등 특수학교 배치를 위한 지능검사를 실시하는 시기는 대뇌피질이 어느 정도 성숙하는 초등학교 5~6학년이나, 성숙의 과정이 거의 종료되는 중학교 2~3학년이 가장 적합하다고 할 수 있다.

일곱째, 지능검사를 통해 피검자의 일반 적성(general aptitude)을 확인할 수 있다. 보통 적성과 관계가 높다고 알려진 Holland 검사나 MBTI 검사는 엄밀히 말하면 정서적 차원인 적성흥미(aptitude interest)검사라고 할 수 있다. 원래 적성은 적성 능력(aptitude ability) 또는 인지 능력(cognitive ability)이 기본적이고, 정서흥미는 2차적인 것이라 할 수 있다. 일반지능을 측정하는 지능검사를 통해 어느 정도 일반적성을 측정할 수 있다. 특히 지능검사의 인지적 장단점 분석을 통해 산출된 인지적 특성과 기타 관련된 심리사회적 자료를 함께 활용하면 특수적성(specific aptitude)에 대한 평가나 추론이 어느 정도 가능하다고 할 수 있다.

2) 지능검사 해석의 단계

지능검사의 해석은 다음과 같은 몇 단계를 거치며 진행하는 것이 보통이다.

첫째, 전체지능(Full Scale IQ: FSIQ) 지표와 네 가지 지표(언어이해, 지각추론, 작업기억, 처리속도)를 산출하고 파악하는 것이다. 전체지능 지표와 네 가지 지표 점수가 어떤 수준에 속하는지 확인해 보아야 한다. 또한 지능이 백분율(%ile)로는 어느 정도에 속하는지 확인하는 것이 기본적이며, 오차범위(error range)나 신뢰구간(confidential interval)을 확인하는 것도 필요하다.[1] 오차범위는 검사와 대

---

1) 오차범위나 신뢰구간은 상호 연결되는 개념이다. WAIS와 WISC 점수는 표준화되어 있으므로 측정된 실제 점수와 오차범위나 신뢰구간이 오류확률과 함께 제시된다. 오차범위는 신뢰구간과 함께 측정의 표준오차(Standard Error of Measurement: SEM)에 의해 산출된다. 95% 신뢰구간은 오류확률 5%, 99% 신뢰구간은 오류확률 1%이고 각각 그 오차범위가 제시된다. 오류확률이 1%로 과도하게 낮아지면 1종 오류(Type I Error)가 감소하는 반면, 2종 오류(Type II Error)가 증가하게 되므로 주의를 요한다. 보통 오류확률 5%인

상자마다 다르지만 성인용 지능검사인 K-WAIS-IV의 경우에는 약 전체지능 ±5~10, 아동용 검사인 K-WISC-IV의 경우에는 약 전체지능 ±7~15 정도의 분포를 보인다.

둘째, 전체지능(FSIQ)이 일반능력 지표(General Ability Index: GAI)를 얼마나 잘 반영하는지 확인해야 한다. 네 가지 지표점수 간의 점수 차이가 1.5SD(23점) 이상이면 전체지능이 아동의 전반적인 인지 능력을 반영하지 못할 수 있으므로 GAI를 계산해서 비교해야 한다. 또한 언어이해(VC)와 지각추론(PR)의 차이가 23점(1.5SD)보다 낮은 경우에는 전반적인 지적 능력의 측정치로서 GAI를 사용할 수 있지만, 그 차이가 23점(1.5SD) 이상이면 너무 차이가 커서 GAI를 쓸 수 없다.[2]

셋째, 4개 지표 간 분산분석이 필요하다. 먼저 지표점수의 규준적 장단점 분석을 실시한다. 지표점수가 85~115점 사이에 있으면 정상적인 범위라고 할 수 있다. 또한 지표점수가 평균으로부터 1SD 이상 높은 경우(115점 이상)에는 인지적 장점이 될 수 있지만, 1SD 이상 낮은 경우(85점 미만)에는 인지적 단점이 될 수 있다. 그리고 지표점수의 개인적인 상대적 분석을 실시한다. 특정 지표점수가 전체 지표점수 평균보다 높으면 상대적인 인지적 장점, 특정 지표점수가 전체 지표점수 평균보다 낮으면 상대적인 인지적 단점이라 할 수 있다. 특정 지표점수와 전체 지표점수 평균의 차이가 5점(약 0.33SD)인 경우 큰 차이라고 하기 어렵지만, 10~12점 차이(약 0.7~0.8SD)는 차이 경향을 보인다고 할 수 있으며, 15점(1SD) 이상인 경우에 통계적으로 유의한 차이라 할 수 있다. 이러한 규준적ㆍ개인적인 상대적 주요 지표의 장단점 분석을 통해 피검자의 인지적 장단점

95% 신뢰구간과 그 오차범위를 많이 사용한다.

2) 일반능력 지표(GAI)는 언어이해 점수와 지각추론 점수를 합산해서 산출된다. 일반 아동의 경우에 전체지능 지수나 일반능력 지표 간 큰 차이가 없다. 그러나 학습장애나 ADHD, 기타 신경심리학적 문제를 가진 아동의 경우에는 상대적으로 낮은 작업기억(WM)과 처리속도(PS) 때문에 전체지능(FSIQ)이 일반능력 지표 (GAI)에 비해 낮게 나올 수 있다. 일반능력 지표는 작업기억과 처리속도가 지적 능력에 주는 영향을 배제한 순수한 일반적 지적 능력을 반영하므로, 특수교육 적합성이나 학급 배치를 결정할 때 전체지능 지수 대신 사용할 수 있다.

과 특징을 규명할 수 있다.[3)]

넷째, 소검사 점수 간 분산분석이 필요하다. 소검사 간에 3점(1SD)의 차이가 날 때 통계적으로 유의한 차이가 있다고 할 수 있다. 1~2점의 차이는 오차범위 등이 작용할 수 있어 차이가 있다고 해석하기는 어렵다(Kaufman, 1990). 그러나 임상 장면에서는 2점 차이(약 0.7SD)가 나면 소검사 간 차이 경향이 있다고 해석할 수 있다. 규준적 비교에 있어 소검사 점수가 평균으로부터 3점(1SD) 이상 높은 경우(13점 이상)에는 인지적 장점이 될 수 있지만, 1SD 이상 낮은 경우(7점 미만)에는 인지적 단점이라 할 수 있다. 또한 개인적인 상대적 비교를 위해 특정 소검사 점수가 전체 소검사 점수 평균이나 어휘 점수보다 2~3점 이상 높으면 상대적인 인지적 장점, 특정 소검사 점수가 전체 소검사 점수 평균이나 어휘 점수보다 2~3점 이상 낮으면 상대적인 인지적 단점이라 할 수 있다. 이 규준적 · 개인적인 소검사 분산분석을 통해 피검자의 인지적 장단점과 특징을 규명할 수 있다.[4)]

다섯째, 전 단계에서 실시한 4개 지표점수 분산분석과 소검사 점수 분산분석을 종합하여 중요한 인지적 장점과 단점을 평가 및 해석할 수 있다. 또한 중간 수준에 속하는 인지적 특징이나 지표 역시 설명에 포함시킨다. 결국 전체지능(FSIQ)와 일반능력 지표(GAI) 간 비교, 일반능력 지표(GAI)와 인지효능 지표(Cognitive Proficiency Index: CPI) 간 비교 등이 최종적으로 분석 및 종합되어야 한다.[5)]

여섯째, 질적 분석을 실시한다. 앞의 다섯 가지 과정은 양적 분석에 기초한

---

3) WAIS와 WISC의 4개 지표점수의 평균(Mean)은 100, 표준편차(SD)는 15로 전체 지능지수와 동일하다.

4) WAIS와 WISC의 소검사 점수의 평균(Mean)은 10, 표준편차(SD)는 3이다. 소검사 점수 간 분산의 기준은 보통 어휘분산(vocabulary scatter: 어휘 소검사의 점수를 기준으로 소검사 간 분산 평가)이나 평균치 분산(mean scatter: 언어성 소검사는 언어성 소검사들의 평균, 동작성 소검사는 동작성 소검사들의 평균을 활용해 소검사 간 분산을 평가)을 많이 사용해 왔다.

5) CPI는 GAI와 대비되는 개념으로서 CPI는 작업기억(WM)과 처리속도(PS), GAI는 언어이해(VC)와 지각추론(PR)에 기초한다. GAI는 신체적 손상에 덜 민감하므로 병전 지능이나 잠재 지능의 추정치로 활용될 수 있으며, 언어이해(VC) 중 공통성, 어휘, 상식과 지각추론(PR) 중 토막짜기, 행렬추리, 퍼즐의 수행에 기초해 산출된다. 반면, CPI는 개인의 인지적 효능성(proficiency)을 나타내며, 복잡한 상위의 인지 과제를 수행할 때 효율적으로 인지 자원을 활용할 수 있게 하는 인지 능력이다.

것이다. 동일한 지능지수라도 지능검사 반응의 내용이나 과정, 검사를 받을 때 나타나는 언어와 행동적 특징들이 매우 다를 수 있어 적절한 관찰과 기술이 매우 필요하다. 예를 들어, 평균 이상의 지능을 보이지만 검사과정에서 "정답인가요?" "틀렸나요?"를 계속 강박적으로 물어보는 피검자의 경우 비슷한 지능을 보이는 조용하고 침착한 피검자에 비해 과제에 대한 스트레스와 압박감을 많이 받고 있어, 장기적이고 복잡한 인지적 수행에서는 어려움이 예상된다. 또한 비슷한 지능지수를 보이더라도 난이도가 높은 문항에 대해 가끔씩 정답을 제시하는 피검자의 경우 그렇지 않은 피검자들에 비해 상당히 지적 잠재력이 있다고 추론할 수 있다. 그리고 지능검사에 대한 답변을 할 때 "너무 이끼워요…… 작년에……" "이와 관련해 우리 집안의 누가…… 과거에는 저는……" 등 묻지도 않았는데 지나치게 주관적이고 개인적인 진술을 자주 할 때, 매우 자기중심적이고 미숙한 연극적 성향(histrionic trend)이 있다고 추론할 수 있다. 질적 분석을 위해서는 무엇보다 심리검사 보고서를 자세히 보는 것이 필요하며, 가능하면 실시된 지능검사지와 응답을 기록해 놓은 것을 유의 깊게 살펴보는 것이 도움이 된다.

4. Wechsler 지능검사

1) K-WAIS-IV

미국에서 개발된 WBIS(1939), WAIS(1955)와 WAIS-R(1981)은 원래 6개의 언어성 소검사(기본지식, 숫자 외우기, 어휘문제, 산수문제, 이해문제, 공통성 문제)와 5개의 동작성 소검사(빠진곳찾기, 차례맞추기, 토막짜기, 모양맞추기, 바꿔쓰기)로 구성되며, 전체지능, 언어성 지능, 동작성 지능이 산출되었다. 또한 WAIS-III(1997)는 전체지능, 언어성 지능, 동작성 지능 이외에도 네 가지 2차 지표로서 언어이해 지표(Verbal Comprehension Index, VCI: 기본지식, 공통성, 어휘), 작업기억 지표(Working Memory Index, WMI: 산수, 숫자), 지각적 조직화 지표

(Perceptual Organization Index, POI: 토막짜기, 행렬추리, 빠진곳찾기), 처리속도 지표(Processing Speed Index, PSI: 바꿔쓰기, 상징탐색)를 제시했다. WAIS-IV(2008)는 16~90세 이상의 성인을 대상으로 하며, 네 가지 지표로서 언어이해 지표(Verbal Comprehension Index: VCI), 지각추론 지표(Perceptual Reasoning Index: PRI, 작업기억 지표(Working Memory Index: WMI), 처리속도 지표(Processing Speed Index: PSI)를 사용한다. WAIS-IV에서는 WAIS-III의 지각적 조직화 지표(POI)가 아니라 지각추론 지표(PRI)를 사용했고, 무게비교(Figure Weight), 퍼즐(Visual Puzzle), 지우기(Cancellation)의 3개의 소검사를 새로 추가했다(〈표 6-2〉 참조).

○○○ **표 6-2 K-WAIS-IV 하위검사의 구성**

1. 언어이해: 공통성, 어휘, 상식(이해)
2. 지각추론: 토막짜기, 행렬추리, 퍼즐(무게비교), (빠진곳찾기)
3. 작업기억: 숫자, 산수(순서화)
4. 처리속도: 기호쓰기, 동형찾기

( )는 보충 소검사

우리나라의 성인용 지능검사는 전용신, 서봉연, 이창우(1963)가 표준화한 KWIS(Korean Wechsler Intelligence Scale)를 시작으로 1992년에 재표준화한 K-WAIS(Korean-Wechsler Adult Intelligence Scale)가 있다(염태호, 박영숙, 오경자, 김정규, 이영호, 1992). K-WAIS는 미국의 WBIS, WAIS와 WAIS-R과 마찬가지로 11개의 소검사로 구성되며 6개는 언어성 검사, 5개는 동작성 검사다. 검사 시행의 결과 전체지능, 언어성 지능, 동작성 지능이 산출된다. 또한 2012년에 K-WAIS-IV(Korean-Wechsler Adult Intelligence Scale-IV)가 번안 및 표준화되었다(황순택, 김지혜, 박광배, 최진영, 홍상황, 2012). 이 검사는 16세 0개월부터 69세 11개월까지의 청소년과 성인의 인지 능력을 측정한다. K-WAIS-IV의 실시 및 해석 요령은 WAIS-IV와 동일하다. 또한 K-WISC-V가 서울대학교 심리학과 곽금주 교수 등에 의해 2019년에 출시될 예정이다.

2) K-WISC-IV

우리나라 최초의 아동용 지능검사인 KEDI-WISC는 5~15세 아동의 지능을 평가하기 위해, 미국 WISC-R을 박경숙 등(1991)이 한국적 문화 특성에 맞게 번안 및 개정한 것이다(박경숙, 윤점룡, 박효정, 박혜정, 권기욱, 1991). WISC-R의 소검사 중 기호쓰기, 숫자, 미로 검사는 미국의 문항을 그대로 사용했다. 이 검사는 언어성 소검사 6개(상식, 공통성, 산수, 어휘, 이해, 숫자), 동작성 소검사 6개(빠진곳찾기, 차례 맞추기, 토막짜기, 모양, 기호쓰기, 미로)로 구성된다. 언어성 검사 중 숫자와 동작성 검사 중 미로는 보충검사로서 지능지수 산출에는 쓰이지 않는다. 이 지능검사의 전반적인 실시와 해석과정은 성인용 K-WAIS와 동일하다.

곽금주, 박혜원, 김청택(2001)이 WISC-Ⅲ를 한국적 특성에 맞게 표준화해서 K-WISC-Ⅲ를 개발했다. K-WISC-Ⅲ는 6세에서 6세 11개월 아동을 대상으로 했다. 언어성 지능, 동작성 지능, 전체지능을 산출할 수 있을 뿐 아니라 언어적 이해(상식, 공통성, 어휘, 이해), 지각적 조직화(빠진곳찾기, 차례맞추기, 토막짜기, 모양맞추기, 미로), 주의집중(산수, 숫자), 처리속도(기호쓰기, 동형찾기)라는 네 가지 지표를 산출해서 활용했다. 언어성 소검사 6개는 상식, 공통성, 산수, 어휘, 이해, 숫자이며, 동작성 소검사 7개는 빠진곳찾기, 기호쓰기, 차례맞추기, 토막짜기, 모양맞추기, 동형찾기, 미로이다. 언어성 소검사의 숫자와 동작성 소검사의 동형찾기와 미로는 보충검사이다. 이 지능검사의 전반적인 실시와 해석 과정은 성인용 K-WAIS와 동일하며, 지표점수를 활용하는 점이 다르다고 할 수 있다.

곽금주, 오상우, 김청택(2011)이 K-WISC-Ⅲ를 개정하고, WISC-IV를 한국 특성에 맞게 번역해서 K-WISC-IV를 개발했다. 만 6세 0개월부터 16세 11개월까지의 아동의 인지 능력을 측정하고자 했다. 15개의 소검사로 구성되며, K-WISC-Ⅲ와 동일한 10개의 소검사 이외에 5개의 새로운 소검사(공통그림찾기, 순차연결, 행렬추리, 지우기, 단어추리)가 추가되었다. 전반적인 실시와 해석 과정은 K-WISC-Ⅲ와 동일하나 네 가지 지표점수 이름이 언어이해(공통성, 어휘, 이해, 상식, 단어추리), 지각추론(토막짜기, 공통그림찾기, 행렬추리, 빠진곳찾기), 작업기억(숫자, 순차연결, 산수), 처리속도(기호쓰기, 동형찾기, 지우기)로서 지각추론(← 지각적 조직화)과 작업기억(← 주의집중)의 지표 이름이 바뀌었다.

○○○ **표 6-3 K-WISC-IV 하위검사의 구성**

1. 언어이해: 공통성, 어휘, 이해, (상식, 단어추리)
2. 지각추론: 토막짜기, 공통그림찾기, 행렬추리, (빠진곳찾기)
3. 작업기억: 숫자, 순차연결, (산수)
4. 처리속도: 기호쓰기, 동형찾기

( )는 보충 소검사

3) K-WPPSI-IV

K-WPPSI는 박혜원, 곽금주, 박광배(1996)가 미국의 WPPSI-R(1989)을 한국적 문화 특성에 맞게 번안 및 개정한 것이다. K-WPPSI는 취학 전 아동과 저학년 만 3세에서 만 7세 3개월 아동의 개인지능을 측정하며, 다른 Wechsler 검사와 마찬가지로 언어성 지능, 동작성 지능, 전체지능을 산출한다. 언어성 소검사 6개(상식, 이해, 산수, 어휘, 공통성, 문장), 동작성 소검사 6개(모양맞추기, 도형, 토막짜기, 미로, 빠진곳찾기, 동물 짝짓기)로 구성된다. 또한 K-WPPSI-IV(Korean Wechsler Preschool & Primary Scale of Intelligence-IV)는 박혜원, 이경옥, 안동현(2016)이 미국의 WPPSI-IV(2012)를 번안한 것으로서 만 2세 6개월에서 만 7세 7개월까지의 유아의 인지 능력을 평가하기 위한 개인지능검사이다.

K-WPPSI-IV는 WPPSI-III(2002)와 다르게 인지신경 발달과 인지과학에 대한 새로운 연구를 기반으로 문항과 소검사가 최종 개발되었다 기존의 WPPSI-III의 소검사 10개(토막짜기, 상식, 행렬추리, 공통성, 공통그림찾기, 모양맞추기, 어휘, 이해, 수용어휘, 그림명명)에 소검사 5개(동형찾기, 그림기억, 선택하기, 위치찾기, 동물짝짓기)가 추가되어 총 15개의 소검사로 구성된다. K-WPPSI-IV 지표는 전체지능(FSIQ), 핵심 소검사(6개: 상식, 공통성, 토막짜기, 행렬추리, 그림기억, 동형찾기), 보충 소검사(7개: 어휘, 이해, 모양, 공통그림찾기, 위치찾기, 지우기, 동물짝짓기)

가 있다. 그리고 기본 지표로서 언어이해 지표(Verbal Comprehension Index), 시공간 지표(Visual Spatial Index), 유동추론 지표(Fluid Reasoning Index), 작업기억 지표(Working Memory Index), 처리속도 지표(Processing Speed Index)의 5개 지표가 있고, 추가 지표로서 어휘습득 지표(Vocabulary Acquistion Index), 비언어 지표(Nonverbal Index), 일반능력 지표(General Ability Index), 인지효율성 지표(Cognitive Proficiency Index)의 4개 지표가 있다.

5. Wechsler 검사 결과의 진단적 특징

진단과 개인적 성향에 따라 다소 차이가 있지만, 각 진단별로 다음과 같은 Wechsler 지능검사의 특징이 전형적으로 나타나므로 적절히 숙지해서 활용한다면 도움이 될 것이다.[6] 특히 소검사별로 특정 소검사가 상승하거나 저하되는 것도 중요하다.

1) 정신증(psychoticism)/정신분열병(schizophrenia)

① 처리속도(PS)와 작업기억(WM) 지표의 인지 기능이 가장 저하되거나 손상되기 쉬움. 그다음으로 지각추론(PR) 지표의 인지 기능도 저하되거나 손상되기 쉬움. 언어이해(VC) 지표의 인지 기능이 가장 덜 손상되어 '보통'이나 '보통 하' 수준에서 유지될 수 있음.
- 작업기억 지표의 소검사 산수와 숫자의 점수가 낮음: 주의집중력의 저하와 손상을 의미
- 이 소검사적 특징은 ADHD 같은 주의력결핍장애뿐 아니라 정신분열,

---

6) 병원이나 임상센터에서 보다 정확한 진단을 하기 위해서는 지능검사 이외에도 MMPI, BGT, HTP, SCT(문장완성검사), Rorschach, TAT 등의 심리검사와 동일하거나 일관된 결과가 필요하고, 임상심리학자의 종합적인 심리학적 측정과 평가가 있어야 한다. 이후 정신과 의사의 진단과 확진이 이루어지는 것이 보통이다.

불안이나 우울에도 많이 나타남.

- 언어이해 지표의 공통성 소검사 역시 저하되거나 손상되기 쉬움: 추상적 사고 능력의 곤란

② 특히 처리속도 지표를 구성하는 새로운 소검사(cancellation)의 점수가 저하되거나 손상되기 쉬움.

③ 소검사 중 이해와 차례문제의 점수가 동시에 낮음: 사회적 관습과 이해, 사회인지(social cognition)의 저하와 손상을 의미

④ 빠진곳찾기의 점수가 낮음: 일상생활의 관찰 능력과 현실검증 능력(reality testing)의 저하와 손상을 의미

⑤ 공통성과 토막짜기의 점수 낮음: 추상적 개념 형성이나 추상적 사고력의 저하와 손상을 의미

- 일반적으로 정신분열이 심할수록 손상되기 쉽지만, 정신분열병 중 편집형(paranoid)의 경우에는 잘 보존되거나 우수할 수 있어 주의를 요함.

⑥ 기호쓰기의 점수가 낮음: 에너지의 저하와 우울 성향을 의미. 우울증에서도 많이 나타남.

⑦ 쉬운 문항에서는 실패하고, 어려운 문항은 종종 성공할 수 있음.

2) 우울증

① 처리속도(PS) 지표가 다른 지표에 비해 저하되거나 손상되기 쉬움: 시간 제한에 따른 압력과 주의집중의 어려움의 영향

- 학습과 일상생활 기능의 저하와 지체의 원인이 될 수 있음.
- 소검사 중 기호쓰기의 점수의 저하나 손상: 에너지의 저하

② 작업기억(WM) 지표가 저하되거나 손상되기 쉬움: 주의집중력의 어려움

- 소검사 중 산수와 숫자의 저하나 손상: 주의집중의 어려움

③ 소검사 중 빠진곳찾기와 토막짜기의 점수가 낮음.

④ 전반적으로 반응 시간(reaction time)이 늦음.

⑤ 쉽게 포기하는 경향, 지구력의 부족
⑥ 반응 내용이 자기비판적이거나 자기비하 경향, 현 상황과 미래에 대한 절
　망감이 나타남.

3) 불안관련 장애

① 일반 불안의 경우, 다른 지표에 비해 작업기억(WM) 지표의 저하나 손상:
　주의집중력의 어려움의 영향
　　• 작업기억 지표에 속하는 소검사 산수와 숫자의 저하나 손상(주의집중의
　　　곤란)
② 불안 수준이 높고 스트레스를 많이 받는 경우, 지각추론(PR)이 저하되거나
　손상되기 쉬움.
　　• 인지적 경직과 위축의 영향
③ 우울과 불안이 동시에 있는 경우, 처리속도(PS) 지표가 저하되거나 손상되
　기 쉬움.
④ 강박장애의 경우, 소검사 상식, 어휘, 이해는 높음: 주지화와 지나친 명료
　화 경향
　　• 상식이나 어휘의 경우 높은 불안에 의해 초기의 쉬운 문항에서 실패할
　　　수 있음.
　　• 이해의 경우 판단력 저하로 저하될 수 있음.
⑤ 시험(수행)불안의 경우, 소검사 중 토막짜기와 기호쓰기가 저하되거나 손
　상되기 쉬움.

4) 성격장애

① 연극성 성격장애(histrionic personality disorder)
　　• 차례와 이해 점수가 낮음.

→ 반대로 이 두 소검사에 대해 높은 점수를 보일 수 있으나, 차례에 대해 설명시키면 정확한 이해가 부족하기 쉬움. 또한 이해에 대해 자신의 생각과 이해보다는 상식적 · 도덕적인 생각을 표현하기 쉬워 관련된 인지 기능이 실제로 높다고 보기 어려움.

- 산수에서 쉽게 포기하거나 불평을 하기 쉬움. "이런 산수 문제는 너무 어려운데……."
- 숫자는 중간 이상으로 유지
- 토막짜기가 다른 동작성 검사에 비해 저하될 수 있음.
- 반응 내용에 있어 개인화(personalization)의 경향이 강함: "나는……" "제 경우는……" "내가 아는 사람이……"과 같이 자신의 입장과 느낌, 자신의 주변 사람들에 대한 이야기를 과도하게 하기 쉬움.

② 반사회적 성격장애(antisocial personality disorder)

- 언어이해(VC) 지표 중 상식, 이해와 공통성, 작업기억(WM) 지표 중 산수와 숫자 소검사의 점수가 저하나 손상되기 쉬움: 주변 세계에 대한 빈곤한 관심과 흥미, 감성 기능의 저하, 주의집중력의 곤란의 영향
  → 반대로 작업기억(WM) 중 산수와 숫자 점수가 높을 수 있음: 낮은 불안감 의미
  → 반대로 언어이해(VC)의 이해 점수가 높을 수 있음. 검사를 진행하며 사회적 관습이나 규범의 이해와 내면화 정도를 확인하면 정답만 알 뿐 전혀 동조하지 않거나 거부적인 태도를 나타낼 수 있어, 사회적 규범이나 관습을 인지적으로만 이해하고 전혀 내면화가 안 되어 있음.
- 소검사 간 편차가 심함(3점 이상이 많이 있음).
- 상식, 산수와 어휘 점수의 저하: 학업 수행의 빈곤함 의미
- 차례맞추기, 토막짜기를 매우 잘하며, 모양맞추기의 점수가 좋을 수 있음
- 검사 상황(특히 그 결과가 자신에게 매우 중요할 경우)에 따라 검사 태도가 매우 공손하고 동정심을 유발할 수 있음: 속임수(faking)와 꾀병(malingering)의 가능성이 매우 높음.

③ 경계선 성격장애(borderline personality disorder)
- 지각속도(PS) 지표가 저하되거나 손상되기 쉬움: 주의집중력과 시지각 처리의 어려움의 영향
- 언어이해(VC) 지표와 작업기억(WM) 지표가 저하나 손상되기 쉬움: 주의집중력, 언어유창성, 실행기능의 곤란 반영
- 지각추론(PR) 지표나 언어적 추리나 추론 능력은 '보통'이나 '보통 하' 수준에서 유지될 수 있음. 다른 지표에 비해 저하나 손상이 덜할 수 있음.
- 소검사 중 토막짜기의 손상이나 저하: 시지각 협응 능력의 어려움의 영향

5) 기질적 뇌손상(Organic Brain Syndrome)

① 토막, 차례, 모양 등 동작성 관련 소검사의 점수가 낮음.
② 어휘, 상식, 이해 같은 장기기억 관련 언어성 소검사의 점수는 보통 수준에서 유지
③ 숫자의 점수가 낮은 편이며, 특히 바로 따라 외우기와 거꾸로 따라 외우기의 점수 차이가 3점 이상으로 클 수 있음.
④ 공통성의 저하: 추상적, 개념 형성 능력의 손상을 의미
⑤ 소검사 간 차이가 매우 크며(5점 이상), 다른 정신질환이나 교육의 부족 등에 의한 뚜렷한 원인이 없음.
⑥ 쉬운 문항은 틀리고 어려운 문항은 맞히는 부적절한 패턴이 다수 반복됨.

6) 아동 · 청소년 정신증(Early Psychosis)

① 처리속도(PD) 지표, 작업기억(WM) 지표의 저하와 손상이 뚜렷함.
- 작업기억(WM) 지표의 산수와 숫자의 저하나 손상: 불안과 주의집중에 어려움.
- 언어이해(VC) 지표의 공통성의 저하나 손상: 추상적 사고 능력의 곤란

② 소검사 간 변산이 큼(3~14점 이상): 소아기 정신증의 정신적 혼란과 정신 병적 증상으로 인한 인지 능력의 결함과 불균형 의미

③ 빠진곳찾기의 저하: 손상된 현실 검증 능력(reality testing)과 혼란

④ 이해의 저하: 객관적 사회적 판단과 관습에 대한 이해 부족, 연상의 이완

⑤ 토막짜기의 저하: 비언어적인 개념 형성이나 추상적 사고력 장애

⑥ 모양맞추기의 저하: 비현실적인 주관적 지각과 생각에 대한 몰입, 현실적 지각의 빈곤

7) 아동 우울증

① 처리속도(PD) 지표의 저하와 손상: 우울에 따른 에너지 곤란
- 기호쓰기의 점수가 낮음: 에너지의 저하와 우울 성향을 의미

② 작업기억(WM) 지표의 저하와 손상: 우울과 불안에 의한 주의집중력 곤란
- 산수와 숫자의 저하: 높은 우울과 불안 수준
  → 반대로 학습(산수)이나 과각성(숫자)으로 인해 저하되지 않을 수 있음.

③ 모양맞추기의 저하: 애매하고 불안하고 긴장된 상황이나 과제에 대한 취약성

④ 전반적으로 반응 시간이 늦음.

⑤ 반응 내용에 있어 무가치감, 무기력감, 위협감 등이 나타나기 쉬움.

8) 아동 불안장애 · 강박장애

① 작업기억(WM) 지표의 저하나 손상: 불안에 의한 주의집중력 곤란
- 작업기억 지표 소검사 중 산수와 숫자의 저하: 불안으로 인한 주의집중력의 저하와 손상
  → 반대로 불안에 의한 과각성(hyperarousal)과 과민성 때문에 상승할 수 있음.

② 상식, 어휘, 이해의 상승: 주지화와 지나친 명료화(elaboration)의 영향

③ 빠진곳찾기의 저하나 상승: 세부적인 요소에 대한 민감성과 예민성

④ 기호쓰기의 저하나 상승: 지나치게 세부에 몰입하고 확인하는 경향

⑤ 차례맞추기의 저하: 실제적인 사회적 상황에 대한 지각 및 판단력의 부족

⑥ 실패나 틀릴 수 있다는 두려움이 커서 지능검사 수행에 어려움을 보이는 경우가 많거나 자꾸 반복해서 질문함.

⑦ 공통성 등에서 공통개념과 맞지 않는 사물의 부적절한 세부 특징과 묘사에 집중

- 불안하고 강박적인 반응 성향은 언어성 관련 검사인 언어이해(VC)의 소검사에서는 큰 감점요인이 안 되지만, 시간 제한이 있는 작업기억(WM)이나 동작성 관련 검사인 지각추론(PR)이나 처리속도(PR)의 소검사 수행은 매우 저하되거나 손상되기 쉬움.

9) 학습장애(Learning Disorder)

① 전체지능(FSIQ)이 실제보다 과소평가되거나 낮게 나올 가능성이 큼

② 인지적 효능성 지표(CPI)가 일반능력 지표(GAI)보다 1SD(1 표준편차)정도 저하되며, GAI는 '보통' 수준 이상임

③ 작업기억(WM) 지표와 처리속도(PS) 지표가 저하되거나 손상됨.
- 작업기억 지표인 산수, 숫자와 순차연결, 처리속도 지표 기호쓰기의 저하: 저하된 주의집중력, 저하된 시지각 속도와 조절 곤란의 영향

④ 언어이해(VC) 지표 중 공통성의 저하나 손상: 추상적 · 개념적 사고의 곤란

⑤ ACID의 저하나 손상
- 산수(Arithmetic), 기호쓰기(Coding), 숫자(Digit-Span), 상식(Information): 기초학습 능력과 관계된 상식, 계산과 암산 능력 및 정신운동 속도의 곤란

⑥ 읽기장애(reading LD)의 경우 언어이해(VC)가 작업기억(WM)보다 7점 이상 높음. 수학장애(math LD)의 경우 언어이해(VC)가 작업기억(WM)보다

13점 이상 높음. 읽기장애나 수학장애 모두 지각추론(PR)이 처리속도(PS)보다 7점 이상 높음.

10) 아동 ADHD

① 전체지능(FSIQ)은 평균 수준: 일반 아동에 비해 전체지능이 비슷하거나 약간 낮음.
② 작업기억(WM) 지표와 처리속도(PS) 지표의 저하나 손상
  • 작업기억 지표 소검사 숫자, 순차연결과 산수의 저하: 주의집중력의 곤란 의미
  • 작업기억 지표가 언어이해(VC) 지표보다 7~8점 이상 저하
  • 처리속도 지표의 소검사 기호쓰기와 동형찾기의 저하
③ 일반능력 지표(GAI)가 가장 높고, 전체지능(FSIQ)은 중간 수준, 인지효능 지표(CPI)가 가장 낮음.
④ 상식, 이해의 저하: 사회적 통념과 관습, 규범에 대한 이해 부족
⑤ 어휘, 공통성의 저하: 잠재능력과 개념 형성 능력의 저하

11) 청소년 품행장애

① 전체지능(FSIQ)이 보통 수준: 일반 아동의 전체지능과 비슷하거나 약간 낮음
  → 경우에 따라 '우수'나 '최우수'의 지능을 가질 수 있음.
② 작업기억(WM) 지표는 '보통' 수준 유지
  • 작업기억 소검사 산수와 숫자는 '보통' 수준: 불안감이나 주의집중력 곤란이 크지 않음.
  → ADHD가 동반될 경우 산수와 숫자의 점수가 저하나 손상될 수 있음.
③ 처리속도(PS)와 지각추론(PR) 지표가 저하되거나 손상될 수 있음: 정서장해(emotional disturbance)와 ADHD가 동반된 품행장애의 경우

④ 언어이해(VC) 지표가 '보통'이나 '보통 하' 수준을 유지함. 그러나 언어 반응에 대해 정밀하게 질적 분석을 해 보면, 언어적 추론이나 내적 사고, 실행기능의 저하 등을 확인할 수 있음.

⑤ 이해의 저하: 사회적 규범이나 관습에 대한 이해의 저조를 의미. 피상적인 이해나 지식은 좋을 수 있으나 내면화가 안 되어 있는 경우가 많음.

⑥ 토막짜기와 모양맞추기의 상승: 비언어적인 추상적 개념이나 심신-운동 협응력이 보통 이상으로 뛰어날 수 있음.

12) 아동 고기능 자폐장애(아스퍼거)

① 전체 지능이 '보통 상' '우수' '최우수' 수준이 가능함.

② 지각추론(PR) 지표가 '보통'이나 그 이상이 가능함.

③ 작업기억(WM) 지표와 처리속도(PS) 지표의 인지 기능이 저하나 손상될 수 있음.

④ 상식, 어휘의 상승: 지적 잠재력이 매우 높음.

⑤ 공통성, 토막짜기의 상승: 비언어적 개념 형성 및 추상적 능력이 높음.

⑥ 이해와 차례, 빠진곳찾기의 저하: 추상적 언어를 실제적인 사회 상황에 활용(pragmatics)하는 능력과 사회적 상황 판단력 등 사회인지(social cognition)의 저하

⑦ 소검사 간 편차가 큼(3~12점 이상): 불균형적인 인지 발달 의미

⑧ 언어 반응에 있어 단편적인 지식이나 사전적 의미는 잘하는 편이나, 은유적이고 감정적 표현들을 하지 못함: 감정의 비분화 및 정서 자극에 대한 이해의 결여, 사회적 상호작용의 어려움

13) 기타: K-WPPSY의 진단적 특징

① 우울하고 위축된 유아는 정상 유아에 비해 빠진곳찾기가 저하됨.

② 주의집중력이 저하된 유아는 도형, 토막, 미로, 빠진곳찾기, 동물 짝짓기, 산수 등이 저하됨.

③ 미성숙한 유아는 정상 유아에 비해 도형, 동물 짝짓기, 동작성 지능, 모양, 토막, 빠진곳찾기, 어휘, 전체지능이 저하됨.

④ 문제행동을 보이는 유아는 정상 유아에 비해 소검사 상식이 저하됨.

⑤ 지적장애를 보이는 유아나 아동의 지능 프로파일은 특별히 높은 상승이나 곡선이 뚜렷하지 않고 납작한 형태를 보이기 쉬움.

제7장
MMPI-II 다면적 인성검사

|이수현|

1. 개관

　다면적 인성검사로 잘 알려진 MMPI는 1943년 미네소타 대학의 Starke Hathyway와 Jovian McKinley에 의해서 만들어진 성격검사다. MMPI 검사는 효율적이고 신뢰성 있는 진단도구로서 실시와 채점이 쉽고, 규준에 따른 간편한 해석 방식으로 인해 전 세계적으로 가장 널리 사용되고 있는 구조화된 자기보고식 검사다(Piotrowski, 1997). MMPI는 임상 장면에서 개인의 성격 패턴과 심리적 장애를 보다 정확히 평가할 목적으로 만들어졌으나 현재는 임상집단뿐 아니라 정상인을 대상으로 성격의 경향성을 평가하는 도구로도 사용되고 있다.

　이 같은 장점에도 불구하고 MMPI 척도의 문제점이 지적되면서 MMPI 척도의 개정이 요구되었고 1989년에 MMPI-II가 개발되었다. MMPI-II 검사의 특징은 검사 문항이 향상되었으며, 동형(uniform) T점수를 적용하였고, 과거 지속적으로 지적되었던 규준의 문제를 해결했다는 것이다. 즉, MMPI-II는 대표성 있고 동시대적인 규준을 확보했다. MMPI-II가 출판된 후 많은 후속 연구가 진행되었으며 연구 결과들은 MMPI-II가 신뢰성 있고 타당한 성격검사이며 원판 검사의 강점은 물론이고 원판 검사가 가지지 못한 장점과 새로운 정보를 제공해 주는 검사임을 보여 주고 있다.

현재 MMPI-II 검사는 기존의 타당도 척도(?, L, F, K)에 6개의 타당도 척도(VRIN, TRIN, F(B), F(P), FBS, S)를 추가하여 피검자의 수검 태도를 보다 정확하게 평가할 수 있게 되었다. 또한 MMPI가 임상척도 간 높은 상관과 각 임상척도 문항에 타당성이 의심되는 모호한 문항이 포함되어 있다는 문제점을 해결하기 위해 Tellegen, Ben-Porath, McNulty, Arbisi, Graham과 Kaemmer(2003)가 재구성 임상척도를 개발하였다(총 9개 문항). 최종적으로 MMPI-II 검사는 10개의 임상척도와 임상소척도, 15개의 내용척도와 내용 소척도, 15개의 보충척도, 성격병리 5요인 척도가 포함되어 있다(한경희, 김중술, 임지영, 이정흠, 민병배, 문경주, 2011).

2. 검사의 구성

MMPI-II 검사는 총 567개의 문항으로 구성된 검사로 각각의 문항에 대해 "그렇다" "아니다"로 응답하게 되어 있다. 원판 MMPI는 총 14개의 척도(타당도 척도 4개, 임상척도 10개)로 구성되었지만 개정된 MMPI-II는 타당도 척도 10개, 임상척도 10개의 총 20개 척도로 구성되었다.

〈표 7-1〉은 각 척도의 명칭과 기호, 문항 수를 정리한 것이다. MMPI-II는 원판 MMPI에서 사용했던 4개의 타당도 척도에 덧붙여 6개의 타당도 척도가 추가되었다. 무선반응 또는 고정반응을 탐지하기 위해 VRIN(무선반응 비일관성) 척도, TRIN(고정반응 비일관성) 척도가 개발되었으며, 검사의 후반에 수검 태도의 변화를 확인하기 위해 비전형 척도 F(B)를 추가하였다. 또한 F척도가 심각한 정신병리에 의해 상승될 수 있다는 점을 보완하기 위해 F(P)척도가 개발되었으며(Arnisi & Ben-Porath, 1995), 자신의 증상을 과장하는 사람을 가려내기 위해

∘∘∘ **표 7-1** MMPI-II 타당도 및 임상척도 명칭, 기호, 문항 수

		척도명	MMPI-II 추가척도	약자	문항 수
타당도 척도		? (Can not say) 무응답		?	
		Vaiable Response Inconsistency 무선반응 비일관성 척도	●	VRIN	49개 문항 쌍 67개 반응 쌍
		True Response Inconsisency 고정반응 비일관성 척도	●	TRIN	20개 문항 쌍 23개 반응 쌍
		Lie 부인척도		L	15문항
		Infrequency 비전형 척도		F	60문항
		Back F 비전형-후반부 척도	●	F(B)	40문항
		Infrequency-Psychopathology 비전형-정신병리척도	●	F(P)	27문항
		Symptom Validity 증상 타당도	●	FBS	43문항
		Correction 교정척도		K	30문항
		Superlative Self-Presentation 자기과시척도	●	S	50문항
임상 척도	1	Hypochondriasis 건강염려증		Hs	32문항
	2	Depression 우울증		D	57문항
	3	Hysteria 히스테리		Hy	60문항
	4	Psychopathic Deviate 반사회성		Pd	50문항
	5	Masculinity-Feminity 남성성-여성성		Mf	56문항
	6	Paranoia 편집증		Pa	60문항
	7	Psychastenia 강박증		Pt	48문항
	8	Schizophrenia 정신분열증		Sc	78문항
	9	Hypomania 경조증		Ma	46문항
	10	Social Introversion 사회적 내향성		Si	69문항

FBS(증상타당도 척도)가 추가되었다(Lees-Haley, English, & Glenn, 1991). 마지막으로 인사 선발 장면에서 자신을 좋게 보이고자 하는 사람들을 가려내기 위해 S척도가 개발되었다(Butcher & Han, 1995).

3. 실시

MMPI-II 검사를 실시하기 위해서 몇 가지 고려할 사항이 있다. 피검자의 검사 수행능력 평가, 표준화된 검사 실시 및 평가, 검사 실시 환경 순으로 고려사항을 살펴보고자 한다.

1) 피검자의 검사 수행능력 평가

먼저, 시각적인 문제 여부의 확인이다. 피검자가 검사지를 보고 읽고 이해할 수 있는 능력이 있는지를 확인해야 한다. 피검자에게 문항을 읽어 주거나 피검자가 문항에 대해 구두로 답하는 것은 권장하지 않는다. 돋보기나 안경이 필요하다면 제공해 줄 필요가 있으며, 만약 시각적인 문제로 검사를 실시하지 못한 경우, 청각 실시 등의 방법을 제공할 필요가 있다. 별도의 프로그램을 설치하면 청각 실시가 가능하다.

다음은 독해력 평가인데, 피검자는 최소한 초등학교 6학년 수준 이상의 독해력을 가지고 있어야 한다.

마지막은 피검자의 이해력 및 인지 능력이다. 원어민이 아닌 경우 문항을 제대로 이해하기 어려울 수 있으며, 치매나 섬망, 중독, 급성 정신병리 등으로 인지적 기능에 문제가 발생할 수 있으므로 검사 실시 이전에 피검자의 언어 및 정신 상태에 대한 확인이 필요하다.

2) 표준화된 검사 실시 및 평가

현재 MMPI-II 검사는 컴퓨터 화면 실시와 지필검사지 방식으로 실시가 가능하다. 실시방법에 따라 검사 소요 시간이 다른데 컴퓨터 화면 실시는 평균 45~60분, 지필검사의 경우 60~90분 정도가 소요된다. 검사 소요 시간이 너무 길어지거나(우울증 또는 강박증으로 인한 우유부단, 읽기 능력에 제한이 있는 사람, 검사에 대한 저항 등) 또는 지나치게 짧은 경우(충동적인 반응을 하거나 문장을 잘 읽지 않거나 충분히 생각하지 않고 응답하는 경우 등) 모두 진단적 의미가 있다.

검사를 실시할 때는 '현재 상태를 기준'으로 응답하고, 경험하지 않았거나 대답하기 어려운 문항에 대해서는 '문항에 대해서 어떻게 생각하고 느끼는지'에 대해서 응답하면 된다고 알려 준다. 또한 '그렇다' '아니다'로 대답하기 어려운 경우, 자신과 좀 더 비슷하다고 느껴지는 방향으로 응답하라고 안내한다.

3) 검사 실시 환경

검사 실시 전에 검사에 대한 설명과 비밀보장에 대한 고지가 필요하며 검사가 모두 완료될 때까지는 피검자의 검사 수행을 관찰할 필요가 있다. 검사를 끝까지 완료하는지, 검사 소요 시간이 적절한지(지나치게 짧거나 오랜 시간이 걸리는지), 검사 중 질문을 많이 하는지 등 검사 실시 도중 보이는 피검자의 태도와 행동을 검사 결과 해석 시 고려해야 한다. 따라서 검사자는 피검자의 검사 수행 모습을 지켜보거나 관찰할 수 있는 거리에 위치하는 것이 좋다. 검사 장소는 적절한 크기의 책상과 밝은 조명, 편안한 의자 등이 필요하며 조용한 장소에서 진행할 것을 권장한다.

4. 해석방법

한 가지 검사로 피검자의 특성을 파악하거나 행동을 예언하려고 하는 것은 위험하다. MMPI 검사를 해석할 시 면담과정에서 수집된 정보뿐 아니라 다른 진단검사 결과들을 통합해서 피검자에 대한 가설들을 추론해 가는 과정이 필요하다. 검사 해석 단계는 다음과 같다.

■ step 1: 검사 신청 동기, 기초 신상 자료 검토

검사를 실시하거나 해석하기 전에 심리검사를 신청한 동기나 검사를 하게 된 경위를 파악해야 한다. 이 같은 작업이 필요한 이유는 심리검사의 목적을 명확히 파악하고 그 목적에 맞게 필요한 검사를 제안하고 정보를 제공하기 위함이다. 또한 나이, 학력 등과 같은 기초 신상 자료 또한 검사를 해석하는 데 중요한 규준 자료가 될 수 있기 때문에 검사 실시 시 파악해야 한다. 예를 들어, 10대와 60대는 Pd척도에서의 60점이 다르게 해석되어야 하기 때문이다.

■ step 2: 검사 시 행동 및 태도 확인

검사 소요 시간, 검사 수행 시 태도 및 행동 등도 검사 해석을 위한 자료로 활용될 수 있다. 지능이 80 이상이고 읽기, 집중력, 의사결정 과정에 문제가 없다면 보통 1~2시간 소요된다. 그러나 검사가 빨리 끝날 경우(30분 이내), 충동성이나 저항적인 태도로 인해 문항을 충분히 고려하지 않고 무선반응을 했을 가능성이 있다. 반면, 2시간 이상 긴 시간이 소요될 경우, 강박적인 특성으로 의사결정에 어려움이 있거나 심한 우울 또는 집중력 장애의 가능성을 고려해 볼 수 있다. 또한 답안지를 검색해 볼 필요가 있는데, 지우개를 사용한 정도를 파악해서 지나치게 수정이 많거나 전혀 지우개를 사용한 흔적이 없는지를 파악한다. 보통 무선반응의 경우는 지운 흔적이 없으며 강박적이거나 매우 신중한 사람들의 경우는 답안을 수정하는 경우가 많다. 또한 이중응답 표기나 빠뜨린 문항이 얼마나 되는지도 확인한다.

■ step 3: 타당도 및 임상척도 검토

타당도 척도를 검토하는 이유는 피검자의 MMPI 프로파일이 해석해도 되는 타당한 프로파일인지를 판정하기 위해서다. 타당도 및 임상척도는 먼저 척도점수가 정상 범위인지, 비정상 범위인지를 확인한다. 또한 상승된 임상척도가 있을 경우, 재구성 임상척도와 해당 임상 소척도를 검토한다. 타당도 척도와 임상척도 프로파일은 환자의 성격 구조나 치료적 행동 변화 가능성에 대한 중요한 정보를 제공한다. 타당도 척도 검토 시 피검자의 검사 의뢰 사유, 상황요인, 인구학적 변인들을 고려해야 한다.

■ step 4: 척도별 연관성(인과성) 분석

각 척도 점수의 의미와 가설을 종합하여 다른 척도들에 대한 예측을 할 수 있다. 예를 들어 L, K 척도가 상승하면 임상척도는 다소 덜 상승할 가능성을 예측할 수 있으며, 임상척도 2가 상승한 경우 척도 9가 낮은 것을 예측할 수 있다. 이러한 예측이 맞는 경우도 있지만 불일치하는 경우도 있다. 불일치하는 결과를 해결하는 과정이 프로파일 해석에서 매우 중요하다.

■ step 5: 프로파일의 코드 형태 검토

임상척도를 해석할 때는 일반적으로 상승척도 쌍을 분석하게 된다. 상승척도 쌍의 분석은 가장 높은 임상척도 두 개(T점수 70 이상)를 선택해서 피검자가 속한 참조집단을 기준으로 해석하는 것이다. 먼저 상승척도 쌍을 결정해야 하는데 T점수 70 이상인 척도를 높은 순서로 적으면 된다. 그러나 상승척도 쌍을 결정하기 곤란한 경우가 있다. 예를 들어, 한 개는 월등히 높으나 나머지 두 개가 서로 비슷한 경우, 피검자의 상태나 문제의 성격에 따라 결정하면 된다. 단, 척도 5와 척도 0이 두 번째로 높은 척도일 경우는 세 번째로 높은 척도를 선택해야 한다. 왜냐하면 척도 5와 척도 0은 병리적인 특성의 척도가 아니기 때문이다.

한편, MMPI 해석 시 높은 점수의 척도에만 주의를 기울이는 경우가 있는데, 낮은 점수가 특별한 의미를 가지는 경우가 종종 있기 때문에 해석 시 낮은 점수도 고려해야 한다. 특히 5, 0번 척도의 경우, 낮은 점수에도 주의를 기울여 해석하는 것이 필요하다. MMPI-II 매뉴얼 개정판에서는 임상척도의 낮은 점수는 해석하지 않도록 권고하고 있다. 단, 5, 0번 척도의 낮은 점수는 높은 점수와 반대의 특성을 갖는 것으로 해석될 수 있기 때문에 낮은 점수에 대해 주의를 기울일 것을 권장한다(한경희 외, 2011).

5, 0번 척도를 제외한 다른 척도들의 낮은 점수는 유사한 특성을 측정하는 다

른 척도의 점수로 의미를 추론할 수 있다. 예를 들어, 9번 척도(Ma)에서의 낮은 점수는 2번(D) 척도의 높은 점수로 낮은 에너지 수준과 무기력감을 더 정확히 추론할 수 있다.

형태 분석 시 세 쌍을 동시에 고려해야 할 경우도 있다. 타당도 척도(L, F, K)나 신경증 척도(1, 2, 3)는 전반적인 척도의 상승 정도뿐 아니라 개별 척도들의 상승 정도에 따라 세 쌍의 점수들이 만들어 내는 형태가 다양해지면서 해석이 복잡해진다. 따라서 각각의 척도 상승의 의미와 함께 형태 분석을 통해 얻어지는 정보를 종합하여 일치하는 피검자의 특징을 추론하는 것이 필요하다.

5. 개별 척도 해석

1) 타당도 척도

자기보고식 검사가 효과적이기 위해서는 피검자가 최대한 자신의 상태에 대해 솔직하게 반응해야 한다. 그러나 때로는 피검자들이 솔직하게 반응하지 않고 왜곡된 반응을 하는 경우가 있다. 즉, 좋게 보이고 싶으면 좋은 방향(faking good)으로, 나쁘게 보이고 싶으면 나쁜 방향(faking bad)으로 반응할 수 있다. 때에 따라서는 좋고 나쁨을 더 과장해서 표현하기도 하는데, MMPI 검사의 강점은 이러한 특성들을 타당도 척도를 통해 구분해 낼 수 있다는 것이다. 타당도 척도는 피검자가 일관성 있게 문항에 반응했는지를 파악하기 위해 다양한 문항을 사용하고 있다. 예를 들어, 동일한 질문을 반복해서 묻는다거나, 상반되는 문항 쌍을 만들어서 반응의 일관성을 측정한다. 현재 MMPI-Ⅱ 검사의 타당도 척도는 모두 10개로서 이 장에서는 개별 척도의 특성을 살펴보고 세 쌍의 타당도 척도(L, F, K)의 형태 분석에 대해 설명하고자 한다.

(1) ?척도(무응답 척도: Can not say)

무응답 척도는 말 그대로 응답을 하지 않았거나 양쪽(그렇다/아니다) 모두 응답한 경우로, 무응답이 많을수록 임상척도의 점수를 낮추게 된다. 10개 이하는 수용하지만 무응답 개수가 적더라도 특정 척도에 몰려 있을 경우는 주의해야 하며, 30개 이상의 무응답은 타당한 해석을 어렵게 하기 때문에 무효 프로파일로 간주한다. 그러나 MMPI-II에서는 단축형 검사의 실시를 쉽게 하기 위해서 원판 MMPI의 타당도 척도(L, F, K)와 임상척도를 370번 이전에 배치했기 때문에 무응답이 370번 이후에 나타났다면 무응답 반응이 많아도 전체 검사의 타당도에 영향을 미치지 않는다. 무응답의 반응 비율을 줄이기 위한 최선의 방법은 검사를 실시할 때 충분히 설명하여 무응답의 가능성을 줄이는 것이며 회수 전에 빠뜨린 문항을 확인하고 다시 하게 하거나 반응을 못한 이유를 탐색하는 것이다.

ooo **표 7-2** ?척도(무응답 척도) 점수별 의미

원점수	프로파일의 타당성	가능한 해석
0~10	타당함	타당도에는 영향을 미치지 않지만 누락된 문항들이 무작위인지, 패턴을 이루고 있는지 탐색이 필요함. 패턴을 이루고 있다면 그 문항들은 피검자에게 의미가 있을 수 있으므로 문항의 내용을 검토할 필요가 있음
11~29	일부 척도가 타당하지 않을 수 있음	일반적인 무응답 반응보다 많은 문항을 빠뜨린 것으로 응답 안 한 문항들이 특정 척도에 속해 있는지 파악하고 특정 척도에서 무응답 문항이 10% 이상일 경우 해석하지 않을 것을 권장함
30 이상	타당하지 않음	무응답이 30개 이상일 경우는 무효 프로파일일 가능성이 높음. 단, 370번 문항 이후에 반응한 무응답이라면 타당도 척도와 임상척도는 해석 가능함. 무응답의 이유는 다양하기 때문에 수검자가 무응답의 이유 중 어느 것에 해당하는 것인지 탐색할 필요가 있음. 무응답의 이유는 다음과 같음. ① 독해력 부족, ② 검사자에 대한 불신감, ③ 자신에 대한 중요한 정보를 누설하지 않으려는 조심성, ④ 검사에 대한 비협조적인 태도(검사에 대한 동기부족), ⑤ 심각한 정신병리 상태, ⑥ 강박적인 태도로 인해 반응에 대한 결정을 하지 못함

(2) 비일관적 반응

① 무선반응 비일관성(Variable Response Inconsistency, VRIN 척도)

VRIN 척도는 피검자의 무선반응을 탐지하는 척도로서 내용이 서로 비슷하거나 또는 상반되는 문항으로 구성되어 있다. 총 49개의 문항 쌍으로 구성되어 있으며 비일관적인 반응 쌍은 67개다(T-T 5개, F-F 5개, T-F/F-T 57개). T점수 80 이상이면 무효 프로파일일 가능성이 있으며 추가적인 해석을 위해서는 비전형(F) 척도 점수를 확인할 필요가 있다. 예를 들어, 비전형(F) 척도 점수가 높으면서 VRIN 점수도 함께 높다면, 그 프로파일은 무작위 반응으로 인해 해석이 불가능함을 의미한다. 그러나 VRIN 점수가 높지 않다면 비전형(F) 척도의 상승이 무작위 반응 때문으로 결론짓기 어려우며 정신병적인 문제가 있거나 나쁘게 보이려는 의도가 있었는지를 파악해야 한다.

ᵒᵒᵒ **표 7-3** 무선반응 비일관성(VRIN) 척도 점수별 의미

T점수	프로파일의 타당성	가능한 해석
30~39	타당함	피검자는 신중하게 문항에 응답함
40~64	타당함	피검자는 검사 문항들에 일관성 있게 응답함
65~79	타당하지만 일부 비일관적 반응이 포함되어 있음	해석이 가능하긴 하지만 일부 비일관 반응이 포함되었을 가능성이 있으므로 해석에 주의할 필요가 있으며 반응이 79T에 가깝다면 해석에 각별한 주의가 필요함. 많은 무선반응은 부주의하거나 일시적인 집중력 상실이 이유가 될 수 있음
80 이상	타당하지 않음	무선반응으로 인해 프로파일 해석이 불가능함. 독해능력이 부족하거나 혼란스러운 상태에 있거나 의도적으로 무선반응을 했을 가능성이 있음

출처: 한경희 외(2011), p. 90을 바탕으로 재구성함.

② 고정반응 비일관성(True Response Inconsistency, TRIN 척도)

TRIN 척도는 피검자가 모두 "그렇다" 또는 모두 "아니다"로 반응하는 경향을 탐지하는 척도로서 내용이 상반되는 문항 쌍만으로 구성되어 있다. 모두 20개

의 문항 쌍으로 되어 있으며 특정 문항 쌍의 경우 두 가지 반응 패턴(예를 들어, 그렇다-그렇다, 아니다-아니다) 모두가 비일관적인 반응으로 채점될 수 있다. 비일관적인 반응 쌍은 23개이며 이 중 14개는 두 문항 모두 그렇다-그렇다로 응답할 때 비일관적인 반응으로 채점되며, 9개는 두 문항 모두에서 아니다-아니다로 응답할 때 비일관적인 반응으로 채점된다(한경희 외, 2011). TRIN 척도 역시 다른 척도들과 함께 해석 시 유용한데, 예를 들어 방어성을 나타내는 지표인 L, K, S 척도들의 점수가 높으면서 TRIN 척도가 아니다 방향으로 높으면, 이들 지표는 방어성을 나타내기보다는 무조건 "아니다"라고 응답했을 가능성이 크다. 반면, 방어성 지표가 높으면서 TRIN 척도 점수가 평균 수준으로 나왔다면 피검자의 실제 방어성을 나타낸다.

ㅇㅇㅇ **표 7-4** 고정반응 비일관성(TRIN) 척도 점수별 의미

T점수	프로파일의 타당성	가능한 해석
80F 이상	타당하지 않음	"아니다" 반응 경향이 강한 프로파일로 해석이 불가능
65F~70F	타당하지만 일부 반응이 "아니다" 반응 경향이 있음	반응 경향상 방어성 척도인 L, K, S척도가 높아질 수 있음에 주의해서 해석해야 함
50~64F 또는 50~64T	유효함	
67T~79T	타당하지만 일부 반응이 "그렇다" 반응 경향이 있음	반응 경향상 방어성 척도인 L, K, S 척도가 낮아질 수 있음에 주의해서 해석해야 함
80T 이상	타당하지 않음	"그렇다" 반응 경향이 강한 프로파일로 해석이 불가능

출처: 한경희 외(2011), p. 90을 바탕으로 재구성함.

(3) 비전형 반응

MMPI-II에서는 비전형적인 반응을 탐색하기 위해 4개의 지표를 사용하고 있다. 4개의 지표는 F척도, F(B)척도, F(P)척도, FBS 척도로서 비전형 반응을 하게 되는 이유는 다음 세 가지로 설명할 수 있다. 첫째, 무작위 반응 또는 고정 반응,

둘째, 심각한 정신병적 문제, 셋째, 자신을 고의적으로 나쁘게 나타내려는 시도(faking bad)이다. 비전형 척도와 비일관성 척도의 점수를 비교해 봄으로써 F척도의 의미를 더욱 명료화할 수 있다.

① 비전형 척도(Infrequency, F척도)

비전형 F척도는 MMPI 규준집단에서 10% 이하로 반응되는 60개의 문항으로 구성되어 있다. 비전형 척도는 무선반응, 고정반응, 정신병리, 부정가장에 민감한 척도로서 F척도가 상승할 경우 VRIN, TRIN 척도를 살펴봐야 한다. VRIN 척도가 T점수 79 이상 상승했다면 무작위 응답이 많기 때문에 해석이 불가능하며 만약 VRIN 척도 T점수가 보통 범위에 있다면 F척도의 상승은 무작위 반응 때문이 아니므로 다른 원인을 찾아야 한다. 마찬가지로 TRIN 척도의 T점수가 79 이상 상승했다면 고정반응으로 인한 F점수의 상승을 고려해야 하며 이 또한 해석이 불가능하다. 그러나 VRIN, TRIN 척도 T점수가 평균 범위에 있는데도 F점수가 상승했다면 이는 피검자가 심각한 정신병적 상태에 있기 때문인지, 나쁘게 보이려는 의도(faking bad) 때문인지를 판단해야 한다. 이 경우, F(P)척도를 확인하면 실제 정신병 때문인지, 나쁘게 보이려는 의도 때문인지를 판단하는 데 도움이 될 것이다. 비전형(F) 척도는 임상 장면과 비임상 장면에서 점수별 의미가 다르게 해석되므로 상황에 따라 해석 지침을 참고해 활용해야 한다.

○○○ 표 7-5 비전형(F) 척도: 임상 장면에서의 점수별 의미

T점수	프로파일의 타당성	가능한 해석
54 이하	방어적일 수 있음	피검자가 자신의 정신건강 상태를 과소평가해서 보고하거나 부인했는지를 확인하기 위해서 방어성 척도(특히 L척도)를 검토할 필요가 있음
55~79	타당할 것임	피검자가 자신의 심리적인 문제나 어려움을 정직하게 보고함
80~99	과장된 것일 수 있지만 타당할 것임	'도움을 청하려는 의도'로서 증상을 과장했을 가능성을 고려해야 함

100 이상	타당하지 않을 수 있음	점수가 상승한 이유를 살펴보면 무작위/고정반응, 심각한 정신병리, 과대보고를 고려해 볼 수 있음. VRIN, TRIN 척도의 T점수가 79 이상이라면 해석이 불가능하지만 만약 VRIN, TRIN 척도 점수가 정상 범위에 있다면 F(P)점수를 확인해야 함. 만약 F(P) 점수가 정상범위에 있다면 이 프로파일은 심각한 정신병리를 반영하는 것이지만 F(P)가 100 이상이 라면 수검자는 정신병리를 실제보다 과장해서 표현 한 것임

출처: 한경희 외(2011). p. 93에서 발췌함.

ㅇㅇㅇ 표 7-6 비전형(F) 척도: 비임상 장면에서의 점수별 의미

T점수	프로파일의 타당성	가능한 해석
39 이하	방어적일 수 있음	피검자가 자신의 정신건강 상태를 과소평가해서 보고 하거나 부인했는지를 확인하기 위해서 방어성 척도를 검토할 필요가 있음
40~64	타당할 것임	심리적 문제를 솔직하게 보고함
65~79	과장된 것일 수 있지만 타당함	도움을 청하려는 의도로써 증상을 과장했을 가능성을 고려해야 함
80 이상	타당하지 않을 수 있음	VRIN, TRIN 척도의 T점수가 79 이상이라면 해석이 불 가능하지만, 만약 VRIN, TRIN의 T점수가 정상범위에 있다면, F(P)를 고려해야 함. 만약 F(P)가 정상범위에 있다면 이 프로파일은 타당하고 심각한 정신병리를 반 영한 것으로 볼 수 있으며, F(P)가 100 이상이면 피검 자는 정신병리를 과장해서 표현하려는 것임

출처: 한경희 외(2011). p. 93에서 발췌함.

② 비전형-후반부 척도(Back Infrequency, F(B)척도)

F(B)척도는 검사 후반부의 비전형 반응을 탐색하는 척도로서 검사과정에서 피검자의 태도 변화를 알려 준다. 이 척도는 검사 후반부에 40문항으로 구성되어 있으며 F척도와 유사하게 무선반응, 고정반응, 심각한 정신병리, 부정왜곡에 민감하다. F척도가 정상범위에 있고 F(B)척도가 상승되었다면, 피검자의 검사 태

도가 검사 후반에 달라졌음을 반영하는 것일 수 있다. F(B)의 T점수는 피검자의 검사 태도가 변화되었는지를 파악하는 목적으로만 사용되며 F(B)척도 점수가 높으면 검사 후반부에 위치한 내용척도들을 해석하는 데 주의를 기울여야 한다.

ㅇㅇㅇ 표 7-7 비전형-후반부(F(B)) 척도 점수별 의미

T점수	프로파일의 타당성	가능한 해석
임상 장면 110 이상 비임상 장면 90 이상	타당하지 않을 수 있음	F(B)의 T점수를 F의 T점수와 비교해서 만약 F(B)의 T점수가 최소 30점 이상 높다면, 검사 후반에 피검자의 태도에 유의미한 변화가 있었음을 의미하며 이경우 검사 후반에 위치한 내용척도들은 해석하지 말아야 함

출처: 한경희 외(2011). p. 94에서 발췌함.

③ 비전형-정신병리 척도(Infrequency-Psychopathology, F(P)척도)

F(P)척도는 F척도에 비해 심각한 정신병리에 덜 민감하지만 F척도 상승의 의미를 명확하게 해 준다. 즉, F척도의 상승이 실제 정신병적인 문제에 기인한 것인지, 아니면 의도적으로 부정적인 모습을 보이려고 하는 것인지 판단하는 데 도움이 된다. VRIN, TRIN 척도가 F척도의 상승 원인이 되지 않을 때 F(P)척도를 확인한다.

ㅇㅇㅇ 표 7-8 비전형 정신병리(F(P)) 척도 점수별 의미

T점수	프로파일의 타당성	가능한 해석
69 이하	타당할 것임	피검자가 자신의 현재 정신 건강 상태를 정확히 보고함
70~99	과장된 것으로 보이지만 타당할 것임	도움을 청하려는 의도로서 증상을 과장되게 보고했을 가능성을 고려해야 함
100 이상	타당하지 않을 것임	VRIN과 TRIN의 T점수가 79 이상이라면 해석은 불가능함. 만약 VIRN과 TRIN의 T점수가 정상범위라면 피검자는 실제보다 정신병리를 의도적으로 과장하여 표현하려 한 것임

출처: 한경희 외(2011), p. 95에서 발췌함.

④ 증상타당도 척도(Symptom Validity, FBS 척도)

F척도가 심각한 정신과적 증상의 과대보고를 탐지하는 데는 효과적일 수 있지만 개인상해 소송이나 신체적 장애 신청 장면에서는 타당하지 못하기 때문에 F척도를 보완하는 목적으로 FBS 척도가 개발되었다(Lees-Haley et al., 1991). 이 척도는 개인상해 소송 시 꾀병으로 판단된 사람과 꾀병이 아닌 사람의 반응을 비교하여 선정된 43개 문항으로 구성되었다. FBS 척도는 VRIN과 TRIN 척도 점수가 상승하였을 경우 비일관적인 반응의 가능성을 고려하여 해석해야 한다. 그러나 FBS 척도는 F, F(B), F(P) 척도와 마찬가지로 상승되었을 때 과대보고를 평가하지만 과대보고의 영역이 다르기 때문에 독립적인 해석이 가능하다(한경희 외, 2011).

○○○ **표 7-9** 증상타당도(FBS) 척도 점수별 의미

T점수	프로파일의 타당성	가능한 해석
69 이하	과대보고의 증거가 없으므로 타당함	해석 가능함
70~99	신체적·인지적 증상들에 대한 신뢰할 수 없는 보고로 인해 과대보고의 가능성이 있음	VRIN과 TRIN 척도 점수가 높다면 비일관적인 반응의 가능성을 고려해야 하며 만약 비일관적 반응이 시사되면 FBS 척도는 해석할 수 없음. 비일관적인 반응의 가능성이 없다면 이 정도의 점수 상승은 실제로 상당한 의학적 문제를 가지고 있는 사람들에게서 나타날 수 있음. 하지만 이 점수는 과장을 반영하는 것일 수도 있으며 이때에는 주요 척도들에서의 높은 점수가 증상의 과대보고를 반영할 가능성이 있음
100 이상	과대보고가 시사되기 때문에 타당하지 않음	VRIN과 TRIN 척도 점수가 높다면 비일관적인 반응의 가능성을 고려해야 하며 만약 비일관적 반응이 시사되면 FBS 척도는 해석할 수 없음. 비일관적인 반응의 가능성이 없다면 이 정도의 점수 상승은 실제로 상당한 의학적인 문제를 가지고 있는 사람들에게서도 흔하게 나타나지 않는 높은 점수임. 주요 척도들에서의 높은 점수는 증상의 과대보고를 반영할 가능성이 있음

출처: 한경희 외(2011), p. 96에서 발췌함.

(4) 방어성 척도

L, K, S 척도는 방어성을 탐지하는 척도로서 피검자가 자신의 모습을 과도하게 긍정적인 방향으로 보이고자 자신의 문제를 과소 보고할 때 상승하며, 이같이 방어적인 검사 태도를 보일 경우 임상척도, 내용척도, 보충척도 등의 점수가 왜곡될 수 있다.

① 부인 척도(Lie, L척도)

방어적 수검 태도를 탐지하는 척도로서 대부분의 사람이 망설임 없이 인정할 만한 사소한 결점들을 '아니다'로 응답할 경우 채점된다. L척도가 검사 상황에서의 허위응답을 반영하기는 하지만 일상생활에서 거짓이나 기만적인 태도를 보이는 것으로 해석하는 것은 조심해야 한다. 대부분의 사람은 충분히 인정할 수 있을 만한 내용들을 '아니다'로 응답하기 때문에 TRIN 척도의 반응 경향성을 살펴볼 필요가 있다. 만약 TRIN 점수가 79F 이상이면, 세련되지 못하게 사소한 결점까지도 부인하고 좋게 보이려는 태도가 반영된 것으로 볼 수 있다. 그러나 L척도 T점수가 79 이상이라면 무효파일로 볼 수 있으며, 인사 선발과정 등 자신을 좋게 보여야 하는 상황에서 L척도의 상승은 흔하게 나타난다.

ooo 표 7-10 부인(L) 척도: 임상 장면에서의 점수별 의미

T점수	프로파일의 타당성	가능한 해석
64 이하	타당함	
65~79	타당하지 않을 수 있음	L점수의 상승 이유는 과소보고, 일부 질문에서 '아니다'로 응답하는 경향성, 전통적인 성장배경으로 볼 수 있음. TRIN의 T점수가 65F~79F 사이라면, L척도 점수의 상승은 과소보고에 의한 것이라기보다는 '아니다' 응답 경향성을 반영한 것임. 만약 TRIN이 정상범위라면 상승된 L점수는 단순히 좋게 보이려는 태도가 반영된 것임. L척도가 높을수록 MMPI-II 척도들이 정신병리를 정확히 나타내지 못할 가능성이 높아짐

| 80 이상 | 타당하지 않음 | L점수가 상승하는 이유는 과소보고나 '아니다'로 응답하는 경향성 때문임. 만약 TRIN의 T점수가 79F 이상이라면, 전체적으로 '아니다'라고 응답하는 경향성이 강하며 프로파일 해석이 불가능함. 만약 TRIN이 정상범위라면 높은 L점수는 과소보고 경향성이 높다는 것을 반영하며 프로파일은 타당하지 않음 |

ooo **표 7-11** 부인(L) 척도: 비임상 장면에서의 점수별 의미

T점수	프로파일의 타당성	가능한 해석
59 이하	타당함	
60~64	타당할 것임	세련되지 못한 방어로 인해 점수가 상승했을 가능성이 있음. 대부분의 사람이 인정하는 사소한 실수와 결점을 부인함. 이들은 전통적인 성장배경을 가지고 있을 수 있음
65~69	타당성이 의심스러움	과도한 긍정적 자기제시로 인해 자신의 심리적 · 행동적 문제를 최소화하여 점수가 상승했을 가능성이 있음. 따라서 문제가 과소평가되었을 가능성이 있음
70~79	타당하지 않을 수 있음	좋게 보이려는 긍정왜곡, 전통적인 성장배경, '아니다'로 응답하는 경향으로 인해 점수가 상승했을 수 있음. 만약 TRIN이 65F~79F 범위라면, L의 상승은 '아니다'의 패턴으로 응답한 것이며, 만약 TRIN이 정상범위라면 상승된 L은 세련되지 못한 방식으로 좋게 보이려는 태도가 반영된 것임. L점수가 높을수록 MMPI-II 척도들이 실제 정신병리를 정확하게 나타내지 못할 가능성이 높아짐
80 이상	타당하지 않을 것임	TRIN의 T점수가 79F보다 크면, 전반적으로 '아니다'라고 응답하는 경향이 강하며 이 경우 프로파일 해석은 불가능함. 만약 TRIN이 정상범위라면, 높은 L점수는 자신을 좋게 보이려고 노력하는 긍정왜곡을 반영하는 것으로 파일은 타당하지 않음

② 교정 척도(Correction, K 척도)

K척도는 보다 세련된 방어적 수검 태도를 탐지하는 척도로서, 정상인의 경우 자아강도 또는 심리적 자원을 의미하기도 한다. 임상 장면과 비임상 장면에서의 점수별 의미를 살펴보면 〈표 7-12〉, 〈표 7-13〉과 같다.

○○○ **표 7-12** 교정(K) 척도: 임상 장면에서의 점수별 의미

T점수	프로파일의 타당성	가능한 해석
40 미만	타당하지 않을 수 있음	TRIN의 T점수가 79T보다 크다면 전반적으로 '그렇다'로 응답한 것으로 프로파일은 무효이고 해석이 불가능함. 만약 TRIN이 정상범위라면 낮은 K척도 점수는 나쁘게 보이려고 노력한 결과일 수 있으나 이러한 해석은 비전형 척도가 상승했을 때만 적용 가능함
40~65	타당함	
65 이상	타당하지 않을 수 있음	긍정왜곡이나 '아니다'라고 응답하는 경향으로 점수가 상승했을 수 있음. 만약 TRIN이 79T보다 크다면, 전체적으로 '그렇다'라고 응답한 것으로 프로파일은 무효이고 해석 불가능함. 만약 TRIN이 정상범위라면 높은 K척도 점수는 피검자의 방어적인 태도를 반영하는 것으로 타당하지 않은 프로파일일 수 있음

출처: 한경희 외(2011), p. 98에서 발췌함.

○○○ **표 7-13** 교정(K) 척도: 비임상 장면에서의 점수별 의미

T점수	프로파일의 타당성	가능한 해석
40 미만	타당하지 않을 수 있음	K척도 점수가 40점 미만인 경우는 피검자의 부정왜곡(faking bad) 태도가 점수를 낮추는 원인이 됨. 만약 TRIN이 79T보다 크다면 전반적으로 '그렇다'로 응답한 것이며 이 경우 프로파일은 타당하지 않음. 만약 TRIN이 정상범위라면, 낮은 K점수는 나쁘게 보이려고 왜곡한 것일 수 있지만 이 경우 비전형 척도가 상승했는지를 확인해야 함
40~64	타당함	

| 65~74 | 타당하지 않을 수 있음 | 만약 TRIN이 65F~79F 사이라면, K점수의 상승은 좋게 보이려는 태도보다는 '아니다'로 응답한 것을 반영함. 그러나 만약 TRIN이 정상범위라면 K점수의 상승은 중간수준의 방어를 의미함. K점수가 높을수록 MMPI-II 척도들이 실제 정신병리를 정확히 나타내지 못할 가능성이 높음 |
| 75 이상 | 타당하지 않을 수 있음 | 피검자의 좋게 보이려는 태도가 점수 상승의 원인일 수 있다. 만약 TRIN이 79F보다 크다면 전체적으로 '아니다'로 응답한 것으로 이 경우 해석이 불가능함. TRIN이 정상범위라면, 높은 K점수는 피검자의 방어적인 태도를 반영하므로 타당하지 않은 프로파일일 수 있음 |

출처: 한경희 외(2011), p. 99에서 발췌함.

③ 과장된 자기제시 척도(Superlative Self-Presentation, S 척도)

S척도는 파일럿 응시자와 규준집단 간의 반응을 비교하여 반응률의 차이를 보이는 문항을 선별하였다. S척도는 K척도와 함께 방어성을 측정하는 척도로서 두 척도 간 상관이 상당히 높다. 그러나 S척도는 검사의 전후반에 골고루 관련 문항이 배치되어 있지만 K척도는 검사의 전반부에 문항이 분포해 있다. S척도는 총 50문항으로 구성되어 있으며 이 중 44개 문항이 '아니다' 방향으로 채점되기 때문에 해석 시 TRIN 척도를 고려해야 한다.

○○○ **표 7-14** 과장된 자기제시(S) 척도: 임상 장면에서의 점수별 의미

T점수	프로파일의 타당성	가능한 해석
69 이하	타당할 것임	
70 이상	타당하지 않을 수 있음	긍정왜곡을 했거나 주로 '아니다'로 응답하는 경향으로 인해 점수가 상승했을 수 있음. 만약 TRIN이 79F보다 크다면 전체적으로 '아니다'로 응답했기 때문에 해석이 불가능함. 만약 TRIN이 정상범위이면서 S척도 점수가 높다면 이는 방어적인 태도를 의미하는 것으로 하위척도를 확인할 필요가 있음

출처: 한경희 외(2011), p. 99에서 발췌함.

○○○ **표 7-15** 과장된 자기제시(S) 척도: 비임상 장면에서의 점수별 의미

T점수	프로파일의 타당성	가능한 해석
69 이하	타당함	
70~74	타당하지 않을 수 있음	TRIN의 T점수가 65~79F라면 S점수의 상승은 '아니다'로 응답했기 때문임. 만약 TRIN이 정상범위라면, S점수의 상승은 보통 수준의 방어를 의미함
75 이상	타당하지 않을 수 있음	TRIN의 T점수가 79F보다 크다면, 전체적으로 '아니다'로 응답한 것으로 이 경우 해석이 불가능함. 만약 TRIN이 정상범위면서 S척도 점수가 높다면, 이는 방어적인 태도를 의미하며 타당하지 않은 프로파일일 수 있음

출처: 한경희 외(2011), p. 100에서 발췌함.

2) 타당도 척도의 여러 형태

타당도 척도는 개별 척도의 해석뿐 아니라 L, F, K 척도의 형태에 따라서도 해석이 필요하다. 3개 척도의 점수분포에 따라 여러 가지 형태로 나타날 수 있으며 여기에서는 네 가지 형태를 중심으로 해석적 가설을 살펴보고자 한다.

(1) 삿갓형(∧형)

> ① L척도와 K척도가 T점수 50 이하, F척도는 T점수 60 이상

임상 장면에서 가장 자주 보게 되는 형태로서 자신의 신체적 · 정서적 곤란을 인정하고 스스로 문제해결을 할 수 없어 문제를 해결하기 위해 도움을 필요로 하는 상태다(crying for help). 이때 F점수가 증가할수록 힘든 상태에 있거나 증상을 과장하는 것일 수 있으며 당면 문제가 해결되어 상태가 호전되기 시작하면 F척도 점수는 낮아지고 K척도 점수가 상승한다.

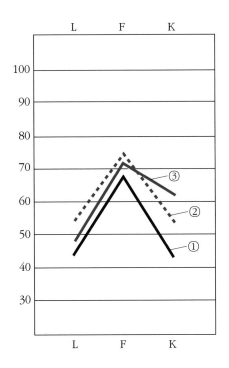

[그림 7-1] 타당도 척도 삿갓형

출처: 김중술(1988), p. 47 그림 인용.

② L척도와 K척도가 T점수 50~60 사이, F척도는 T점수 70 이상 상승

자신의 문제를 인정함과 동시에 방어하려고 애쓰는 사람으로서 F척도가 상승함에 따라 문제의 심각성도 함께 증가한다. 비효율적인 방어로 인해 문제를 해결하지 못하고 만성적인 적응곤란을 경험하고 있는 사람들에게서 나타나며 치료적 변화가 쉽지 않다.

③ L척도가 T점수 50 이하, F척도는 K척도와 같거나 혹은 크며 K척도는 T점수 55 이상

오랫동안 가지고 있던 문제에 적응되어 별로 불편해하지 않으며 문제점만 인정하는 상태다. F척도가 70점 이상 상승해도 심리적 고통을 느끼지 않으며 현재의 문제만 처리되기를 바란다. 따라서 당면한 스트레스만 감소되면 만족해하고 이후 F척도도 감소한다.

(2) 브이형(∨형)

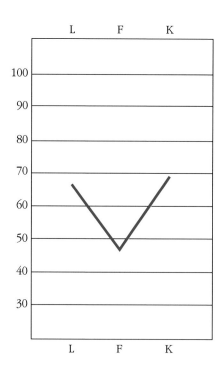

[그림 7-2] 타당도 척도 V자형

출처: 김중술(1988), p. 49 그림 인용.

> L척도와 K척도는 T점수 60~70까지 상승. F척도는 T점수 50 이하

바람직하지 못한 충동이나 문제들을 부인하거나 회피하려 하며 자신을 가능한 한 좋게 보이려고 애쓰는 상태를 반영한다. 취업준비생, 방어적인 정상인들, 히스테리 환자, 건강염려증 환자들에게 많이 나타나며 치료에 자발적이지 않다. 이들이 사용하는 주된 방어기제는 억압(repression)과 부인(denial)이다.

(3) 정적 기울기(/)

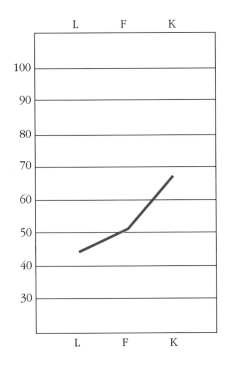

[그림 7-3] 타당도 척도 정적 기울기

출처: 김중술(1988), p. 51 그림 인용.

> L척도(T=40)는 F척도(50<T<Z55)보다 낮고 F척도는 K척도(60<T<70)보다 낮다.

현재 스트레스나 갈등을 경험하지 않는 정상인들에게서 볼 수 있는 전형적인 형태로, 이들은 일상생활에서 당면하는 문제들을 해결할 수 있는 적절한 능력이 있다. 자신을 좋게 보이려고 애쓰는 사람, 입사지원자, 상담직 종사자들에게서 나타날 수 있다.

(4) 부적 기울기(\ )

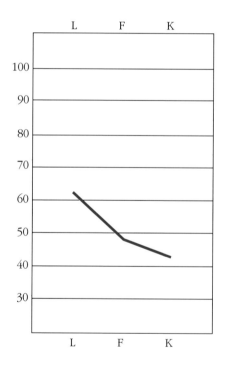

[그림 7-4] 타당도 척도 부적 기울기

출처: 김중술(1988), p. 52 그림 인용.

L척도(T>60)는 F척도(T=50)보다 높고 F척도는 K척도(40<T<45)보다 높다.

순박하고 세련되지 못하게 좋게 보이려고 애쓰는 사람들의 전형적인 형태로서 사회경제적 수준, 교육 수준이 낮은 계층에서 흔히 볼 수 있는 프로파일이다. 좋게 보이려고 노력하지만 고지식하고 미숙한 태도로 인해 실패하고 오히려 신경증 세 척도(1, 2, 3)가 상승하는 경우가 많다.

3) F-K 지수

F척도 원점수에서 K척도 원점수를 뺀 점수를 F-K 지수라고 지칭한다(Gough, 1947, 1950). MMPI에서는 F-K 지수로 좋게 보이려고 하거나 나쁘게 보이려는 태도를 탐지하려 하였다. 그러나 이 지표는 부정왜곡 프로파일에만 사용하도록 추천하며 나쁘게 보임으로써 얻는 이득이 보일 때만 사용할 것을 권한다. 우리나라에서 F-K 지수를 사용할 때 F-K≥20을 부정왜곡 지표로 사용할 것을 제안하였다(배정규, 김중술, 안창일, 1986).

4) 무효 프로파일

무효 프로파일은 다음과 같다. F척도가 100T 이상이거나 L척도가 60T 이상일 경우, '모두 그렇다' '모두 아니다'로 고정된 반응을 하는 경우, 무선응답을 하는 경우(무작위반응), 좋게 보이려 하거나(faking good) 나쁘게 보이기(faking bad) 위해 증상을 왜곡해서 보고하는 경우다.

(1) F > 100T & '모두 그렇다'로 응답한 예

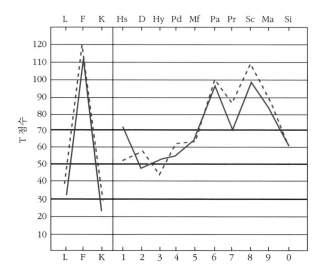

[그림 7–5] 한국 남자의 '모두 그렇다' 프로파일(—)과 미국 남자의 '모두 그렇다' 프로파일(---)

출처: 김중술(1988), p. 60 그림 인용.

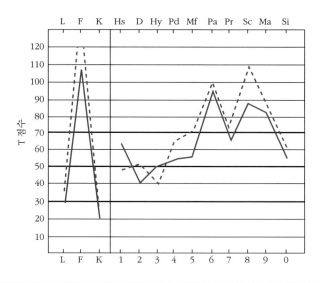

[그림 7–6] 한국 여자의 '모두 그렇다' 프로파일(—)과 미국 여자의 '모두 그렇다' 프로파일(---)

출처: 김중술(1988), p. 61 그림 인용.

(2) L>60T & '모두 아니다'로 응답한 예

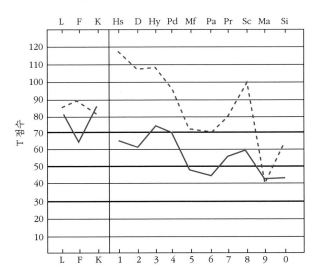

[그림 7-7] 한국 남자의 '모두 아니다' 프로파일(—)과 미국 남자의 '모두 아니다' 프로파일(---)

출처: 김중술(1988), p. 62 그림 인용.

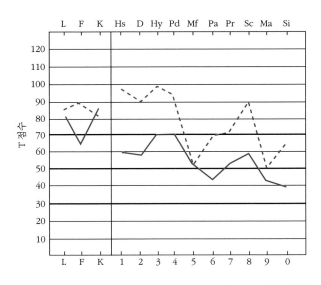

[그림 7-8] 한국 여자의 '모두 아니다' 프로파일(—)과 미국 여자의 '모두 아니다' 프로파일(---)

출처: 김중술(1988), p. 63 그림 인용.

(3) 무작위반응

무작위반응(random response)은 피검자가 문항 내용을 무시하고 무작위로 '그렇다' 또는 '아니다'로 표시하는 경우를 말한다. 이 경우 피검자가 적절한 지능과 문항 이해 능력(독해력)을 가지고 있는지 확인해 볼 필요가 있다. 또한 검사에 거부적인 태도를 보이거나 실제로 정신장애를 가지고 있는 환자에게서도 무작위 반응이 나타날 수 있다. 특히 정신장애 환자의 경우 검사를 끝까지 완성하지 못하는 경우가 많다.

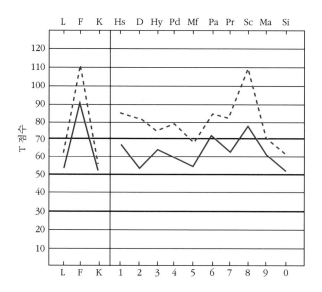

[그림 7–9] 한국 남자의 무작위반응 프로파일(─)과 미국 남자의 무작위반응 프로파일(─)

출처: 김중술(1988), p. 64 그림 인용.

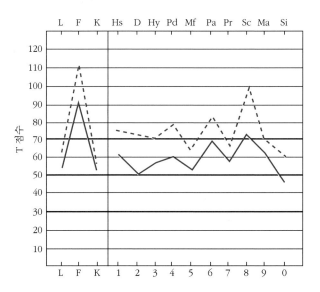

[그림 7-10] 한국 여자의 무작위반응 프로파일(─)과 미국 여자의 무작위반응 프로파일(─)

출처: 김중술(1988), p. 65 그림 인용.

(4) 부정왜곡과 긍정왜곡

부정왜곡(faking bad)은 자신의 상태를 실제보다 나쁘게 보이려는 의도로 응답하는 경우를 말하며, 긍정왜곡(faking good)은 반대로 자신의 상태를 더 좋게 보이려고 애쓰는 사람들이 보이는 형태로 자신의 문제를 부인하는 특성이 있다. 부정왜곡은 증상을 심하게 과장하기 때문에 F척도가 상승(T>100)되어 있고 타당도 세 척도가 삿갓 형태를 보이며 임상척도가 대부분 상승하게 된다. 특히 정신증 척도(6, 8)의 상승이 두드러진다. 반면, 긍정왜곡은 타당도 척도가 V자 형태로 나타나며 임상척도도 정상범위 안에서 분포한다.

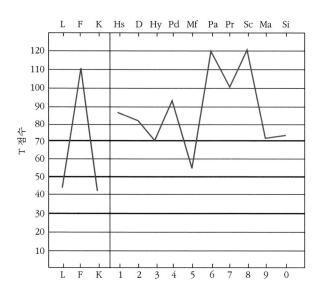

[그림 7-11] 고의적으로 나쁘게 보이려는 사람의 전형적인 프로파일(K-교정)

출처: 김중술(1988), p. 67 그림 인용.

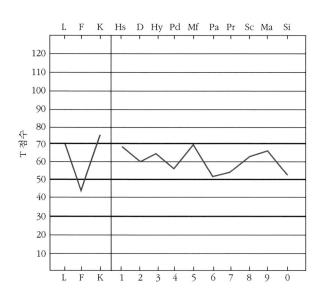

[그림 7-12] 고의적으로 좋게 보이려는 사람의 전형적인 프로파일(K-교정)

출처: 김중술(1988), p. 69 그림 인용.

5) 임상척도

임상척도를 해석하기 위해서는 먼저 개별 척도에 대한 정확한 이해가 바탕이 되어야 한다. 개별 척도에 대한 이해를 높이기 위해서는 각 척도 문항에 익숙해져야 하며 기계적으로 척도의 높낮이에 따라 해석할 것이 아니라 피검자의 성별, 연령, 학력, 사회 계층과 같은 개인적 변인과 함께 현재 피검자가 경험하고 있는 행동 및 정서 특성과 검사로부터 나타난 결과를 종합하여 피검자의 모습을 추론해야 한다.

임상척도는 일반적으로 T점수 70점(또는 65점) 이상 상승한 척도를 중심으로 해석하거나 지나치게 낮은 점수(일반적으로 40점 이하)를 중심으로 해석하게 된다. 형태분석의 경우, T점수 70 이상으로 상승한 임상척도의 상승 순서대로 코드 유형(code type)을 정하게 된다. 일반적으로 2코드 유형(예, 2-7/4-9/1-3)을 많이 사용하는데 간혹 3코드 유형을 사용하기도 한다. 때로 나머지 다른 척도들과 20T 이상 차이가 나는 척도가 있는데 이 경우, 단독상승척도(Spike)를 중심으로 해석하면 된다.

그러나 임상 장면이 아닌 경우, 일반적으로 정상범위인 30T~70T 사이에서 프로파일이 분포하는 경우가 많다. 이 경우 65T를 절단점으로 삼아 코드 유형을 정할 수 있으며 해석할 때 경향성이 있다고 해석한다. MMPI-II 개정판에서는 임상척도의 낮은 점수는 해석하지 않도록 권고하고 있지만, 5번(Mf)과 0번(Si) 척도는 낮은 점수가 특별한 의미를 가질 수 있기 때문에 두 척도에 한해서 낮은 점수의 의미를 살펴볼 필요가 있다. 개별 임상척도에 대한 내용을 살펴보면 다음과 같다.

(1) 척도 1: 건강염려증(Hypochondriasis, Hs)

MMPI 척도 중 가장 분명하게 단일 차원적 성질을 보이는 척도로서 신체적 증상과 기능이상에 대한 과도한 관심과 집착, 불안을 측정하는 척도이며 32문항으로 구성되어 있다. 이 척도의 문항들은 특별한 증상이나 구체적인 병과 관련된 문항들도 있지만 대부분 전반적인 신체에 대한 집착과 자기중심성과 연관된 것들이다.

- 척도 1이 높은 사람
  - 80T 이상: 자신의 신체 증상에 매우 집착하고 관심을 가진 사람으로서 3번 척도가 동시에 높으면 전환 증상일 가능성을, 8번 척도가 동시에 높으면 신체적 망상의 가능성을 고려해야 한다.
  - 60~80T: 막연하고 비특정적인 신체적 호소를 특징으로 한다. 만성통증, 두통, 소화기 계통 이상, 허약감, 무기력, 피로감, 불면증, 스트레스에 대한 반응으로 신체 증상을 보인다.
  - 척도 1이 65T 이상으로 가장 높을 경우, 심리적 문제나 책임을 회피하고 주위 사람들을 지배하거나 조종할 목적으로 신체 증상을 호소하기도 한다.
  - 노인들이나 실제 병을 가지고 있는 사람들에게서도 점수가 높게 나타난다.
  - 의학적 문제가 있는 경우라도 점수가 높으면 심리적 문제를 고려해야 한다.
- 척도 1이 낮은 사람(T점수 45 이하)
  - 건강염려증적인 고통을 부인하는 사람들로 증상이 있다는 것을 인정하기를 거부하거나 악화될 때까지 병을 무시하고 건강에 지나친 자신감을 가지고 있는 사람들이다.
  - 이들은 의료계에 종사하는 사람이나 병을 나약함과 동일시하는 사람, 건강염려증 환자의 가족인 사람들이다.

(2) 척도 2: 우울증(Depression, D)

문항 내용은 검사 당시 피검자가 느끼는 기분 상태를 반영하는데 비관 및 슬픔의 정도를 측정한다. 우울증의 주된 증상은 우울감, 의기소침, 자긍심 저하, 흥미 범위 축소, 주의집중 곤란, 불면, 신체적 기능 이상, 사회적 관계 회피 등이다. 척도 2는 피검자가 자기 자신 및 자신의 생활환경에 대하여 얼마나 안정되고 안락하게 느끼는가 하는 것을 알려 주는 좋은 지수로서 점수가 높으면 높을수록 강한 불만도를 나타낸다. 척도 2는 반응성 또는 외인성 우울증을 측정하기 때문에 기분이 변함에 따라 그리고 자기 자신 및 상황에 대한 평가가 달라짐에 따라 점수가 바뀔 수 있다. 척도 2와 함께 상승하는 다른 척도를 고려해서 해석할 필요가 있다.

- 척도 2가 높은 사람(T점수 65 이상)
  - 이 척도가 높으면 자신의 불편이나 현재의 지적 기능에 대한 불만을 인정하는 것을 의미하며 주관적으로 느끼는 고통의 지표가 된다.
  - 이들은 대체로 우울증적 증상을 나타내는 사람들로 우울하고 불안하고 위축되어 있으며 자신의 미래에 비관적이다. 어려운 문제를 해결해 나갈 때 자신이 없으며 자신은 쓸모없는 사람이라고 생각한다.
  - 행동상의 특징으로 잘 울고 기운이 없고 말하기를 불편해하며 혼자 있기를 좋아하고 간단한 결정도 힘들어한다. 동작이 느리고 피곤해하며 초조해지며 불면증, 식욕감퇴 등의 다양한 신체 증상을 호소한다.
  - 척도 2의 상승은 피검자의 심리적 상태를 나타내지만 원인은 다른 문제일 수 있는데, 만약 4, 9 척도가 상승했다면 자신에게 가해진 상황적 구속에 대한 반응일 가능성이 많다.

(3) 척도 3: 히스테리(Hysteria, Hy)

사람들에게 현실적 어려움이나 갈등을 회피하는 최선의 방법은 그것의 존재를 부인(denial)하는 것인데 척도 3은 이 같은 부인의 양과 형태를 측정한다(김중술, 1988에서 재인용). 이들은 분명히 존재하는 현실조차도 인정하기를 거부하기 때문에 치료가 쉽지 않다. 척도 3은 두 가지 유형으로 문항이 구성되어 있다. 하나는 특정한 신체적 증상을 나타내는 문항이며 다른 하나는 심리적 또는 정서적 문제를 가지고 있지 않고 사회적으로 잘 적응한다는 것을 나타내는 문항이다. 총 60문항으로 구성되어 있는데 이 중 1/3이 척도 1과 중복된다. 따라서 두 척도는 동반 상승하는 경향이 있지만 어느 척도가 더 높은가에 따라 다른 특성을 보인다. 척도 1이 더 높다면 잡다하고 모호한 신체적 증상을 보이며 그 증상에 대한 심리적 요인의 역할을 쉽게 확인할 수 있다. 반면, 3번 척도가 더 높으면 신경증적인 면이 잘 드러나지 않을 수 있고 실제로 스트레스가 없을 경우 정상으로 보인다. 상류사회에 속하면서 머리가 우수하고 교육 수준이 높은 사람들은 이 척도에서 점수가 높은 경향이 있으며 정상인이나 정신과 환자 집단 모두에서 여자가 남자보다 높은 경향이 있다. 이 척도의 기본 차원은 표현으로 경미한 상승을 보이는 사람들은 감정이 풍부하고 정 많고 낙천적이고 우호적이다. 그러나 스트레스를 받으면 이 같은 장점들이 심신장애나 부인방어로 바뀐다.

- 척도 3이 높은 사람(T점수 65 이상)
  - 척도 3이 현저하게 높은 사람들(75 이상)은 전환장애를 고려해야 한다. 척도 3이 높은 사람들이 주로 호소하는 신체 증상으로는 두통, 흉통, 무기력, 심박항진, 급성불안, 발작 등이 있으며 우울이 수반될 때도 있다. 평소에는 아무런 증상이 없다가 스트레스를 받으면 갑자기 증상이 나타나고 스트레스가 지나가면 증상이 갑자기 사라진다.
  - 이들은 신체적 증상을 나타냄으로써 스트레스에 대처하거나 책임을 회피하려는 사람들로 부인과 피암시성이 강하다.
  - 증상과 관련된 심리적 원인에 대한 통찰이 매우 결여되어 있다는 것이 가장 큰 특징이다.
  - 심리적으로 매우 미성숙하여 유아적이기까지 하며 감정 반응이 변화무쌍하다. 자기중심적, 자기도취적이며 이기적이고 타인으로부터 주의와 애정을 많이 요구한다.
  - 가장 많이 쓰는 방어기제가 부인과 억압이며 때로는 방어적이고 과잉통제적이기도 하다.
  - 대인관계에서 겉으로는 우호적이고 정열적이고 용의주도하나 실제로는 피상적이고 미성숙하다.

(4) 신경증 척도(Hs, D, Hy)의 형태별 해석

신경증 세 척도인 1(Hs), 2(D), 3(Hy)번 척도는 개별적인 해석도 필요하지만 이 세 척도가 만들어 내는 형태를 바탕으로 한 해석도 필요하다. 보통 신경증 세 척도가 만들어 내는 형태는 크게 전환 V형, 삿갓형(∧), 정적 기울기(/), 부적 기울기(\ )의 네 가지로 구분할 수 있는데 이들 형태에 대해 살펴보고자 한다.

① 전환 V형

척도 1과 3이 T점수 65 이상이고 척도 2가 그보다 낮은 V자형 프로파일이다. 이 형태를 보이는 피검자들은 자신의 심리적 고통을 사회적으로 수용될 만한 신체적인 문제로 전환하려고 한다. 척도 2의 상대적 위치가 전환방어의 효율성을 나타내는데 척도 2와 비교하여 척도 1과 3의 상대적 상승도가 크면 클수록 생활

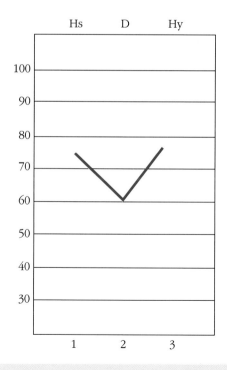

[그림 7-13] 신경증 세 척도: 전환 V형

출처: 김중술(1988), p. 87 그림 인용.

에서 겪게 되는 어려움의 실제 원인과 직면하지 않으려는 방어적 태도가 강하고 만성적이며 변화를 거부하려 한다. 또한 척도 1과 3의 상대적 상승에 따라 신체 증상에 대한 태도가 달라진다. 척도 3이 척도 1보다 높을수록 환자는 신체적 고통에 비관적이기보다는 오히려 낙관적이다. 반면, 척도 1이 척도 3보다 높을 경우, 증상이 모호하고 비관적인 태도를 보이며 심리치료에서 좋은 효과를 보기 어렵다. 척도 1과 3의 T점수가 80에 가까울수록 이 같은 방어기제는 자신을 제외한 다른 사람들에게 명확히 보인다.

② 삿갓(∧)형

세 척도가 모두 높으면서 척도 2가 척도 1, 3보다 높은 형태다. 이들은 만성적인 신경증 증상을 보이는 사람들로 우울증이나 히스테리 양상을 보인다. 척

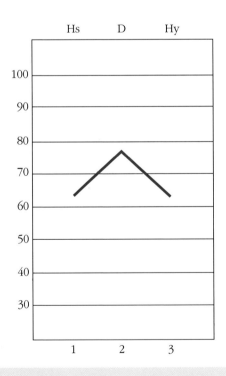

[그림 7-14] 신경증 세 척도: 삿갓형

출처: 김중술(1988), p. 89 그림 인용.

도 1의 T점수가 65보다 낮고 척도 2와 3의 T점수가 70보다 높을 때 환자는 정서적으로 과도한 통제 상태에 있으며 화가 목구멍까지 차 있는 느낌을 갖는다. 이들은 자신의 감정이 어떤지 잘 알지 못하고 우울한 것을 신체 증상 때문이라고 생각한다. 의존적·수동적이고 심한 불행이나 불편도 잘 참고 견디게 되면서 치료에 대한 동기도 약해진다.

③ 정적 기울기(/)

세 척도 모두가 T점수 65보다 높으면서 1, 2, 3 척도 순으로 점수가 높아진다. 이 척도를 자궁적출 프로파일이라고도 하는데 부인과적 병력을 가진 여성들에게서 전형적으로 나타난다. 이러한 여성들은 성과 관련된 갈등과 문제를 가지고 있으며 남자들의 경우는 만성적인 불안 상태나 장기간의 긴장과 걱정으로 인

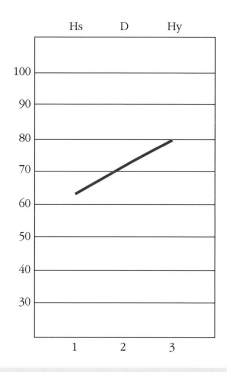

[그림 7-15] 신경증 세 척도: 정적 기울기

출처: 김중술(1988), p. 88 그림 인용.

한 위장장애를 보이는 경우가 많다. 남녀 모두 우울증과 신체화 증상이 혼재한 혼합신경증적 증상을 보이며 통찰력 결여와 함께 행동에 대한 심리학적 해석을 거부한다.

④ 부적 기울기(\ )

세 척도 모두가 T점수 65 이상으로 상승되어 있고 1번 척도가 가장 높고 그 다음 2번, 3번 척도 순으로 점수가 높다. 이들은 사소한 기능장애에도 과민한 반응을 보이고 신체에 대해 장기적으로 과다하게 걱정하며 병이 없어도 신체적 고통을 호소한다. 대표적인 증상은 두통, 메스꺼움, 어지러움, 피로감, 불면증 등이다. 신체적 증상에 대한 집착은 심리적인 문제를 회피하는 수단으로 쓰는 경우가 많으며 중년기의 남성에게서 흔히 발견되는 프로파일이다.

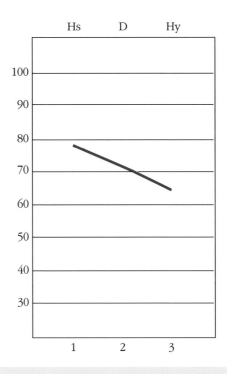

[그림 7-16] 신경증 세 척도: 부적 기울기

출처: 김중술(1988), p. 90 그림 인용.

(5) 척도 4: 반사회성(Psychopathic Deviate, Pd)

이 척도는 '무언가와 싸우고 있는 것'과 관련된 문항들로 구성되어 있다(50문항). 가정불화, 권위불화, 소외(자기소외, 사회적 소외) 그리고 사회적 안정성의 내용이 소척도로 포함되어 있다. 이 척도는 사회적 적응곤란을 인정하면서 동시에 사회적 침착성과 자신감을 함께 측정한다. 정상인의 긍정적인 특성이라는 측면에서 기술하면 주장성, 진취성, 사교성 등으로 표현할 수 있다. 이 척도의 충동성은 반드시 행동이 외부적으로 표현되는 것을 의미하지는 않으며 척도 8, 9가 같이 상승하면 비행률이 높고 반대로 척도 1, 2, 7이 상승하면 비행률이 저하된다. 나이가 들면 다소 점수가 낮아지며 65세 이상의 경우는 반사회적 행동이라기보다는 사회적 소외, 무감동, 쾌락의 상실, 깊은 관계 형성의 결여를 나타낸다.

- 척도 4가 높은 사람(T점수 65 이상)
  - 분노감, 충동성, 정서적 피상성, 예측 불능성 등이 주된 특징이다.
  - 사회적으로 비순응적이며 사회적 규범이나 권위적 대상에 대해 거부적이고, 특히 권위적 대상에 대해 적개심과 분노를 갖고 있으며 과거 반사회적 행동을 한 경험이 없을 경우, 이 같은 적개심은 내향화되었을 가능성이 있다.
  - 이 척도가 높은 사람들은 첫인상이 좋으나 시간이 지날수록 무책임감, 신뢰성 결여, 적개심이 드러난다.
  - 이들이 우울해하는 것은 자신에게 가해진 속박에 대한 불만의 표현이며 죄책감이나 걱정을 나타내는 것은 아니다. 이러한 특성으로 인해 심리치료 예후가 좋지 않으며 특히 2번 척도의 점수가 낮으면 낮을수록 더욱 그러하다.
  - 척도 4가 높은 사람들은 가끔 성격장애자로 진단되는 경우가 있는데 특히 반사회적 성격이나 수동-공격형 성격의 소유자일 가능성이 많다.

(6) 척도 5: 남성성-여성성(Masculinity-Feminity, Mf)

남녀 동성애자들을 변별할 목적으로 척도를 만들려 했으나 변별할 수 없음이 확인되었으며 척도 5의 문항 내용은 직업 및 취미에 대한 관심, 심미적 및 종교적 취향, 능동성-수동성, 대인 민감성 등을 측정하기 위한 문항으로 구성되어 있다. MMPI에서는 60문항이었지만 MMPI-II에서는 56문항이 선정되었다. 남성성과 여성성이 단일 차원이 아니라는 것이 확인됨에 따라 남자용과 여자용으로 나누어 개별 해석이 이루어져야 한다.

- 척도 5가 높은 남성(T점수 65 이상)
  - 5번 척도가 60 이상 상승하는 남성의 경우 정형화된 남성적 흥미가 부족하고 심미적인 관심이 많고 가사에 참여하는 경우가 많으며 광범위한 취미를 가지며 통찰력이 높다.
  - 척도 5번의 점수는 지능, 교육 및 사회경제적 수준과 상관이 있는데 머리가 좋을수록, 교육을 많이 받을수록, 사회적 계층이 높을수록 점수가 높아지는 경향이 있다. 대학교육을 받은 사람은 T점수 60~70 사이의 점수를 얻는 것이 보편적이다.
  - 70 이상이면 성적 자아정체감의 갈등, 자신의 남성적인 역할에 대해 불안정하고 의존적이며 오히려 여성적 역할에 동일시하는 경향이 있다.
  - 창조적이고 따뜻한 감성을 가지며 척도 4, 6, 9의 외현적인 공격성을 무력화시키고 수동-공격적 행동을 보일 수 있다.
- 척도 5가 낮은 남성(T점수 45 이하)
  - 강박적으로 남성적인 특성(신체적인 힘이나 정력)을 강조하며 거칠고 부주의하다.
  - 생각하기보다 행동하기를 더 좋아하며 흥미 범위가 좁고 독창성이나 유연성이 없으며 감정을 다루는 데 서투르다.
- 척도 5가 높은 여성(T점수 65 이상)
  - 척도 5에서 높은 점수를 보이는 여성들의 가장 현저한 특징은 전통적인

여성적 역할을 거부한다는 것이다. 그러나 여성으로서 이 척도의 높은 상승은 매우 드문 현상이다.

- 이들은 매우 공격적이고 불친절하며 경쟁적이고 지배적이며 특히 4번 척도가 상승한 경우 이러한 특성이 두드러지게 나타난다.
- 척도 5가 높은 여성들은 자유분방하고 자신만만하며 자발적이다.

• 척도 5가 낮은 여성(T점수 45 이하)
- 척도 5가 낮은 여성들은 전통적인 여성 역할과 동일시하며 수동적이며 복종적이고 유순하다.
- 극단적으로 낮은 점수(T점수 35 이하)를 보이는 여성들은 위축되어 있고 자기연민에 빠져 있으며 의존적이다.
- 교육 수준이 높은 여성들이 5번 척도가 낮은 경우 여성적인 역할에 대해 균형 잡힌 시각을 갖고 있음을 의미한다.

(7) 척도 6: 편집증(Paranoia, Pa)

척도 6은 피해의식, 예민성, 긴장, 순진성 또는 도덕적 경직성(도덕적 미덕 강조, 타인의 동기에 지나치게 관대, 윤리적 문제에 대해 엄격, 고지식, 불신감이나 적대감을 부인함)을 측정하는 60문항으로 구성되어 있다. 60개의 문항은 세 가지 특징을 나타내는데, 첫째, 이 척도가 조금 높을 때(T점수 60에서 70 사이)는 대인관계 민감성을 측정한다. 둘째, T점수 70 이상인 경우는 예민성에 의심성이 첨가되어 다른 사람이 악의를 가지고 있고 그들을 경계할 필요가 있다고 느끼는 상태다. 셋째, 자기정당성으로 타인이 자신을 정당하게 대우하지 않는다는 확신을 가지며 분노를 나타낸다. 척도 6의 점수는 다른 임상척도 점수들보다 시간이 경과함에 따라 안정성이 덜하며 남녀 성별에 따른 차이는 알려지지 않았다.

• 척도 6이 높은 사람(T점수 65 이상)
- 이들은 일반적으로 의심이 많고 적대적이며 경계심이 많고 지나치게 민감하고 논쟁을 좋아하며 남 탓하기를 잘한다.

- 자신의 생각에 대한 비평을 자신에 대한 공격으로 해석하는 경향이 있고 타인으로부터 충분한 대우를 받고 있지 못하다고 생각한다.
- 그들의 분노는 특정 대상에 집중되는 경우가 있으며 특히 사소한 거부 행위라도 꼭 기억한다.
- 척도 6의 점수가 높을수록 적대감을 공공연하게 표출하고 언쟁을 벌이며 남들이 잘못한 결과라고 합리화한다. 이들의 경직성과 의심성 때문에 대인관계의 접촉이 어려우며 자신의 정서적 문제에 대하여 이야기하려 하지 않고 합리화만 하려고 하므로 치료자와의 관계 형성이 매우 어렵다.
- 정상인이면서 이 척도에서 높은 점수를 얻은 사람들은 대인관계에서 예민하고 정서적이며 합리적이고 생각이 분명하다.
- 주된 방어기제는 투사와 외향화다.

(8) 스칼렛 오하라 V형(Scarlett O'Hara V)

척도 4와 6이 65점 이상이고 척도 5는 4와 6번 척도보다 T점수 10점 이상 낮거나 T점수 35점 이하인 형태를 의미한다. 여성들에게 잘 나타나는 형태로서 스칼렛 오하라 V형 또는 수동공격형 V형이라고 부른다. 이들은 매우 수동-의존적이며 전통적인 여성상에 과도하게 동일시하는 경향이 있다. 겉으로는 사교적이지만 내면에는 적대감이 가득 차 있고 화가 나 있으나 이 같은 감정을 직접적으로 표현하지 못하고 다른 사람을 약 올려 그들이 공격하게 만들기를 잘한다. 과도하게 요구가 많고 지나칠 정도로 애정에 대한 욕구를 보이지만 이러한 행동은 결과적으로 사람들을 쫓아 버리는 효과를 가져온다. 특히 이들은 남자에게 의지하려는 경향이 있으며 수동-공격적인 행동으로 조정하려고 하지만 이러한 방식이 결국 중요한 대상을 떠나보내게 만드는 결과를 가져오고 이들은 자신을 불행하다고 느낀다. 이와 동시에 척도 3이 높은 경우 사교적으로 보이지만 피상적이고 다른 사람을 조정하려고 하며 자신의 감정을 더욱 억압하는 경향이 두드러진다. 척도 6은 타인을 비난하고 자신의 결점이나 실패를 외부 환경으로 돌리는 경향성과 만성적인 분노감을 반영한다. 이러한 여자들은 타인을 화나게 만드는 데 능숙하지만 자신의 책임을 인정하지 않기 때문에 치료적 개입이 어렵다.

(9) 척도 7: 강박증(Psychasthenia, Pt)

이 척도가 측정하는 것은 오랫동안 지속되어 온 만성적인 불안으로 강박적인 행동 이외에도 비정상적인 공포, 자기비판, 자신감의 저하, 주의집중 곤란, 과도한 예민성, 우유부단 및 죄책감을 측정하는 48문항으로 구성되어 있다.

- 척도 7이 높은 사람(T점수 70 이상)
  - 불안하고 긴장되며 매우 사소한 일에도 걱정이 많고 겁도 많다. 이들은 또한 자신감이 부족하고 긴장을 통제할 수 없는 상태가 된 사람으로 자의식이 강하고 완벽하고 높은 행동 기준을 요구한다.
  - 생각이 많으며 이러한 생각들은 불안정감이나 열등감에 집중되어 있다.
  - 다른 척도들이 70 이상 상승하지 않고 단지 7번 척도만 60~70으로 상승한 경우, 중요한 약속이나 시간을 잘 지키고 긴장하며 맡은 일에 매우 성실하고 꼼꼼한 모습을 보이며 만약 이를 지키지 못하면 불안해한다.
  - 강박적인 환자들에게서 척도 7이 상승하지 않는 경우도 있는데 그 이유는 강박적인 사고와 행동이 효과적이어서 불안이나 자신의 가치에 대한 걱정 같은 것을 떨쳐 버릴 수 있게 하기 때문이다.
  - 척도 7은 성격적인 불안을 나타내는 척도로 불안의 양상은 척도 7과 동반 상승한 다른 척도가 어떤 것인가에 따라 달라진다. 척도 2가 함께 상승한 경우 우울감과 우유부단한 행동이 두드러지고, 척도 8이 동반 상승하면 혼란과 사고장애가 나타날 수 있다.
  - 정상인으로서 이 척도가 높은 경우, 남자는 감성적이고 책임감 있고 양심적이고 이상주의적이며, 여자는 걱정을 잘하며 감정적이고 긴장되어 있으며 일반적으로 자신에 대한 불만이 많은 것으로 알려져 있다.

(10) 척도 8: 정신분열증(Schizophrenia, Sc)

척도 8은 78개 문항으로 구성되는데 이 문항들이 다루는 내용들은 다양한 사고, 감정, 행동 등의 장애로 특히 외부 현실에 대한 해석의 오류, 망상, 환각 등이 있을 수 있다. 척도 8은 여러 가지 요인에 의하여 그 점수가 높아질 수 있기 때문에 단독으로 해석하기에 가장 어려운 척도다. 따라서 8번 척도만으로 정신분열증을 진단할 수는 없다. 사회적 소외, 정서적 소외, 의욕상실, 무력감, 과도한 억제, 비논리적이고 비현실적인 생각, 충동 억제가 불가능함, 기태적 감각 경험 등이 증상으로 나타난다.

- **척도 8이 높은 사람(T점수 65 이상)**
  - 정신병적 사고를 하며 실제적인 대인관계보다 백일몽, 환상을 즐기고 열등감, 고립감, 자기불만감을 가진다.
  - 이 척도가 높을수록 사물에 대한 지각왜곡이 심하고 지남력이 부정확하고 판단력에 장애가 있을 수 있으며 언어적 상징이 소실되고 지리멸렬한 사고가 나타나며 망각 또는 환각까지도 있을 수 있다.
  - 극단적으로 점수가 높은 경우(90 이상) 급성 자아통합 상실로 정신분열증적 과정일 수 있지만 장기적인 스트레스에 대한 반응일 수도 있다.
  - 척도 0이 동반 상승할 경우 스스로를 다른 사람들과 유리시켜서 문제를 더욱 악화시킬 수 있다.
  - T점수가 60~70 사이인 정상인들은 자기불만감이 많고 화를 잘 내고 미성숙하지만 남들이 보기엔 오히려 창조적이고 개성 있으며 상상력이 풍부한 사람일 수 있다.

(11) 척도 9: 경조증(Hypomania, Ma)

정신적 에너지를 측정하는 46개의 문항으로 구성되어 있으며 이 척도가 높으면 높을수록 그 사람은 정력적이고 무엇인가를 하지 않고는 못 견딘다. 이들은 사고의 다양성, 비약과 과장성을 보이고(인지 영역), 과잉 활동적이고 안절부절

못하며(행동 영역), 불안정성, 흥분성, 민감성 및 기분의 고양(정서 영역)을 보인다. 척도 9는 동반 상승한 다른 임상척도들이 나타내는 행동이나 문제를 활성화시키는 역할을 한다. 척도 9가 척도 4와 함께 상승했다면, 척도 4의 투쟁성이 강조되어 누구와 실제로 싸우는 외적 행동(acting out)으로 나타나는 것을 의미한다. 정상적으로 적응하면서 이 척도가 경미하게 높을 경우 열정적이고 사교적이며 다재다능하다.

- 척도 9가 높은 사람(T점수 65 이상)
  - 이 척도가 70 이상으로 높아지면 정신적 에너지의 증대가 문제를 야기할 정도로 과도하게 활동적이고 활발하며 행동에 대한 억제가 부족하고 화를 잘 내며 너무 많은 일에 관여하나 완성하는 일은 별로 없다.
  - 이 척도가 높은 사람은 자기의 장래가 자신의 활동 수준에 따라 결정된다고 생각하므로 잠시도 긴장을 풀지 못한다.
  - 외형적인 자신감과 안정에도 불구하고 자신이 성취한 것에 대해 불만이 많고 신경질적이고 걱정이 많으며 때로 주기적인 우울을 일정 기간 경험하기도 한다.

(12) 척도 0: 사회적 내향성(Social Introversion, Si)

척도 0은 피검자가 다른 사람과 함께 있는 것을 좋아하는지, 혼자 있는 것을 좋아하는지를 측정하는 척도다. 이는 사회적 상황에서의 불편감, 고립, 일반적 부적응 및 자기비하 등을 측정하는 69문항으로 구성되어 있다. 이 척도의 해석에서 중요한 점은 가치중립적인 해석을 해야 한다는 것이다. 즉, 외향은 좋은 성격, 내향은 사회생활을 하기에 부족한 또는 부적합한 성격이라는 가치판단이 개입되는 것을 조심해야 한다. 외향성과 내향성 모두 장단점을 가지고 있기 때문에 어느 한쪽이 좋다고 말하기는 어려우며 특히 내향성은 성격적인 성향일 수도 있고 증상의 일면일 수도 있다.

- 척도 0이 높은 사람(T점수 65 이상)
  - 이 척도가 높은 사람들은 사회적 상황에서 불안하고 불편해하며 특히 이성 앞에서 더욱 그렇다.
  - 내향적이며 수줍어하고 마음을 알기 어려우며 차갑다는 말을 듣는다.
  - 만약 T점수가 75 이상으로 극단적으로 높을 경우, 관계 형성에 냉담하고 자기비하적이며 자신감이 부족하여 타인이 자신을 어떻게 생각하는가에 매우 민감하다.
  - 척도 0의 정확한 해석을 위해서는 피검자의 현재 상황과 다른 임상척도들의 상승을 함께 고려해야 하는데 척도 0과 상승한 다른 척도들은 이 척도가 높은 사람들의 사회적 적응 문제의 형태와 심각성을 나타낸다.
  - 이 척도가 높으면 감정 발산을 억제하고 심사숙고하는 행동이 증가하며 명상 행동이 증가할 수 있다.
- 척도 0이 낮은 사람(T점수 45 이하)
  - 0번 척도가 낮은 사람들은 외향적이고 사람을 좋아하고 다양한 사람과 어울려 사교적이다.
  - 남 앞에 나서길 좋아하고 과시적이며 적극적이고 정력적이며 경쟁적인 상황을 찾아 나선다.
  - 극단적으로 낮으면(35 이하) 피상적인 관계를 맺을 수 있으며 변덕스럽고 다른 사람을 조정하고 기회주의적인데, 특히 3, 4번 척도가 높을 경우 이 같은 특징은 두드러지게 나타난다. 이들은 다른 사람들에게 매력적으로 보이는 것에 대해 과도한 관심을 가지고 있다.
  - 척도 0의 점수는 연령에 따라 상승하는데 청소년이나 대학생은 낮은 점수를 보인다.

6. 2코드 유형별 해석

코드 유형 해석은 개별 척도의 해석과 함께 임상적으로 유용하게 활용되고 있다. 단독상승일 경우를 제외하고 대부분 2코드 유형 또는 3코드 유형을 해석한다. T점수가 적어도 65점 이상 상승한 프로파일을 대상으로 해석하는 것이 적절하며 T점수 60~70 정도의 범위에 있을 경우에는 극단적인 해석을 하지 않도록 주의해야 한다. 10점 이상 차이가 나는 척도일 경우 높은 척도 중심으로 해석을 하며 두 척도의 점수 상승이 비슷하다면 두 개 척도 모두를 해석해야 한다.

1) 단독상승 1

척도 1만 상승한 사람들은 오랫동안 모호한 신체 증상을 호소하며 이를 통해 타인을 조종하거나 지배할 목적으로 증상을 이용하는 경우도 있다. 이들은 자신의 신체 증상에 대해서 심리적 원인을 부인·억압하고 신체 증상에만 집중하려고 한다. 따라서 치료 초기에는 치료 관계를 형성하기 위해서 이들이 호소하는 증상의 고통에 대한 충분한 공감을 통해 이해하고 있다는 것을 보여 주는 것이 중요하다.

(1) 1-2/2-1

1-2/2-1 상승척도 쌍을 가진 사람들은 다양한 신체 증상을 호소하고 신체 기능에 대해서 과도한 염려를 나타낸다. 실제로 신체 증상이 있다 하더라도 그 정도를 과장하고 임상적으로 기질적인 원인이 발견되지 않음에도 불구하고 신체적인 고통을 호소한다. 이들이 호소하는 주요 증상은 두통, 소화불량, 구토, 복통, 불면증, 식욕부진 등이다. 특히 어떤 스트레스나 갈등 상황에 처하게 되면 신체적인 증상을 나타내며 이러한 증상은 심리적 문제를 회피하고 타인을 조종하기 위한 수단으로 사용된다. 이들의 증상은 대부분 모호하고 임상적으로 명

확한 진단을 내리기 어렵다.

이들은 신체적 증상 이외의 우울, 불안, 긴장감 같은 정서적 고통을 호소하는데 임상적으로 우울증이 동반되는 경우는 드물다. 대인관계에서 수동-의존적이고 매우 예민하며 사소한 일에도 걱정이 많고 신경질적이다.

이들은 대부분 신체화 장애(somatization) 또는 정신생리적 장애(psychophysiological disorder)로 진단되며 자신의 문제를 심리적인 문제로 보지 않고 정서적 문제나 심리적 갈등을 부인·억압하기 때문에 심리치료를 통한 변화를 기대하기 어렵다.

(2) 1-3/3-1

1-3/3-1 상승척도를 보이는 사람들은 전환장애(conversion disorder)로 진단받을 가능성이 많으며 특히 2번 척도가 척도 1, 3에 비해 많이 낮을수록 더욱 그렇다. 이들은 보통 자신의 심리적인 문제를 신체 증상으로 전환시킴으로써 문제를 자신이 아닌 외부로 돌리려 한다.

이들이 주로 호소하는 신체 증상은 두통, 흉통, 요통, 식욕부진, 구토, 매스꺼움, 불면증, 피로감, 현기증, 사지의 감각이 없거나 저린 증상 등이다. 스트레스 상황에 처하면 이러한 신체적 증상을 나타내며 신체적 고통에 대해서만 과도한 불편감을 호소하고, 만약 척도 3이 척도 1보다 높을 때 이러한 증상은 2차적 이득과 관련되는 경우가 많다. 즉, 신체적 증상은 책임과 의무를 회피하게 해 주며 다른 사람들로부터 동정을 이끌어 냄으로써 타인을 통제하도록 해 준다. 그러나 2번과 7번 척도가 높다면 전환 증상이 효과적으로 기능하지 못해 불안과 우울을 경험하고 있는 것이다.

겉으로는 사교적으로 보이나 피상적이고 관심받고 싶어 하는 욕구를 만족시켜 주지 못하는 사람에게 분노나 적대감을 느끼며 이를 수동-공격적인 방식으로 표현하고 대인관계를 자신의 욕구 만족을 위한 수단으로 사용하기 때문에 진솔한 관계를 맺기 어렵다. 이들은 미성숙하고 자기중심적이며 이기적일 뿐 아니라 애정이나 관심에 대한 욕구가 강하고 의존적이다. 또한 증상의 원인이 되는 심리적 요인을 인정하려 하지 않기 때문에 심리치료에 대한 동기가 약하다. 치료에 끌어들이기 위해서 타인으로부터 좌절된 애정 욕구를 치료자가 이해하고 공감할 수 있다는 것을 보여 주어야 하며 치료의 목표는 환자의 현재 증상이 아닌 성격적 특성에 두어야 한다.

(3) 1-4/4-1

1-4/4-1 상승척도 쌍은 드물게 나타나지만 남성들에게 발생 빈도가 높으며 건강염려증을 가지고 있을 수 있다. 이들은 사회적인 규칙에 대해 불만감이 많고 권위적인 대상에 대해 반항적이지만 직접적으로 표현하지 못하며 우유부단하다. 척도 4의 상승은 척도 1이 나타내는 비관적이고 잔소리 많은 성질을 강조하는 것으로 보인다. 이들은 알코올 남용이나 약물중독, 대인관계의 문제를 보이며 실직, 범법 행위의 과거력을 가질 수 있다. 이들에게 흔한 진단은 건강염려증과 성격장애, 특히 반사회적 성격장애다. 이들은 치료에 저항적이며 자신의 심리적 문제에 대하여 부인하므로 심리치료가 어렵다.

(4) 1-5/5-1

1-5/5-1 상승척도 쌍 역시 흔하지 않으며 이들 또한 모호한 신체 증상을 호소함으로써 책임을 회피하려고 하며 스트레스를 받으면 증상이 더욱 심해지지만 이것으로 인해 우울해지거나 불안해하지는 않는다.

(5) 1-6/6-1

1-6/6-1이 높은 사람들은 신체화 증상과 적개심을 보인다. 이들은 자신의 적개심을 깨닫지 못하고 모든 문제는 다른 사람들 때문에 생긴다고 생각하므로 대인관계에 갈등이 많다. 이들의 신체 증상은 망상적인 성질을 내포하기 쉬운데 특히 척도 8이 조금이라도 상승되어 있으면 망상적 요소를 내포한 편집증적 장애나 정신분열증을 감별해 보아야 한다.

(6) 1-7/7-1

1-7/7-1 상승척도 쌍을 보이는 사람들은 만성적인 긴장 및 불안, 신체화 중상을 보이며 우울하고 감정 억제가 심하고 강박적인 사고를 수반한다. 대인관계를 회피하려는 경향이 있고 죄책감, 열등감, 자기주장의 어려움이 내재되어 있다.

(7) 1-8/8-1

1-8/8-1 상승척도 쌍을 보이는 사람들은 기태적인 신체 증상을 호소하는 경우가 많고 때로는 신체적 망상을 나타내기도 한다. 이들은 신경증이나 성격장애로 진단되는 경우도 있으나 정신분열증 진단이 우세하다. 혼란된 사고, 주의집중 곤란, 기억력장애 및 감정둔화 등을 보이며 신체 증상에 초점을 맞춤으로써 정신증적 현상의 발현을 억제하거나 혼란된 사고를 통제하려고 한다. 타인에 대한 신뢰가 부족하고 사회적 관계에서 부적절감이나 소외감을 느끼며 사교술이 부족하고 특히 0번 척도가 높을수록 더욱 그렇다. 스스로 불행감과 우울감을 느끼고 적대적이고 공격성을 적절히 표현하는 데 미숙하기 때문에 이러한 감정을 심하게 억제했다가 부적절하게 표현하기도 한다.

(8) 1-9/9-1

1-9/9-1 상승척도 쌍을 보이는 이들은 소화기 장애, 두통, 피로감 등과 같은 신체 증상뿐만 아니라 심한 마음의 고통을 호소한다. 겉으로는 외향적이고 수다스러워 보이지만 근본적으로 수동-의존적이며 긴장되어 있고 안절부절못하며 정서적 불안과 고통을 경험한다. 이들은 이 같은 심리적 특성을 인정하지 않으며 포부 수준이 높지만 확고한 목표를 설정하지 못하고 자신의 무능함에 좌절하게 된다.

2) 단독상승 2

척도 2가 단독으로 높은 사람들은 우울한 상태에 있는 사람들로서 만약 척도 9가 T점수 45 이하라면 만성적인 우울증의 가능성이 있다. 척도 2는 스트레스에 대한 반응적 우울로서 부적절감, 자신감의 결여, 자신에 대한 평가절하, 미래에 대한 비관 및 강한 죄책감을 보인다. 이들은 또한 순응적이어서 치료에 대한 동기가 강하고 심리치료에서 탈락률도 낮으며 치료에 잘 반응하기 때문에 예후가 좋은 편이다. 그러나 척도 2가 단독 상승한 사람들에게는 자살사고와 자살계획에 대해서 주의 깊게 살펴봐야 할 필요가 있다.

(1) 2-3/3-2

2-3/3-2 상승척도 쌍의 사람들은 만성적인 무력감, 피로감, 소화기 계통의 신체 증상을 호소하며 현저한 우울과 불안을 경험하고 이것이 모두 신체 증상 때문이라고 생각한다. 이들의 현저한 우울증은 히스테리적 기제나 방어의 비효율적인 결과다. 이들은 정서적으로 과도하게 억제되어 있어 자신의 감정을 적절히 표현하는 것을 어려워하며 미성숙하고 부적절하며 의존적이다. 사회적 상황에서 자신의 정서가 수용되지 않을 때 쉽게 불안해하고 마음의 상처를 받지만 만성적인 문제에 익숙해 있고 비효율적인 상태에서 오랫동안 기능을 유지하고 있다. 주요 방어기제는 부인과 억압이며 통찰력이 부족하고 갈등이 생길 때 불편감을 신체 증상으로 설명하려 한다. 이들은 오랫동안 불편감, 불행, 고통을 참고 견디는 데 익숙해 있어서 치료가 어렵지만 치료 시 통찰치료보다는 지지치료가 도움이 된다.

(2) 2-4/4-2

2-4/4-2 프로파일을 보이는 사람들의 주요 특징은 충동 조절의 어려움으로 이들은 충동을 행동화한 후 행동의 결과에 대해 죄책감과 불안을 경험한다. 이 척도를 해석하기 위해 고려해야 할 사항은 우울 점수의 상승이 내부적인 원인인

가, 외부적인 원인인가를 확인하는 것이다. 내부적인 원인인 경우 만성화된 우울로 이들은 적개심이나 분노, 불만족감을 경험하며 적응상의 문제를 가지고 있을 수 있는데 그 이유는 결혼 생활의 갈등, 가정 문제 또는 환경적인 압박 때문인 경우가 많다. 이들은 적개심을 수동-공격적인 방법으로 표현하며 미성숙하고 의존적이며 자기중심적이어서 자기연민에 빠지거나 타인에 대한 원망을 반복하며 2-4척도 모두 높을 경우, 자살생각이나 자살기도가 있을 수 있다. 그러나 이 같은 자살에 대한 태도는 주변 사람들에게 죄의식을 느끼게 하려는 동기에서 비롯될 수도 있다.

만약 우울 척도의 상승 원인이 외부 요인에 의한 반응성 우울인 경우, 이들이 경험하는 우울증은 현재 처해진 난관이나 외부에서 가해진 속박 또는 행동에 대한 제약 때문에 생겨난 것이고, 일단 어려움에서 벗어나면 우울이나 정서적 고통은 사라지게 된다.

2-4/4-2는 알코올 또는 약물 중독자들에게 빈번하게 나타나는데, 이들은 술을 마시거나 약물을 남용함으로써 스트레스 상황이나 우울감을 피하려 한다. 이들은 치료과정에서 오는 압력을 견디지 못해 탈락하는 경우가 많으며 동기도 낮고 통찰력이 결여되어 있어서 치료적 예후가 좋지 않다.

(3) 2-6/6-2

2-6/6-2 상승척도 프로파일의 특징은 화나고 우울한 상태에 있는 사람들로서 이들의 분노는 자신 및 타인을 향해 있다. 이들은 다른 사람에 대해 노골적으로 화를 내고 적대적이며 결과적으로 대인관계가 원만하지 못하고 가까운 사람들로부터 소외당한다. 사소한 비판과 거절에도 적개심을 갖게 되고 분노감을 쉽게 표출하지만 척도 2 점수가 높을수록 타인에 대한 분노감을 내재화하여 스스로를 비난하여 우울감을 경험하게 된다. 이 프로파일은 잘 고쳐지지 않는 만성적인 적응 양상을 보이며 6번 척도가 높을수록 편집형 장애의 가능성이 있고 7번과 8번 척도가 함께 상승한다면 정신분열증의 가능성이 있다.

(4) 2-7/7-2

2-7/7-2 상승척도 쌍을 보이는 사람들은 불안하고 긴장되어 있으며 예민하고 우울하다. 문제가 생기기도 전에 걱정하고 사소한 스트레스에도 예민하게 반응한다. 이들은 피로감, 불면증, 식욕부진, 흉통 등의 신체 증상을 호소하고 체중 감소, 동작의 느림, 사고의 지연과 같은 우울증 증상을 보인다. 세상과 자신에 대해 비관적이고 어떤 문제에 대해 오래 생각하는 습관이 있으며 자신의 성취에 대해 높은 기대를 가지고 있으며 목표에 미달했거나 어떤 결점이 발견되면 강박적으로 집착하고 죄책감을 느낀다. 문제해결 방식이 경직되어 있고 일상생활에서 완벽성을 기하며 융통성이 부족하다. 대인관계에서도 수동-의존적이어서 자기주장을 하지 못하고 공격적으로 싸우는 것을 싫어하고 정서적 관계를 형성할 수 있는 능력은 있지만 타인의 기대에 지나치게 맞추려고 하는 경향을 보인다. 이들은 대개 신경증 진단(우울, 불안, 강박성)을 받는 경우가 많고 때로 양극성장애와 같은 심한 우울증 진단을 받는 경우도 있다. 이들이 가진 자기성찰 능력은 심리치료에 적합한 조건을 제공한다.

이 상승척도를 더 정확히 판단하기 위해서는 70 이상 상승하는 세 번째 척도를 검토할 필요가 있는데 대표적인 척도가 3, 4, 8이다. 먼저 2-7-3/7-2-3 프로파일을 살펴보면 이들은 수동-의존적인 대인관계를 가장 편하게 생각하며 특히 다른 사람들이 세상으로부터 이들을 보호하도록 하는 데 비상한 재주를 가졌다. 진단적으로는 불안증에 속하는 신경증적 장애가 많으며 우울증이 주된 진단이 되기도 한다.

2-7-4/7-2-4/4-7-2 프로파일을 보이는 사람들은 만성적 우울, 불안을 가지고 있으며 수동-공격적인 성격 패턴을 보인다. 분노 감정을 가지고 있으나 적절히 표현하지 못하고 부적절감과 죄책감을 가진다. 4번 척도가 가장 상승되어 있을 때는 보다 충동적이고 쉽게 화를 내는 경향이 있다. 사소한 일에도 과민반응을 보이고 스트레스 내성이 낮으며 우울감을 경감시키기 위해 알코올에 의존하기도 한다. 우울증 경감을 목표로 하는 치료를 하게 되는데 장기치료는 환자가 비협조적이기 때문에 단기치료를 하게 된다.

2-7-8/7-2-8 프로파일을 보이는 사람들의 주요 증상은 우울, 불안, 강박적 사고, 긴장과 같은 만성적인 신경증적 증상이다. 생각과 걱정이 많고 우유부단하고 위축되어 있으며 자기반추적인 사고를 많이 하며 자살에 집착한다. 사고 기술이 부족해 친밀한 대인관계를 형성하기 어렵기 때문에 사회적으로 고립되어 있다. 때로는 주의집중과 사고의 어려움을 호소하고 표면적으로는 신경증적인 증상을 나타내지만 정신증적 요소도 내재되어 있으므로 진단 시 주의를 요한다. 심리치료는 당면한 문제를 해결하는 것부터 시작해야 하며 깊은 내면을 다루는 치료는 피하는 것이 좋다.

(5) 2-8/8-2

2-8/8-2 상승척도 쌍의 주된 문제는 우울증이며 불안과 초조, 안절부절못하는 상태를 나타내고 통제력 상실의 두려움을 보인다. 이들은 사고장애를 보일수 있으며 신체적 증상(불면증, 피로감)을 동반한다. 대인관계와 사회적 활동을 회피하여 고립되는 경향이 있으며 자살에 대한 생각이 있는 경우가 많고 때로는 구체적인 계획을 가지고 있기 때문에 자세한 평가가 필요하다. 8-2 상승척도 쌍을 보이는 사람들은 실제로 정신분열증적인 증상을 보이는데, 특히 대인관계 회피가 주된 특징으로 사람들의 반응에 과민하고 타인의 동기에 대해 의심한다. 이들은 과거에 마음의 상처를 받은 경우가 있기 때문에 또다시 상처를 입을까 봐 두려워하며 사람들과 일정한 거리를 유지하려 한다. 8번 척도가 높을수록 사고장애를 수반한 환상이나 환청, 환시, 망상이 있을 수 있으며 신체적 망상을 보이기도 한다.

(6) 2-9/9-2

2-9/9-2 프로파일은 우울증과 경조증이라는 반대되는 증상이 동시에 상승하는 것으로 매우 드물게 나타나며 임상적으로 예측하기 어렵다. 2번 척도와 9번 척도가 T점수 70 이상으로 나타날 때 기질적인 뇌손상을 입은 사람일 가능성이 있다. 2-9/9-2 척도의 상승은 양극성장애 환자에게서도 나타나는 프로파일로

자신에 대한 부적절감, 무가치감, 내면의 우울감을 방어하기 위해 과잉활동, 고양된 정서와 같은 경조증적 양상을 나타내지만 이러한 행동이 우울증적 요소들을 충분히 은폐하지는 못하고 있음을 나타낸다. 이들의 심리치료로는 우울증을 중심으로 인지행동치료를 하는 것이 추천된다.

(7) 2-0/0-2

2-0/0-2 상승척도 쌍의 사람들은 내향적 기질과 더불어 만성적인 우울증을 보인다. 이들은 수줍음이 많고 부적절감으로 인해 사회적 상황에서 고립되는 경향이 있으며 실제로 사회적 기술이 부적절하다. 수동적이고 감정 억제가 심하고 공격적 행동을 나타내지 않으며 만성화된 우울에 대해서 고치려는 동기가 없다. 우울증 상태에 적응되어 심리치료로 끌어들이기 매우 어렵다. 자기주장 훈련, 사회적 기술을 다루는 것이 대인관계를 형성하는 데 도움이 될 수 있다.

3) 단독상승 3

히스테리 척도만 단독으로 상승하는 사람들은 타인과의 관계나 조화를 강조하고 낙천적이며 관습적인 특성을 보인다. 이들은 최악의 상황에서도 '모든 것이 잘 될 거야.'라는 자세를 취하고 어떠한 형태의 분노 감정도 표출하지 않는다. 이들은 독립적인 의사결정을 하는 것에 불편감을 느끼고 항상 도와줄 만한 대상을 찾고 있으며 의지하려 하고 버림받는 것에 대한 강한 공포를 가지고 있다. 이들은 스트레스 상황에서 이차적인 이득을 얻기 위해 신체적인 증상을 보이며 심리치료에서도 신체적인 증상만을 강조한다. 자신의 문제해결 능력에 대해 자신감을 갖도록 하는 것이 치료 목표 중 하나가 될 수 있으며 자신의 문제가 심리적인 원인에 의한 것임을 어떻게 받아들이게 하는가가 조기 탈락을 예방하는 길이다.

(1) 3-4/4-3

3-4/4-3 프로파일을 보이는 사람들은 서로 다른 특성을 보이기 때문에 각각 해석할 필요가 있다. 이 두 프로파일은 모두 공격성과 적개심의 통제 여부를 확인하는 지표가 된다. 두 척도가 높은 사람들의 특징은 만성적이며 강한 분노를 가지고 있지만 적절하게 표현하거나 발산하지 못한다.

척도 3이 척도 4보다 높다면, 감정이나 충동을 억제하는 경향이 강하며 분노를 간접적으로 표현하고 반항적이고 공격적인 사람들과 어울려 다니면서 대리적으로 표출하는 양상을 보이며 자기중심적이다. 감정을 지나치게 억누르고 폭발하게 되면 과도하게 공격적이 되는 경향이 있으며 자기가 한 행동에 대한 이해가 부족하기 때문에 변화를 가져오기가 쉽지 않다. 반면, 척도 4가 척도 3보다 높다면, 이들은 자신의 감정을 과도하게 억제하고 있다가 주기적으로 분노감과 적개심을 폭발적으로 드러낸다. 평소에는 말이 없고 비사교적이어서 갑작스러운 감정 폭발은 주변 사람들을 놀라게 하며 특히 스트레스 상황에서는 판단력이 흐려지고 사소한 외부 자극에도 폭발적인 감정을 드러낸다.

3-4/4-3 척도는 가족에 대한 만성적인 적개심을 지니고 있으며 타인으로부터 인정받고 싶은 욕구가 강하고 거부당하는 것에 민감하며 비난을 받으면 적대적인 모습을 보인다. 겉으로는 순응적으로 보이지만 속에는 분노가 많고 반항적이며 부부간 갈등이나 불화가 있는 경우가 많고 자살기도나 음주에 대한 의존도가 높은 것으로 알려져 있다.

(2) 3-6/6-3

3-6/6-3 프로파일을 보이는 사람들은 만성적인 분노와 적개심을 부인하고 합리화하려고 애쓰며 긴장과 불안, 두통과 소화기 장애를 포함하는 신체적인 증상을 호소하지만 심각한 수준은 아니다. 이들은 스스로 세상을 우호적이고 긍정적으로 바라보며 낙천적이라고 생각하지만 가족 관계에 뿌리를 둔 만성적이고 광범위한 분노와 적개심이 내재되어 있으며 자신의 분노는 타인의 행동 때문이라고 정당화한다. 이들은 보통 자기중심적이고 반항적이고 비협조적이어서

사귀기 어려우며 만약 척도 6이 척도 3보다 T점수 5점 이상 높으면 편집증이나 정신증적 상태를 고려해 보아야 한다.

(3) 3-7/7-3

3-7/7-3 프로파일을 보이는 사람들은 긴장되고 불안한 사람들로서 스트레스나 갈등으로 인해 만성적인 신체 증상을 호소한다. 이들은 심리적인 문제의 존재를 부인하고 자신의 장애에 대해 무관심한 태도를 보이고 신체 증상에만 신경을 쓴다. 증상의 기저에는 충족되지 않은 의존 욕구가 자리 잡고 있으나 이 같은 사실을 부인한다. 임상적으로 불안장애의 가능성이 많으며 부인 방어기제와 통찰력의 부족으로 심리치료는 매우 더디고 힘들며 치료를 한다면 인지행동치료가 필요하다.

(4) 3-8/8-3

3-8/8-3 상승척도 쌍을 보이는 사람들은 다양한 신체 증상(두통, 불면증, 소화기장애, 마비 등)을 호소하고 특이한 사고와 행동을 보이며 망상이나 기괴한 연상과 같은 사고장애, 주의집중 곤란, 기억력장애를 가진다. 강한 애정 욕구와 의존 욕구가 있음에도 불구하고 거부당하는 것에 대한 두려움으로 타인과의 관계를 회피하고 사회적인 소외감을 경험한다. 정신병적인 상태를 보일 때에는 유아적이고 자기도취적이며 퇴행적인 행동을 보이고 망상이나 환각 및 강박적인 사고를 보이기도 한다. 이들의 치료에는 히스테리적 방어기제를 강화시켜 주는 지지치료가 적절하다.

(5) 3-9/9-3

3-9/9-3 상승척도 쌍을 보이는 사람들은 두통, 심혈관 계통 증상이나 흉통 등과 같은 신체적 증상을 급성으로 호소한다. 이들은 성격적으로 외향적이며 사교적이고 타인과 어울리기를 좋아하지만 대인관계는 피상적인 경향이 있다. 임상적으로는 신체형 장애로 진단받는 경우가 많고 히스테리성 성격장애일 가

능성도 있다. 치료적 예후는 좋은 것으로 알려져 있지만 심리적인 요인을 인정하려고 하지 않으며 신체적인 증상만 호전되면 치료는 잊어버려서 재발될 가능성이 높다.

4) 단독상승 4

척도 4가 단독 상승한 사람들은 권위적 대상에 대한 갈등, 충동적 행동, 반항성을 보이는 것이 특징이다. 이들은 자기중심적이며 심리적 통찰력이 결여되어 있고 욕구 좌절에 대한 인내력이 낮고 분노 감정을 통제하기 어려우며 신체적 공격 행동을 하는 경우가 자주 있다. 대인관계의 경우 얕은 관계를 빨리 형성하나 친밀한 관계를 형성하는 것은 어렵다. 척도 4가 높은 사람들의 경우 성격장애나 적응장애로 진단되는 경우가 많은데, 이러한 진단을 내릴 경우에는 진단할 만한 임상적 특징이나 경력이 있어야 한다. 이 척도가 높은 사람들의 공통적인 특징은 사회생활에서의 적응곤란으로 자신의 책임을 주위 사람들에게 돌리고 자신은 억울한 희생자라고 생각한다. 이들은 특히 자기 문제의 원인을 가정에서 찾으려 하고 적절한 대우를 받지 못한 것에 대한 불만감을 가진다.

(1) 4-5/5-4

한국에서는 4-5/5-4 상승척도 쌍을 보이는 사람들은 매우 드물게 나타나지만 외국 연구에 따르면 이 상승척도 쌍이 남자들에게서 더 많이 나타난다고 한다. 이들의 특징은 사회적 가치에 순응하지 않고 공격적인 특징을 보인다는 점이다. 우울, 불안과 같은 정서적 곤란은 보이지 않으며 자기중심적이고 미성숙하며 성적 정체감에 문제를 보일 수 있다. 이들은 충동적인 행동을 한 후에는 죄책감을 가지기도 하지만 자기도취적이고 좌절에 대한 인내력이 낮기 때문에 이러한 행동화 경향은 반복된다.

이 프로파일을 보이는 여자들의 경우, 전통적인 여성상에 반발하고 능동적이고 자기주장적이다. 전문적인 역할을 강조하는 상위 문화에 속하려고 하며 일중심적인 경향을 보인다. 이들이 보이는 이러한 특성의 기저에는 의존적인 관계를 발달시키는 것에 대한 두려움이 존재한다. 남자들의 경우, 비순응적인 모습을 공공연히 드러내고 특히 교육 수준이 높을 경우 자신의 불만족을 사회적인 원인으로 돌리고 주류 문화에 대한 분노를 표현하는 경우가 많다. 이들은 비순응적이긴 하지만 비행 행동을 보이는 경우는 드물며 수동-공격적인 대처 양식을 보인다. 이들에게는 지배와 의존성이 중요한 문제로 의존성에 대한 강한 욕구를 지니고 있으나 친밀한 관계에 있는 사람에게 지배당하는 것을 두려워한다. 이들의 성격 특성은 만성적이기 때문에 치료적 예후는 좋지 않다.

(2) 4-6/6-4

4-6/6-4 상승척도 쌍을 보이는 사람들은 분노를 잘 드러내고 타인을 원망하며 논쟁을 자주 벌이는 사람들로 사귀기 힘든 사람들이다. 억압된 분노가 이들의 특징이며 권위적인 대상에게 적개심이 많고 그들의 권위에 손상을 입히려 한다. 평소에는 적개심을 잘 통제하다가 가끔씩 터뜨리고 타인에게 지나치게 주의나 동정을 요구하고 사소한 비판이나 거부에 심한 분노감을 표출한다. 타인의 동기를 의심하고 깊은 정서적 관계를 회피하며 갈등을 유발하는 자신의 태도에 대해서는 생각하지 않으면서 분노나 갈등의 원인을 외부로 돌린다. 타인의 잘못이나 실수를 찾아내어 비난하며 자기 자신을 과대평가하는 경우가 있다. 척도 8이 함께 상승했을 경우, 이들은 심리적인 문제에 대해서 더욱 회피적이며 논리적 사고 및 판단력의 장애를 보인다. 이들이 생각하는 갈등 해결방법은 다른 사람들이 그들의 기대에 맞추어 행동을 변화하는 것이다. 이들이 주로 문제를 일으키는 영역은 결혼 생활과 성 생활이다. 정신과 환자 집단에서 이 프로파일의 진단은 성격장애(특히 수동-공격적)와 정신분열증(특히 망상형)으로 나타나며 척도 4와 6의 점수가 높을수록, 척도 6이 4보다 더 높을수록 정신증적 상태에 있을 가능성이 높다.

(3) 4-7/7-4

4-7/7-4 프로파일은 상반된 두 척도가 상승한 경우로, 척도 4가 사회적 관습이나 타인의 욕구나 감정을 무시하고 충동적으로 행동하는 것을 측정하는 척도라면 척도 7은 자신의 행동에 대해 후회하고 죄책감을 느끼며 자기비하에 빠지면서 지나치게 자신의 행동에 대해 분석하고 관심 갖는 것을 측정한다. 그런데 이 프로파일을 가진 사람들은 이 두 가지 행동을 주기적으로 반복한다는 것이다. 이 같은 행동의 기저에는 의존과 독립의 갈등이 있으며 자신의 가치에 대해서 확인받기를 기대하지만 주변 사람들로부터 많은 제지를 받고 충분히 인정받지 못했다는 것에 대한 분노감이 있다. 따라서 치료를 통해 자기가치에 대한 확신을 갖도록 해 주는 것이 필요하며 장기간의 치료 관계가 요구된다.

(4) 4-8/8-4

4-8/8-4 프로파일을 보이는 사람들은 최소한의 사회적 적응력을 보이는 사람들로 타인들로부터 소외당했다고 느끼지만 실제로는 다른 사람들과 밀접한 정서적 관계를 형성하기 어렵고 불신하며 사람들을 회피한다. 이들은 정서적으로 불안정하고 부적절하게 화를 잘 내고 판단력의 부족이나 논리 및 사고의 결함 때문에 사회적·법률적 문제를 일으킨다. 정서적 유대관계를 거부하면서도 애정과 관심에 대한 욕구를 가지고 있으며 뿌리 깊은 불안정감을 느끼고 자아개념이 매우 부정적이다. 자살기도를 빈번히 하기도 하고 성정체감에 대해서도 심한 열등감을 가지고 있고 자신의 성적 적절감을 드러내려는 시도로 반사회적 성행위(강간, 매춘, 노출증)를 저지르기도 한다. 임상적 진단은 정신분열증 혹은 정신분열형 정서장애가 가장 많으며 척도 4와 8의 점수가 높을수록 정신병 및 사고장애나 기태적 증상의 가능성이 더욱 높아진다.

(5) 4-9/9-4

4-9/9-4 프로파일을 보이는 사람들은 공격적이고 충동적인 행동을 하는 것이 특징이다. 이들은 과격한 행동을 할 수 있는 사람들로서 척도 9의 상승은 척

도 4가 나타내는 반항적·충동적 행동을 활성화하는 역할을 한다. 욕구 좌절에 대한 인내력이 약하고 충동적이고 자신의 행동에 대한 책임을 지려 하지 않고 타인에게 그 원인을 돌린다. 도덕적 발달 수준이 낮아 비행 행동이나 범죄 행동까지도 보이는데, 알코올 및 약물 남용, 강간, 아내 구타, 아동 학대, 부부 문제 등을 범하는 사람들에게서 이 프로파일이 잘 나타난다. 이들은 외견상 불안이나 걱정 같은 것을 보이지 않고 활력이 넘치고 자신감에 차 있어 좋은 인상을 주지만 시간이 지날수록 피상적이고 타인을 이용하고 착취하려고 하며 무책임하고 신뢰할 수 없음이 드러난다. 이들이 주로 쓰는 방어기제는 행동화(acting out)이며 합리화도 자주 사용한다.

5) 단독상승 5

척도 5는 병리적인 특성을 재는 척도가 아니기 때문에 다른 척도들을 해석한 후 척도 5의 특성과 통합시키는 것이 바람직하다. 척도 5가 높은 남자의 경우, 수동-의존적이며 비주장적이고 유약하며 특히 척도 4가 낮을 경우 더욱 그러하다. 척도 5에서 높은 점수는 성정체감의 갈등을 경험하고 있음을 반영한다. 척도 5가 높은 여자의 경우, 전통적인 여성적 역할에 비순응적이며 자유분방한 태도를 보인다. 이들은 공격적이고 경쟁심이 강하며 지배적인 성격을 지니고 있으며 특히 4번 척도가 높을수록 이러한 특성이 두드러진다. 남자와 여자 모두 교육 수준이 높을수록 5번 척도가 상승하는 경향이 있다.

(1) 5-7/7-5

5-7/7-5 프로파일을 보이는 사람들은 불안하기보다 우울한 사람들로 이들은 흔히 대인관계, 특히 이성과의 관계 문제를 호소하는 경우가 많고 학습곤란을 경험하고 걱정이 많고 불행하게 느끼며 우유부단하다.

(2) 5-8/8-5

5-8/8-5 프로파일을 보이는 사람들은 아동기부터 시작된 정신과적 문제를 가지고 있는 경우가 많다. 이들은 알코올 남용, 신체 학대, 정신질환 등의 가족력을 가지고 있으며 사람들과 친밀한 대인관계를 회피하고 정서적으로 가까워지기 힘들어한다.

6) 단독상승 6

이 척도는 명백 문항으로 구성되어 있기 때문에 6번 척도만 단독 상승하는 경우는 드물다. 6번 척도가 높은 사람들은 대인관계에 의심이 많고 예민하며 불신하는 등 편집증적 증상을 보이고 주된 방어기제는 투사로 자신의 문제에 대한 책임을 다른 사람에게 전가하려 한다. 이들은 융통성이 부족하고 다른 사람의 비판에 민감하고 자신의 정당성이나 도덕성을 강조한다. 반사회적 성격장애나 히스테리 환자에게서도 6번 척도가 상승하는 경우가 있으며 6번 척도가 T점수 64 이상 상승하였거나 단독 상승하였을 경우에는 정신증 여부를 확인할 필요가 있다. 중요한 것은 면접을 통한 감별진단이며 병명보다는 증상에 초점을 두고 확인해야 한다.

(1) 6-7/7-6

6-7/7-6 프로파일을 보이는 사람들은 불안하고 걱정이 많으며 의심이 많은 사람들이다. 완고하고 고집불통이며 적대적인 감정을 간접적으로 표현하고 겉으로는 편집증적인 모습을 나타내지 않지만 이들의 문제는 만성적인 성격 문제에 뿌리를 두고 있는 경우가 많다. 이들은 신경증으로 진단되는 경우가 많지만 때로는 정신분열증으로 진단받기도 한다.

(2) 6-8/8-6

6-8/8-6 프로파일을 보이는 사람들의 가장 큰 특징은 편집증적 경향과 사고

장애로 정신분열증을 의심해 봐야 하며 보통 F척도가 함께 상승한다. 이들은 주
의집중 곤란, 기억력 저하, 판단력장애가 흔히 나타나며 피해망상, 과대망상 및
환각을 경험하거나 현실 검증력의 장애를 보인다. 주요 증상은 현저한 사고과
정의 어려움, 자폐적이고 산만하고 우회적인 사고 경향성과 기괴한 사고 내용이
다. 정서적으로 둔화되어 있으며 심한 스트레스를 받으면 긴장하고 깊은 걱정
에 빠지거나 우울 증상을 보인다. 친밀한 대인관계를 회피하고 사회적으로 고립
되고 의심성과 불신감이 많고 적대적이며 다른 사람과 정서적인 거리를 유지한
다. 방어기제 발달에 실패하여 적절한 방어기제가 결여되어 있으며 스트레스에
부딪히면 공상과 백일몽으로 피한다. 이들의 주요 증상을 정리하면 행동적인 퇴
행, 자폐적 사고과정, 부적절한 정서 반응 그리고 기태적인 사고로 요약된다.

(3) 6-9/9-6

6-9/9-6 프로파일을 보이는 사람들은 일차적으로 정신과적 진단이 필요하
다. 이들은 공격적이고 적개심을 내포한 사람들로서 정서적으로 불안정하고 화
를 잘 내고 흥분을 잘한다. 주의집중 곤란, 판단력장애, 현실 검증력의 장애, 환
청, 과대망상, 관계망상, 피해망상이 주로 나타나며 급성 정신증적 상태인 경우
가 많다. 이들은 투사를 주된 방어기제로 사용하는데 자신이 하는 일의 정당성
을 끊임없이 주장하며 타인의 비판에 예민하고 문제가 발생할 경우 외부로 원인
을 돌리려 한다. 이 척도를 보이는 사람들은 정신분열증 편집형의 진단이 가장
많고 다음으로 양극성장애가 진단되는데, 이 경우 편집증적 사고와 과대망상이
함께 나타난다.

7) 단독상승 7

척도 7만 단독상승한 사람들은 불안하고 긴장되고 경직된 사람들이다. 사고의
융통성이 부족하고 우유부단하며 자신과 타인에게 높은 행동 기준을 요구한다.
내성적이고 수줍음을 잘 타며 자기반추적 생각을 많이 하고 죄책감을 잘 느낀다.

척도 7이 높을 경우 일차적인 진단은 불안장애가 고려되며 특히 T점수가 상승할수록 공황장애나 공포증일 가능성이 높고 불안을 수반한 우울장애도 나타나는데 T점수가 비교적 덜 높은 경우에는 강박장애일 가능성이 많다. 척도 7이 높은 사람들은 순응성이 높아 심리치료 약속을 잘 이행하는 편이나 한편으로는 의심이 많고 대인관계에서 상대방에 대한 신뢰가 피상적이고 완벽성의 추구 경향으로 심리치료에 대한 성과가 좋지 않을 때가 있다. 그러나 부정적인 측면을 고려하여 적극적으로 치료하면 치료 성과는 충분히 좋다.

(1) 7-8/8-7

7-8/8-7 프로파일을 보이는 사람들은 신경증과 정신증으로 진단이 나뉘어진다. 신경증인 경우는 불안장애, 우울장애 또는 신체화 장애가 나타난다. 정신증의 경우는 조증 형태는 나타나지 않지만 다양한 범위의 정신증이 나타난다. 이들은 마음이 편치 못하고 항상 복잡하며 자신의 문제점을 솔직히 시인하지도 않으면서 적절한 해결방법을 찾는 데도 무능하다. 만성적으로 걱정이 많고 긴장되며 예민하고 안절부절못하고 우울하다. 타인과의 친밀한 관계 형성이 어려우며 심한 주의집중 곤란, 판단력장애, 사고장애를 보이기도 한다. 7-8형은 효율성은 저하되어 있지만 자신의 문제를 가지고 능동적으로 싸우고 있으며 심각한 사고나 행동장애의 정착에 저항하고 있는 상태다. 이로 인해 과도한 불안과 초조감이 나타나고 심리적 불편감을 경험하게 되지만 치료적 예후는 좋다. 반면, 8-7형은 비교적 심한 정신증적 증상에 적응된 상태로 정신병이나 정신분열형 성격장애에서 나타난다. 특히 척도 2가 상승될 경우 분열정동장애를 시사하며 이러한 경우 자살 위험률이 높다.

이들은 부적절감, 열등감, 불안정감이 뿌리 깊고 대인관계를 형성하기 위한 사회적 기술이나 능력이 부족하고 위축되어 있으며 수동적이고 현실 회피적이다. 자신의 심리적 문제를 인정하지만 심리적 갈등의 성질이 만성적이며 대인관계 형성이 어렵기 때문에 심리치료가 어려우며 불안을 완화시키기 위해 약물치료가 선행될 필요가 있다.

(2) 7-9/9-7

7-9/9-7 프로파일을 보이는 사람들은 만성적으로 불안하고 걱정이 많고 긴장되어 있으며 높은 에너지 수준이 오히려 강박적 사고를 더 악화시키는 역할을 한다. 이들은 관계없는 말을 쉴 새 없이 하며 때로는 충동적인 행동이나 과대망상을 하는 시기와 죄책감과 자기비난을 하는 시기가 번갈아 나타나는 경우가 있기 때문에 조증 가능성을 잘 고려해 봐야 한다.

8) 단독상승 8

8번 척도가 단독상승하는 사람들은 현실적 압박으로부터 도망가려고 하거나 수용할 수 없는 충동을 공상 세계에서 대리 충족시키려는 특징을 보인다. 이들은 지능도 높고 독창적이고 독특한 사고 양식을 보이고 적당히 상승했을 경우 과묵하고 진보적인 관점을 가진다. 대인관계에 어려움이 있고 현실에 불만족하며 자신에 대한 부적절감이나 사회적인 고립감이 나타난다. 반드시 정신분열증적 사고장애 가능성을 확인해야 하고 때로 실제 정신병을 앓고 있어 비현실감, 기억력장애, 기태적인 사고나 망상 등을 보이는 경우가 있다.

(1) 8-9/9-8

8-9/9-8 프로파일을 보이는 사람들은 두 척도가 T점수 70을 조금이라도 넘기면 심각한 정신병리가 있는 것으로 볼 수 있다. 주의집중에 어려움이 있고 혼란, 망상, 환각, 지남력장애를 나타내며 현실 검증력에 손상이 있다. 부적절한 정서나 퇴행이 특징이며 자제력이 부족하여 쉽게 흥분하고 적대적이며 화를 잘 낸다. 타인에 대한 의심과 불신이 많고 깊은 정서적 교류를 두려워하기 때문에 친밀한 관계 형성을 회피하며 사회적으로 철수되어 있다. 이 같은 특성으로 인해 치료 관계 형성 및 치료 작업이 어렵다. 발병 형태는 급성인 경우가 많고 전형적으로 정서적 흥분, 지남력 상실, 비현실감과 당혹감 같은 증상들을 보인다. 진단적으로 정신분열증이 가장 흔하고 양극성장애도 확인할 필요가 있다.

(2) 8-0/0-8

8-0/0-8을 보이는 사람들은 드물지만 이들이 나타내는 문제의 공통점은 대인관계다. 이들은 대인관계를 기피하고 사회적으로 고립되어 있으며 현실로부터 회피하기를 좋아한다. 때문에 심리치료에서 관계 형성이 매우 힘들다. 분열성 성격의 가능성을 확인할 필요가 있다.

9) 단독상승 9

9번 척도만 단독으로 상승하는 사람들은 충동적이고 과격한 행동을 보이는 것이 특징이다. 이들은 부적응적인 과잉활동이나 안절부절 못하는 양상을 보이며 욕구지연을 참지 못하고 사소한 좌절에도 화를 잘 내는 경향이 있다. 외향적이며 적극적이고 사교적이나 대인관계는 진실한 깊이나 친밀감이 결여되어 있어 피상적이다. 이들은 과대망상적 사고를 가지며 정서적 불안정성이 심하고 실제로는 우울한 사람들로서, 이들이 보이는 과도한 활동은 우울감을 피하기 위한 노력일 수 있다. 점수가 적당히 상승하는 사람들은 생산적인 방향으로 그들의 에너지를 쏟을 수 있으며 독립적·낙천적이고 열정적인 사람들일 수 있다. 일차적으로 이들이 조증 상태인지 확인해 봐야 한다.

10) 단독상승 0

척도 0만 상승하는 경우는 매우 드물게 나타나는데, 이들은 다만 대인관계를 불편하게 느끼는 사람들로서 사회적 기술이 부족하고 내향적이고 자신감이 부족하며 수줍고 소심한 사람들이다.

7. 사례분석의 예

1) 사례 1

인적 사항: 피검자는 27세의 남자로 미혼이며 전문대를 졸업하고 현재 중소기업에 재직 중이고 입사한 지 1년 정도 됐다. 초등학교 때부터 뚱뚱한 외모로 놀림받을 만큼 과체중이며 목소리가 크고 큰 소리로 잘 웃는다. 부모님과 함께 거주하고 있으며 1남 1녀 중 장남으로 현재 수입의 대부분을 부모님 빚 갚는 데 사용하고 있다.

검사 이유: 업무에 흥미를 느끼지 못하고 있으며 사람들과 부대끼는 생활이 힘들다. 일에 흥미가 없고 사는 낙도 없으며 군 제대 후에 불면증으로 인해 1년간 수면제를 복용하였다. 어렸을 때부터 편두통이 있었으며 수면장애도 오래되었다. 시간이 아깝다는 생각이 들 때가 많으며 그럴 때마다 잠을 2~3시간밖에 못자고 직장을 옮겨 보기 위해 이것저것 배우고 자격증을 따려고 학원도 많이 다녔지만 딱히 성과가 없다.

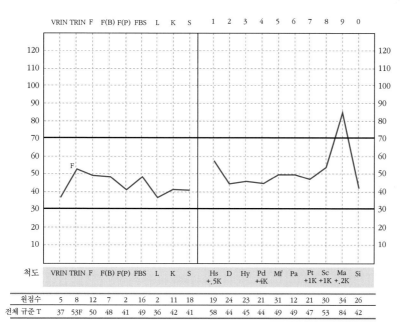

척도	VRIN	TRIN	F	F(B)	F(P)	FBS	L	K	S	Hs +.5K	D	Hy	Pd +.4K	Mf	Pa	Pt +1K	Sc +1K	Ma +.2K	Si
원점수	5	8	12	7	2	16	2	11	18	19	24	23	21	31	12	21	30	34	26
전체 규준 T	37	53F	50	48	41	49	36	42	41	58	44	45	44	49	49	47	53	84	42

■ **타당도 척도**

L 및 K 척도와 F 척도의 상대적 상승 정도와 형태(삿갓 모양)로 볼 때 현재 피검자는 심리적 불편감을 경험하고 있으며 도움을 요청하는 상태로 보인다.

■ **임상척도**

9번 척도의 T점수가 84로 단독 상승되어 일차적으로 조증 상태인지를 확인해 볼 필요가 있겠다. 과잉활동, 정서적 흥분, 사고의 비약이 나타날 수 있으며 대인관계의 깊이나 친밀성이 결여될 가능성이 있다. 과도한 활동성은 우울감을 피하기 위한 노력일 수 있으며 실제로 우울한 사람일 수 있다.

■ **종합의견**

타당도 척도의 형태가 삿갓 모양이긴 하지만 그 점수가 낮은 데 반해 Ma척도의 점수가 매우 높게 상승한 것으로 볼 때 내담자의 증상이 만성적일 수 있으며 증상에 익숙해져 있는 상태일 수 있다. 이직을 위해 많은 노력을 하지만 성과를 내지 못하는 것으로 볼 때 생산적이지 못한 방향으로 에너지를 쓰고 있는 것으로 판단된다. 즉, 체계적인 계획을 세우고 이직을 준비하기보다는 충동적인 판단과 결정으로 진로를 계획할 가능성이 있기 때문에 취업 준비와 관련하여 현실적인 부분을 차분히 탐색해 줄 필요가 있겠다.

2) 사례 2

인적 사항: 피검자는 22세의 여자로 대학 재학 중이다. 무남독녀 외동딸로 어릴 때부터 머리가 좋다는 말을 많이 들었으며 각종 대회에 나가면 좋은 성적을 받아서 늘 주변의 기대를 많이 받아 왔다. 여성스러운 외모를 가지고 있으나 꾸미지 않고 털털한 모습을 보인다. 현재 기숙사에서 지내고 있지만 혼자 지내고 싶어서 부모님께 자취를 하게 해 달라고 요청 중이다.

검사 이유: 주변의 기대에 못 미치는 대학에 입학했으며 원하는 전공이 딱히 있지는 않았지만 가풍에 따라 전공을 선택했는데 현재 적성이 맞지 않아 학교 다니는 것이 힘들고 공부도 하기 싫어 성적도 낮은 편이다. 학교에 잘 안 나가고 있어서 친구들과도 멀어졌고 친구들 만나는 것도 귀찮고 싫다. 언젠가는 떠나야 할 학교라고 생각하니 공부도 하기 싫고 친구들도 만나고 싶지 않다. 이대로 가다가는 미래가 없을 것 같고 부모님은 전과나 학교 옮기는 것을 허락하지 않을 것이기 때문에 어떻게 해야 할지 모르겠다. 잠도 안 오고 다 하기 싫고 이러다가 미칠 것 같다는 생각이 든다.

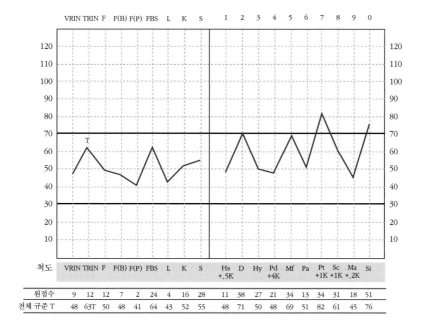

척도	VRIN	TRIN	F	F(B)	F(P)	FBS	L	K	S	Hs +.5K	D	Hy	Pd +4K	Mf	Pa	Pt +1K	Sc +1K	Ma +.2K	Si
원점수	9	12	12	7	2	24	4	16	28	11	38	27	21	34	13	34	31	18	51
전체 규준 T	48	63T	50	48	41	64	43	52	55	48	71	50	48	69	51	82	61	45	76

■ 타당도 척도

L, F, K 척도가 정적 기울기 형태로, 세련된 방어 프로파일을 보이고 있다. 즉, 일상생활에서 당면한 문제를 적절히 해결할 수 있으며 현재 심한 갈등이나 스트레스를 겪고 있지 않은 상태로 보인다.

▪ 임상척도

7-2-0 패턴으로 우울, 불안한 상태이며 대인관계에 소극적이거나 인간관계에 에너지를 쓰지 않는 상태로 보인다. 2번 척도가 상승되어 있으면서 동시에 낮은 9번 척도는 우울감, 자기가치감의 손상, 에너지 수준의 저하를 보일 것으로 생각된다. 5번 척도가 65 이상으로 높은 것으로 볼 때 성역할 갈등을 경험하고 있거나 공격성을 적절히 해소하지 못하는 상황일 수 있겠다. 1-2-3 신경증 척도의 형태로 볼 때 삿갓 모양으로 현재 화가 목구멍까지 차 있는 상태로 보인다.

▪ 종합의견

내담자의 타당도 척도는 현재 당면한 스트레스가 없으며 문제가 있다 하더라도 감당할 수 있는 상태로 나타났지만 임상척도의 양상으로 볼 때 내담자가 방어적인 태도로 검사에 임했을 가능성이 있다. 즉, 임상척도에서는 만성적인 우울과 불안을 호소하고 있으며 수동-의존적이고 자기주장이 부족한 대인관계 패턴으로 인해 어려움을 경험하고 있는 것으로 보인다. 내담자의 경우 방어적인 태도가 낮아지면 임상척도는 더 높아질 가능성이 있다. 현재 내담자가 학교를 떠나려고 하는 이유, 부모님과의 관계, 전과나 다른 대학으로 옮기기 위해서 실제적으로 노력하는 것이 있는지 등에 대한 구체적인 탐색이 요구된다. 그리고 최근 수면 패턴, 섭식, 몸무게 등의 변화 등을 체크해서 약물치료 여부를 고려할 필요가 있겠다.

제8장
투사검사 1

| 최정윤 |

1. 문장완성검사(SCT)

1) 개관

문장완성검사(Sentence Completion Test: SCT)는 다수의 미완성 문장을 피검자가 자기 생각대로 완성하도록 하는 검사로, 단어연상검사를 변형하여 발전시킨 것이다. Cattell은 Galton의 자유연상검사(free association test)로부터 단어연상검사(word association test)를 발전시켰고, 이 단어연상검사는 Kraepelin, Jung의 임상적 연구를 거쳐 Rapaport와 그의 동료들에 의하여 성격진단을 위한 유용한 투사법으로 확립되었다.

이후 여러 학자가 이를 발전시켜 미완성 문장을 사용하여 성격, 지능, 정서, 내담자의 욕구와 갈등 등에 대해서 파악하고 연구하였다(Carter, 1947; Ebbinghaus, 1987; Rohde, 1946; Rotter & Willerman, 1947; Stein, 1947; Symonds,

1947; Tendler, 1930). 이들의 실험적이고 경험적인 연구들을 통하여 문장완성검사의 임상적 활용 가능성이 부각되었으며, 현재 임상 현장에서는 이 중에서도 Sacks의 문장완성검사(SCT)가 가장 널리 사용되고 있다.

문장완성검사는 단어연상검사와 종종 서로 비교되어 왔다. 문장완성검사는 단어연상검사의 특징인, 단일 단어에 의해 유발될 수 있는 연상의 다양성을 감소시키는 제한점이 있다는 지적을 받아 왔다. 그러나 단어연상검사에 비하여 문장완성검사는 문장에 나타난 감정적 색채나 문장의 맥락 등을 통해서 피검자의 태도, 피검자가 주의를 쏟고 있는 특정 대상이나 영역이 보다 잘 제시될 수 있다는 점, 피검자에게 반응의 자유와 가변성도 허용할 수 있다는 점이 강점으로 받아들여지고 있다.

한편, 문장완성검사가 투사적 기법인가에 대한 이의가 제기되기도 한다. 사실, 미완성의 문장에 개인의 심리적인 특성이 투사될 가능성은 무정형의 잉크반점에 투사될 가능성에 비해 제한되는 것이 사실이다. 그럼에도 불구하고 문장완성검사가 가지는 투사적 가치는 매우 높다고 할 수 있다.

투사검사로서 문장완성검사가 가지는 유용성을 확인하기 위하여 미완성된 한 개의 문장을 10명의 피검자에게 주고 결과를 분석했던 초기의 연구 예를 들어 보겠다. 피검자들은 "아버지가 어머니에게 대하는 태도를 보면 나는 _____"이라는 문장에 대해서 다음과 같은 10개의 반응을 나타냈다.

1. 매우 행복하다.
2. 별로 관심없다.
3. 그를 죽이고 싶다.
4. 그를 따라 하고 싶다.
5. 기분이 좋다.
6. 반항심이 든다.
7. 좋다.
8. 존경스럽다.

9. 무섭다.

10. 젖비린내가 나는 것 같다.

이 단 한 개의 미완성 문장에 대한 반응만으로도 형식적인 특성에 대한 분석이나 내용 특성에 대한 분석이 가능하다. 형식적 특성은 반응 시간, 단어의 수, 표현의 정확성, 질, 수식어구, 단순성, 강박성, 장황성 등을 말하며, 내용 특성은 정서, 강도, 소극성, 상징성 등을 말한다.

위의 반응들을 보면 5개는 긍정적인 반응이고 5개는 부정적 반응이다. "매우 행복하다."라는 긍정적인 내용을 쓴 피검자와 "그를 죽이고 싶다."라는 부정적인 내용을 쓴 피검자가 보이는 정서와 태도의 차이는 매우 크다. 그러나 같은 부정적인 반응들이라 하더라도 상당한 차이가 나타난다(2. 별로 관심없다 /3. 그를 죽이고 싶다 /6. 반항심이 든다 /9. 무섭다 /10. 젖비린내가 나는 것 같다).

"그를 죽이고 싶다."라고 쓴 피검자는 건강한 반응을 한 것은 아니지만 자발적으로 강하면서 억제되지 않은 감정을 표현한 것이다. 그의 느낌은 변형이나 왜곡 혹은 변명 없이 인식·표현된 것이다. "별로 관심없다."라고 반응한 피검자 역시 부정적인 느낌을 표현하고 있다. 그러나 이 반응은 앞의 반응에 비하여 자발성이 다소 부족하다. 이 피검자는 부모와의 관계에 관심이 없고 그것을 중요하게 여기지 않으며 자기는 '그런 일보다 우위에 있다'는 느낌을 암시하고 있다. 특히 '별로'라는 단어는 피검자가 그 상황으로부터 훨씬 거리를 두고 있음을 암시하는 언어적 방식이다. 이 시점에서는 이러한 느낌과 태도가 부모상에만 특정된 것인지 혹은 피검자의 일반적인 적응 방식을 나타내는 것인지를 알 수 없으나, 만약 이런 종류의 반응들이 문장완성검사 전반에 걸쳐 발견된다면 이것이 특정 심리적 영역에만 관련된다기보다 그의 일반적 패턴을 나타낸다고 해석할 수 있을 것이다.

"반항심이 든다." 역시 아버지에 대한 비난을 드러내고 있고 자발적인 반응이기는 하지만 "그를 죽이고 싶다."에 비하여 어느 정도 통제되어 있다. 두 피검자 모두 아버지에 대해서 불편감을 겪고 있지만, 한 사람은 그 원인 제공자를 파괴시키고 싶어 하고, 다른 한 사람은 단순히 그 상황을 바꿀 수 있기를 바라고 있다. 후자는 강한 감정을 느끼고 있음을 인식하고는 있으나 행동화에 대한 충동은 통제하고 있다.

"무섭다." 역시 상황에 대한 부정적 감정을 드러낸다. 그러나 "그를 죽이고 싶다."나 "반항심이 든다."와는 차이를 보인다. 이 두 개 중 전자는 직접적인 행동화 경향, 후자는 억제된 행동화 경향에 속한다. 이에 비하여 "무섭다."는 반응에는 행동화 경향이 없으며 수동적인 반응이다. 여기서는 피검자가 아버지에게 대항하여 행동하기보다는 위축되어 있음이 시사된다.

"젖비린내가 나는 것 같다."는 앞서 네 개의 부정적 반응들과 질적인 면에서 매우 다르다. 피검자는 아버지를 경멸하며 상황으로부터 떨어져 있다. 이 피검자는 죽이고 싶다거나 반항하고 싶다거나 무섭다거나 하는 등의 어떤 감정도 느끼고 있지 않으며, 개입하지 않고 방관자로서 경멸의 마음으로 바라본다. 이 사람이 상황으로부터 떨어져 있는 정도는 "별로 관심없다."라는 피검자의 그것과는 미묘하게 다르다. "젖비린내가 나는 것 같다."라고 반응한 피검자는 힘들고 냉소적이긴 하지만 자신의 태도를 받아들이고 표현할 수 있다. 그러나 "별로 관심없다."라고 반응한 사람은 어떠한 감정적 개입도 부인하고 있는데, 바로 이 점이 그 상황의 외상적 본질을 드러내고 있다고 볼 수 있다.

이와 같이 5개의 반응들은 모두 부정적이지만, 감정의 강도, 억제, 회피, 수동성, 개입 태도 등 여러 가지 면에서 각기 서로 다르다는 것을 알 수 있다.

5개의 긍정적 진술문도 서로 다르다(1. 매우 행복하다 /7. 좋다 /4. 그를 따라 하고 싶다 등). 1번과 7번의 진술문은 '감정'을 묘사하고 있다. 그러나 이 감정들은 강도의 수준이 다르다. 피검자들이 감정을 회피적으로 표현하고 있는지 또는 정확히 표현한 것인지는 알 수 없지만, 어떤 경우든 한 사람은 다른 사람보다 훨씬 강한 에너지를 쏟아붓고 있음을 알 수 있다. 만약 이런 패턴이 문장완성검사 전반에 걸쳐 발견된다면 "매우 행복하다."라고 쓴 피검자는 "좋다."라고 쓴 피검자보다 훨씬 에너지가 넘친다고 결론지을 수 있을 것이다. 물론 다른 해석도 가능하다. 지나친 긍정적 감정은 부인(denial) 방어기제의 결과일 수도 있다.

"그를 따라 하고 싶다."라고 쓴 피검자는 다른 종류의 감정을 표현하고 있다. 여기에는 맹목적 숭배가 있어서 피검자가 스스로를 아버지만 못하거나 약하다고 느끼고 있거나 혹은 의존성을 가지고 있음이 드러나고 있다.

이와 같이 단 한 개의 불완전 문장에 대한 반응으로부터도 정서나 태도, 적응 상태 등에 관한 가설을 이끌어 낼 수 있다. 그러므로 50개의 문장으로부터 얻을 수 있는 가능성은 대단한 것이다. 숙련되고 경험이 많은 임상가라면 문장의 전반적인 흐름뿐 아니라 미묘한 뉘앙스를 통하여 피검자 성격의 복잡하고도 완전한 패턴을 도출해 내는 것이 가능하다. 문장완성검사와 같은 투사적 기법을 수행함에 있어서 임상가의 경험과 통찰, 이해도가 특별히 중요하다는 것은 이미 잘 알려진 사실이다.

다음으로 Sacks의 문장완성검사(SSCT)를 소개하기로 한다.

2) SSCT

(1) 대표 영역
SSCT는 대표적으로 네 가지의 영역으로 나누어 볼 수 있다.

첫 번째는 가족 영역으로, 어머니, 아버지 및 가족에 대한 태도를 측정하며 이와 관련된 문장들로 구성되어 있다. "어머니와 나는 _____" "내가 바라기에 아버지는 _____" "우리 가족이 나에 대해서 _____" 등이 있다.

두 번째는 성적(性的) 영역으로, 이성 관계에 대한 태도를 포함하고 있다. 이 영역의 문항들은 사회적인 개인으로서의 여성과 남성, 결혼, 성적 관계에 대한 태도를 나타내도록 한다. "내 생각에 여자들은 _____" "내가 성교를 했다면 _____" 등이 이 영역의 대표적인 문항들이다.

세 번째, 대인관계 영역은 친구와 지인, 권위자에 대한 태도를 포함한다. 이 영역의 문항들은 가족 외의 사람들에 대한 감정이나 자신에 대해 타인이 어떻게 느끼는지에 관한 생각들을 표현하게 한다. "내가 없을 때 친구들은 _____" "윗사람이 오는 것을 보면 나는 _____" 등의 문항이 포함된다.

네 번째, 자기개념 영역에는 자신의 능력과 과거, 미래, 두려움, 죄책감, 목표 등에 대한 태도가 포함된다. 이 영역의 문항들로는 "무슨 일을 해서라도 잊고 싶은 것은 _____" "내가 저지른 가장 큰 잘못은 _____" "내가 믿고 있는 내 능력은 _____" "내가 어렸을 때는 _____" "언젠가 나는 _____" "나의 평생 가장 하고 싶은 일은 _____" 등이 있다.

(2) 실시

SCT는 개인과 집단 모두에게 실시될 수 있으며 약 20분에서 40분 정도의 시간이 소요된다. 검사지를 주면서 피검자에게 지시문을 읽어 보도록 하고 질문이 있으면 하도록 한다. 지시문은 다음과 같다.

> "다음에 기술된 문항들은 뒷부분이 빠져 있습니다. 각 문장을 읽으면서 맨 먼저 떠오르는 생각을 뒷부분에 기록하여 문장이 되도록 완성하여 주십시오. 시간제한은 없으나 가능한 한 빨리하여 주십시오. 만약 문장을 완성할 수 없으면 표시를 해 두었다가 나중에 완성하도록 하십시오."

이를 읽어 보게 한 후, 더불어 다음과 같은 사항들을 일러 준다.

- 답에는 정답, 오답이 없으며 생각나는 것을 쓰도록 할 것
- 글씨나 글짓기 시험이 아니므로 글씨나 문장의 좋고 나쁨을 걱정하지 말 것
- 주어진 어구를 보고 제일 먼저 생각나는 것을 쓸 것
- 시간 제한은 없으나 너무 오래 생각하지 말고 빨리 쓰도록 할 것

피검자들이 흔히 하는 질문으로 "천천히 좋은 대답을 생각하면 안 되나요?"라는 것이 있는데 이런 경우에는 "각 문항들을 읽고 맨 먼저 떠오르는 것을 써야 하며 논리적인 구성을 위해 지체하면 안 됩니다."라고 강조해야 한다. 또 다른 흔한 질문으로는 "한 단어만 적어도 되나요?"하는 것이 있는데, 이에 대해서

는 "한 단어든 여러 문장이든 상관없고 단지 자극 문장을 읽고 떠오른 생각이면 됩니다."라고 말해 준다. 때때로 자기의 반응을 "(검사자가) 한번 보고 맞게 썼는지 말해 주세요."라고 요청하는 피검자들도 있다. 이런 경우 그 반응이 자극 문항에 대한 피검자의 자발적인 반응이었다면 좋은 반응이라고 말해 준다.

경우에 따라서는 문장 속에 들어 있는 단어의 의미를 물어보기도 한다. 이때 예를 들어, '드물게'라는 단어의 뜻을 '좀처럼 일어나지 않는 것'이라고 말해 주는 정도는 괜찮다. 그러나 피검자가 문장 전체의 뜻을 설명해 달라고 하면 '피검자에게는 어떤 뜻으로 생각되는지' 물어보고 "그렇게 생각한 대로 하면 됩니다."라고 말해 준다.

피검자가 검사를 시작한 시간과 끝낸 시간을 기록해 두도록 한다.

그리고 피검자가 검사를 완성한 후, 가능하면 질문 단계를 실시하도록 한다. 즉, 피검자의 반응에서 중요하거나 숨겨진 의도가 있다고 보이는 문항들에 대해서 "이것에 대해 좀 더 이야기해 주십시오."라고 부탁한다. 이런 단계를 통해서 피검자들은 말하기 힘든 문제에 대해 치료자에게 이야기할 수 있는 계기를 제공받기도 한다.

또한 표준적인 실시방법은 피검자가 직접 문장을 읽고 반응을 쓰는 것이지만, 심하게 불안해하는 피검자에게는 문항을 읽어 주고 피검자가 대답한 것을 검사자가 받아 적는 것이 도움이 되기도 한다. 이러한 구술 시행은 반응 시간, 얼굴 붉어짐, 표정 변화, 목소리 변화, 전반적인 태도 등을 관찰함으로써 피검자가 어떤 문항들에서 막히는지를 구체적으로 알 수 있게 해 준다. 이런 피검자들은 종종 "기분이 더 나아졌어요."라고 말하기도 하는데, 이런 반응들은 문장완성검사가 감정적 해소의 도구로도 사용될 수 있음을 보여 준다.

(3) 해석과 평점

SSCT의 평점 기록지는 각 태도에 대한 네 개의 자극 문항들과 그것에 대한 피검자의 반응을 종합하도록 구성되어 있다. 예를 들면, 다음과 같은 형식으로 되어 있다.

아버지에 대한 태도

2. 내 생각에 가끔 아버지는 "거의 일을 한 적이 없다."
19. 대개 아버지들이란 "좀 더 나았으면 좋겠다."
31. 내가 바라기에 아버지는 "죽었으면 좋겠다."
46. 아버지와 나는 "좋은 점이라곤 하나도 없다."

— 해석적 요약:

따옴표 안의 문장이 피검자의 반응들이다. 이 네 개의 반응들을 통합적으로 고려하여 이 영역에서 드러나는 피검자 태도에 대한 임상적인 인상을 구체화시켜 해석적 요약이 이루어진다. 이 경우 해석적 요약은 "죽이고 싶을 정도로 심한 적대감과 경멸감을 나타냄"으로 기술될 수 있다. 평점기록지는 [그림 8-1]에 제시되어 있다.

그다음 단계인 평점은 다음의 척도에 따라 이루어지는데, 이를 통해서 해당 영역에서의 손상 정도를 측정하게 된다.

2. 심한 손상. 이 영역의 정서적 갈등을 다루기 위해서 치료적 도움이 필요하다고 보임.

1. 경미한 손상. 이 영역에 대한 정서적 갈등이 있는 것으로 보이지만 치료적 도움 없이 다룰 수 있을 것으로 보임.

0. 이 영역에서 유의한 손상이 발견되지 않음.

X. 확인 불능. 충분한 증거가 부족함.

SSCT에서의 평점 예시가 [그림 8-2]에 제시되어 있다.

이런 분석 과정을 통해서 가장 많이 손상된 태도를 보이는 영역에 대한 기술과 반응 내용에서 드러나는 태도들 간의 상호관련성에 대한 기술이 가능해진다. 전자는 피검자의 현재 상태에 대한 정보를, 후자는 역동적인 면에 대한 정보를 제공해 준다.

예를 들어 보자. '자신의 어머니'에 대해 "매우 신경질적"이며 "예쁘다."라고 기술하였고 '대부분의 어머니들이란' "자신의 아이들을 지나치게 사랑해서 아이들을 망친다."라고 기술한 피검자가 있다. 이 피검자는 또한 '자기의 가족들이' "좋다."라고 하고 있지만, 가족들이 그를 마치 "어린아이 대하듯이 다룬다."라고 기술하였다.

한편 '여자들이란' "신뢰할 수 없고 진실하지 않다."라고 기술하고 있어 여성들에 대해 극단적인 적대감을 가지고 있음이 시사된다. 결혼에 대해서는 조심스러운데, "모든 것이 미리 잘 준비된다면 좋을 것이다."라고 말하고 있다.

'자신의 아버지'에 대해서는 "좋은 사람"이라고 생각하지만 "그렇게 완고하지 않았으면 좋겠다."는 태도를 보이고 있어 상급자를 다소 경시하고 있는 것으로 보인다.

이 피검자가 '싫어하는 사람들'은 "예쁜 사람들"이며 '생생한 어린 시절의 기억은' "부당하게 취급받은 것"이다.

피검자는 자기 자신을 "두려워"하며 '이상한 일이 생겼을 때' "포기해 버린다." 그러나 그는 "어떤 것도 할 수 있는 능력이 있다."고 믿는다. 언젠가는 자기가 "백만장자가 될 것"이라고 기대하고 있어 미래에 대한 태도는 피상적이고 다소 비현실적인 낙관주의를 보이고 있다.

이렇게 SSCT 자체의 반응을 단독으로 분석하는 것도 유용하지만 다른 투사검사에서 얻어진 자료와의 비교를 통해서 피검자에 대한 더욱 풍부한 이해를 얻을 수 있다.

또한 다음과 같은 사항들에 주의를 두어 해석하는 것이 도움이 될 것이다.

- 내적인 충동에 주로 반응하는가 또는 외부 환경 자극에 주로 반응하는가

  예를 들어, 어떤 피검자는 "사람들 눈에 띄어서 거절당하는 것"을 두려워한다. 그는 "편안히 쉬는 것"에 대한 불안을 호소하며 두려움은 "자신의 사적 세계를 침해받는 것"이다. 이것은 내적인 충동에 일차적으로 반응하는

사람의 반응이다. 이와는 반대로 다른 피검자는 두려워하는 것이 "거의 없다." 그러나 '어리석게도 내가 두려워하는 것은' "큰 소음이다."라고 기술한다. 이런 반응은 환경 자극에 주로 반응하는 사람들의 예다.

- 스트레스 상황에서의 정서적 반응이 충동적인가 아니면 잘 통제되는가

예를 들면, 어떤 피검자는 '나에게 이상한 일이 생겼을 때' "나는 가장 최선의 방법을 생각해 내려고 애쓴다."라고 반응하였다. 이는 통제된 정서 반응이다. 이에 비하여 같은 문항에 대해 "공포에 휩싸인다."라고 반응한 피검자는 보다 충동적인 정서 반응을 보일 것으로 예측할 수 있다.

- 자신의 책임이나 타인의 관심을 적절히 고려하는 등 사고가 성숙된 편인가 아니면 미성숙하고 자기중심적인가

예를 들어, '내가 늘 원하기는' "노래를 하는 것이다." '내가 정말 행복할 수 있으려면' "내가 좋아하는 것을 해야 한다."라고 기술한 피검자와, 자신의 야망이 "오케스트라를 지휘해서 우리 문화의 발전에 기여하는 것"이라고 표현하는 피검자를 비교해 보면 후자가 보다 성숙한 시각을 가지고 있다고 해석할 수도 있다.

- 사고가 현실적인가 아니면 자폐적이고 공상적인가

이러한 질문에 대한 답을 얻기 위해서는 미래와 자신의 능력에 대한 태도, 목표, 두려움, 죄책감 등을 살펴보아야 한다. 예를 들어, 그럴 만한 능력이 없는 사람이 "영화배우가 되려는 야망" "메이저리그에서 야구를 할 수 있는 능력이 있다."라고 생각하는 것, "뭔가 세상을 뒤집을 일을 해내길" 바라는 것, "별에 오르길" 바라는 것, 언제나 바라기는 "누군가를 죽이는 것", 이상적인 여성상은 "암호랑이", 어리석게도 내가 두려워하는 것은 "당신" 등은 비현실적이거나 자폐적·공상적 반응들이라고 볼 수 있다.

SSCT 평점기록지

피험자 이름:　　　　　성별:　　　　나이:　　　　날짜:　　　　시간:

* 일러두기: 부적절한 반응이나 발현된 갈등 등의 요소를 고려하고 검사자의 판단에 근거하여 다음 척도에 따라 아래의 범주들에 대해서 평점한다.

2. 심한 손상. 이 영역의 정서적 갈등을 다루기 위해서 치료적 도움이 필요하다고 보임.

1. 경미한 손상. 이 영역에 대한 정서적 갈등이 있는 것으로 보이지만 치료적 도움 없이 이를 다룰 수 있을 것으로 보임.

0. 이 영역에서 유의한 손상이 발견되지 않음.

X. 확인 불능. 충분한 증거가 부족함.

■ 어머니에 대한 태도　　　　　　　　　　　　　평점:
　13. 나의 어머니는
　26. 어머니와 나는
　39. 대개 어머니들이란
　49. 나는 어머니를 좋아했지만
　- 해석적 요약:

■ 아버지에 대한 태도　　　　　　　　　　　　　평점:
　2. 내 생각에 가끔 아버지는
　19. 대개 아버지들이란
　29. 내가 바라기에 아버지는
　50. 아버지와 나는
　- 해석적 요약:

■ 가족에 대한 태도　　　　　　　　　　　　　평점:
　12. 다른 가정과 비교해서 우리 집안은
　24. 우리 가족이 나에 대해서
　35. 내가 아는 대부분의 집안은
　48. 내가 어렸을 때 우리 가족은
　- 해석적 요약:

■ 여성에 대한 태도　　　　　　　　　　　　　평점:
　9. 내가 바라는 여인상은

25. 내 생각에 여자들이란
   – 해석적 요약:

■ 남성에 대한 태도   평점:
   8. 남자에 대해서 무엇보다 좋지 않게 생각하는 것은
   20. 내 생각에 남자들이란
   – 해석적 요약:

■ 이성관계 및 결혼생활에 대한 태도   평점:
   10. 남녀가 같이 있는 것을 볼 때
   23. 결혼생활에 대한 나의 생각은
   37. 내가 성교를 했다면
   47. 나의 성생활은
   – 해석적 요약:

■ 친구나 친지에 대한 태도(대인지각)   평점:
   6. 내 생각에 참다운 친구는
   22. 내가 싫어하는 사람은
   32. 내가 제일 좋아하는 사람은
   44. 내가 없을 때 친구들은
   – 해석적 요약:

■ 권위자에 대한 태도   평점:
   3. 우리 윗사람들은
   31. 윗사람이 오는 것을 보면 나는
   – 해석적 요약:

■ 두려움에 대한 태도   평점:
   5. 어리석게도 내가 두려워하는
   21. 다른 친구들이 모르는 나만의 두려움은
   40. 내가 잊고 싶은 두려움은
   43. 때때로 두려운 생각이 나를 휩싸일 때
   – 해석적 요약:

■ 죄책감에 대한 태도   평점:
   14. 무슨 일을 해서라도 잊고 싶은 것은
   17. 어렸을 때 잘못했다고 느끼는 것은

27. 내가 저지른 가장 큰 잘못은
46. 무엇보다도 좋지 않게 여기는 것은
   - 해석적 요약:

■ 자신의 능력에 대한 태도   평점:
  1. 나에게 이상한 일이 생겼을 때
  15. 내가 믿고 있는 내 능력은
  34. 나의 가장 큰 결점은
  38. 행운이 나를 외면했을 때
   - 해석적 요약:

■ 과거에 대한 태도   평점:
  7. 내가 어렸을 때는
  33. 내가 다시 젊어진다면
  45. 생생한 어린 시절의 기억은
   - 해석적 요약:

■ 미래에 대한 태도   평점:
  4. 나의 장래는
  11. 내가 늘 원하기는
  16. 내가 정말 행복할 수 있으려면
  18. 내가 보는 나의 앞날은
  28. 언젠가 나는
   - 해석적 요약:

■ 목표에 대한 태도   평점:
  30. 나의 야망은
  41. 나의 평생 가장 하고 싶은 일은
  42. 내가 늙으면
   - 해석적 요약:

- -

일반적 요약

1. 주된 갈등과 혼란 영역
2. 태도 간의 상호관계
3. 성격 구조

a) 내적 충동과 외적 자극에 대한 피검자의 반응 정도
b) 정서적 적응
c) 성숙도
d) 현실 검증 수준
e) 갈등을 표현하는 방법

[그림 8-1] SSCT 평점기록지

■ 어머니에 대한 태도   평점: -2점
  13. 나의 어머니는 "잔소리하는 여자이다."
  26. 어머니와 나는 "서로 다르다."
  39. 대개 어머니들이란 "자녀들에게 매우 의존적이다."
  49. 나는 어머니를 좋아했지만 "지금은 좋아하지 않는다."
  - 해석적 요약: 어머니가 과요구적이라고 생각하면서 어머니를 완전히 거부하고 비난하고 있다.

  13. 나의 어머니는 "검소하다."   평점: -1점
  26. 어머니와 나는 "견해는 다르지만 좋은 친구이다."
  39. 대개 어머니들이란 "사랑으로 그들의 이성을 황폐화시킨다."
  49. 나는 어머니를 좋아했지만 "당연한 것이 아닐까."
  - 해석적 요약: 어머니의 결점을 알지만, 수용하고 차이를 이해한다.

  13. 나의 어머니는 "훌륭하다."   평점: 0점
  26. 어머니와 나는 "아주 좋은 대단한 친구이다."
  39. 대개 어머니들이란 "허세가 있다고 생각한다."
  49. 나는 어머니를 좋아했지만 "나의 아버지가 좋다."
  - 해석적 요약: 어머니에 대해서 긍정적인 감정만을 표현했다.

■ 아버지에 대한 태도   평점: 0점
  2. 내 생각에 가끔 아버지는 "유머가 부족하다."
  19. 대개 아버지들이란 "가족을 위해 열심히 일한다."
  29. 내가 바라기에 아버지는 "지금의 아버지다."
  50. 아버지와 나는 "좋은 관계이다."
  - 해석적 요약: 아버지의 성격에 대해 완전한 만족을 표현했다.

■ 가족에 대한 태도　　　　　　　　　　　　　　평점: -1점
　12. 다른 가정과 비교해서 우리 집안은 "괜찮은 편이다."
　24. 우리 가족이 나에 대해서 "어린애처럼 다룬다."
　35. 내가 아는 대부분의 집안은 "우리 가족과 같다."
　48. 내가 어렸을 때 우리 가족은 "내게 잘 대해 주었다."
　- 해석적 요약: 가족이 자기를 성숙한 인간으로 생각하지 않는 것을 알지만, 가족과
　　동일시하는 데 문제를 겪고 있지 않다.

■ 이성관계 및 결혼생활에 대한 태도　　　　　　　평점: -2점
　10. 남녀가 같이 있는 것을 볼 때 "힐끔 보고 지나간다."
　23. 결혼생활에 대한 나의 생각은 "늘 생각하는 어떤 것이다."
　37. 내가 성교를 했다면 "상관없다."
　47. 나의 성생활은 "자랑할 만한 것이 없다."
　- 해석적 요약: 좋은 성적 적응을 하고자 하는 바람을 포기한 듯이 보인다.

■ 친구나 친지에 대한 태도(대인지각)　　　　　　평점: -1점
　6. 내 생각에 참다운 친구는 "진실한 친구이다."
　22. 내가 싫어하는 사람은 "거짓말쟁이다."
　32. 내가 제일 좋아하는 사람은 "나를 좋아하는 사람들이다."
　44. 내가 없을 때 친구들은 "때때로 나에 대해서 이야기한다."
　- 해석적 요약: 정서적으로 개입하기 전에 타인에 대해서 인정받기를 바란다.

[그림 8-2] SSCT 평점 예

2. HTP(집/나무/사람) 검사

1) 개관

　'그림'은 인간의 '기본적인 언어'라고 할 수 있다. 문자가 생기기 훨씬 이전인 원시시대부터 사람들은 벽화나 토기의 그림 등을 통해서 자신의 감정과 행동을 기록해 두었음이 발견되고 있다. 또한 사람은 글을 배우기 전인 아주 어린 시절부터 어떤 형태가 되었든 '그림'으로 자기표현을 하기 시작한다. Freud 또한 정

신과 환자들도 말보다는 오히려 그림을 통해 자기를 전달하는 것이 보다 용이하다고 말한 바 있다.

그림을 그릴 때 사람은 자기도 모르게 스스로 생각하고 있는 자신의 모습 혹은 자기가 되고 싶은 모습을 드러내는 경향이 있다. 이런 점에서 일찍이 "예술가가 초상화를 그릴 때 그는 그 자신과 모델 두 사람을 그리는 것이다." 또는 "예술가는 사물을 보는 것이 아니라 자신을 보는 것이다."라는 의견들이 대두되어 왔다.

우리 주위의 여러 가지 대상 중에서도 '집' '나무' '사람'은 누구에게나 친숙하면서 한편으로는 상징성이 강한 대상이다. 이런 대상들에는 그 대상을 인지하여 개념화하는 그 사람의 성격 발달과 연합되어 있는 독특한 정서적·표상적 경험이 쉽게 스며들면서 하나의 상징체를 형성하게 된다. 우리는 이러한 상들을 그려 보게 함으로써 피검자의 경험을 '투사'라는 형태로 만날 수 있는 하나의 방법을 얻을 수 있는 것이다.

최근까지 그림검사의 타당도와 신뢰도에 대해 일부 논박이 있어 왔으나, 그럼에도 불구하고 HTP 검사는 임상 장면에서 널리 받아들여지고 있다. 그 이유는 사용상의 여러 가지 이점 때문인데, 그 이점들로는 ① 실시하기가 쉽다(연필과 종이만 있으면 된다), ② 시간이 많이 걸리지 않는다(보통 20~30분), ③ 중간 채점이나 기호 채점의 절차를 거치지 않고, 그림을 직접 해석할 수 있다, ④ 피검자의 투사를 직접 목격할 수 있다, ⑤ 언어 표현이 어려운 사람, 즉 수줍고 억압된 아동 또는 외국인과 문맹자에게도 적용할 수 있다, ⑥ 연령, 지능, 예술적 재능에 제한받지 않는다(그림 솜씨나 훈련이 성격 측정에 큰 영향을 주지 않음), ⑦ 환상에 시달리는 환자는 그것의 해소가 가능하여 때로는 치료적 효과도 가진다는 점 등을 들 수 있다.

투사 그림의 해석은 여러 가지 연구를 토대로 이루어진다. 해석의 단서들은 정신분석에서 밝혀진 상징에 대한 의미, 민간 전승적 의미, 정신병 상태의 환자들의 노골적인 상징이 드러나는 그림들 또는 전이(displacement), 대치(substitution)와 같은 방어기제와 전환 증상, 강박사고, 강박행동, 공포증 등의 여러 병리적 현상에서 나타나는 상징성에 대한 연구 등을 통해 축적되어 왔다.

'집' 그림은 전반적으로 가정생활과 가족 간의 관계에 관한 인상을 반영한다. 예를 들어, 굴뚝에서 짙은 연기가 뿜어져 나오는 집을 그린 피검자는 집안의 거친 정서적 분위기 같은 갈등 상황을 표현한 것으로 생각할 수 있다.

'나무'나 '사람' 그림은 주로 성격의 핵심적인 갈등 및 방어에 대한 정보를 제공해 준다. '사람' 그림이 더 의식적인 측면을 반영하는 반면, '나무' 그림은 보다 더 깊고 무의식적인 감정을 반영해 준다. '나무' 그림은 자기노출을 하는 데 대한 불편감이 덜하여 방어의 필요성을 약화시키기 때문에 보다 심층적이면서 드러내 표현하는 것이 '금지된' 감정을 투사하기 쉽게 된다.

한편, '사람' 그림은 기본적으로 자기개념(self-concept)이나 신체 심상(body image)을 나타낸다고 볼 수 있으나 때로는 상황에 따른 태도나 정서가 나타나기도 한다. 외과 수술을 기다리고 있던 한 성인 환자는 수술 전 검사에서 퇴행된 형태의 그림을 그렸으나 수술 후 재검사에서는 이러한 경향이 없어지는 모습을 보였다. 신체 심상 가설이 적용되지 않는 경우도 있는데, 예를 들면 아동이 어른을 그리는 경우다.

그림검사를 해석할 시에는 구조적 요소와 내용적 요소의 두 측면을 모두 고려해야 하며, 한 개의 반응만으로 해석의 결정적인 증거를 삼아서는 안 된다. 예를 들어, '사람' 그림에서 '이목구비'가 생략된 양상은 대개 정신분열증 환자에게서 잘 나타나지만 정상인도 이러한 그림을 그릴 수 있다는 점을 유의해야 한다.

또한 이 검사가 피검자에 대한 많은 함축적인 정보를 주기는 하지만, 여기서의 결과만을 가지고 지나친 해석을 해서는 안 된다. 즉, 총집(full battery)의 검사 자료, 환자의 개인력 및 면담 등에서 얻은 임상적 인상 등과 함께 고려되어야 한다.

2) 실시

(1) 그림 단계

준비할 도구는 16절지 백지 4장, HB 연필, 지우개다.

검사에 대한 지시는 다음과 같이 한다.

"지금부터 그림을 그려 봅시다. 잘 그리고 못 그리는 것은 상관없으니 자유롭게 그려 보세요."

이렇게 말하고 나서, 피검자에게 16절지 한 장을 가로로 제시하며 "여기에 집을 그려 보세요."라고 말하고 그리는 시간을 측정한다.

피검자가 여러 질문을 할 수 있는데 이에 대해 "마음 내키는 대로 그리세요."라고만 대답한다. 그림을 그릴 줄 모른다고 하는 피검자에게는 "그림 솜씨를 보려는 것은 아닙니다."라고 말해 준다.

'집' 그림이 끝나면 두 번째 종이를 세로로 제시하며 "이번에는 나무를 한번 그려 보세요."라고 말하고 그리는 시간을 측정한다.

'나무' 그림이 끝나면 세 번째 종이를 세로로 제시하면서 "여기에 사람을 그려 보세요."라고 말한다.

얼굴만 그리는 피검자에게는 '전신 그림을 그리도록' 지시한다. 그려진 그림이 만화적이거나 막대형의 그림(뼈대만 그리는 것)이라면 '온전한 사람'을 다시 한번 그리도록 한다.

사람을 다 그리면 그림의 성별을 묻고 피검자가 응답한 성별과 함께 첫 번째 사람 그림이라는 점을 완성된 종이에 표시해 둔다.

다음에는 네 번째 종이를 세로로 제시하면서 방금 전 그린 그림의 반대 성을 그리도록 지시하고 시간을 측정한다(예: "이번에는 '여자'를 한번 그려 보세요.")

검사 수행 시 피검자의 말과 행동을 관찰·기록해 둔다. 이는 모호한 상황에서 피검자가 어떻게 대처하는지에 대한 단서를 제공한다.

(2) 질문 단계

그림 단계가 끝난 후 각각의 그림에 대해 여러 가지 질문을 하는 단계다.

정해져 있는 일정한 형식은 없고 각 피검자에게 맞는 질문을 하는 것이 좋다. "이 그림에 대한 당신의 느낌을 자유롭게 말씀해 보세요."나 "이 그림에 대한 이야기를 한번 만들어 보세요." 같은 질문도 좋다.

이것은 그림에서 피검자가 나타내고 있는 개인적인 의미, 즉 현상적 욕구나 압박의 투사 등을 알아내기 위함이다.

일반적으로 하는 질문들의 예를 들어 보기로 하자.

① 집

1. 이 집에는 누가 살고 있습니까?

2. 사는 사람은 어떤 사람(들)입니까?

3. 이 집안의 분위기는 어떻습니까?

4. 당신이라면 이 집에서 살고 싶을 것 같습니까?

5. 이 그림에 더 첨가해서 그리고 싶은 것이 있습니까?

6. 당신이 그리고 싶은 대로 잘 그려졌습니까? 그리기 어렵거나 잘 안 그려진 부분이 있습니까?

7. (이해하기 힘든 부분에 대해) 이것은 무엇입니까? 어떤 이유로 그렸습니까?

② 나무

1. 이 나무는 어떤 나무입니까?

2. 이 나무는 몇 살 정도 되었습니까?

3. 지금의 계절은 언제입니까?

4. 이 나무의 건강은 어떻습니까?

5. 이 나무는 어디에 있습니까?

6. 이 나무의 주변에는 무엇이 있습니까?

7. 만약 이 나무가 사람처럼 감정이 있다면, 지금 이 나무의 기분은 어떨까요?

8. 나무에게 소원이 있다면 무엇이 있을까요?

9. 앞으로 이 나무는 어떻게 될 것 같습니까?

10. 이 그림에 더 첨가해서 그리고 싶은 것이 있습니까?

11. 당신이 그리고 싶은 대로 잘 그려졌습니까? 그리기 어렵거나 잘 안 그려진 부분이 있습니까?

12. (이해하기 힘든 부분에 대해) 이것은 무엇입니까? 어떤 이유로 그렸습니까?

③ 사람(각각의 그림에 대하여)

1. 이 사람은 무엇을 하고 있습니까?

2. 이 사람은 몇 살쯤 됐습니까?

3. 이 사람의 직업은 무엇입니까?

4. 지금 기분이 어떤 것 같습니까?

5. 무슨 생각을 하고 있는 것 같습니까?

6. 이 사람의 일생에서 가장 좋았던 일은 무엇이었을 것 같습니까? 가장 힘들었을 때는 언제였을 것 같습니까?

7. 이 사람의 성격은 어떤 것 같습니까? 장점은 무엇입니까? 단점은 무엇입니까?

8. 당신은 이 사람이 좋습니까? 싫습니까?

9. 당신은 이러한 사람이 되고 싶습니까?

10. 당신은 이 사람과 친구가 되어 함께 생활하고 싶습니까?

11. 누군가 생각하며 그린 사람이 있습니까?

12. 당신은 이 사람을 닮았습니까?

13. 이 그림에 더 첨가해서 그리고 싶은 것이 있습니까?

14. 당신이 그리고 싶은 대로 잘 그려졌습니까? 그리기 어렵거나 잘 안 그려진 부분이 있습니까?

15. (이해하기 힘든 부분에 대해) 이것은 무엇입니까? 어떤 이유로 그렸습니까?

3) 해석

이하에서는 그림검사에서 해석의 초점이 되는 다양한 요소와 각 요소들에 따른 해석적 가설에 대해 소개할 것이다.

(1) 구조적/표현적 요소

① 검사 시의 태도와 소요 시간

검사 시에 보인 피험자의 태도에 따라 같은 그림도 다르게 해석될 수 있다. 예를 들어, 세부 묘사가 불충분하고 생략된 부분이 많은 그림이라도 피험자가 성실히 그렸을 때와 불성실하게 그렸을 경우 그 의미가 다르다.

그림을 그리는 데 소요되는 시간이 지나치게 짧거나 지나치게 길 때나 지시를 하고 나서 한참 동안 그리지 않는 경우 등은 그 그림이 피험자에게 특별한 의미가 있으며 그 그림을 그리는 것에 대한 어떤 갈등이 있음을 보여 준다. 그림 속의 어떤 부분을 계속 지우며 고쳐 그리는 경우는 그 부분이나 그 부분이 상징하는 것에 대한 갈등을 나타내는 것이라 할 수 있다.

② 순서

- 욕구나 방어, 적응 등이 어떤 순서로 나타나는가를 볼 수 있다. 예를 들어, 그림 속 인물의 어깨를 좁게 그렸다가 다시 넓은 어깨로 고쳐 그린다면, 새로운 상황에 처했을 때 열등감으로 반응하나, 곧 과장된 자신감으로 포장할 것이라고 가정해 볼 수 있다.
- 남성상/여성상을 그린 순서와 그려진 모습을 비교한다.
- 자기 성과 같은 성을 먼저 그리는 것이 통상적이다. 다른 성을 먼저 그리는 경우, 성역할 동일시에 갈등이 있거나 또는 현재 생활에서 특정 이성에 대한 비중(긍정적이든, 부정적이든)이 큰 상태임을 시사한다.
- 또한 그려진 남녀상의 모습을 비교해서 중요한 단서를 얻을 수 있다. 예를 들어, 여성상은 크고 위협적으로 그린 데 반해, 남성상은 조그맣고 약하게

그린 남자 피검자는 여성을 위협적으로 지각하여 소극적이고 복종적인 태도로 대할 가능성이 있다.

- 그림을 그려 나가는 일반적인 순서에서 이탈된 경우 중요한 사인이 된다. 예를 들어, 인물상의 경우 머리부터 그려 나가는 것이 일반적인데, 발 → 머리 → 무릎 → 다리의 순서로 그린다면 사고장애의 지표로 볼 수 있다. 이러한 경우 완성된 그림만으로는 알아차릴 수 없으므로 그리는 과정을 관찰하는 것이 중요하다.
- 그려 나가는 양상에서 에너지의 양, 이를 통제하는 양상도 시사한다. 검사 태도에서 처음에 다소 혼란을 보이다가 곧 안정을 찾는 경우는 상황불안을 나타내는 것으로서 심각한 문제가 아닐 수 있다. 혹은 처음에는 잘 그리다가 차츰 피로를 드러내고 미완성으로 끝내는 경우는 쉽게 지치고 포기하는 우울 상태를 의심해 볼 수 있다.

③ 지우개 사용

지우개를 알맞게 사용했고 그에 따라 그림의 질이 향상된 경우라면 환경 적응에의 유연성이 있고 만족스럽게 적응하고 있음을 시사할 수 있다.

그러나 지우개를 오히려 과도하게 사용하는 경우에는 불안정이나 초조감이 있을 수 있고, 자신에 대한 불만, 불안, 도움을 받고 싶은 욕구를 보여 주는 것일 수 있다. 또한 신경증, 특히 강박장애를 시사할 수도 있다.

④ 위치

용지의 중앙에 그림이 위치한 경우는 정상적이며 안정된 경우라고 볼 수 있다. 그러나 지나치게 정확히 중앙을 고수하려는 경향은 오히려 불안정감이나 완고함, 특히 대인관계에서의 융통성이 결여되어 있음을 나타낼 수 있다.

용지의 가장자리에 치우쳐 그리는 경우에는 의존성과 자신감 결여를 시사할 수 있는데, 왼쪽으로 치우쳐 그리는 경우는 충동적 행동화 경향, 즉각적인 욕구 충족을 추구하는 경향, 외향성, 자기중심성 등을 나타내고 오른쪽으로 치우쳐 그리는 경우는 비교적 안정되고 통제된 행동과 욕구 충족의 지연, 내향성 등을 나타낸다고 알려져 있다. 용지의 위쪽으로 그리는 경우는 욕구 수준이 높거나 욕구 수준은 낮은데 과잉보상 방어를 하는 경우, 공상을 즐기는 경향, 야심과 성취 욕구가 높은 경우 등을 시사할 수 있으며, 아래쪽에 치우쳐 그리는 경우에는 불안정감과 부적절감, 자기확신감이 낮음, 우울 경향, 의존 경향, 구체적이고 현실적인 사고 경향 등을 시사할 수 있다.

종이의 모퉁이에 그리는 경우는 어느 쪽 모퉁이든 대인관계 철수 경향을 나타낸다고 할 수 있다.

⑤ 선의 강도

이는 피검자의 에너지 수준에 대한 지표로, 그림의 어떤 특정 영역을 진하게 그리는 경우는 그 부분에 대한 고착이나 그 부분이 상징하는 것에 대한 억압이나 적대감을 나타낸다.

강한 선은 자신감, 주장성, 독단성, 공격성, 분노감 또는 극도로 긴장되어 있는 경우, 기질적 장애가 있는 경우에도 나타날 수 있다.

흐린 선은 우유부단, 겁 많고 억제된 성격, 낮은 활력 수준, 감정 표현에 있어서 억제와 억압, 위축 등을 시사할 수 있으며 지능이 낮은 피검자에서도 나타날 수 있다. 불안이나 우울, 강박 증상 등 신경증 상태에서도 나타날 수 있다.

⑥ 크기

보통 20cm 정도의 크기, 용지의 2/3 정도를 활용하여 그리는 것이 일반적이다. 그림의 크기를 통하여 피검자의 자존감, 자기상, 자기확대의 욕구, 공상적 자아 등에 대한 단서를 제공받을 수 있다.

지나치게 큰 그림은 공격적 경향, 행동화 경향, 과장적 경향 또는 낙천적 경향이나 부적절감에 대한 보상, 억압 방어 등을 시사할 수 있다. 아동의 경우에는 정상적인 것으로 볼 수 있으나, 만약 25cm 이상으로 큰 그림이라면 정서적 문제가 있을 가능성도 있다.

반면, 지나치게 작은 그림은 열등감, 부적절감, 자존감 낮음, 과도한 자기억제, 의존성, 불안, 자아 구조가 약하거나 자아 강도가 낮음을 나타낼 수 있다. 아동이나 노인의 경우에는 정상적인 것으로 볼 수 있으나, 만약 5cm 미만일 경우라면 정서적 문제가 있을 가능성을 고려해 볼 필요가 있다.

⑦ 그림의 선

선의 방향 면에서, 수평선이 강조된 경우라면 자기방어적 경향, 두려움, 여성성 등을, 수직선이 강조된 경우라면 남성적 주장성, 결단력, 과잉활동성 등을 고려해 볼 수 있다.

곡선이 강조된 경우라면 심리적 유연성 또는 관습을 좋아하지 않는 경우를, 직선을 지나치게 강조하는 경우에는 경직성, 공격성, 억제적 경향 등을 생각해 볼 수 있다.

선의 질이 어떠한가도 분석의 중요 대상이 되는데, 망설임 없이 확신에 찬 선이라면 안정성, 의욕적인 태도, 자신감, 주장성 등을 뜻하며, 스케치식으로 처리된 선이라면 불안정감, 소심함, 우유부단 등을 시사할 수 있다. 특히 청소년의 경우에는 나쁜 자기개념, 낮은 자기확신과 자기갈등을 나타내는 것일 수 있다.

⑧ 세부 묘사

각각의 그림에는 필수적으로 그려야 하는 세부가 있다. 예를 들면, '집' 그림은 최소한 문 하나, 창문 하나, 벽 하나, 지붕 하나를 포함해야 한다. '나무' 그림에는 줄기와 가지가 포함되어야 하고, '사람' 그림에는 머리, 몸, 두 다리, 두 팔, 두 눈, 코, 입, (두 귀) 등이 포함되어야 한다(Buck, 1948).

정상인은 그리려는 주제의 필수적인 세부와 그에 더하여 몇몇 부가적인 세부를 그린다. 기본적인 부분을 생략하지 않으며 과도하게 세부에 집착하지도 않는다. 세부를 생략하는 경우 또는 반대로 과도하게 그 세부에 집착하는 경우 그것이 어떤 부분인가에 따라 각각 다른 심리적 의미가 있을 수 있으며, 신경증이나 사고장애 등이 시사될 수 있다.

⑨ 왜곡

대상의 일반적인 형태를 그리지 않고 왜곡된 형태로 그리는 것을 말한다.

전반적인 왜곡이 나타나는 경우에는 정신증(psychosis)을 고려해 보아야 하며 지적장애, 기질적 장애의 가능성도 고려해 보아야 한다. 청소년의 경우에는 부정적인 자기개념에 대한 심리적 갈등에 의해 왜곡이 나타날 수도 있다. 심하지 않은 왜곡이라면 불안으로 인한 것으로 해석할 수도 있다.

⑩ 투명화

현실적으로는 볼 수 없는 대상의 내부를 보이는 것처럼 그리는 경우를 말한다.

미성숙, 적응상의 문제, 자기개념이 나쁨, 불안, 기질적 장애 등을 시사할 수 있다. 또한 현실 접촉력이 저하된 퇴행, 판단력의 저하, 사고장애, 정신증에 대해서도 고려해 보아야 한다. 특히 '사람' 그림에서 내장기관이나 뼈 등을 그려 넣는 경우 임상적으로 주목하여야 한다.

(2) 내용적 요소
① 집(House)

집 그림은 피검자의 자기지각, 가정생활의 질, 혹은 가족 내에서의 자신에 대한 지각을 반영한다. 그림은 피검자의 현실의 집, 과거의 집, 원하는 집일 수도 있고 혹은 이것들의 혼합일 수도 있다. 또한 피검자의 어머니를 상징적으로 표현한 것일 수도 있고, 어머니에 대한 느낌을 드러내는 것일 수도 있다.

집 그림에서는 그림을 전체적으로 평가함과 더불어, 필수 요소인 지붕, 벽, 문, 창 등을 어떻게 그렸는가에 유의해서 해석해야 한다.

■ 지붕

지붕은 정신 생활, 특히 공상 영역을 상징한다.

과도하게 큰 지붕은 환상에 과몰입되어 있고 외부 대인 접촉으로부터 철수되어 있음을 의미할 수 있다. 일차원으로만 그려진 지붕은 심리적 자원이 제한적이거나 경직되어 있는 성격을 반영하는 것일 수 있다.

여러 번 덧칠하거나 진하게 칠함으로써 지붕선을 강조하는 경우는 환상의 위협으로부터 자신을 보호하려는 것일 수 있다.

처마를 강조하는 것은 과잉 방어 또는 의심 많은 태도를 반영한다고 알려져 있다.

■ 벽

벽은 피검자의 자아 강도에 대한 정보를 준다.

흐린 벽선은 자아통제력이 약화되었다는 느낌을 반영하며 벽선을 강조한 경우보다도 정신병리의 표출이 임박한 경우에 나타날 수 있다. 같은 맥락에서 허물어지려는 벽을 그렸다면 자아붕괴감을 시사할 수 있다.

한편, 벽에서 수평선이 강조된 경우는 환경적 압력에 취약함을, 수직선이 강조된 경우는 공상을 통해 만족하려는 경향, 현실과의 접촉이 적음을 시사하는 것일 수 있다.

■ 문

환경과의 직접적인 상호작용을 나타내는 부분으로, 피검자의 대인관계에 대한 태도를 보여 준다.

문이 없다면 심리적 접근을 허락하지 않는 경향, 철수 경향, 고립감 등을 반영할 수 있다.

집, 창문의 크기에 비해 작은 문은 환경과의 접촉을 꺼리는 경향, 대인관계로부터의 철수, 사회적 부적절감, 우유부단 등을 시사할 수 있다.

반면, 과도하게 큰 문은 타인에게 매우 의존적이며 사회적 접근을 통해 타인에게 인상적 존재가 되고 싶은 욕구를, 열린 문은 외부로부터 정서적 따뜻함을 받고자 하는 강렬한 욕망을 반영할 수 있다.

■ **창문**

환경과 간접적인 접촉을 하는 매개체로, 인간의 '눈'과 같은 역할을 한다.

창문의 크기에 따라 외부 환경에의 예민성, 경계심, 방어 등에 대한 정보를 얻을 수 있다.

커튼이나 차양이 있는 경우는 환경 접촉에 과도한 염려를, 없는 경우는 자신의 감정을 숨길 필요성을 느끼지 못함을 시사한다고 알려져 있다. 그러나 커튼을 쉽고 자유롭게 그리는 경우는 정상적인 가정생활을 시사한다.

■ **굴뚝**

친밀한 인간관계로서의 따뜻함을 상징할 수 있으며 보다 무의식적인 면으로는 남성의 성기를 상징하기도 한다.

쉽고 빠르게 그린다면 만족스러운 적응을 나타내는 것으로 볼 수 있다. 덧칠이나 크기 등으로 강조된 굴뚝은 가정의 심리적 따뜻함에 대한 과도한 염려, 성적 관심이나 걱정을 시사할 수 있다.

굴뚝에서 나오는 연기는 많거나 짙다면 환경적 압력을 받는 느낌, 가정이나 자신에 대해서 상당한 내적 긴장과 불안을 겪고 있음을 반영하는 것일 수 있다.

■ **진입로와 계단**

대인관계에 대한 접근성을 나타내는 요소들이다.

균형 있으면서 쉽게 그려진 진입로는 심리적 접근을 허락하며 정서적으로 안정되어 있으며 대인관계를 적절히 통제하고 있음을 나타낼 수 있다.

매우 긴 진입로라면 심리적 접근의 어려움이나 대인관계에서 거리를 두려는 경향을 시사할 수 있다.

■ **기타 부속물**

집 주위와 벽에 수풀, 나무, 꽃 등 다른 세부 묘사를 하는 것은 주의 및 관심, 애정에 대한 욕구를 반영한다고 알려져 있다. 특히 튤립이나 데이지 같은 모양의 꽃은 미성숙이나 퇴행을 시사할 수도 있다.

울타리는 방어적 심리, 태양은 의존성, 구름·지표선·그림자를 그리는 것은 불안 등을 시사할 수 있으며, 많은 나무를 그리는 것도 강력한 의존 욕구의 표현으로 해석될 수 있다.

② 나무(Tree)

나무 그림은 자기 자신에 대한 무의식적이고 원시적인 성격을 투사하는 자아개념과 관련이 있다. 이를 통해 피검자의 성격 구조의 위계적 갈등과 방어, 정신적 성숙도 및 환경에의 적응 정도를 엿볼 수 있다.

Buck(1948)의 주장에 따르면, 나무 그림의 둥치는 기본적 힘과 내적인 자아강도에 대한 피검자의 느낌을, 가지는 환경으로부터 만족을 얻을 수 있는 능력에 대한 피검자의 느낌을 묘사하며, 그려진 나무 전체의 구조는 대인관계 균형감을 반영한다.

집 그림과 마찬가지로 나무 그림도 해석할 때 전체적·직관적으로 파악하는 과정이 필요하다. 세부보다 우선적으로 전체적인 모습을 파악함으로써 조화, 불안, 공허, 단조로움 혹은 적의, 경계 등의 인상을 받을 수 있다. 이것이 해석의 첫 단계이고, 이후 체계적인 분석을 하는 것이 필요하다.

■ 둥치(trunk)

둥치는 피검자의 자아 강도나 기본적인 심리적 힘(basic power), 심리적 발달에 대한 지표를 제공해 준다.

거대한 둥치는 공격적 경향이나 강한 주장성을, 작고 가느다란 둥치는 자아에 대한 부적절감이나 취약감을 반영할 수 있다.

가지와의 관계도 고려해야 한다. 매우 가는 둥치에 큰 가지 구조를 가지고 있다면 과도한 만족 추구 행동으로 불안정한 적응 상태에 있을 가능성이 시사될 수 있으며, 짧은 둥치에 매우 큰 수관을 가진 경우라면 자기확신, 자신감, 야망, 성취 욕구 등에 대해서 생각해 볼 수 있다. 긴 둥치에 작은 수관을 가지는 경우는 아동이나 발달지체, 신경증적 퇴행이 있는 경우에 나타날 수도 있다.

둥치에 옹이를 그리는 것은 외상적 경험(뿌리 가까운 쪽에 옹이가 존재할수록 어린 나이의 외상)을, 음영을 그리는 것은 기본적으로 자아 부적절감을 가지고 있거나 신체화의 경향이 있는 경우 등을 생각할 수 있다.

■ **가지(branch)**

가지는 환경으로부터 만족을 구하고 타인과 접촉하며 성취를 향해 뻗어 나가는 피검자의 자원을 나타낸다.

가지 구조가 원근에 따라 두껍고 얇게 융통성 있게 조화됐으며 둥치와 적절한 크기로 조화를 이루고 있는 형태가 가장 바람직하다고 볼 수 있는데, 스스로 환경으로부터 만족을 얻는 능력이 높다고 느끼고 있음을 반영한다.

부러지거나 잘린 가지는 외상적 경험을, 밑으로 향한 가지는 환경적 압력에 대처해 나갈 수 없다는 느낌을, 가지가 없는 경우는 대인관계에서 즐거움을 얻지 못하거나 타인과 어울리는 데서 만족을 얻지 못하고 있음을 시사할 수 있다.

■ **수관(crown)**

수관과 잎은 자신의 생산성에 대한 느낌이나 성취 욕구 등과 관련이 있다. 또한 수관은 내적 공상이나 사고의 영역으로 해석되기도 한다.

납작한 모양의 수관이라면 환경적 압력에 대한 느낌, 부적절감, 무망감 등을 고려해 볼 수 있으며 구름 같은 모양의 수관인 경우는 공상을 적극적으로 하고 있거나 낮은 에너지 수준, 현실 부정 등을 생각해 볼 수 있다.

아무렇게나 그린 선으로 뒤범벅된 수관이라면 혼란되어 있거나 흥분, 충동성, 정서적 불안정 등을 고려할 수 있다.

■ **뿌리**

뿌리는 피검자의 성격적 안정성, 안전에 대한 욕구, 현실과의 접촉 정도를 알려 준다.

뿌리를 과도하게 강조하는 경우는 현실 접촉을 과도하게 강조하거나 염려하는 상태일 수 있으며, 죽은 뿌리를 그렸다면 현실과 접촉할 능력을 상실했다는 느낌, 심각한 병리 상태를 시사할 수 있다. 뿌리에 음영을 그렸다면 불안이나 불안정감을 생각해 볼 수 있다.

■ 잎

많은 잎을 그리는 것은 생산적이고 효과적으로 보이고 싶은 욕구이거나 강박적 경향을 반영할 수 있다. 반면, 잎을 생략하는 것은 내적 황폐나 자아통합의 어려움을 시사할 수 있으나 계절을 감안하여 해석하는 것이 좋다(겨울에는 잎이 없는 그림이 많음).

떨어지고 있거나 떨어진 잎은 자신의 능력이나 생산성에 대한 회의감을 가지고 있고, 그로 인해 사회적 요구에 순응하거나 충족시킬 수 없다는 느낌을 반영하고 있을 수 있다.

■ 나무껍질

껍질을 쉽고 수월하게 그렸다면 정상적인 것으로 볼 수 있다. 반면, 불연속적으로 그려지거나 강조된 껍질은 불안을, 지나치게 꼼꼼하게 그려진 껍질은 환경과의 상호작용에 과도한 염려를 하는 강박적 성향을 시사할 수 있다.

③ 사람(Person)

'사람' 그림은 '집'이나 '나무'보다 더 직접적으로 자기상을 나타낸다. 그러나 '사람'을 그리는 것은 피검자로 하여금 방어를 유발하게 하는 면도 있어 자신의 상태를 의식적·무의식적으로 왜곡해서 표현하게 만들기도 한다.

'사람' 그림은 자화상이 될 수도 있고 이상적인 자아, 중요한 타인 혹은 인간 일반을 어떻게 인지하고 있는지를 나타내기도 한다.

■ 머리

머리는 자아(self)의 자리이며, 지적 · 공상적 활동, 충동과 정서의 통제, 사회적 의사소통 등의 중추다.

정상인은 대개 신체의 다른 부위보다 머리와 얼굴에 주의를 두어서 그린다. 반면, 우울하거나 철수되어 있거나 신경증적인 문제가 있는 등의 부적응적인 사람들은 그렇지 않은 경향이 있다.

불균형하게 큰 머리는 지적인 능력에 대한 관심, 지적 야심, 성취욕을 주로 시사하나 공상에 몰두하는 경향이나 과잉사고, 편집증 등을 시사할 수도 있다. 반면, 작은 머리는 지적 · 사회적 부적절감, 무능감, 열등감 등을 시사할 수 있으며, 피하고 싶은 생각의 억압과 부인을 나타내는 경우도 있다.

■ 얼굴

얼굴은 개인적인 만족과 불만족을 전하고 상호 의사전달을 할 수 있는 중추다. 즉, 사회적 상호작용과 대인관계의 일차적인 창구로서 중요한 역할을 담당하는 부분이다.

이목구비를 생략하는 피검자는 대인관계에서의 마찰이나 갈등이 있고 이 문제를 회피하거나 피상적으로 처리하려는 경향이 있을 수 있다. 또한 과도한 경계심과 공격 충동이 있을 수도 있으며 심리치료의 예후가 좋지 않을 가능성도 있다. 정신증이나 기질적 장애가 있는 경우에도 나타날 수 있다.

이목구비는 강조하였지만 신체 부위는 흐릿하게 그리는 경우는 열등감에 대한 보상적 방안으로 습관적으로 공상에 의존하는 경우이거나 또는 신체의 부위 및 기능에 대해 수치감이나 열등감이 있는 경우일 수 있다.

신체의 각 부위도 다음과 같은 중요한 의미를 가진다.

- 입: 관능적 만족의 원천이자 구강적 욕구와 공격성의 상징이다.
- 눈: 외부 세계와의 접촉을 위한 가장 기본적인 기관으로, 환경에의 예민성 등과 관련하여 집 그림에서의 창문과 유사한 의미를 갖는다.

- 귀: 이 또한 외부 환경과의 접촉 수단으로, 청각적 정보의 수용 민감성과 관련이 있다. 그러나 생략되는 경우도 흔하다.
- 머리카락: 육체적 욕구와 관련이 있으며 간접적으로는 성적 에너지를 나타내는 것으로 생각된다. 지나치게 강조되는 경우는 공격성이나 주장성, 자기애적 경향과도 관련이 있다고 알려져 있으며 사고나 공상에의 몰두를 반영하기도 한다.
- 코: 일차적으로는 성적 상징으로 생각되고 있으나, 주장성이나 공격성과도 관련이 있다.
- 목: 신체(충동)와 머리(지적 통제)의 연결 부위로서의 의미가 있다. 길고 가는 목은 신체적 허약함이나 열등감을 느낌 또는 이성과 감정을 분리하려는 경향을 반영할 수 있다. 짧고 굵은 목은 충동성이나 사고의 부족을 시사할 수 있다.

■ **사지(四肢)**

- 팔: 팔은 물리적 환경의 통제자로, 자아 발달과 환경과의 접촉, 대인관계, 사회적 적응을 나타낸다. 짧은 팔은 환경과의 접촉이 제한되어 있다는 느낌이나 수동-의존성을 반영하며, 긴 팔은 환경을 통제하려는 시도, 성취욕, 획득욕, 자율성에 대한 욕구와 관련이 있다. 그러나 길고 약한 팔이라면 오히려 수동성과 의존 욕구를 시사한다.
- 손: 흐릿하고 분명치 않은 손은 사회적 접촉이나 생산 활동에서의 자신감 결여를 시사하며, 손을 주머니에 넣고 있는 것은 갈등이나 죄책감에 대한 회피의 표현일 수 있다. 극단적으로 큰 손은 부적절감에 대한 보상이나 충동성을, 작은 손은 불안정감과 무기력감을 반영하는 것일 수 있다.
- 손가락: 환경과의 실제 접촉 지점이며, 조작의 도구다. 건설, 파괴, 공격에의 잠재력을 갖고 있다. 손가락은 중요한 부분으로, 아동의 경우 손보다 손가락을 먼저 그리는 경우도 많이 있다.
- 다리와 발: 신체를 유지하고 균형을 취하는 기능을 하며, 안정감이나 불안

정감, 신체적·심리적 이동성과 관련이 있다. 매우 긴 다리는 자율성에 대한 갈구, 매우 짧은 다리는 위축감과 비자율성을 시사한다고 알려져 있으며, 앉아 있는 그림은 우울이나 신체적 철수를 나타내는 것일 수도 있다. 발을 생략하는 것도 무기력감, 속박감, 자율성 부족을 시사할 수 있다.

■ **나머지 신체 부분**

- 몸통: 기본 추동(basic drive)과 관련된다. 매우 큰 몸통은 욕구와 충동의 불만족, 매우 작은 몸통은 욕구의 거부나 열등감, 가는 몸통은 신체적 허약이나 심리적 취약감을 나타낼 수 있다.
- 젖가슴: 강한 구강기적 의존 욕구와 관련되어 있다. 지나치게 강조하여 그린 경우는 심리성적·정서적 미성숙을 시사하며 정신증에 대해서도 고려해 보아야 한다.
- 어깨: 신체적 힘에 대한 욕구를 보여 준다. 떡 벌어진 어깨를 그리는 청소년은 신체적인 부적절감을 과잉 보상하려는 시도를 하고 있는 것일 수 있다. 좁은 어깨는 열등감을 반영할 수 있다.

■ **인물에 대한 조망**

일반적으로는 정면을 바라보고 있는 모습으로 그린다. 사람을 옆모습으로 그리는 것은 대인관계에 회피적이거나 조심스러움, 부적응, 철수, 반항성 등으로 인해 나타날 수 있다. 뒷모습을 그리는 것은 편집증 경향이나 반사회적 경향을 고려해 볼 수 있으며 정신증일 가능성도 생각해 볼 수 있다.

■ **의상**

- 옷 일반: "옷을 입히나요?"라는 질문을 하는 경우는 과도하게 신체를 의식하여 괴로움을 느끼는 사람에게서 나타날 수 있는 반응이다. 옷을 너무 많이 입히거나 꾸미는 것은 피상적이고 외향적인 성격, 사회적 지지에의 강력한 욕구, 자기중심적·유아적 경향을 시사할 수 있고, 몸이 투명하게 비

치는 옷을 그리는 경우는 관음증이나 노출증 또는 성격장애, 정신증, 기질적 장애 등을 고려해 보아야 한다.

- 단추: 모성 의존을 나타낸다. 단추를 강조하는 경우, 특히 덧칠을 하거나 부적합한 위치일 때 의존성과 퇴행이 시사될 수 있으며, 가운데에 위치하면서 줄줄이 강조되어 있는 단추는 자기중심성도 고려할 수 있다.
- 주머니: 사적 소유물을 보관하는 장소로, 물질적·애정적 박탈과 관련이 있다. 주머니를 강조하는 것은 유아적·의존적 경향을 반영하며, 특히 어머니에 대한 정서적 의존과 관련이 있을 수 있다. 가슴 위의 주머니는 구강의존적 경향과 관련 있다는 의견도 있다.
- 넥타이: 일차적으로 성적 상징으로 알려져 있으나 사회적·직업적 성취와도 관련이 있다.

■ 정상적이고 건강한 '사람' 그림의 특징(Urban, 1963)
- 머리, 몸, 두 다리, 두 팔, 두 눈, 코, 입, (두 귀) 등의 필수적인 세부를 포함한다.
- A4용지에 대략 15~20cm의 크기로, 10~12분 정도에 걸쳐 완성한다.
- 중앙이나 약간 아래에 위치한다.
- 머리와 얼굴부터 그린다.
- 비율이 적당하고 적절한 자발성이나 움직임을 보인다.
- 비교적 균형이 잡혀 있고, 보기에 이상하지 않다.
- 지우개를 거의 사용하지 않거나, 사용할 때는 그림의 향상을 가져온다.
- 필압과 획의 강도가 일정하다.
- 피검자와 동일한 성에 대해서 먼저 그리며, 시간을 더 들이고 숙고하여 세부적인 부분까지 그린다.
- 눈에는 눈동자를 그리나, 코에는 콧구멍을 그리지 않는다.
- 옷이 입혀진 상태이며 남성 그림일 경우 벨트를 그린다.
- 발이나 귀가 강조되지 않는다.
- 생략된 부분이 최소한이다.

제9장
투사검사 2

| 최정윤 |

1. 로르샤흐 검사

1) 개관

로르샤흐(Rorschach) 검사는 현재 임상 실제에서 가장 널리 사용되는 대표적인 투사검사라 할 수 있다. 임상가에 의해서 사용되는 모든 검사가 나름대로의 장점을 가지고 있으며 각기 독특한 정보를 주지만, 특히 로르샤흐 검사는 개인 성격의 여러 차원, 이를테면 인지, 정서, 자기상, 대인관계 등에 대한 종합적이고 다각적인 정보를 준다는 강점을 가지고 있다.

그러나 어떤 투사검사나 마찬가지의 문제를 가지고 있지만, 특히 로르샤흐 검사의 경우 이 검사가 다양하고 복잡한 정보를 주면서 그 중요도가 높게 평가되고 있는 만큼이나 신뢰도나 타당도에 관하여 많은 논의와 이의가 있어 왔다. 즉, 실시나 해석 과정에서 임상가의 주관이나 편향이 개입되어 결과가 달라지거나 오도될 가능성이 많으며 해석자 간 의사소통이나 의견 일치가 되지 않을 수 있다는 문제점이 지적되어 왔다.

이러한 문제를 해결하기 위하여 1921년 Hermann Rorschach에 의하여 성격 분석의 도구로서 그 유용성이 인식되어 연구·발표된 이후, 임상가들은 계속해서 이 검사의 실시 및 해석에 있어 표준화된 틀을 마련하고자 노력해 왔다. 1940년대와 1950년대를 지나오면서 로르샤흐 검사에 대한 중요한 연구들이 진행되었으나, 각 학자들 간의 학문적 배경이나 강조점 등이 달라서 그에 따라 각각 다른 채점 체계가 생겨나게 되었다. 이로 인하여 연구자들이 어떤 체계를 어떤 식으로 사용하였는가에 따라서 각기 다른 연구 결과들이 양산되었고, 그런 결과들은 로르샤흐 검사법에 대한 연구가 체계적이고 일관성 있게 확장되어 나가는 데 어려움이 되었다. 때문에 로르샤흐 검사에 대한 신뢰도와 타당도는 많은 의심을 낳게 되었다.

이런 문제점을 해결하기 위하여 J. Exner는 Klopfer와 Beck의 제안을 받고 1961년부터 연구에 착수하였다. 그는 각 체계들에 대한 분석을 통해 각각의 장점과 경험적으로 검증된 부분들만을 채택·종합하여 타당성 있고 신뢰할 수 있는 통합 체계를 발전시키고자 하였다.

이런 노력에 의하여 개발된 '로르샤흐 종합체계'(*The Rorschach: A Comprehensive System*, 1974, 1978, 1986, 1990)는 현재 임상가들 사이에서 가장 표준화된 체계로 받아들여지며 널리 사용되고 있다.

Exner의 종합체계가 가진 장점은 기존의 각 방식들에서 경험적인 근거를 바탕으로 실증적으로 입증된 부분과 연구 결과들만을 채택·종합함으로써 과학적인 근거를 갖게 됨과 동시에 풍부한 해석 틀을 가지게 되었다는 것이다.

또한 그동안 각각의 체계들에서 나름대로 달리 쓰이던 채점 방식에 하나의 명백한 기준을 제시함으로써 채점자 간 신뢰도를 높이게 되었으며 연구자 간의 의사소통을 원활하게 하였다. 한편, 구조적으로 체계화되어 있기 때문에 질적 분석 방식에 비하여 임상가들이 보다 용이하게 접근할 수 있다는 장점도 가지게 되었다.

가장 실용적인 의미에서, Exner 종합체계는 특히 표준화된 절차에 따른 체계적인 훈련이 필요한 초심자들에게 로르샤흐 검사에 대한 이해에 많은 도움을 줄 수 있다.

반면, 주로 변인들의 양적인 측면에 바탕으로 두고 있기 때문에 반응의 질적·내용적 측면에 대한 고려에는 한계가 있다. 로르샤흐 검사에서 도출된 피검자의 반응에는 그 개인의 독특한 모습에 대한 많은 정보가 들어 있다. 투사적 기법으로서 로르샤흐 검사가 가지는 이점을 충분히 활용하여 그 개인에 대한 보다 구체적이고 생생한 정보를 얻기 위해서는 반응의 질적인 면에 대한 접근도 매우 중요하다. 질적인 측면에 대한 해석을 위해서는 무엇보다도 충분한 훈련과정과 풍부한 임상 경험이 필요하다. 그래야만 로르샤흐 검사의 사용에 있어서 가장 비판받을 수 있는, 검사자의 주관에 따라 임의적 해석을 하는 오류에서 벗어날 수 있다.

특히 초심자의 경우 로르샤흐를 실시함에 있어서 반드시 표준화된 절차를 숙지하고 따라야 함은 물론, 해석에 있어서도 다양한 연구 결과나 경험 많은 임상가에 의하여 축적된 지식에 바탕을 두고 평가해 나가도록 해야 한다.

이 장에서는 로르샤흐 검사의 실시방법과 Exner 종합체계에서 사용되는 채점 기호, 구조적 요약지의 작성방법에 대하여 개략적으로 소개하기로 하겠다. 양적·구조적 해석과 질적·내용적 분석에 대한 이해를 위해서는 보다 전문적인 서적을 참조할 것을 권한다.

2) 도구의 구성

로르샤흐 검사의 도구는 총 10장의 카드로 구성되어 있다. 이 중 I, IV, V, VI, VII번 카드들은 흑백으로만 구성되어 있으며, II, III번 카드는 흑백에 붉은 색이 혼합되어 있다. 나머지 VIII, IX, X번 카드들은 여러 가지 색깔로 혼합 구성되어 있다.

어떠한 카드도 특정한 대상이나 사물로 명명할 수 있을 만큼 명확한 형태를 가지고 있지 않다는 것이 특징이다. 이 때문에 보는 사람에 따라서 다양한 내용의 보고를 하게 되는데, 이 과정에 피검자의 다양한 성격 특징이 영향을 미치게 된다.

3) 실시

(1) 준비물과 좌석 배치

로르샤흐 카드 세트, 충분한 양의 반응 기록지와 반응영역 기록지(location sheets), 필기도구를 준비한다.

서로 마주 보기보다는 가능한 한 검사자와 피검자가 옆으로 나란히 앉거나 90도 방향으로 앉는 것이 좋은데, 이는 다른 임상적 심리검사에서도 마찬가지로 권고되는 사항이다.

또한 피검자의 눈이 닿는 곳에 주의를 산만하게 할 만한 것은 두지 않는 것이 좋다. 예를 들면, 피검자를 창문이 바라보이는 위치에 앉힌다거나 다른 검사도구를 주변에 부주의하게 늘어놓는다거나 하지 말아야 한다. 로르샤흐 카드 세트도 피검자가 사전에 들춰 보거나 하지 않도록 피검자의 손이 닿지 않으면서 검사자는 편안하게 집을 수 있는 곳에 두도록 한다.

(2) 피검자에게 로르샤흐 검사를 소개하기

검사를 시작하기 전에 로르샤흐 검사에 대해서 자세하게 설명할 필요는 없다. 오히려 장황한 설명은 피검자에게 지나친 불안이나 선입견을 가지게 할 수 있다. 피검자와 검사자 간에 라포(rapport)가 충분히 형성되어 있고 검사 상황에 대해서 피검자가 잘 알고 있거나 익숙해져 있다면 굳이 자세히 설명할 필요는 없으며, 단지 간단히 소개를 해 주고 수검 요령에 대해서 일러 주는 것으로 충분하다.

일반적으로 다음과 같이 소개하는 것이 무리가 없다고 생각된다.

"이제부터 우리가 하게 될 검사는 '로르샤흐'라는 검사입니다. 이것에 대해서
들어 본 적이 있거나 해 본 적이 있습니까?"

- 없다고 할 경우: "이것은 잉크 반점으로 만든 검사입니다. 이제부터 여러 장
  의 카드를 보여 드릴 텐데, 이것이 무엇처럼 보이는지를 저에게 말씀해 주
  시면 됩니다."
- 피검자가 검사를 받아 본 적이 있다고 할 경우: 언제, 어디서, 어떤 목적으로
  검사를 받았는지, 당시의 반응 내용을 기억하고 있는지를 물어보아야 한다.
  당시의 반응 내용을 기억하고 있는 피검자라면, "굳이 그때의 반응과 똑같이
  하려고 하거나 다르게 하려고 하실 필요는 없습니다. 그때 어떤 반응을 하셨
  는지에 상관없이 지금 보이는 것을 말씀해 주시면 됩니다."라고 말해 둔다.

검사자가 무엇보다도 주의해야 할 것은 피검자에게 '상상력'이나 '창의력' 검
사를 하고 있다는 인상을 주어서는 안 된다는 것이다. 그렇게 되면 피검자들은
그들이 '본 것'에 대해서가 아니라 잉크 반점에 대해 '연상(association)'한 것을 보
고하게 된다.

또한 카드의 잉크 반점들이 모호하다거나 구조화되지 않은 자극이라고 설명
하지 말아야 한다. 단지 '잉크 반점으로 만든 검사'라고 말하는 것으로 충분하다.

(3) 지시

검사 지시는 간단하게 한다. 첫 번째 카드를 제시하면서 "이것이 무엇으로(무
엇처럼) 보입니까?"라고 말하는 것으로 충분하며 그 외 다른 말은 필요하지 않
다. 이 외의 다른 말이나 다른 형태의 지시는 피검자의 반응을 달라지게 할 수
있음을 명심하고, 위와 같은 표준화된 방식을 따라야 한다.

(4) 피검자의 질문에 응답하기

검사가 진행되는 동안 피검자는 여러 가지 질문을 할 수 있는데, 검사자의 응
답 원칙은 비지시적으로 짧게 대답하도록 한다는 것이다.

예를 들어, 돌려 봐도 되느냐고 묻는다면 "편한 대로 하십시오.", 다른 사람들
은 몇 개나 반응을 하느냐고 묻는다면 "대부분 한 개 이상의 대답을 합니다.", 다

른 사람들은 이것을 무엇이라고 보느냐고 묻는다면 "사람에 따라서 다릅니다."
라는 식으로 응답하면 된다.

이 검사의 목적이 무엇이냐고 묻는 경우에는 피검자가 검사를 받는 목적이나
상황에 따라서 적절하게 응답해 주도록 한다. 예를 들어, 상담 현장이라면 "당
신의 문제를 보다 잘 이해할 수 있도록 하는 한 방법입니다.", 병원 상황이라면
"앞으로의 치료 계획을 보다 잘 세우기 위해서 필요합니다."라는 정도의 대답이
적절할 것이다.

⑸ 반응 기록

원칙적으로 피검자가 말하거나 표현한 것은 모두 그대로 기록한다(verbatim).

반응을 받아 적으면서 반응 내용 기록을 배열할 때, 각 반응 간에 충분히 간격
을 두고 쓰도록 한다. 이는 질문 단계에서 피검자가 말하는 내용을 빠짐없이 받
아 쓸 수 있도록 하기 위한 공간을 미리 확보하기 위함이다.

⑹ 질문 단계

질문 단계의 목적은 피검자의 반응을 정확히 기호화 · 채점하려는 데 있다.
즉, 피검자가 어떻게 그렇게 보게 되었는지를 명료화하려는 데 목적이 있으며,
새로운 반응을 이끌어 내려는 것이 목적이 아님을 명심한다. 이 과정에서 검사
자의 질문이나 태도에 따라 피검자의 반응이 유도되기 쉬우므로 주의해야 한다.

질문 방식은 다음과 같다. 먼저, 카드 I에서 X번까지 자유롭게 보고 난 뒤에
검사자는 다음과 같이 표준화된 지시를 해서 질문 단계를 피검자가 정확히 이해
하도록 해야 한다.

"지금까지 10장의 카드에 대해서 잘 대답해 주셨습니다. 이제 카드를 다시 한
번 보면서 당신이 본 것을 나도 볼 수 있도록 말씀해 주시기 바랍니다. 내가 당
신이 말했던 것을 그대로 읽으면 그것을 어디에서 그렇게 보았는지, 어떻게 해
서 그렇게 보게 되었는지를 설명해 주십시오."

피검자가 질문 단계에 대해서 충분히 이해했다고 생각되면, 카드를 다시 처음부터 1장씩 제시하면서 "조금 전에 이 카드를 보고 ~라고 말하셨습니다."라는 식으로 피검자가 했던 반응을 그대로 반복해서 들려준다.

피검자가 "예, 그랬습니다."라고만 말하고 가만히 있는다면, "당신께서 그렇게 본 것을 저도 볼 수 있게 해 주십시오. 어디에서 그렇게 보았는지, 무엇 때문에 그렇게 보았는지 말씀해 주십시오."라고 말하여 다시 한 번 질문 단계의 목적과 방법에 대해서 주지시킨다.

피검자가 말하는 내용을 반응 기록지에 기록하면서, 피검자가 가리키는 반점의 위치를 반응영역 기록지에 표시한다. 기록의 예는 [그림 9-1], [그림 9-2]에 제시되어 있다.

검사자가 이 단계에서 얻어야 할 정보는, ① 반응 위치(어디서 그렇게 보았는지), ② 반응 결정요인(무엇 때문에 그렇게 보게 되었는지), ③ 반응 내용(무엇으로 보았는지)이다.

검사자의 생각에 피검자가 그렇게 보았을 것이 틀림없다고 생각되더라도 피검자가 자발적으로 스스로 직접 말한 것이 아니라면 채점 단계에서 기호화해서는 안 된다.

피검자들의 보고가 모호하여 채점하기 어려운 경우에는 추가적인 질문을 할 수 있다. 그러나 질문은 비지시적이어야 하며 피검자가 반응 단계에서 했던 반응 이외에 다른 새로운 반응을 하도록 유도하는 것이어서는 안 된다.

추가 질문은 다음과 같이 할 수 있다.

"당신이 본 것처럼 볼 수가 없군요. 나도 그렇게 볼 수 있도록 다시 한 번 말씀해 주세요."

만약 반응 위치는 확실히 파악되었다면 반응 결정인에 초점을 두어 "당신이 무엇 때문에 거기서 그렇게 보았는지 잘 모르겠습니다. 그 부분에서 그렇게 보도록 만든 것이 무엇이었는지 다시 한 번 말씀해 주세요."라고 하는 것도 적절할 수 있다.

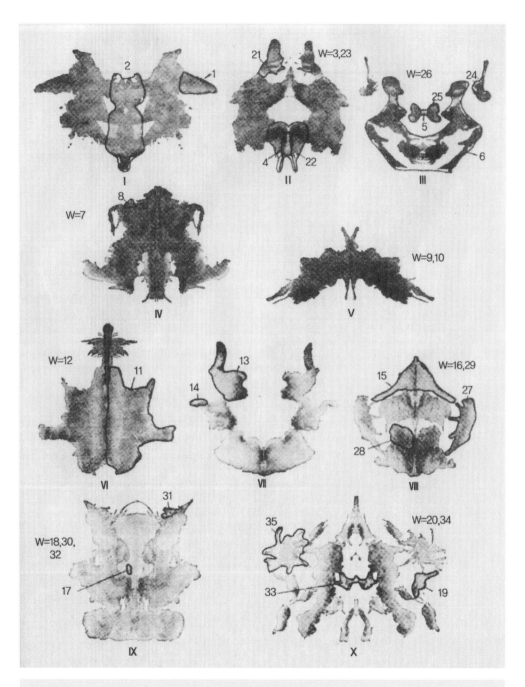

[그림 9-1] 로르샤흐 반응 위치 기록의 예

출처: 최정윤(2010).

카드	반응	질문	채점
I	1. 이것은 박쥐 같군요.	검: (수검자의 반응 반복) 수: 예. 날개, 몸통이 있고 이것들은 더듬이 같아요. 검: 어디서 그렇게 보았는지 잘 모르겠습니다. 수: 예, 보세요(지적하면서). 이 부분이 날개 같고 여기 중앙이 몸통이에요.	Wo Fo A P 1.0
	(수검자가 카드를 되돌려 주려고 함) 검: 서두르지 말고 천천히 보세요. 그러면 뭔가 다른 것을 볼 수 있을 것입니다.		
	2. 중앙부분은 팔을 위로 올린 여자처럼 보이네요.	검: (수검자의 반응 반복) 수: 예, 여기를 보세요(윤곽), 이것은 여자의 형태로 보입니다. 검: 무엇 때문에 그렇게 보았는지 확실하지 않습니다. 수: 글쎄요. 여기가 곡선이어서 마치 여자의 다리와 허리처럼 보였어요. 머리는 잘 보이지 않는데 아마도 뒤로 젖히고 있고, 여기 손을 들고 있고 마치 춤추고 있거나 서 있는 것 같아요.	Do Mpo H
II	3. 두 마리 개의 머리같아요. 소: 돌려 봐도 됩니까? 〈∨〉	검: (수검자의 반응 반복) 수: 그냥 그런 모양입니다. 보세요. 여기는 코, 여기는 목이 양쪽에 하나씩 있어요. 검: 편한 대로 하세요.	Do Fo (2) Ad
	4. 폭발하는 것처럼 보여요.	검: (수검자의 반응 반복) 수: 예, 선들이 밖으로 향하는 걸 보세요. 마치 불처럼 뭔가 폭발하는 것 같아요. 검: 불이라고요? 수: 이것이 붉어서 마치 불 같아요.	Dv ma.CFo Ex, Fi

[그림 9-2] 로르샤흐 반응을 기록하는 형식의 예

4) 채점

채점과정에서는 피검자의 반응을 기호화하게 된다. 피검자의 반응들을 로르샤흐 검사에서 약속된 기호로 바꾸어 기록한 뒤, 각 기호의 빈도, 백분율, 비율, 특수점수 등을 산출하여 이를 수치적으로 요약하는 '구조적 요약(Structural Summary)' 과정을 거치게 된다.

여기서 나온 결과를 토대로 피검자의 성격 특성 및 병리 상태에 대한 해석이 이루어지게 된다. 즉, 피검자에 대한 해석은 이 채점 단계를 바탕으로 이루어지므로, 채점이 정확해야만 해석의 타당성이 보장될 수 있다. 따라서 정확한 채점 방법을 익히는 것이 중요하다.

Exner 종합체계에서의 채점은 기본적으로 다음과 같은 항목들로 이루어져 있다.

- 반응의 위치(location): 피검자가 반점의 어느 부분에 반응하였는가
- 반응 위치의 발달질(developmental quality): 그 위치 반응은 어떤 발달 수준을 나타내는가
- 반응의 결정인(determinant): 반응을 결정하는 데 영향을 준 반점의 특징은 무엇인가
- 형태질(form quality): 반응한 내용이 자극의 특징에 적절한가
- 반응 내용(content): 반응한 내용은 어떤 내용 범주에 드는가
- 평범 반응(popular): 일반적으로 흔히 하는 반응인가
- 조직화 활동(organizational activity): 자극을 어느 정도 조직화하여 응답했는가
- 특수점수(special score): 특이한 언어 반응을 하고 있는가
- 쌍반응(pair response): 사물을 대칭적으로 지각하였는가

채점의 핵심 원칙은 다음과 같다.

카드 번호	반응 번호	영역과 발달질	영역 번호	결정인과 형태질	(2)	내용	평범 반응	z점수	특수 점수
I	1	Wo	1	Fo		A	P	1.0	
	2	D+	4	Mao	(2)	H		4.0	
	3	WSo	1	Mau		(Hd)		3.5	
II	4	WSo	1	Mp, CF−		Hd		4.5	MOR, AB
III	5	D+	1	Mao	(2)	H, Hh	P	3.0	COP
	6	WSo	1	F−		Hd		5.5	
IV	7	Wo	1	FDo		(A)		2.0	
V	8	Wo	1	Fo		A	P	1.0	
	9	Do	7	Fu		(A)			
VI	10	Wo	1	Fo		(A)		2.5	MOR, DV2
VII	11	D+	9	Ma.FYo	(2)	Hd	P	3.0	AG
VIII	12	W+	1	FMa.Fr.FCo		A, Na	P	4.5	INCOM1
	13	DV/+	4	FC.FVo		Ls		3.0	
	14	DdSo	99	FC−		Ad		4.0	PER
IX	15	Wv	1	Ma.C		Hx			AB
X	16	W+	1	Mpu		(H), Art		5.5	
	17	DdS+	22	F−		Hd, Bl		4.0	

[그림 9-3] 점수 계열

구조적 요약

반응영역		결정인	반응내용		접근방식	

결정인

혼합
M.CF
M.FY
FM.Fr.FC
FC.TV
M.C

단일

반응영역		결정인 단일	반응내용	접근방식 카드:	위치:
Zf	= 15	M = 4	H = 2	I :	W.D.WS
Zsum	= 51.0	FM=	(H) = 1	II :	WS
ZEst	= 49.0	m =	Hd = 4	III :	D.WS
		FC = 1	Hx = 1	IV :	W
W	= 10	CF=	A = 3	V :	W.D
(Wv	= 1)	C =	(A) = 3	VI :	W
D	= 5	Cn=	Ad = 1	VII :	D
Dd	= 2	FC′ =	(Ad)=	VIII :	W.D.DdS
S	= 5	C′F =	An =	IX :	W
		C′ =	Art = 0,1	X :	W.DdS

DQ		단일	반응내용
....	(FQ-)	FT =	At =
+	= 6(1)	TF =	Bl =
o	= 9(3)	T =	Bt =
v/+	= 1(0)	FV=	Cg =
v	= 1(0)	VF=	Cl =
		V =	Ex =
		FY=	Fd =
		YF=	Fi =
		Y =	Ge =
		Fr=	Hh = 0,1
		rF=	Ls = 1
		FD = 1	Na = 0,1
		F = 6	Sc =
			Sx =
			XY =
		(2) = 3	Idio = 0,2

특수점수

	Lvl-1	Lvl-2
DV	= 1×1	×2
INC	= 1×2	×4
DR	= ×3	×6
FAB	= ×4	×7
ALOG	= ×5	
CON	= ×7	

Raw Sum6 = 2
Wgtd Sum6 = 3

AB = 2	CP =
AG = 1	MOR= 2
CFB=	PER= 1
COP= 1	PSV =

형태질

FQx	FQf	MQual	SQx
+=	+=	+=	+=
o=9	o=3	o=3	0=
u=3	u=1	u=2	u=1
-=4	-=2	-=1	-=4
none=1		none=1	none=

비율, 백분율, 산출한 점수

R = 17	L=0.55		AFFECT		INTERPERSONAL	
EB = 7 : 4,0	EA = 11,0	EBPer= 1,8	FC : CF+C=	3 : 2	COP =	1
eb = 1 : 2	es = 3	D = +3	Pure C =	1	AG =	1
	Adj es = 3	Adj D = +3	SumC′ : WSumC=	0 : 4	Food =	0
			Afr=	0.55	Isolate / R =	0.18
FM = 1	C′ = 0		S =	5	H:(H)+Hd+(Hd)=	2 : 6
m = 0	V = 1	T = 0	Blends : R =	5 : 17	(H)+(Hd):(A)+(Ad)=	2 : 3
		Y = 1	CP =	0	H + A : Hd + Ad=	9 : 6

IDEATION			MEDIATION		PRECESSING		SELF-PERCEPTION	
a : p	= 6 : 2	Sum6 = 2	P =	5	Zf =	15	3r+(2) / R =	
Ma : Mp	= 5 : 2	Lvl2 = 0	X+%=	0.53	Zd =	+2,0		0.35
2AB+(Art+Ay)	= 5	WSum6 = 3	F+%=	0.50	W:D:Dd=	10:5:2	Fr+rF =	1
M-	= 1	Mnone = 1	X-%=	0.24	W : M =	10:7	FD =	1
			S-%=	1.00	DQ+ =	6	An+XY=	0
			Xu%=	0.18	DQv =	1	MOR =	2

☐ SCZI=1　　☒ DEPI=5　　☐ CDI=1　　☐ S-Con=3　　☒ HVI= Yes　　☐ OBS= No

[그림 9-4] 구조적 요약

1. 채점은 피검자가 반응 단계에서 응답할 당시에 일어난 인지적 작용에 대해서 이루어져야 한다.
   - 따라서 질문 단계에서 검사자의 질문을 받고 유도된 반응은 원칙적으로 채점되지 않는다.
2. 반응 단계에서 나타난 모든 요소가 채점에 포함되어야만 한다.
   - 1의 원칙에도 불구하고, 이 원칙에 의거하여 질문 단계에서 나온 것이라 할지라도 검사자의 질문을 받고 한 것이 아니라 피검자가 자발적으로 응답한 것이라면 채점에 포함시킨다.
   - 또한 여러 개의 결정인이 복합적으로 사용된 경우, 각 요인들은 모두 개별적으로 채점되어야 한다(혼합 반응).

이런 원칙하에 반응을 기호화한 뒤에는 각 반응을 카드 순서에 따라서 '반응 기록지(sequence of score)'에 기록한다. 이를 바탕으로 각 변인의 빈도, 총점수, 비율 등을 계산하여 '구조적 요약지(structural summary sheet)'의 상단과 하단에 적게 된다.

각 채점 기호들에 대해서 간단히 소개하면 다음과 같다.

(1) 반응 영역과 발달질
① 반응 영역(location)

피검자가 카드에 있는 잉크 반점의 어느 부분에 대해서 반응했는지에 대해서 기록하는 것이다. 각각 다음과 같이 기호화한다.

- W: 피검자가 반점 전체를 모두 이용하여 반응하였을 때 기호화한다.
- D: 피검자가 반점의 일부를 사용하여 응답한 경우, 그 영역이 일반적으로 사용하는 빈도가 높은 부분인 경우에 기호화한다. 대부분의 D 영역이 반점의 큰 영역을 포함하고는 있지만 반드시 그런 것은 아니며, 규준집단에서 95% 이상 반응된 영역의 경우에만 D로 채점된다.

- Dd: W나 D로 채점되지 않는 영역에 대해서 반응한 경우 기호화된다.
- S: 흰 공간 부분이 사용되었을 경우에 기호화된다. 단독으로 기호화되지 않으며 WS, DS, DdS처럼 항상 다른 기호들과 같이 사용된다.

② 발달질(developmental quality of location)

반응 영역에 대해 기호화한 뒤 각 반응의 '질'에 대해 평가하여 기호화하는 것을 말한다.

반응들이 얼마나 구체적인가, 어떤 식으로 조직화되어 있는가를 평가하는데, 반응한 대상의 형태(form)가 얼마나 구체적인가, 반응한 대상들 간의 관계는 어떤 식으로 지각되고 있는가에 따라서 채점이 달라진다. 각각 다음과 같이 기호화한다.

- +(통합 반응, Synthesized response): 두 가지 혹은 그 이상의 각각 분리된 대상들을 지각하면서 서로 어떤 관계를 맺고 있는 것으로 지각하는 경우. 단, 반응에 포함된 대상들 중 적어도 하나는 원래 일정한 형태를 지니고 있는 것이거나 일정한 형태를 띠고 있는 것으로 지각되어야 한다.

  예) III (D1) "물건을 들어올리려는 사람들" / IV (W) "그루터기에 앉아 있는 거인" / X (W) "바다 속에서 함께 헤엄치고 있는 물고기들"

- o(보통 반응, Ordinary response): 하나의 반점 영역에 대해서 지각하면서 지각한 대상이 원래 일정한 형태를 가지고 있는 것이거나 구체적인 형태를 가지고 있는 것으로 묘사하는 경우에 채점한다.

  예) I (W) "박쥐" "나비" / II (D2) "물개" /VIII (D1) "표범" /IX ∨(W) "버섯 모양의 구름. 핵폭발할 때 나오는."

- v/+(모호/통합 반응, Vague/Synthesized response): 두 가지 혹은 그 이상의 분리된 대상들을 지각하면서 서로 어떤 관계를 가지고 있는 것으로 지각하는 경우. 단, 지각된 대상의 어떤 것도 일정한 형태나 구체적인 형태를 가지고 있는 것으로 묘사되지 않았을 경우에 한한다.

예) VII (WS) "바다 위에 떠 있는 섬" /IX (W) "연기와 구름이 서로 섞이고
있다."

- v(모호 반응, Vague response): 하나의 대상을 보고하는데, 그 대상이 일정한
  형태가 있는 것이 아니거나 구체적인 형태를 가진 것으로 묘사하지 않은
  경우에 기호화한다.

예) I (W) "밤의 무서움이다." /II (D2) "피" /VII (W) "연기" / X (W) "물감들"

(2) 결정인(determinants)

결정인은 피검자가 반응 내용을 결정하는 데 영향을 미친 반점의 특징적인
요인들을 말한다. 쉽게 설명하자면 반점의 모양 때문에 그렇게 본 것인가, 색깔
때문인가, 얼룩덜룩한 특징 때문인가 등에 관한 것을 말하는 것이다.

초심자의 경우 채점과정에서 가장 어렵고 복잡하게 느끼는 것이 바로 이 결
정인 채점과정이다. 이를 정확하게 하기 위해서는 질문 단계를 충실히 수행하
는 것이 중요하다. 그러나 앞서 지적하였듯이 검사자의 생각에 틀림없이 그 결
정인이 사용되었을 것으로 보이더라도 피검자가 자발적으로 보고한 것이 아
니라면 기호화해서는 안 되며, 피검자에게 직접 "이런 결정인이 영향을 미쳤나
요?"라는 식으로 질문해서도 안 된다.

결정인에는 크게 일곱 가지의 범주가 있다. 각 범주는 단독으로 사용되기도
하고, 반응에 형태를 사용한 방식에 따라 또는 서로 다른 특성의 요소들로 인해
몇 가지 하위 범주를 가지게 된다. 각각 다음과 같다.

- 형태(form): 반점의 형태에 반응한 경우. 대부분의 반응에서 가장 흔하게 사
  용되는 결정인. 단독으로 사용되거나 또는 다른 결정인과 같이 사용됨(기
  호 F).
- 운동(movement): 반응에 움직임이 묘사된 경우. 인간운동 반응(기호 M), 동
  물운동 반응(기호 FM), 무생물운동 반응(기호 m)으로 구분되며, 모든 운동
  반응은 능동적(active) 또는 수동적(passive) 운동 반응으로 나뉘어 기호화됨.

- 유채색(chromatic color): 색채가 반응을 결정하게 한 경우(기호 C)
- 무채색(achromatic color): 무채색이 반응을 결정하게 한 경우(기호 C′)
- 음영(shading): 반점의 음영을 사용한 정도에 따라서 재질(texture, 기호 T), 깊이 또는 차원(dimension, 기호 V), 확산(diffuse, 기호 Y)의 세 가지 하위 범주를 가짐.
- 형태차원(form dimension): 반점의 크기나 모양을 근거로 차원을 지각했을 경우(기호 FD)
- 쌍반응(pairs)과 반사 반응(reflections): 반점의 대칭성에 근거해서 반응했을 경우(쌍반응 기호 (2), 반사 반응 기호 r)

(3) 형태질(fom quality)

형태질 평가는 피검자가 보고한 대상의 형태적 특징이 피검자가 사용한 영역과 얼마나 일치하는가를 평가하는 것으로, 일종의 적합도 지표(index of goodness of fit)이다. 형태질은 매우 중요한 채점요소로, 피검자의 현실 검증력이나 지각장애에 대한 주요 지표가 된다.

각각을 살펴보면 다음과 같다.

- +(우수하고 정교한, superior-overelaborated): 형태를 매우 정확하게 묘사하였거나 형태의 사용이 아주 적절해서 반응의 질적 수준이 상승되었을 경우. 반드시 독창적일 필요는 없으나, 형태의 부분들을 사용하고 설명하는 방식들이 매우 독특해야 한다.
- o(보통의, ordinary): 많은 사람이 자주 보고하는 대상을 지각하면서 분명하고 쉬운 방식으로 형태 특징을 사용하는 경우. 반응 내용은 평범한 것이며 쉽게 알아볼 수 있다.
- u(드문, unusual): 반응 내용이 반점의 형태 특징과 크게 부조화하지는 않으나, 많은 사람이 쉽게 하지는 않는 드문 빈도의 반응인 경우. 형태 특징이 비교적 적절히 사용되어 관찰자가 빨리 쉽게 알아볼 수는 있지만, 흔히 일

어나는 반응은 아니다.

- −(왜곡된, minus): 반점의 형태 특징이 왜곡되고 인위적이며 비현실적으로 사용된 경우. 반점의 구조적 특징을 완전히 혹은 거의 완전히 무시한 반응을 보인다. 반점에 없는 선이나 윤곽을 피검자가 임의로 만들어서 지각하는 경우가 많다. 다시 말하면, 그렇게 볼 만한 특징이 보이지 않는데 피검자가 그렇게 보는 것이다. 즉, 반점의 형태와 반응 내용이 전혀 맞지 않는 경우에 채점한다.

(4) 반응 내용(contents) 및 평범 반응(popular)

피검자가 보고한 대상이 어떤 내용 범주에 드는가를 기호화하는 작업이다. 이 중에서 피검자들에게서 흔히 나타나는 반응을 '평범 반응'이라 부르고 따로 기호화한다.

반응 내용의 범주 및 기호, 기준은 다음과 같다. 괄호 안은 해당 기호다.

- 인간 전체(H): 사람의 형태 전체를 지각한 경우
- 인간 전체, 가공적이거나 신화적인 경우((H)): 가공적이거나 신화에 나오는 인간 전체 모습을 지각한 경우. (예) 거인, 악마, 유령, 우주인, 요정, 광대, 신선, 도깨비, 아톰 등
- 인간 부분(Hd): 인간 신체의 부분을 지각한 경우. (예) 팔, 다리, 손가락, 발, 머리, 상체나 하체
- 인간 부분, 가공적이거나 신화적인 경우((Hd)): 가공적이거나 신화에 나오는 인간에 대한 부분 반응의 경우. (예) 악마의 머리, 마녀의 팔, 천사의 날개, 도깨비 눈, 모든 종류의 가면
- 인간 경험(Hx): 사랑, 증오, 우울, 행복, 소리, 냄새, 공포 등 인간의 정서나 지각적 경험과 관련 있는 내용. (예) 화가 난 고양이, 서로 사랑하는 사람들, 악취를 풍기는 여자, 우울한 남자 등
- 동물 전체(A): 동물의 형태 전체를 지각한 경우

- 동물 전체, 가공적이거나 신화적인 경우((A)): 가공적이거나 신화에 나오는 동물의 전체 모습을 지각한 경우. (예) 용, 유니콘, 구미호, 포켓몬 등
- 동물 부분(Ad): 동물의 신체 일부를 지각한 경우. (예) 가재의 집게발, 말 다리, 개의 머리, 고양이 발 등. 모피 반응이 포함됨
- 동물 부분, 가공적이거나 신화적인 경우((Ad)): 가공적이거나 신화에 나오는 동물의 신체 일부를 지각한 경우. (예) 용 머리, 구미호의 꼬리 등
- 해부(An): 사람이나 동물의 내부 기관 반응. (예) 심장, 폐, 갈비뼈, 근육, 두개골, 척추, 뇌 등
- 예술(Art): 추상이든 구상이든 간에 그림, 데생, 삽화 등의 예술작품이나, 동상, 보석, 샹들리에, 촛대, 문장 같은 예술적인 물건들
- 인류학적 반응(Ay): 역사적·문화적 의미를 가지고 있는 대상. (예) 로마시대의 투구, 선사시대의 도끼, 화살촉, 피라미드, 솟대, 신라시대 왕관 등
- 피(Bl): 인간이나 동물의 피 반응
- 식물(Bt): 식물의 일부나 전체를 지각한 반응. (예) 꽃, 나뭇잎, 나무, 해초, 꽃잎, 나무줄기, 뿌리, 가지 등
- 의복(Cg): 의류나 복장과 관련된 반응. (예) 모자, 망토, 장화, 벨트, 넥타이, 자켓, 바지, 저고리, 치마 등
- 구름(Cl): 구름 반응에 한해서 채점. 안개나 노을 등은 Na로 채점함
- 폭발(Ex): 폭발과 관련된 반응. (예) 원자 폭탄의 폭발, 폭발에 의한 폭풍, 불꽃, 화산 폭발 등
- 불(Fi): 불이나 연기를 지각한 반응. (예) 불, 연기, 램프의 불꽃 등
- 음식(Fd): 음식과 관련된 반응. (예) 통닭, 아이스크림, 새우튀김, 솜사탕, 껌, 샐러드 등
- 지도(Ge): 지명을 말하든 말하지 않든 지도를 지각한 반응. (예) 지도, 우리나라 지도, 미국 지도
- 가구(Hh): 집 안에서 쓰는 물건이나 가구용품. (예) 의자, 컵, 부엌 가구, 침대, 동물가죽이 아닌 양탄자, 고기 써는 칼 등

- **풍경(Ls):** 자연 풍경에 대한 반응. Bt나 Na 반응과 혼동하지 않도록 주의한다. (예) 산, 산맥, 언덕, 섬, 동굴, 바위, 사막, 늪, 습지, 산호초, 바다 속 풍경 등

- **자연(Na):** Bt나 Ls로 채점되지 않는 자연적 대상들. (예) 태양, 달, 행성, 하늘, 물, 대양, 강, 얼음, 눈, 비, 안개, 노을, 무지개, 폭풍우, 회오리바람, 밤, 빗방울 등

- **과학(Sc):** 직간접적인 과학적 산물이나 공상과학과 관련된 반응. (예) 비행기, 건물, 다리, 차, 전구, 현미경, 오토바이, 발동기, 악기, 레이더, 로켓 기지, 배, 우주선, 기차, 전화, TV, 안테나, 무기 등

- **성(Sx):** 성기관이나 성적인 행동과 관련된 반응. (예) 남근, 질, 엉덩이, 가슴, 고환, 월경, 유산, 성관계 등

- **엑스선(Xy):** X선 반응. 주로 "X선 사진"이라 반응하는데, 여기서 뼈나 내장 기관을 설명하더라도 X선 반응으로 채점될 수 있는 경우에는 An 반응을 부가하지 않는다.

(5) 조직화 활동(organizational activity)

조직화 활동에서는 피검자가 자극을 얼마나 인지적으로 조직화하였는가, 얼마나 조직화하려 노력하였는가에 대해 평가한다. 이를 Z점수라 하는데, 개별적인 Z점수만으로는 해석적인 의미가 없고 Z점수가 나타나는 빈도(Zf)와 Z점수들의 총합(Zsum)과의 관계를 통해 피검자의 인지적 조직화 경향과 그 효율성에 대한 정보를 얻게 된다.

Z점수를 줄 수 있으려면, 형태를 포함하고 있는 반응이어야 하고, 다음의 기준 중에서 적어도 한 가지 기준을 만족시키는 반응이어야 한다.

- **ZW:** DQ(발달질)가 +, o, v/+인 W 반응(DQ가 v일 때는 Z점수를 매기지 않는다).

- **ZA:** 두 개 혹은 그 이상의 인접한 반점 영역들이 개별적인 대상으로 지각되

면서 서로 의미 있는 관계를 맺고 있을 때

- ZD: 두 개 혹은 그 이상의 인접하지 않은 반점 영역들이 개별적인 대상으로 지각되면서 서로 의미 있는 관계를 맺고 있을 때
- ZS: 반점의 공백 부분이 반점의 다른 영역들과 의미 있는 관계로 통합되어 있을 때

(6) 특수점수(special score)

특수점수는 반응 내용에서 나타나는 특이한 면에 대해서 기호화하는 것이다. 특수점수를 사용함으로써 종합체계 이전에는 내용분석의 대상이었던 여러 가지 반응 특징에 대한 수량화가 어느 정도 가능해졌다. 특수점수는 개인의 인지적 활동뿐 아니라 방어기제, 자기지각, 대인지각에 관한 정보를 제공해 준다.

종합체계에서는 여섯 가지의 '특이한 언어반응' '반응 반복' '통합실패' 네 가지의 '특수 내용' '개인적 반응' '특수 색채 현상' 등의 열네 가지 특수점수를 제시하고 있다.

① 특이한 언어반응(unusual verbalization)

특이한 언어반응은 인지 활동, 특히 인지적인 오류에 대한 연구에서 중요시된다.

피검자의 언어 표현에서 다음과 같은 방식의 인지적인 오류가 나타날 수 있다.

- 일탈된 언어표현(deviant verbalization): DV, DR
- 부적절한 반응합성(inappropriate combination): INCOM, FABCOM, CONTAM
- 부적절한 논리(inappropriate logic): ALOG

이 중 ALOG, CONTAM 반응을 제외하고 나머지 반응들에 대해서 반응의 기괴성(bizarreness) 정도에 따라 수준 1과 수준 2로 구분한다.

수준 1은 반응의 질적 수준이 현실에서 심하게 이탈되지 않은 경우이고, 수준

2는 반응의 질적 수준이 심하게 이탈되어 있어서 반응 표현이 매우 특이하고 기괴하며 부적절한 경우다. 각각에 대해서 간략히 소개하면 다음과 같다.

- DV(deviant verbalization, 이탈된 언어 표현): 피검자가 신어(neologism) 조작을 보이거나 과잉(redundancy) 표현을 보일 때 채점한다.

  신어 조작은 피검자의 언어 능력으로 보아 충분히 정확하게 표현할 수 있음에도 불구하고 부정확한 단어를 사용하거나 새로운 단어를 만들어 사용하는 경우다. 과잉 표현은 은어적 표현이나 어휘력이 제한되어 있어서 나타난 것이라고는 볼 수 없는 특이한 언어 사용으로, 대상의 성질을 두 번 보고하는 경우다(예: "역전 앞" "오후 2시 PM" "한 쌍의 새가 두 마리 앉아 있다.").

- DR(deviant response, 이탈된 반응): 피검자가 부적절한 구(phrase)를 사용하였거나 표현이 '우회적(circumstantial)'일 때 채점한다.

  부적절한 구는 반응 내용과는 맞지 않고 매우 부적절하거나 아무런 관련이 없는 구를 사용하였거나 앞뒤가 연결되지 않는 방식으로 반응한 경우를 말한다(예: "이것은 사람인데, 새는 어디에 있지?" "이것은 대통령 얼굴이다. 내가 만약 공화당원이라면 말이다.").

  우회적인 반응은 피검자가 반응에 대해서 부적절하게 정교화하면서 말이 주제에서 벗어나면서 산만하게 흘러가는 경우다. 피검자가 반응에 대해서 적절하게 정교화하거나 자세히 설명하는 경우와는 질적으로 다르다(예: "이런 걸 잡지에서 본 적이 있는데, 나는 항상 독서를 많이 해요. 왜냐하면 내 마음을 예리하게 하고 사람들과 세상에 관해 많은 것을 알 수 있기 때문이지요. 만약 당신이 매일매일 독서를 한다면 자기를 발전시킬 수 있을 거예요.").

- INCOM(incongruous combination, 조화되지 않는 합성): 반점의 부분이나 이미지들이 부적절하게 하나의 대상으로 합쳐져서 압축된 것을 말한다(예: "고환이 네 개인 개구리" "닭 머리를 한 여자").

- FABCOM(fabulized combination, 우화적인 합성): 분명하게 분리되어 있는 두 가지 이상의 반점 영역들에 대해서, 대상들이 있을 수 없는 방식으로 관계

를 맺고 있는 것으로 지각하는 경우를 말한다(예: "닭 두 마리가 농구를 하고 있다." "두 여자가 잠수함을 공격하고 있다." "이 남자의 몸 안에서 심장이 뛰고 있는 것이 보인다.").

- CONTAM(contamination, 오염 반응): 부적절한 반응 합성 중에서 가장 부적절한 반응이다. 두 가지 또는 그 이상의 이미지들이 비현실적으로 하나의 사물로 합성되거나 중첩되는 경우를 말한다(예: "곤충 황소. (Q) 곤충의 얼굴과 황소의 얼굴이 겹쳐서 보이니까.").

- ALOG(inappropriate logic, 부적절한 논리): 검사자가 유도하지 않았는데도 피검자가 자신의 반응을 정당화하기 위하여 설명을 하는데, 그 논리가 부적절하고 비합리적일 때 채점한다. 이때의 논리는 타당하지 않으며 연상이 이완되거나 사고가 지나치게 단순한 양상으로 나타난다. 또한 피검자는 그 논리가 적절하다고 믿으면서 반응한다(예: "당근이다. (Q) 토끼 옆에 있으니까." "이 고양이는 죽은 것 같다. (Q) 머리, 다리가 있는데, 눈이 보이지 않는 걸 보니 죽은 게 분명하다.").

② 반응 반복(perseveration): PSV

다음과 같은 경우에 채점한다.

첫 번째는 같은 카드에 대해서 위치, 발달질, 결정인, 형태질, 내용 및 Z점수까지 모두 같은 반응이 연속적으로 나타나는 것을 말한다. 반응 내용 자체는 다를 수 있지만, 내용 채점 유목은 동일하다. 단, 특수점수가 동일할 필요는 없다.

두 번째는 카드 간 내용 반복으로, 앞서 제시되었던 카드에서 나왔던 내용이 뒤에 제시되는 카드에서도 동일하게 반복될 때를 말한다. 이 경우에는 채점 기호가 반드시 일치할 필요는 없고, 다만 다른 카드의 새로운 반점에 대해서 이전 카드에서 보고했던 대상과 동일한 것으로 보고하는지가 채점의 주가 된다(예: 한 카드에서 "사람들이 싸우고 있다."라고 한 뒤 다음에 제시되는 카드들에서 "아까 그 사람들이 이제는 싸우지 않고 있나 보다." 하는 경우).

세 번째는 기계적인 반복으로, 카드가 바뀌어도 기계적으로 계속 같은 대상을 보고하는 경우를 말한다. 보통 짧고 간단한 것이 특징이다(예: 카드 I에서 "박쥐"라고 반응한 뒤 X번 카드까지 모두 "박쥐" 한 가지로만 답하는 경우).

③ 통합 실패(integration failure): CONFAB(confabulation)

피검자가 반점의 어느 한 부분에 주의를 기울여 반응한 뒤 이를 보다 큰 반점 영역이나 전체 반점에 대해서 일반화시켜 버리는 경우를 말한다. 즉, 부분을 지각한 뒤 이를 보다 큰 영역에 일반화시켜 지각하는 것이다. 이 경우, 부분에 대한 지각이 나머지 영역에 대한 지각과 적절한 통합을 이루지 못한 것으로 볼 수 있다.

예를 들어, 카드 I에서 D1영역에 초점을 두어 "이것은 집게발이므로 (전체는) 게가 틀림없다."라고 반응한 경우 CONFAB로 채점된다.

④ 특수 내용

- **추상적 내용**(abstract content): AB

피검자가 상징적인 표현을 사용하거나 인간의 정서, 감각적인 경험을 보고하는 경우에 채점된다. "이 사람들은 서로 사랑하고 있다. 이 가운데 붉은 하트 모양이 이들이 서로 사랑하고 있다는 것을 나타내고 있다." "잔뜩 화가 난 고양이" "이것은 우울이다. 검고 어둡다." "공산주의를 상징하는 조각" "진짜 산이라기 보다는 상징적인 산이다." "악을 상징하는 가면" 등의 반응을 예로 들 수 있다.

- **공격적 운동**(aggressive movement): AG

운동 반응에서 싸움, 파괴, 논쟁, 공격 등의 분명하게 공격적인 내용이 포함되어 있을 때 채점된다. 이때 반드시 공격은 주체적인 것이어야 하며 공격이나 피해를 당하는 경우에는 채점되지 않는다.

공격 반응의 예로는 "무엇인가에 몹시 화가 나 있는 남자의 얼굴" "노려보고 있는 사람" "뭔가 파괴하려고 발사된 로켓" "거미들이 무기를 들고 서로 덤벼들려고 하고 있다." 등을 들 수 있다.

- **협조적 운동**(cooperative movement): COP

  운동 반응에서 둘 또는 그 이상의 대상들이 협조적인 상호작용을 하고 있는 경우에 채점된다. COP로 채점되기 위해서는 협조적인 상호작용이 분명하게 보여야 한다. "뭔가를 쳐다보고 있는 사람들"이나 "이야기하고 있는 두 사람" 같은 반응은 COP로 채점되지 않는다. 그러나 "두 사람이 함께 춤을 추고 있다."거나 "서로 다정하게 이야기를 하고 있다." "아이들이 함께 시소를 타고 있다." "새가 새끼에게 먹이를 주고 있다." 등의 반응은 분명하게 상호작용이 보이기 때문에 COP로 채점된다.

- **병적인 내용**(morbid content): MOR

  죽은, 파괴된, 손상된, 폐허가 된, 상처 입은, 깨어진 등의 대상으로 지각한 경우이거나(예: 깨진 유리, 죽은 개, 해진 장화, 닳아빠진 외투, 멍든 얼굴, 썩은 고기, 찢어진 낙엽) 대상에 대해서 우울한 감정이나 특징을 부여한 반응인 경우(예: 음울한 집, 불행한 사람, 울고 있는 토끼, 슬픈 나무)에 채점한다.

- **개인적 반응**(personalization): PER

  피검자가 자신의 반응을 정당화하고 명료화하기 위하여 자신의 개인적인 지식이나 경험을 언급하면서 반응할 때 채점된다. 단순히 "나에게는 그렇게 보인다."거나 "나는 그렇게 생각한다." 또는 "나는 그런 것을 좋아하지 않는다."는 등의 표현이 해당되는 것이 아니라, "내가 어릴 때 이렇게 생긴 것을 보았다." "옛날에 우리 아버지가 이런 것을 보여 주시곤 했다." "우리 집에 있는 것과 똑같이 생겼다." "어제 책에서 봤다."는 식으로 개인의 경험이나 지식이 포함되는 경우에 채점한다.

- **특수한 색채 투사**(color projection): CP

  무채색 영역에서 유채색을 지각하는 경우에 채점된다. 이런 반응은 매우 드물긴 하지만, 카드 IV와 V에서 나타나는 경우가 있다. 예를 들면, 피검자는 카드 V를 보고 "아름다운 나비"라고 반응하고는 질문 단계에서 "아주 아름다운 색깔들이 보여요. 노란색, 푸른색이 보이는군요."라고 반응하는 경우다.

5) 구조적 요약[1]

각 반응을 정확하게 기호화하는 궁극적인 목적은 구조적 요약(structural summary)을 완성하기 위한 것이다. 요약에는 채점기호의 빈도와 비율, 백분율과 같은 수치들을 기록한다. 이러한 자료들을 근거로 수검자의 심리적 특성과 기능에 대해 해석적 가치가 있는 여러 가지 가정을 상정할 수 있다.

구조적 요약지는 수검자의 반응 프로토콜을 요약하기 위해 사용하는 체계다. 첫 페이지에는 수검자의 신상 자료를 기록하고 두 번째 페이지의 점수계열(sequence of scores)에는 반응들을 채점한 결과를 기록한다. 세 번째 페이지는 구조적 요약이고, 네 번째 페이지는 여섯 가지 중요한 지표들의 군집을 기록한다. 다섯 번째 페이지에는 Z점수와 추정한 Z점수의 표가 제시되어 있으며, 세 가지 변인에 대한 연령 교정 자료가 제시된다. 마지막 페이지는 수검자가 검사를 수행할 때 선택한 반점 영역을 나타내기 위해 사용하는 반응영역 기록지를 첨가한다.

구조적 요약은 다음의 세 단계를 거쳐 완성한다. ① 각 반응의 기호나 점수계열 기록, ② 각 변인의 빈도 기록, ③ 여러 가지 비율, 백분율, 산출한 점수 등의 기록. 다음에서는 실제 반응 프로토콜에서 얻은 자료를 예로 제시하여 각 과정들을 살펴보겠다.

점수계열 첫 번째 단계는 각 카드별로 반응 순서를 매기면서 그 기호를 기록한다. 이 작업은 카드마다 해야 하며, 반응들은 순서대로 번호를 매겨 가며 작성하게 된다. 이 작업은 반응을 채점할 때 할 수도 있으나 대부분의 검사자는 프로토콜에 직접 쓰거나, 질문 반응 하단에 채점을 기록하고 그 기록을 점수계열지에 옮겨 적는 방식을 선호한다.

정확하게 정리해야 빈도를 계산하기 쉽고 점수계열 자체는 중요한 해석적 자

---

1) 이 절의 내용은 김영환 외 공역(2006), 로르샤하 종합체계 워크북(5판), pp. 123-137의 내용을 역자의 허락 하에 발췌한 것이다. 로르샤흐 검사의 '작업도표' 부분은 같은 책, pp. 141-252를 참조하기 바란다.

료를 제공한다. 구조적 요약지의 점수계열에는 각 카드의 번호, 반응번호, 사용한 범주의 기호들을 포함하고 있다. 또한 D3, Dd26 등과 같이 수검자가 반응할 때 사용한 영역번호를 기재하는 곳도 있다. 만약 〈표 A〉에 기록되어 있지 않은 Dd영역을 사용하였다면 99를 넣어 Dd99라고 기재한다. 이처럼 점수계열지에 영역번호를 기록해 주면 수검자의 반응기록을 해석하고 연구하는 데 매우 유용하다.

다음은 19세 여자 수검자의 프로토콜과 이를 근거로 만든 구조적 요약표이다.

점수계열

카드 번호	반응 번호	영역과 발달질	영역 번호	결정인과 형태질	(2)	내용	평범 반응	Z-점수	특수점수
I	1	Wo	1	Fo		A	P	1.0	
	2	D+	4	M^ao	2	H, Id		4.0	GHR
	3	WSo	1	M^au		(Hd)		3.5	GHR
II	4	WSo	1	M^p.CF−		Hd		4.5	MOR, AB, PHR
III	5	D+	1	M^ao	2	H, Hh	P	3.0	COP, GHR
	6	WSo	1	F−		Hd		5.5	PHR
IV	7	Wo	1	FDo		(A)		2.0	
V	8	Wo	1	Fo		A	P	1.0	
	9	Do	7	Fu		(A)			
VI	10	Wo	1	Fo		(A)		2.5	MOR, DV
VII	11	D+	9	M^a.FYo	2	Hd	P	3.0	AG, GHR
VIII	12	W+	1	FM^a.Fr.FCo		A, Na	P	4.5	INC
	13	Dv/+	4	FC.FVo		Ls		3.0	
	14	DdSo	99	FC−		Ad		4.0	PER
IX	15	Wv	1	M^a.C		Hx			AB, PHR
X	16	W+	1	Mpu		(H), Art		5.5	GHR
	17	DdS+	22	F−		Hd, Id		4.0	PHR

구조적 요약

반응영역

Zf	= 15
Zsum	= 51.0
ZEst	= 49.0
W	= 10
D	= 15
W+D	= 15
Dd	= 2
S	= 5

DQ

+	= 6
o	= 9
v/+	= 1
v	= 1

형태질

	FQx	MQual	W+D
+	=	=	=
o	= 9	= 3	= 9
u	= 3	= 2	= 3
-	= 4	= 1	= 2
none	= 1	= 1	= 1

결정인

혼합	단일
M.CF	M = 4
M.FY	FM =
FM.Fr.FC	m =
FC.FV	FC = 1
M.C	CF =
	C =
	Cn =
	FC′ =
	C′F =
	C′ =
	FT =
	TF =
	T =
	FV =
	VF =
	V =
	FY =
	YF =
	Y =
	Fr =
	rF =
	FD = 1
	F = 6
	(2) = 3

반응내용

H	= 2
(H)	= 1
Hd	= 4
(Hd)	= 1
Hx	= 1
A	= 3
(A)	= 3
Ad	= 1
(Ad)	=
An	=
Art	= 1
At	=
Bl	=
Bt	=
Cg	=
Cl	=
Ex	=
Fd	=
Fi	=
Ge	=
Hh	= 1
Ls	= 1
Na	= 1
Sc	=
Sx	=
Xy	=
Id	= 2

접근방식

카드:	위치
I	W.D.WS
II	WS
III	D.WS
IV	W
V	W.D
VI	W
VII	D
VIII	W.D.DdS
IX	W
X	W.DdS

특수점수

		Lv1	Lv2
DV	=	1x1	x2
INC	=	1x2	x4
DR	=	x3	x6
FAB	=	x4	x7
ALOG	=	x5	
CON	=	x7	
Raw Score6		= 2	
Wgtd Sum6		= 3	

AB	= 2	GHR	= 5
AG	= 1	PHR	= 4
COP	= 1	MOR	= 2
CP	=	PER	= 1
		PSV	=

비율, 백분율, 산출한 점수

R = 17	L = 0.55	
EB = 7:4.0	EA = 11.0	EBPer = 1.8
eb = 1:2	es = 3	D = +3
	Adj es = 3	Adj D = +3
FM = 1	SumC′ = 0	SumT = 0
m = 0	SumV = 1	SumY = 1

FC:CF+C	= 3:2
Pure C	= 1
SumC′:WSumC	= 0:4.0
Afr	= 0.55
S	= 5
Blends:R	= 5:17
CP	= 0

+COP = 1	AG = 1
GHR:PHR	= 5:4
a:p	= 6:2
Food	= 0
Sum T	= 0
Human Cont	= 8
Pure H	= 2
PER	= 1
Iso Index	= 0.18

a:p	= 6:2
Ma:Mp	= 5:2
2AB+Art+Ay	= 5
MOR	= 2

Sum6	= 2
Lv2	= 0
Wsum6	= 3
M-	= 1
Mnone	= 1

XA%	= 0.71
WDA%	= 0.80
X-%	= 0.24
S-	= 4.00
P	= 5.00
X+%	= 0.53
Xu%	= 0.18

Zf	= 15
W:D:Dd	= 10:5:2
W:M	= 10:7
Zd	= +2.0
PSV	= 0
DQ+	= 6
DQv	= 1

3r+(2)/R	= 0.35
Fr+rF	= 1
SumV	= 1
FD	= 1
An+Xy	= 0
MOR	= 2
H:(H)+Hd+(Hd)	=2:6

PTI	DEPI	CDI	S-Con	HVI	OBS
PTI= 0	DEPI= 5	CDI = 1	S-Con = 3	HVI = Yes	OBS=No

(1) 구조적 요약: 상단부

구조적 요약의 두 번째 단계는 앞의 예처럼 구조적 요약표의 상단부에 각 기호의 빈도를 기록하는 것이다.

위치 반응영역과 관련해서 세 가지 사항을 기록해야 한다. ① 조직활동, ② 반응영역 기호, ③ 발달질.

1. 조직활동 조직활동에서는 세 가지 항목을 채점한다. 첫째, Z반응의 수, 즉 Z빈도(Zf)를 기록한다. 두 번째로 가중치를 부여한 Z점수의 총합(Zsum)을 계산한다. 마지막으로 〈표 9-1〉을 근거로 추정한 가중치 Zsum(Zest)을 구한다. Zest는 표에서 Zf에 해당하는 값이다. 앞의 예에서 Zf가 15이므로 이에 해당하는 Zest는 49.0이다.

2. 영역기호 기본적인 영역기호 각각의 빈도를 계산한다. S반응의 빈도도 계산해야 한다. S반응은 다른 영역기호인 W, D, Dd와 분리해서 그 빈도를 계산한다.

○○○ **표 9-1 최적의 ZSum값 추정(Zf를 아는 경우)**

Zf	Zest	Zf	Zest	Zf	Zest	Zf	Zest	Zf	Zest
1	–	11	34.5	21	70.0	31	105.5	41	141.0
2	2.5	12	38.0	22	73.5	32	109.5	42	144.5
3	6.0	13	41.5	23	77.0	33	112.5	43	148.0
4	10.0	14	45.5	24	81.0	34	116.5	44	152.0
5	13.5	15	49.0	25	84.5	35	120.0	45	155.5
6	17.0	16	52.5	26	88.0	36	123.5	46	159.0
7	20.5	17	56.0	27	91.5	37	127.0	47	162.5
8	24.0	18	59.5	28	95.0	38	130.5	48	166.0
9	27.5	19	63.0	29	98.5	39	134.0	49	169.5
10	31.0	20	66.5	30	102.5	40	137.5	50	173.0

3. 발달질   반응영역에 관계없이 발달질 기호 각각의 빈도를 계산한다.

결정인   결정인이 혼합된 경우를 제외하고는 각각 따로 기록한다. 혼합반응은 혼합반응란에 기록하고 혼합반응에 포함시킨 결정인들은 단일 결정인의 빈도계산에 포함시키지 않는다.

형태질   형태질은 세 가지 종류가 있다. 첫째, FQx(Form Quality Extended)는 형태를 사용한 모든 반응을 포함한다. 네 가지 수준이 있으며 각 수준별로 빈도를 계산해야 하며, 이에 더하여 형태를 사용하지 않은 반응의 빈도도 계산해야 한다.
둘째, MQual(Human Movement FQ)이다. 이것은 모든 인간운동반응의 형태질의 빈도를 나타낸다. 셋째, W+D(Common Area FQ)이다. 이것은 W나 D 영역을 사용한 모든 반응의 FQ빈도를 나타낸다.

내용   내용 범주는 스물일곱 가지 유목을 포함하고 있다. 각 항목별로 일차반응이든 이차 반응이든 해당 항목의 빈도의 합을 기록한다.

접근방식 요약   구조적 요약의 오른쪽 상단에는 수검자가 선택한 반응영역의 순서를 그대로 기록한다. 예컨대, I번 카드에서 첫 번째 반응은 전체반응(W), 두 번째 반응은 부분반응(D), 세 번째 반응은 전체반응과 공간반응이 혼합(WS) 되어 있다면 W, D, WS로 기록한다.

특수점수   마지막 부분에는 15개 특수점수 각각의 빈도를 기록한다. 여기서 두 가지 점수를 계산한다. 첫째, 여섯 개 특수점수의 원점수의 합을 구한다(Raw Sum6). 이것은 수준 1과 수준 2의 DV, INCOM, DR, FABCOM의 빈도에 ALOG, CONTAM의 빈도를 더한 값이다. 두 번째는 6개 특수점수의 원점수에 가중치를 곱하고 더해서 WSUM6(Weighted Sum)에 기록한다. 6개 특수점수에 대한 가중치 계산은 다음과 같다.

$$WSUM6 = (1) \times DV + (2) \times DV2 + (2) \times INCOM + (4) \times INCOM2 + (3) \times DR +$$
$$(6) \times DR2 + (4) \times FACOM + (7) \times FACOM2 + (5) \times ALOG + (7) \times CONTAM$$

(2) 구조적 요약: 하단부

자료들의 빈도를 계산한 후 이를 사용하여 구조적 요약 하단부에 7개 자료 영역을 구성하게 된다. 어떤 항목은 하나 이상의 영역에 포함되기도 한다. 가장 아랫부분에 6개의 특수지표(PTI, DEPI, CDI, S-CON, HVI, OBS)가 있고 이 특수지표는 이 절의 마지막에 제시되어 있는 Constellations Worksheet를 사용해서 계산한다.

핵심영역 핵심영역(Core Section)은 구조적 요약 하단부 좌측 상단에 있는데, 열여섯 가지 항목을 기록한다. 그중 일곱 가지는 빈도를 계산한 것인데, 전체반응 수를 나타내는 R과 FM, m, SumC′, SumT, SumV, SumY다. 이 중 후반부의 네 개는 하위 유형을 모두 포함한다. 즉, SumC′는 FC′, C′F와 C′를, SumT는 FT, TF와 T를 모두 포함한다.

나머지 아홉 가지는 비율과 산출한 값을 나타낸다.

1. Lambda, L Lambda는 전체반응에서 순수형태반응이 차지하는 비율이고 심리적 자원의 경제적 사용과 관련이 있다. 계산 공식은 다음과 같다.

$$L = \frac{F(순수형태반응\ 수)}{R - F(전체반응\ 수 - 순수형태반응\ 수)}$$

앞에 제시한 반응기록에서 전체반응 수가 17개, 순수형태반응 수가 6개이므로 L = (6/11) = 0.55이다.

2. Erlebnistypus, EB EB는 두 가지 중요한 변인인 인간운동반응(M)과 가중치를 부여한 유채색반응의 합 간의 관계를 나타낸다. 즉, Sum M과 WSumC (Weighted Sum Color)의 비율이다. WSumC는 각각의 유채색 반응 유형에 가중치를 곱해서 계산한다. 이때 색채명명반응(Cn)은 계산에 포함시키지 않는다. 계산 공식은 다음과 같다.

$$WSumC = (0.5) \times FC + (1.0) \times CF + (1.5) \times C$$

앞에 제시한 반응기록에서 M은 7개, FC는 3개, CF는 1개, C는 1개이므로 WSumC = $(0.5) \times (3) + (1.0) \times (1) + (1.5) \times (1) = 4.0$이다. 따라서 EB는 7 : 4.0이다.

3. Experience Actual, EA EA는 개인의 가용 자원과 관련이 있는 변인이다. EB의 두 가지 측면인 Sum M과 WSumC를 더하면 된다. 따라서 이 경우에 EA는 7+4.0=11.0이다.

4. EB Pervasive, EBPer EBPer는 의사결정에서 EB양식 중 우세한 양식이 있는지를 나타내 주는 비율이다. EBPer는 EB에 기초하여 특징적인 양식이 나타나는 경우에만 계산한다. 다음의 세 가지 준거를 적용하여 결정한다. 첫째, EA 값이 4.0 이상이어야 한다. 둘째, Lamda값이 1.0보다 작아야 한다. 마지막으로, EA값이 4.0과 10.0 사이에 있는 경우 한쪽 EB값이 다른 쪽 값보다 최소한 2.0점 이상이 클 때 또는 EA값이 10.0 이상이면 한쪽 EB값이 다른 쪽 값보다 최소한 2.5점 이상 클 때 계산한다.

이상의 세 가지 준거에 맞으면 EB의 두 값 중 큰 점수에서 작은 점수를 나눈 것이 EBper 값이 된다. 제시된 예에서, EA=11.0, Lamda=0.55 그리고 EB의 두 값의 차이는 3.0이다. 따라서 큰 EB값인 7에서 작은 값 4.0을 나누면 값은 1.8이 된다.

5. Experience Base, eb eb는 모든 비인간 운동결정인(FM, m)과 음영 및 무색채 결정인의 관계이다. 이는 수검자가 경험하는 자극(stimulus demand)에 관한 정보를 제공해 준다. Sum FM+m : Sum of SumC′+SumT+SumY+SumV로 나타낸다.

앞에 제시한 프로토콜에서 FM은 1, m은 0, 차원(SumV)은 1, 음영-확산(SumY)은 1이므로 eb는 1:2이다.

6. Experience Stimulation, es eb 자료를 근거로 계산한다. 현재 수검자가 경험하는 자극과 관련이 있다. eb를 계산하는 데 포함되는 모든 점수, Sum of FM+m+SumC′+Sum T+SumY+SumV를 합한 것이다. 따라서 앞의 프로토콜에서 es값은 1+2=3이다.

7. D Score, D D점수는 EA와 es 간의 관계에 대한 중요한 정보를 제공해 준다. 이 점수는 스트레스에 대한 내성과 통제요소와 관련이 있다. 먼저 두 변인 EA와 es의 원점수 차이(EA-es)를 계산하고 해당되는 기호를 표시한다. 그리고 이 원점수 차이를 표준편차 2.5를 기준으로 한 표준점수(scaled difference score)로 변환시킨다.

따라서 EA-es의 점수 차이가 +2.5~-2.5 범위라면 두 점수 간의 차이는 유의미하지 않고 이때의 D점수는 0이다. EA-es의 원점수 차이가 +2.5보다 크고 2.5점씩 커질 때 D점수는 +1만큼 증가한다. 또한 EA-es의 점수 차가 -2.5만큼 적어질 때 -1만큼 감소한다. 〈표 9-2〉는 D점수 환산표다. 앞에 제시한 프로토콜에서 EA-es는 11.0-3=+8.0이므로 D점수는 +3이다.

8. Adjusted es, Adj es D점수가 스트레스에 대한 내성과 가용 자원에 대한 정보를 제공하지만 이 점수가 상황적 요소의 영향을 받는지를 알아보는 것이 중요하다. 이것을 알아보는 한 가지 방법은 es에서 상황적 현상과 관련 있는 모든 요소를 제외시키는 것이다. m과 Sum Y에서 각각 1을 뺀 모든 m과 Sum Y값을

ooo **표 9-2** EA-es, D점수 환산표

(EA-es)값	D점수
+13.0~+15.0	+5
+10.5~+12.5	+4
+8.0~+10.0	+3
+5.5~+7.5	+2
+3.0~+5.0	+1
-2.5~+2.5	0
-3.0~-5.0	-1
-5.5~-7.5	-2
-8.0~-10.0	-3
-10.5~-12.5	-4
-13.0~-15.0	-5

더해서 es에서 빼면 된다. 앞에 제시한 예에서 m결정인은 0이고 Y는 1이다. 따라서 m은 0이고 Y에서 1을 빼면 0이고 더 이상 뺄 것이 없으므로 Adj es는 es와 동일한 3이다.

9. Adjusted D Score, Adj D Adj D점수는 EA-Adj es를 구하여 D점수 환산표에 적용시켜 구한다. 앞에 제시한 예에서 D점수를 구하는 것과 동일한 방식으로 구한다. EA는 11, Adj es는 3이므로 11-3=+8.0이고 이에 해당되는 D점수는 +3이다.

관념영역 관념영역(Ideation Section)은 아홉 가지 항목으로 구성되어 있다. 9개 항목 중 5개는 빈도를 나타내는 것으로 구조적 요약지의 상단에 표시하게 된다. 이들은 MOR, Sum6, 수준 2의 특수점수, M-, 형태가 없는 M반응 등의 빈도를 나타내게 된다. WSum6 역시 계산하여 구조적 요약지의 상단에 기술한다. 나머지 세 개의 항목은 두 개는 비율, 나머지 하나는 지표(index)를 나타내는데 이는 다음에 기술되어 있다.

1. Active:Passive Ratio, a:p   이 비율은 관념과 태도의 융통성과 관련이 있다. 왼쪽에는 능동운동반응(M^a+FM^a+m^a)의 총반응 수를, 오른쪽에는 수동운동반응(M^p+FM^p+m^p)의 총반응 수를 적는다. a-p 첨자로 기호화한 운동결정인은 양쪽 모두에 포함시킨다. 앞에 제시한 예에서 a : p는 6 : 2이다.

2. M Active:Passive Ratio, Ma:Mp   이 비율은 사고 특징과 관련이 있다. 인간 운동반응의 능동운동과 수동운동의 비율이다. M^{a-p}는 양쪽 모두에 포함시킨다. 앞에 제시한 예에서 M^a : M^p는 5 : 2다.

3. Intellectualization Index, 2AB+(Art+Ay)   이 지표는 특수점수인 AB (Abstract)와 Art 및 Ay 반응 내용을 포함한다. 이 지표는 AB의 반응 수에 2를 곱하고 Art와 Ay 내용의 반응 수를 더해서 구한다. 이때 일차와 이차 반응 내용을 모두 포함시킨다. 앞에 제시한 예에서 AB가 2이고 Art가 1이므로 2AB+(Art+Ay)는 5다.

정서영역   정서영역(Affect Section)은 7개의 항목으로 이루어져 있다. 3개는 빈도자료(Pure C, S, CP)이고 이것은 구조적 요약의 상단에 기술하게 된다. 나머지 4개는 비율을 나타내는 것으로 구조적 요약지의 하단에 기술한다.

1. Form-Color Ratio, FC:CF+C   이 비율은 정서 조절과 관련이 있다. FC 결정인을 사용한 총반응 수와 CF+C+Cn 반응 수의 비율이다. EB와 EA에서 Cn을 포함시키지 않고 가중치를 부여해서 WSumC를 사용했던 것과는 달리 이 비율에서는 유채색 결정인의 가중치가 동일하다. 앞에 제시한 예에서 FC는 3개, CF는 1개, C는 1개다. 따라서 이 비율은 3 : 2다.

2. Constriction Ratio, SumC′:WSumC   이 비율은 정서를 지나치게 내면화하는 것과 관련이 있다. SumC′결정인(FC′+C′F+C′)을 사용한 총반응 수와

WSumC의 비율이다. 앞에 제시한 예에서 C′와 같게 반응은 0, WSumC는 4.0이므로 이 비율은 0:4.0이다.

3. Affective Ratio, Afr　이 비율은 I번 카드에서 VII번 카드까지의 반응 수와 나머지 VIII번 카드에서 X번 카드까지의 반응 수 비율이고 수검자의 정서적 자극에 대한 관심을 나타낸다. 계산 공식은 다음과 같다.

$$Afr = \frac{\text{카드 VIII, IX, X의 총반응 수}}{\text{카드 I, II, III, IV, V, VI, VII의 총반응 수}}$$

앞에 제시한 예에서 VII번 카드까지의 반응 수는 11이고 마지막 세 카드의 반응 수는 6이므로 Afr=(6/11)=0.55이다.

4. Complexity Ratio, Blends:R　이 비율은 혼합반응 수와 총반응 수의 비율이다. 앞에 제시한 예에서 혼합반응이 5개이고 총반응 수가 17이므로 5:17이다.

중재영역　중재영역(Mediation Section)은 7개의 항목이 포함된다. 두 개는 반응의 빈도로 점수계열에서 직접 계산할 수 있다. 이 중 하나는 평범반응(P)의 빈도이고 다른 하나는 반응영역에서 공간(S)을 사용한 반응 중 마이너스 반응의 수다. 나머지 다섯 가지는 백분율로 구성되어 있다.

1. Form Appropriate Extended, XA+%　형태 특성을 적절히 사용한 반응의 비율을 나타내 주는 변인이다. 다음과 같이 계산한다.

$$L = \frac{\text{FQ가 +, o, u인 반응의 합}}{R}$$

앞에 제시한 예에서 반응 수는 17개이고, +반응은 0개, ordinary가 9개, 그리고 unsual이 3개이므로, 이들의 합은 12개가 된다. 12를 17로 나누면, XA%는 0.71이다.

2. Form Appropriate-Common Areas, WDA%　이 변인은 W와 D 영역을 사용한 반응들 중에서 형태 특성을 적절히 사용한 반응의 비율을 나타낸다. 다음과 같이 계산한다.

$$\text{WDA\%} = \frac{\text{W+D 반응 중 FQ가 +, o, u인 반응의 합}}{\text{W+D 반응의 합}}$$

앞에 제시한 예에서 W와 D를 반응영역으로 사용한 반응은 15개이다. 이 중 12개의 FQ가 o 혹은 u다. 12를 15로 나누면 WDA%는 0.80이 된다.

3. Distorted Form, X-%　반점의 특징과 맞지 않게 형태를 사용한 비율을 나타낸다. 다음과 같이 계산한다.

$$\text{X-\%} = \frac{\text{Sum FQx-}}{\text{R}}$$

앞에 제시한 예에서는 반응 수는 17이고, FQx-는 4이므로 X-%는 0.24다.

4. Conventional Form Use, X+%　일상적인 대상을 지각한 반응 중 형태 특징을 적절하게 사용한 비율을 나타낸다. 다음과 같이 계산한다.

$$\text{X+\%} = \frac{\text{Sum FQx+and o}}{\text{R}}$$

앞에 제시한 예에서 +반응은 없었고, ordinary 반응은 9개이므로 X+%는 0.53이다.

5. Unusual Form Use, Xu% 윤곽을 적절히 사용했지만 비관습적으로 사용한 반응의 비율이고 다음과 같이 계산한다.

$$Xu\% = \frac{Sum\ FQxu}{R}$$

앞에 제시한 예에서 FQxu=3이므로 Xu%는 0.18이다.

처리영역 처리영역(Processing Section)은 일곱 가지 항목이 있다. 이 중 네 가지 빈도 자료(Zf, PSV, DQ+, DQv)로 구조적 요약지의 상단에 기술한다. 나머지 세 가지 항목 중 두 가지는 관계를 나타내고 마지막 하나는 차이 점수를 나타낸다.

1. Economy Index, W:D:Dd W반응 수, D반응 수, Dd반응 수의 비율이다.
2. Aspirational Ratio, W:M W반응 수와 M반응 수의 비율이다.
3. Processing Efficiency, Zd Zd는 ZSum에서 Zest를 뺀 값이다. 앞에 제시한 예에서 ZSum은 51.0, Zest는 49.0이므로 Zd는 +2.0이다.

대인관계영역 대인관계영역(Interpersonal Section)은 10개의 항목으로 구성되어 있다. 이 중 5개(COP반응 수, AG반응 수, Fd 내용반응의 수, 순수 H반응의 수, PER 특수점수의 빈도)는 직접 구조적 요약지 상단에 기입한다.

여섯 번째 항목은 GHR:PHR의 관계를 나타내는 것으로, 구조적 요약지 상단의 왼쪽에 GHR의 값을, 오른쪽에 PHR의 값을 기입한다. 일곱 번째 항목인 Sum T는 Core Section에서, a:p의 비율은 관념영역에서 찾아 기입하면 된다. 나머지 두 항목은 간단하게 계산하면 된다.

1. Interpersonal Interest, Human Cont. 이 항목은 인간에 대한 관심에 관한 정보를 제공해 준다. 이 항목은 다음과 같이 계산한다.

$$\text{Human Cont} = H+(H)+Hd+(Hd)의 \text{ 합(Hx는 포함하지 않는다)}$$

예로 제시한 프로토콜에서 2H, 1(H), 4Hd, 1(Hd)이므로 Human Cont=8이 된다.

2. Isolation Index, Isolate/R 이 지표는 사회적 고립과 관련되어 있다. 식물, 구름, 지도, 풍경, 자연의 다섯 가지 내용 범주를 포함하며, 두 가지 내용 범주는 2배로 계산한다.

$$\text{Isolate/R} = \frac{Bt+2Cl+Ge+Ls+2Na}{R}$$

앞에 제시한 예에서 Ls와 Na가 각각 1개이므로 가중치의 합은 3이며, 이를 반응 수로 나누면 0.18이다.

자기지각영역 자기지각영역(Self Perception Section)은 7개의 항목으로 구성되어 있으며, 이 중 4개는 구조적 요약지 상단에 있는 빈도 또는 빈도의 합이다. 4개의 빈도 자료는 Fr+rF 반응의 합, FD반응 수, MOR을 포함하고 있는 특수점수의 빈도, An 또는 Xy를 포함하고 있는 반응 수다. 다섯 번째 항목인 SumV는 핵심영역에 기록되어 있다.

여섯 번째 항목은 H:(H)+Hd+(Hd)의 비율이다. 제시된 프로토콜에서 순수 H 반응은 2개이고, 나머지 유형의 인간반응들은 6개이므로 비율은 2:6이다.

일곱 번째 항목은 다음과 같이 계산한다.

1. Egocentricity Index, 3r+(2)/R   자존감(self esteem)과 관련이 있는 지표로
전체 반응기록에서 반사반응과 쌍반응의 비율이다. 하나의 반사반응과 3개의
쌍반응이 같도록 하기 위해 반사반응에 가중치를 부여하여 다음과 같이 계산
한다.

$$3r-(2)/R = \frac{3\times(Fr+rF)+Sum(2)}{R}$$

앞에 제시한 예에서 1개의 반사반응과 3개의 쌍반응이 포함되어 있으므로 이
지표의 값은 ((3)×1+3)/17=0.35이다.

특수지표   구조적 요약의 맨 아래에는 Perceptual-Thinking Index(PTI),
Depression Index(DEPI), Coping Deficit Index(CDI), Suicide Constellation(S-CON),
Hypervigilance Index(HVI), Obsessive Style Index(OBS)의 여섯 가지 특수 지표
가 있다. 이 지표들은 뒤의 Constellation Worksheet에 제시하였다. 그리고 각각
의 지표에 positive로 체크한 것은 구조적 요약의 지표에 체크해야 한다. 앞에 제
시한 예에서는 HVI와 OBS 지표가 체크되어 있다.

어린이의 프로토콜을 기록할 때는 네 가지 변인에 있어서 절단점이 연령에
따라 교정되어 있음을 주의해야 한다. PTI에서 하나(WSum6), 또 하나는 DEPI
에서 3r+(2)/R, 그리고 DEPI와 CDI에서 Afr 각각이다. 각 내용은 Constellation
Worksheet에서 *로 표시되어 있으며, 연령별 절단점은 다음의 표에 기록되어
있다.

Egocentricity Index의 연령교정		
연령	3r+(2)/R가 아래보다 작을 경우 유의미	3r+(2)/R가 아래보다 클 경우 유의미
5	0.55	0.83
6	0.52	0.82
7	0.52	0.77
8	0.48	0.74
9	0.45	0.69
10	0.45	0.63
11	0.45	0.58
12	0.38	0.58
13	0.38	0.56
14	0.37	0.54
15	0.33	0.50
16	0.33	0.48

WSum6 연령교정

R이 17 이상인 경우

5~7세 WSum6 > 20
8~10세 WSum6 > 19
11~13세 WSum6 > 18

- - - - - - - - - - - - - - -

R이 17보다 작은 경우

5~7세 WSum6 > 16
8~10세 WSum6 > 15
11~13세 WSum6 > 14

- - - - - - - - - - - - - - -

Affective Ratio의 연령교정

5와 6세 Afr	< 0.57
7부터 9세 Afr	< 0.55
10부터 13세 Afr	< 0.53

Constellation Worksheet

S-Constellation(Suicide Potential):

□ 8개 이상 해당될 경우 체크
주의: 14세 이상의 수검자에게만 적용

□ FV+VF+V+FD > 2
■ Color-Shading Blends > 0
□ 3r+(2)/R < 0.31 or > 0.44
□ MOR > 3
□ Zd > +3.5 or Zd < -3.5
□ es > EA
□ CF+C > FC
■ X+% < 0.70
■ S > 3
□ P < 3 또는 P > 8
□ Pure H < 2
□ R < 17

PTI(Perceptual-Thinking Index):

□ XA% < 0.70) and WDA% < 0.75
□ X-% > 0.29
□ LVL2 > 2 and FAB2 > 0
* □ R < 17 and WSUM6 > 12
    OR R > 16 and WSUM6 > 17
□ M- > 1 OR X-% > 0.40
__0__ Sum PTI

DEPI(Depression Index):

■ 5개 이상 해당될 경우 체크

■ (FV+VF+V > 0) OR (FD > 2)

CDI(Coping Deficit Index):

□ 4개 또는 5개 이상이면 체크

□ (EA < 6) OR (AdjD < 0)

■ (Col-Shd Blends＞0) OR (S＞2)

* □ (3r+(2)/R＞0.44 and Fr+rF=0)

OR 3r+(2)/R ＜0.33)

* □(Afr＜0.46) OR (Blends＜4)

■ (Sum Shading＞FM+m) OR (SumC'＞2)

■ (MOR＞2) OR (2×AB+Ar+Ay＞3)

■ (COP＜2) OR

([Bt+2×Cl+Ge+Ls+2×Na]/R＞0.24)

■ (COP＜2) and (AG＜2)

□ (Weighted Sum C＜2.5) OR *(Afr＜0.46)

□ (Passive＞Active+1) Or (Pure H＜2)

□ (Sum T＞1)

OR (Isolate/R＞0.24)

OR (Food＞0)

HVI(Hypervigilance Index):

■ 1번을 만족시키고 아래 7개 중 최소한 4개가 해당될 경우 체크

■ (1) FT+TF+T=0

■ (2) Zf＞12

■ (3) Zd＞+3.5

■ (4) S＞3

■ (5) H+(H)+Hd+(Hd)＞6

■ (6) (H)+(A)+(Hd)+(Ad)＞3

■ (7) H+A : Hd+Ad＜4 : 1

□ (8) Cg＞3

OBS(Obsessive Style Index):

□ (1) Dd＞3

■ (2) Zf＞12

□ (3) Zd＞+3.0

□ (4) Populars＞7

□ (5) FQ+ ＞ 1

□ 한 가지 이상 해당될 경우 체크

□ (1)~(5) 모두 해당

□ (1)~(4) 중에서 2개 이상이 해당되고 FQ+＞3

□ (1)~(5) 중에서 3개 이상이 해당되고 X+%＞0.89

□ FQ+ ＞ 3 AND X+%＞0.89

* 주의: 아동의 경우 교정점수를 적용

2. TAT

1) 개관

TAT(Thematic Apperception Test, 주제통각검사)는 로르샤흐 검사와 함께 전 세계적으로 널리 사용되고 있는 대표적인 투사검사다. 이 검사는 로르샤흐 검사와 마찬가지로, 모호한 대상을 지각하는 과정에는 개인 특유의 심리적인 과정이 포함되어 독특한 해석을 도출하게 된다는 이론적 입장에서 출발하고 있다.

그러나 로르샤흐 검사가 원초적인 욕구와 환상을 주로 도출시킨다고 전제되

어 있는 반면, TAT는 다양한 대인관계상의 역동적 측면을 파악하는 데 보다 유용한 특징을 가지고 있다. 인물이 등장하지 않고 단지 잉크 반점이라는 추상적인 자극을 제시하는 로르샤흐 검사와는 달리, TAT에서는 인물들(사람)이 등장하는 모호한 내용의 그림 자극을 제시하고 그에 대한 이야기를 구성해 보도록 하는 방법을 사용한다. 이 과정에서 개인의 과거 경험, 상상, 욕구, 갈등 등이 투사되면서, 성격의 특징적인 면, 발달적 배경, 환경과의 상호관계 방식 등에 대한 정보를 제공해 주게 된다.

TAT가 출간되기 이전에도 그림에 의한 연상법은 여러 장면에서 진단적, 치료적 보조도구로 활용되어 왔다. 그러나 1935년 하버드 대학의 H. A. Murray와 C. D. Morgan에 의해 'TAT'라는 이름으로 정식으로 세상에 소개되었으며, 1938년 『Exploration in Personality』가 출판되면서 '욕구-압력'이라는 이론적 체계를 갖추게 되었다. 이들은 1936년에 제작된 원 도판을 3회 개정하여 1943년 31개의 도판으로 이루어진 TAT 도구를 정식으로 출판하였다. 이 도판은 현재까지 변경 없이 그대로 사용되고 있다.

이후 TAT에 대한 연구가 급속히 발전되면서, TAT는 로르샤흐 검사와 함께 전 세계적으로 쓰이는 투사검사로 자리잡게 되었다.

TAT 도판에는 성인용(남녀 공용, 남자용, 여자용) 도판과 함께 3매의 아동용 도판이 포함되어 있었으나, 주로 성인용 검사로 쓰였기 때문에 아동용 도구에 대한 필요가 생겨났다. 이에 1949년 L. Bellack이 3세에서 10세의 아동들에게 시행할 수 있는 '아동용 주제통각검사(Children's Apperception Test: CAT)'를 제작하였고 1952년 수정판을 출판하였다('한국판 아동용 주제통각검사'는 1976년 김태련, 서봉연, 이은화, 홍숙기에 의해 표준화되었다).

CAT는 아동은 '사람'보다는 동물에 대해서 보다 쉽게 동일시하는 경향이 있음을 반영하여 도판에 등장하는 인물들이 모두 동물로 그려져 있다는 것이 TAT와의 큰 차이점이다. 그러나 해석에 있어서는 TAT와 유사한 방식이 적용된다.

이런 이유로 여기에서는 TAT에 대해서 소개하기로 한다. CAT의 구체적인 내용 및 해석에 대해서는 CAT 매뉴얼을 참조하도록 한다.

■ TAT에서의 이론적 가설

TAT의 바탕이 되는 기본적인 가설은, 우리가 외부 대상을 인지하는 과정에는 대상의 자극 내용만을 단순히 있는 그대로 지각하는 데 그치는 것이 아니라, 그것을 지각하는 사람이 나름대로 이해하고 주관적인 해석을 하거나 또는 그것에 대해서 어떤 상상을 하면서 받아들이게 된다는 것이다. 즉, 자극의 객관적인 내용이나 조건과는 어느 정도 이탈된 개인적이고 주관적인 과정이 개입되면서, 지각 → 이해 → 추측 → 상상의 과정을 거쳐 대상에 대한 결론을 내리게 된다. 다시 말하면, 우리가 대상을 인지하는 방식에는 대상의 자극 특성에 크게 의지하는 비교적 공통적인 요인이 작용하나, 동시에 자극 특성에 의존하지 않고 순수한 개인의 선행 경험에 의존하는 요인도 있다. 이 양자가 결합·작용하여 이해, 추측, 상상이라는 심리적 작용이 이루어지는 것이다. 이것이 바로 '통각 (apperception)'의 작용이다.

통각 작용은 주체의 조건에 의존하므로 통각 내용은 주체의 정신을 반영하게 되고, 따라서 통각된 내용의 분석을 통해 성격의 여러 가지 측면을 파악할 수 있는 것이다.

한편, '주제'라는 용어에는 '실생활에서 생긴 일같이'라는 의미가 포함되어 있다. Murray(1943)에 따르면, '주제', 즉 개인의 공상 내용은 '개인의 내적 욕구 (need)와 환경적 압력(pressure)의 결합'이고 '개인과 그 환경의 통일'이며 '실생활에서 생기는 일에 대한 역동적 구조'이다. 즉, 피검자의 이야기는 욕구와 압력의 관계, 생활체와 환경의 상호 의존적 관계에 의해서 생긴 것이라는 것이다. TAT는 개인에게 (인물의) 주체적인 요구와 환경이 갖는 객관적인 압력에 대한 공상적인 주제의 이야기를 하도록 함으로써, 반응하는 개인의 역동적인 심리 구조에 대한 분석이 가능하게 만든다. 즉, 피검자는 그림을 '생활의 일화'로 통일시킨다는 것이다.

Murray는 사람들이 가지고 있는 모호한 상황을 자신의 과거 경험과 현재의 욕구에 따라 해석하는 경향과 이야기를 표현하면서 자신의 기분과 욕구를 의식적·무의식적으로 표현하는 경향으로 인하여 TAT가 개인의 주요한 성격 측면을 드러나게 한다고 보았다.

Bellack(1959)도 기본적으로 Murray와 같은 입장으로, TAT 반응은 순수한 지각과정이 아니라 개인의 선행 경험에 의하여 지각이 왜곡되고 공상적 체험이 혼합되는 통각적 과정이라고 보았다. 그는 '통각'을 여러 가지 투사를 포괄하는 개념으로 사용하였다.

Murstein(1961)은 TAT 그림의 특징으로 '구성성'과 '모호성'을 꼽았다. '구성성'은 그림에서 인물의 수와 성, 상황의 배경이 제시되어 있다는 점이고, '모호성'은 그림의 내용이 불확실하여 여러 가지 해석이 가능하다는 점이다. 그림의 이러한 두 가지 특징에 의해 반응이 결정되어 공상은 완전히 자유롭다기보다는 제시된 자극 내에서 이루어지게 된다. 피검자가 지각하게 되는 내용은 카드의 자극 조건에 의한 것과 개인의 내적 경험이 동시에 나타난다.

Murstein의 이러한 주장은 실제 임상 장면에서의 해석 지침으로도 유용한데, TAT 검사 결과로 도출된 이야기들 모두가 그 피검자만의 독특한 상상으로 보기는 어렵기 때문이다. 반응 내용 가운데는 평범하고 일반적인 반응도 있고 개인의 독특한 역동을 포함한 내용도 있으므로, 이를 구별하기 위해서는 뒤에 제시될 각 도판에 대한 설명과 도판별 평범 반응을 숙지하는 것이 요구된다.

2) 도구의 구성

백지를 포함하여 총 31장으로 구성되어 있으며, 각 카드의 뒷면에는 성인 남자(M), 성인 여자(F), 소년(B), 소녀(G) 등의 구별이 표기되어 있다. 피검자의 연령과 성별에 따라 카드를 선정하도록 하는데, 이 중 10장은 모든 피검자에게 실시되며 나머지 카드는 성별과 연령에 따라 각각 10장씩 실시한다. 따라서 각 개인은 20장의 그림을 보게 된다.

3) 실시

TAT는 한 번에 약 한 시간가량, 두 번의 회기로 나누어 시행한다. 이때 두 검사 회기 간에는 적어도 하루 정도의 간격이 있어야 한다. 이는 피로효과를 최소화하여 환자가 충분히 반응할 수 있도록 하기 위해서다.

통상 1~10번 카드는 첫 회기에, 11~20번 카드는 두 번째 회기에 시행한다. 특별한 이유가 있다면 9개에서 12개의 카드만으로 단축검사를 실시할 수도 있다. 가장 유용한 카드로 성인용은 1, 2, 3BM, 4, 6BM, 7BM, 8BM, 10, 12M, 13MF, 18GF, 아동용은 1, 2, 3BM, 4, 6BM, 7BM, 7GF, 8BM, 10, 12M, 13MF, 16, 18GF를 꼽을 수 있다.

피검자가 검사자와 라포를 형성하였고, 정신적·신체적으로도 피로하지 않은 상태에서 검사를 시작한다. 다음과 같이 검사 지시를 한다.

"지금부터 몇 장의 카드들을 보여 드리겠습니다. 그림을 보면서 될 수 있는 대로 극적인 이야기를 만들어 보십시오. 이런 장면이 있기까지 어떤 일이 있었을지, 현재 무슨 일이 일어나고 있는지, 등장하고 있는 사람들이 무엇을 느끼고 무엇을 생각하고 있는지, 그리고 그 일의 결과가 어떻게 되었을지에 대해서도 이야기해 주십시오. 각 카드마다 약 5분 정도로 이야기해 주시면 됩니다. 어떻게 하는지 이해하셨나요?"

2번째 검사 회기에는 다음과 같은 지시를 한다.

"오늘 하시는 방법도 지난번과 동일한데, 단지 좀 더 자유롭게 상상을 하도록 해 보세요. 상상력을 마음껏 발휘해 보세요."

16번 백지 카드에 대해서는 다음과 같이 지시한다.

"이 백지에서 어떤 그림을 상상해 보고 그것을 자세하게 말해 보십시오."

만약 피검자가 이 지시에 잘 따르지 못한다면 다음과 같이 지시한다.

"눈을 감고 무엇인가를 상상해 보십시오. 그 상상을 이야기로 꾸며서 저에게 말해 주십시오."

일반적으로 검사자는 표준 지시를 내린 이후에는 더 이상 지시를 내리지 않는 것이 원칙이다. 그러나 다음의 경우에는 짤막한 지시를 보충해야 한다.

- 장면을 기술하기만 할 때(예: "아이가 바이올린 앞에 앉아 있다."): "그림을 잘 묘사했습니다. 그러면 이제 좀 더 구체적으로 이야기를 만들어 보십시오."
- 과거나 미래를 생략하거나 현재의 생각이나 행위를 적절치 않게 기술했을 때: "무엇을 하고 있는지 잘 말해 주었습니다. 그런데 이 장면이 있기까지 어떤 일이 있었고 앞으로 어떻게 될지 이야기해 보십시오."
- 피평가자가 카드의 분명치 않은 세부를 결정하기 어려워하면서 그에 대해 물어볼 때(예: 3번 카드에서 "이게 총인가요?"): "보이는 그대로 보시면 됩니다."
- 이야기가 지나치게 짧을 때: "잘했습니다. 그런데, 그래서 어떻게 되었나요?"

이러한 개입들은 원칙적으로 첫 두 카드에만 적용된다. 그 후부터는 중간에 개입 없이 그대로 진행하고 나중에 추가 질문을 통해 보충한다.

중간 질문이나 종결 질문을 통해 가치 있는 정보를 얻을 수 있다. 중간 질문은 검사자가 생각하기에 불완전해 보이는 부분에 대해 한다. 예를 들면, "이 소년은 친구와 같이 가지 않았다."라고 응답한 경우 "이 소년은 그때 어떤 느낌이었을까?" 혹은 "이 소년과 같이 가지 않은 친구에 대해 더 이야기해 줄 것은 없나?"라고 질문한다. 그러나 이런 질문은 경험이 많은 전문가가 조심스럽게 해야 하는데, 자칫하면 연상의 흐름을 방해하고 이야기의 내용을 유도할 수 있기 때문이다. 대부분 중간 질문은 초보자가 하기는 위험하기 때문에 초보자는 종결 질문을 하는 것이 좋다.

종결 질문은 20개 카드에 대한 반응이 모두 끝난 다음에 첫 카드부터 검사자가 보충하고 싶은 부분에 대해서 질문을 던지는 것이다. 종결 질문에서 그가 가장 좋아하는 카드와 가장 싫었던 카드를 고르게 하고 그 이유를 묻는 것이 도움이 될 수 있다.

검사 시행 후 그림에서 반응된 피검자의 이야기가 그의 순수한 생각인지, 아니면 다른 잡지나 소설 혹은 친지의 경험에서 나온 것인지 등의 이야기 원천에 대해 질문해 보는 것도 도움이 된다. 그리고 나서 피검자에게 이야기의 주요 줄거리를 상기시켜 주면서 그 주제에 대해 자유롭게 이야기하도록 한다. 이 방식은 피검자로 하여금 자유로운 연상을 유도하면서 의미 있는 경험을 의식화시키는 기회를 제공해 주며 나아가서는 통찰력을 얻을 수 있는 기회도 줄 수 있다.

4) 도판별 내용과 기본 반응

앞서 언급된 바와 같이, 피검자의 독특한 성격 경향을 이해하기 위해서는 평범 반응의 내용이나 각 카드의 기본적인 성질이 무엇인지를 먼저 파악해야 한다. TAT 각 도판의 성질과 공통적인 통각 내용 및 전형적인 이야기 내용을 살펴보기로 하자.

■ **도판 1**

한 소년이 바이올린 앞에서 무엇인가 골똘히 생각하고 있다.

이 그림에서는 피검자가 소년과 동일시하는 경향이 많고 어린 소년이 부모에 의해 바이올린 공부를 하거나 연주하도록 강요받고 있다는 이야기가 흔히 나타난다. 여기서 부모의 태도와 이에 대한 주인공의 반응을 볼 수 있다. 이를 통해 권위에 대한 복종과 자립에 대한 갈등 혹은 자립에 대한 죄책감 등을 파악할 수 있다.

또 다른 주제로는 야망, 희망, 성취 동기 등이 잘 나타나는데 이러한 이야기는 주로 야망이나 성취 수준이 높은 피검자에게서 기술된다. 이 경우 피검자는 현실적인가 또는 공상적인가에 특히 주의해야 하며 이야기의 진행과정이나 결말 부분에서 자신의 능력이나 미래에 대한 태도를 알 수도 있다.

■ 도판 2

시골 풍경으로, 앞에는 한 젊은 여인이 손에 책을 들고 있고, 그 뒤에는 한 남자가 들에서 일을 하고 있으며 오른쪽 측면에는 한 중년 여인이 나무에 기대어 먼 곳을 응시하고 있다.

이 그림에서는 앞쪽의 젊은 여인이나 뒤에 있는 남자가 주인공이 된다. 주인공이 처한 환경 및 가족 관계에 대한 이야기가 주로 언급되는데, 자극이 별로 없는 환경이나 불만족스러운 환경에 대한 주인공의 반응 또는 가족과의 갈등이나 가족들 간의 상호작용 등이 언급된다. 한편, 나무에 기대어 있는 부인과 관련해서는 성적 갈등이나 임신, 잉태에 관한 내용이 나오기도 한다.

■ 도판 3BM

한 소년이 의자에 기대어 머리를 파묻고 마룻바닥에 주저앉아 있으며 그 옆에는 권총 비슷한 물건이 놓여 있다.

이 그림에서는 우울, 낙담, 자살과 관련된 이야기가 많이 나오며 보통 소년이 피해를 입었거나 무슨 잘못을 저지른 사람으로 그려진다. 이야기의 전개과정에서 주인공이 이러한 곤경을 어떻게 해결해 나가는지에 대한 문제해결 과정이나 대처 방식이 나타난다. 여기서 피검자가 경험하는 욕구 좌절의 양상과 이에 대한 반응을 살펴볼 수 있다.

때로는 주인공을 소년이 아닌 소녀로 보거나 권총을 왜곡하여 지각하는 경우가 있다. 권총은 공격의 표상으로, 공격의 방향이 외부로 향해 있는가, 내부로 향해 있는가, 또는 공격성이 억압되어 회피되는가를 알아볼 수 있다.

■ 도판 3GF

젊은 여인이 오른손으로 얼굴을 가린 채 왼팔은 문 쪽으로 뻗고 머리를 숙인 모습으로 서 있다.

이 그림에 대한 이야기는 여주인공의 우울, 실망, 억울한 심정이 주로 언급되는데 남편이나 연인, 가족과의 갈등이나 실연, 사별 등으로 인해 상심하고 있거나 어떤 부정한 행위에 가담하여 죄책감을 느끼면서 해결책을 모색하는 이야기들이 나타난다.

■ 도판 4

한 여인이 마치 자기한테서 빠져나가려는 듯한 남자의 어깨를 붙들고 있다.

그림 전면에 있는 남자와 여자의 갈등이 많이 언급된다. 피검자가 남자이면 자신이 계획한 바를 실천에 옮기기 위해서 여인을 떠나려고 하고 있고 여자는 남자를 붙들어 두려고 한다는 이야기가 주로 나온다. 때로는 뒷면에 반나체의 여성을 남자의 정부나 여자친구로 지각하여 삼각관계라는 주제가 언급되기도 한다. 여기서 결혼 생활의 적응 문제나 여성이나 성에 대한 피검자의 태도 및 지각을 알 수 있다.

피검자가 여성인 경우 일반적으로 언급되는 주제는 남성이 다른 여성 때문에 혹은 사업적인 계획 때문에 떠나고 싶어 한다는 것을 주로 이야기하며, 남자를 다루는 데 사용되는 기법이나 상황을 처리하는 기술이 표현되기도 한다.

■ 도판 5

한 중년의 여인이 방문을 열고 방 안을 들여다
보고 있다.

이 그림에서는 중년 여인이 비밀스러운 행동을 하는 사람을 보고 놀라는 장
면이 묘사되는 경우가 많다. 이 여성은 주로 어머니나 부인, 피검자 자신으로 표
현되며 중년 여인이 여러 가지 이유로 방 안을 엿보는 주제가 언급되기도 한다.
이러한 이야기에서는 일반적으로 어머니나 부인에 대한 태도나 피검자가 관심
을 두고 있는 상황에 대한 단서가 나타난다.

■ 도판 6BM

나이 든 여인과 젊은 남자가 서 있는데, 여인은 남자와 등
을 돌린 채 창문을 바라보고 있고 남자는 침울한 표정으로
밑을 내려다보고 있다.

그림의 늙은 여자와 젊은 남자는 보통 어머니와 아들로 보인다. 아들은 오랫
동안 계획해 왔던 어떤 일을 하도록 허락해 달라고 어머니에게 요청하는 모습으
로 이야기된다. 남자의 소망은 보통 어머니와 갈등을 일으킨다. 이러한 이야기

는 주로 모자 간의 갈등과 해결이 보이며 어머니에 대한 태도나 가정불화의 원인이 드러난다. 경우에 따라서는 오이디푸스 콤플렉스가 반영되기도 한다.

■ 도판 6GF

안락의자에 앉아 있는 여인이 입에 파이프를 물고 이야기를 건네는 나이 든 남자를 어깨너머로 바라보고 있다.

그림의 남녀는 어떤 대화나 토론, 논쟁에 열중하고 있는 것으로 보이며 둘 간의 관계는 우연적이거나 보다 심각한 관계일 수도 있다. 남자를 아버지로 보는 경우도 있으나 대부분 이성 관계로 지각하며 남자가 여자를 유혹하는 것으로 표현되는 경우도 흔하다. 여자는 남자의 행동이나 동기 때문에 놀라고 거기에 대처하려고 한다. 여기서는 남성에 대한 태도, 여성의 역할, 이성 관계에 대한 문제가 잘 드러난다.

■ 도판 7BM

백발의 남자가 젊은 남자와 머리를 맞대고 뭔가 이야기를 하고 있는 듯한 모습이다.

젊은 남자가 늙은 남자에게 조언을 구하거나 공동의 관심사에 대해 논의하고 있는 것으로 표현된다. 이 두 사람은 흔히 부자 관계로 묘사되는데, 여기에서 아버지나 성인남자에 대한 피검자의 태도와 권위에 대한 반응이 잘 나타난다. 또는 음모를 꾸미거나 비밀스러운 거래를 하고 있다는 내용에서 반사회적 경향이나 편집증적 경향이 드러나기도 한다.

■ 도판 7GF

한 여인이 책을 들고 앉아서 소녀에게 말을 걸거나 책을 읽어 주고 있으며 인형을 안고 있는 소녀는 딴 곳을 쳐다보고 있다.

흔히 어머니와 딸로 지각되며 어머니가 딸에게 이야기를 하거나 무엇인가를 읽어 주고 있는 것으로 보인다. 또한 딸이 다른 곳을 쳐다보고 있으므로 어머니에 대한 항의나 거부적인 태도들도 쉽게 보인다. 따라서 이러한 이야기에서는 모녀 관계에 대한 중요한 정보, 어머니에 대한 태도, 자기 자신에 대한 태도가 반영된다.

■ 도판 8BM

한 젊은 소년이 정면을 응시하고 있으며 한쪽엔 엽총 같은 것이 보이고 뒤에는 수술을 하는 듯한 장면이 흐릿하게 보인다.

흔히 앞면에 있는 젊은 남자가 주인공이 되며 10대 소년으로 묘사된다. 이 그림에서는 피검자의 공격성이 주로 반영되는데, 의사가 되고 싶은 소년의 야망을 이야기함으로써 보다 사회적으로 승화된 형태로 표현하거나, 살해 장면이나 총기 사건 이후의 수술 장면과 같은 이야기로 직접적으로 표현되기도 한다. 피검자의 공격성이 향하고 있는 대상을 밝힐 수 있으며 야망이나 성취 동기가 드러나기도 한다. 이 카드에서 유난히 반응을 회피하거나 장면을 왜곡하는 경우 공격성에 대한 강한 부인이나 억압이 시사된다.

■ 도판 8GF

한 젊은 여자가 턱을 고이고 앉아 어딘가를 바라보고 있다.

여자는 주부나 어떤 직업을 가진 여자로 보일 수 있으며, 보통 일을 하다가 휴식을 취하며 자신의 현재 생활을 생각하거나 미래에 대한 상상을 하고 있는 것으로 묘사된다. 미래에 대한 태도나 현실의 어떤 어려움 등이 나타나기도 한다.

■ 도판 9BM

네 명의 남자가 풀밭에 누워 휴식을 취하고 있다.

남자들이 힘든 하루 일을 마치고 휴식을 취하며 잠을 자고 있거나 일하러 돌아가기 전에 짧은 휴식을 취하고 있는 것으로 보인다. 여기서는 일과 동료에 대한 태도, 교우 관계, 사회적 태도나 편견이 드러난다.

■ 도판 9GF

해변가를 달려가는 한 여인을 나무 뒤에서 다른 여인이 쳐다보고 있다.

바닷가를 달리고 있는 여자는 남자와 어떤 관계에 얽혀 달아나고 있으며 나무 뒤의 여자는 일어나는 일을 바라만 보고 있다든가, 진행되는 상황에 만족을 보이고 있다고 흔히 보고된다. 때로는 두 여인이 삼각 관계에 있거나 대립하고 있는 경쟁 상대로 묘사되기도 한다. 이와 같은 이야기에서 여성에 대한 태도를 알 수 있으며 자매간의 갈등이나 경쟁의식, 동년배 여성에 대한 적의나 질투심 등이 반영된다.

■ 도판 10

한 여인이 남자의 어깨에 머리를 기대고 있다.

이 두 사람이 서로에게 애정을 표현하고 있는 것으로 간주되는 경우가 많고 사랑하는 사람과의 이별에 대한 주제도 나타난다. 흔히 남녀 관계 문제, 부부 관계에 대한 태도가 반영되며 때로는 부모상에 대한 의존이나 미래의 결혼 생활에 대한 적응 문제가 암시되기도 한다.

■ 도판 11

높은 절벽 사이로 길이 나 있고 길 저쪽에는 모호한 장면이 보이며 왼편에는 용의 머리 같은 것이 암벽에서 불쑥 튀어나와 있다.

뒤편의 모호한 대상이 용에게 공격을 받고 있으며 이에 대한 투쟁방법이 나타난다. 혹은 이 남자가 미지의 지역을 탐험하고 있는 모험가나 과학자로 묘사되기도 한다.

이 그림에서는 소아기적인 공포나 원시적 공포에 대한 피검자의 방어 수단이 나타나며, 위험이나 신기한 경험에 대한 호기심의 정도도 파악할 수 있다. 때로는 용의 머리가 남성 성기나 구강기적 공격의 상징으로서 내면에 있는 본능적인 욕구를 나타내기도 한다.

■ 도판 12M

한 남자가 눈을 감은 채 누워 있고 중년의 남자가 누워 있는 남자의 얼굴 위로 손을 뻗으면서 몸을 굽히고 서 있다.

보통 안락의자에 누워 있는 젊은 남자가 이야기의 주인공이 되는 경우가 많다. 젊은 남자가 자고 있는데 나이 든 남자가 깨우려 하거나 최면을 걸고 있거나 또는 병을 앓고 있는데 중년 남자가 그의 건강 상태를 조사하고 있다는 등의 이야기가 흔히 나온다. 이 그림에 대한 이야기는 성인 남자에 대한 피검자의 태도를 나타내는데, 상사와 연장자에 대한 두려움이나 공포가 표현되기도 하며 피검자가 가지고 있는 수동적인 의존성이나 치료에 대한 태도가 드러나기도 한다.

■ 도판 12F

젊은 여자가 있고 그 뒤에 머리에 숄을 걸친 섬뜩하게 생긴 늙은 여자가 얼굴을 찡그리고 있다.

그림에 나타난 두 여자가 서로 어떤 관계가 있는 것으로 보는 경우가 많으며 뒤에 있는 여자가 죽은 사람으로 보일 때도 있다. 또는 두 여자가 갈등 관계에 있거나 늙은 여자가 젊은 여자에게 충고를 하고 있는 것으로 이야기되는 경우도 있다.

또 다른 주제로는 젊은 여자의 두 가지 측면을 보여 주고 있다는 것으로, 젊은 여자는 현재를 늙은 여자는 미래를 나타낸다거나 또는 젊은 여자는 자기 자신(self)이고 늙은 여자는 양심을 나타내는 것으로 표현되기도 한다. 따라서 그림 속의 두 사람으로부터 선과 악의 이야기가 나오기도 하며 일반적으로는 피검자가 가지고 있는 어머니에 대한 개념이 잘 나타난다.

■ 도판 12BG

숲 속의 시냇가에 빈 배가 하나 있고 무성한 나무가 한 그루 서 있는 풍경이다.

여기서는 흔히 자살, 죽음, 우울의 경향이 잘 나타나고 이 그림에는 사람이 없는 것이 특징이며 은둔적 경향이 드러나기도 한다.

■ 도판 13MF

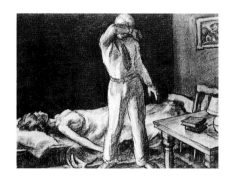

한 젊은 남자가 팔에 얼굴을 파묻은 채 서 있고 뒤에는 한 여인이 침대에 누워 있다.

성적인 내용이 가장 자주 나타난다. 젊은 남자는 보통 침대의 여자와 성관계를 가지려고 하거나 이미 가진 장면으로 보여진다. 여자는 젊은 아내이거나, 여자친구, 혹은 윤락여성으로 보일 수 있다. 따라서 이러한 이야기는 여성 또는 성에 대한 태도, 성행위에 대한 죄책감 등을 나타낸다.

때로는 여성에 대한 적개심이나 부정적인 태도가 드러나기도 하는데, 이러한 경우 침대에 누워 있는 여인이 병이 들었거나 죽은 아내로 간주한다. 피검자가 여성인 경우에는 성적인 충격, 성적인 공격을 당하는 내용으로 반응하거나 남자가 여자를 죽였거나 부정(不貞)행위를 한다는 내용을 통해 남성에 대한 불신감을 나타내기도 한다.

■ 도판 13B

한 어린 소년이 통나무 집 문 앞에 쪼그리고 앉아 있는 모습이다.

이 그림에서는 주로 소년 시절의 이야기가 주요 주제로 떠오르며 혹은 집을 비운 부모님이 돌아오기를 기다리는 내용이 언급된다. 외로움이나 부모님에 대한 애정의 욕구가 나타나기도 한다.

■ 도판 13G

한 어린 소녀가 꼬불꼬불한 계단을 올라가고 있다.

혼자 어떤 일을 하는 것에 대한 느낌(외로움이나 지지에의 욕구, 또는 독립심 등)이 나타나거나 또는 미지의 장소, 미지의 시간에 대한 태도가 드러날 수도 있다.

■ 도판 14

까만 배경 속의 열린 창가에 한 남자가 서 있다.

창문가에 있는 인물이 불면의 밤을 보내고 있는 것으로 흔히 보인다. 이 사람은 창문가에서 여러 가지 문제를 생각하고 있다거나 자연을 관찰하고 있다거나 죽으려고 창문을 뛰어내리려 한다는 것으로 보일 수 있다. 이러한 이야기에서 피검자 자신의 문제, 욕구, 야망, 걱정 등이 나타나며 자살에 대한 집착이나 자살 충동이 표현되기도 한다.

■ 도판 15

이상한 모습의 남자가 묘비 한가운데서 앙상한 손을 모으고 서 있다.

그림에 나타난 인물이 보통 죽은 사람의 무덤 앞에서 기도를 하고 있는 것으로 묘사되며 죽은 이에 대해 이 사람이 가지고 있는 감정과 태도가 나타난다. 피검자가 죽은 것으로 말하는 사람은 현실에서 피검자가 상당한 공격심을 가지고 있는 대상일 경우가 많다. 이러한 이야기들에서 피검자의 적대감이나 이에 대한 죄책감, 죽은 사람에 대한 공포, 우울 경향이 반영될 수 있다.

■ 도판 16

백지

　여기서는 피검자가 아무런 단서 없이 자유롭게 그림을 구성할 수 있게 되므로 여러 가지 많은 이야기가 나올 수 있다. 흔히 피검자가 가장 고민하고 있는 문제나 현재 상태, 느낌 등을 이야기하며 검사자나 치료자에 대한 태도가 표현되기도 한다. 상상력이 결여된 피검자에게는 이 도판이 부적당한 것으로 알려져 있다.

■ 도판 17BM

벌거벗은 듯한 남자가 줄에 매달려 올라가거나 내려오는 동작을 하고 있다.

　밧줄에 매달려 있는 남자는 보통 많은 관중 앞에서 자신의 운동 기술과 신체적인 능력을 과시하고 있거나 또는 위험한 장면으로부터 도피하려는 것으로 이야기된다. 전자의 경우는 피검자의 인정에 대한 욕구, 야망의 수준, 과시 경향을 드러내며 후자는 해결하기 힘든 문제나 상황을 회피하고자 하는 욕구를 반영한다.

■ 도판 17GF

물 위에 다리가 놓여 있고 한 여인이 다리에서 아래를 내려다보고 있으며 그 위에는 높은 건물들이 보이고 아래에는 작은 남자들의 모습이 보이고 있다.

　이 그림에서는 여자가 사랑하는 사람이 돌아오기를 기다리고 있거나 골똘하게 자기 생각에 빠져 있다고 이야기될 수 있다. 흔히 우울과 불행에 대한 감정이 나타나며 여인이 자살하기 위해 다리를 내려가고 있다는 내용에서 자살 경향이나 자포자기한 태도를 나타내기도 한다.

■ 도판 18BM

한 남자가 보이지 않은 사람들의 손에 붙잡혀 있다.

　피검자들은 흔히 이 그림에 나타나 있는 손의 정체를 파악할 수 없다는 데 관심을 갖는다. 흔히 주인공이 취해 있다거나 사고당한다거나 하는 내용으로 반응되는데, 이때 보이지 않는 인물이 구조를 하고 있거나 공격을 하고 있다고 이야기되기도 한다. 여기에서는 자신에게 향해져 있을지도 모르는 공격에 관한 불안이나 외부 환경에 대한 두려움, 때로는 알코올 중독이나 약물 중독에 대한 반응이 드러나기도 한다.

■ 도판 18GF

한 여자가 쓰러지려는 사람을 붙들어 안고 있으며 손을 목에 대고 있다.

서 있는 여인이 난간에 기대어 넘어지려는 사람을 도와주려는 것으로 반응되기도 하며 이 두 사람이 한창 심한 논쟁을 벌이고 있거나 혹은 살인이나 교살에 대한 이야기가 언급되기도 한다. 여성 간의 공격 행동이나 질투심, 열등감 등이 보여지며 모녀 관계나 일반적인 여성과의 관계가 표현된다.

■ 도판 19

눈에 덮인 시골집의 움막이 있고 그 위로 구름이 덮여 있다.

다른 그림에 비해 모호하고 기이한 방식으로 그려져 있기 때문에 이야기 전개가 어려우며 피검자가 가지고 있는 불안이나 불안정성이 표현될 수 있다. 자주 이야기되는 주제는 오두막집이 눈에 갇혀 있지만 그 안에 살고 있는 사람들은 편안하다는 것이다. 움막집에 사는 사람들의 환경 조건이나 어려움을 대처해 나가는 가운데 가지는 희망이 표현되며 이러한 이야기는 안전에 대한 욕구, 환경의 어려움을 극복해 나가는 방식에 대한 정보를 제공해 준다.

■ **도판 20**

한 남자 또는 여자가 밤중에 가로등에 기대어 서서 희미한 불빛을 받고 있다.

가로등에 기대어 있는 인물은 보통 연인을 기다리고 있거나 자기 마음속에 떠오르는 여러 가지 문제를 반추하고 있는 것으로 보인다. 또는 희생자를 공격하기 위해 기다리고 있는 사람으로 묘사되기도 한다. 흔히 피검자가 몰두하고 있는 문제가 나타나는데, 이성 관계에 대한 문제나 태도, 공격적 성향 등이 표현된다. 어두움이나 불확실함에 대한 두려움, 외로움 등을 나타내는 피검자도 있다.

5) 해석

TAT의 분석과 해석의 타당성은 심리학자의 자질과 훈련 그리고 역동 심리학의 원리에 대한 이해와 인식의 정도에 달려 있다. TAT 검사 자료 내에서 심리학자는 피검자의 성격 발달에 대한 요소들과 현 시점에서 작용하는 요소들을 발견해 내도록 노력해야 한다.

초심자가 TAT를 해석할 때 일반적으로 잘 범하는 오류가 있는데, 첫 번째로 자신의 욕구나 감정, 갈등 등을 해석 시 투사하는 경향이 있다는 것이다. 이에 대한 극복방법으로는, 가능한 한 자료에 객관적인 접근을 할 수 있도록 자기 자신의 갈등이나 욕구에 대해 잘 파악하도록 하고, 두 개 이상의 이야기에 의해 입증되는 경우에만 해석을 하도록 한다.

두 번째로 범하는 오류로는, 이야기를 너무 문자 그대로 해석하는 경향이 있다는 것이다. 예들 들어, 1번 카드에서 소년이 바이올린을 켜는 것에 대한 욕망을 가지고 있다는 반응이 나타났다고 해서 그 피검자가 음악적 관심과 포부를 지니고 있다고 볼 수는 없다. 그 피검자는 다른 영역에 존재하는 자신의 포부를 바이올린이라는 대상에 투사하였을 수 있다. 왜냐하면 그 그림에서는 바이올린이 포부를 투사할 수 있는 유일한 대상이기 때문이다. 이러한 오류에 대한 극복방안으로, 이야기에 포함된 역동성에 우선적으로 집중을 하며, 각 그림에서 공통적인 이야기를 파악하며, 둘 이상의 이야기로 통합될 때까지 특정 요소에 대한 해석을 보류하며, 언급되는 대상, 사람 등이 그 그림 자체에만 국한된 것이 아닐 경우 우선권을 부여하도록 하는 방법들이 있다.

현재까지 TAT의 해석에 관한 여러 연구가 있어 왔으며 각각 독특한 가치가 있으나, 여기에서는 그중에서 가장 일반적으로 널리 사용되는 '욕구-압력 분석법'에 대해서 소개하기로 하겠다.

(1) 욕구-압력 분석법

욕구-압력 분석법은 개인의 욕구(need)와 환경 압력(pressure) 사이의 상호작용 결과를 분석함으로써 개인의 심리적 상황을 평가하고자 하는 방식이다. 개략적인 해석과정은 다음과 같다.

1. 주인공을 찾는다.
2. 환경의 압력을 분석한다.

3. 주인공의 반응에서 드러나는 욕구를 분석한다.

4. 주인공이 관심을 표현하고 있는 대상을 분석한다.

5. 주인공의 내적인 심리 상태를 분석한다.

6. 주인공의 행동이 표현되는 방식을 분석한다.

7. 일의 결말을 분석한다.

① 주인공을 찾는다

피검자는 대체로 이야기 속의 주인공과 자신을 동일시했을 것으로 가정할 수 있다. 주인공에게 미치는 압력이나 그의 욕구, 집중하고 있는 대상 등은 피검자의 그것과 같다고 볼 수 있다.

이야기에 둘 이상의 개인이 등장하는 경우, 다른 이야기들의 자료와 비교하여 비슷한 성향을 가진 인물이 있다면 피검자가 자신의 특성을 드러낸 것이라 볼 수 있다. 만약 묘사된 인물들이 모순된 성격 특성을 가지고 있다면 피검자가 자신 성격의 모순된 일면을 드러내고 있는 것일 수도 있다.

대체로 다음과 같은 경우를 주인공으로 볼 수 있다.

- 제일 먼저 이야기에 등장하는 인물
- 이야기 전체에서 피검자가 관심을 집중시키는 인물
- 중요한 행동을 주동하는 입장에 있는 주요 인물
- 이야기를 전환시키는 역할을 하는 인물
- 다른 사람으로부터 행동을 강요받는 인물
- 연령, 성, 기타 심리적 특징이 피검자와 유사한 인물

② 환경의 압력을 분석한다

이야기 속에서 환경을 어떻게 묘사하고 있는지를 통해, 상황을 구조화하는 과정에서 피검자가 환경을 어떻게 바라보는지에 대한 정보를 유추해 볼 수 있다.

환경 자극으로는 일반 환경과 특정 자극이 있다. 특정 자극에는 주인공의 주

변 인물에 의한 압력, 주변 환경에 의한 압력, 주인공 자신의 내적 압력으로 구별할 수 있다.

가. 일반 환경

■ 일반 환경에 대한 지각

환경이 주인공의 발달을 촉진시키는가/저해하는 방향으로 작용하는가?

주인공은 환경에 순응하는가/순응하지 않는가?

주인공이 환경과 조화를 이루는가/맞서고 있는가?

주인공이 환경에 대해 만족하는가/불만족하는가?

주인공이 환경을 기쁘게 받아들이는가/고통스럽게 받아들이는가?

주인공의 행동을 방해하는 신체적 · 심리적 장벽이 존재하는가?

주인공은 환경을 풍족하게 여기는가/결핍된 것으로 여기는가?

나. 특정 자극

■ 인적 압력

- 착취의 압력(pressure Acquisition): 어떤 사람이 주인공을 강탈하거나 속여 빼앗고 싶어 함. 사업상 경쟁자가 주인공의 금전적 안정을 위협함.
  예) "그는 가장 친한 친구 중 한 명이 자기에게서 무언가를 훔쳐 갔다는 것을 알게 되었다."
- 친화의 압력(pressure Affiliation): 주인공에게 친구나 사교적인 동료들이 있음. 어떤 사람과 사랑에 빠져 있음.
  예) "이 남자는 친구들과 실컷 놀고 피곤해서 함께 쉬고 있어요."
- 공격의 압력(pressure Aggression): 누군가 주인공에게 화가 나 있고 주인공은 욕, 비난, 훈계의 대상이 됨. 주인공이 잘못을 저질러서 처벌을 받음. 타인이 주인공을 공격하거나, 주인공 소유의 무언가가 손상됨.
  예) "이 사람들은 소풍을 나가서 잠시 쉬고 있다. 그들은 여기서 그를 제거할 계획이다."

- 인지의 압력(pressure Cognizance): 누군가가 주인공에 대해 호기심을 가짐. 주인공이 감시당함.

  예) "아마도 이들은 스파이 같은데, 그에 대해 알아보려고 이곳 서재로 들어오고 있어요."

- 존경의 압력(pressure Deference): 개인 또는 집단이 기꺼이 주인공을 따르고 복종함.

  예) "이 여자는 아주 확신에 찬 것 같아요. 주변 사람들은 그녀의 명령에 기꺼이 따르려는 것 같아요."

- 지배의 압력(pressure Dominance): 누군가가 주인공으로 하여금 무언가를 하도록 압력을 넣음. 누군가가 주인공이 하려는 것을 방해함. 누군가가 주인공에게 호소하거나 부드럽게 설득하여 무엇인가를 하도록 만듦.

  예) "남자는 결국 아내에게로 다시 돌아가 결혼 생활을 지속하게 되는데, 이는 양쪽 가족으로부터의 끔찍한 압력을 받았기 때문이었다."

- 예시의 압력(pressure Example): 사람, 집단 또는 이념이 주인공에게 긍정적인 영향을 줌. 주인공이 주변의 유혹으로 범죄를 저지름. 주변의 제안을 따르다가 주인공의 행위나 이상의 수준이 낮아짐.

  예) "소년은 전날 밤에 콘서트에 가서 아주 훌륭한 바이올린 연주를 감상했어요. 그래서 지금 굉장히 고무되어 있어요."

- 전달의 압력(pressure Exposition): 누군가 주인공에게 이야기하고, 설명하고 가르침을 줌.

  예) "이 여자는 교회에서 목사님의 설교를 듣고 있었다."

- 양육의 압력(pressure Nurturance): 누군가 주인공을 양육하고 돌보아 주거나 용기를 줌. 주인공이 동정과 위로, 연민의 대상이 됨.

  예) "이 여자는 죽고 싶을 만큼 절망했지만 친구의 위로에 다시 기운을 차린다."

- 배척의 압력(pressure Rejection): 누군가 주인공을 반박하고, 비난하고, 돌아서거나 떠나 버림.

예) "이 남자는 이 여자를 사랑하지만 여자는 그에게 끌리지 않는다. 남자를 퇴짜 놓을 것 같다."

- 확보의 압력(pressure Retention): 누군가 주인공이 원하는 것을 보유하고 있는데, 이것을 주인공에게 빌려주거나 양도하는 것을 거부함.

예) "이 여자는 학교에 가고 싶어요. 그렇지만 부모님께 말씀드렸더니…… 어림 반푼어치도 없다는 반응이었어요."

- 성의 압력(pressure Sex): 이성이 주인공을 사랑함.

예) "이 남자는 은행에서 이 여자를 처음 보게 되었다. 그리고 그 순간 사랑에 빠지게 되었다."

- 구원의 압력(pressure Succorance): 누군가 주인공에게 도움, 동정, 보호를 기대함. 누군가가 주인공에 의해 구조됨.

예) "이 여자는 길을 가다가 길가에 쓰러진 사람을 발견하고 즉시 병원으로 옮겼다."

- 포상의 압력(pressure Gratuity): 주인공은 태어날 때부터 인종, 국가, 가계, 경제적으로 남의 숭배를 받음.

예) "이 여자는 부잣집 외동딸로 태어나서 원하는 것은 모두 얻을 수 있었고, 학교 다닐 때는 반 아이들의 부러움의 대상이었다."

- 가정 불화의 압력(pressure Family insupport): 주인공의 가정에 안정과 화목이 결여되어 있음.

예) "이 여자는 그냥 멍하니 하늘을 보고 있어요. 뒤에 있는 사람은 엄마하고 아빤데, 둘 다 지겹다는 생각을 하고 있네요. 이 여자는 집을 떠나고 싶어요."

- 경쟁의 압력(pressure Rival): 주인공의 애정, 승인의 욕구를 좌절시키는 부모나 형제, 타인이 등장함.

예) "이 남자는 부서에서 가장 잘 나가는 사원이었죠. 근데 경력 사원이 새로 들어오면서 자기 위치가 흔들린다고 느꼈어요."

- 동생 출산의 압력(pressure Birth of sibling): 1~6세 사이의 주인공에게 동

생이 태어남으로써 생기는 호기심, 경쟁심, 공격심

예) "이 애는 이제 엄마가 자기한테 관심도 없는 것 같아서 너무 슬퍼요. 동생이 없어졌으면 하고 생각하고 있어요."

- 지배-양육의 압력(pressure Dominance-nurturance): 부모들이 일생 동안 달성하지 못한 점을 주인공인 자녀에게 부가하고 기대함.

예) "이 사람은 엄만데, 대학 못 나온 콤플렉스가 있어요. 그래서 애한테 공부하라고 압력을 많이 줘요. 지금 자기 애가 공부하나 감시하고 있어요."

- 공격-지배 압력(pressure Aggression-dominance): 누군가 주인공에게 벌을 주거나 벌에 대한 위협을 함. 주인공을 억제하고, 강압적 행동이나 구타를 함.

예) "이 애는 학교에서 왕따를 당해요. 지금 실컷 두들겨 맞고 집에 와서 누구한테 말도 못하고 혼자 우는 거예요."

- 사기 또는 배신의 압력(pressure Deception or betrayal): 성인의 거짓말이나 사기로 인해 주인공 어린이가 의심하고 불신함.

예) "이 아이는 지금 기분이 무지 나빠요. 아빠가 주말에 놀러 가기로 한 약속을 깨버렸어요."

■ 환경적 압력

- 재해의 압력(pressure Disaster): 자연적 재해와 불의의 사고가 닥침.

예) "분위기상 농사가 잘 안 되고 있는 것 같다. 비가 한참 동안 안 와서 걱정하고 있다."

- 운명의 압력(pressure Luck): 주인공의 행복이 무엇으로부터 기인하는 것인지 불분명. 주인공에게 불운이나 요행 등이 생김.

예) "잘 해 보려고 했지만 악재가 겹쳤다. 연속으로 부도를 맞은 것 같다. 아마 시골집에 손 벌리러 온 것 같다."

- 불행의 압력(pressure Affliction): 주인공 자신의 불행이 아닌 환경 내 주변

인물에게 일어난 불행

> 예) "아들에게 나쁜 일이 생긴 것 같아요. 아빠가 측은하게 보고 있네요."

- 결여의 압력(pressure Lack): 물질적으로 빈곤. 주인공이 가진 요구 대상을 상실함.

> 예) "이 아이는 새 바이올린을 사고 싶지만 엄마는 집안 형편상 안 된다고 하는 것 같다."

- 위험의 압력(pressure Danger): 자연으로부터 오는 물리적인 위험과 불행

> 예) "눈이 너무 많이 왔어요. 집 안은 굉장히 추울 것 같네요. 안에는 여우 가족이 살지 않을까요?"

- 다양성의 압력(pressure Variety): 환경에 변화가 없고 생활이 무미건조해서 받게 되는 영향

> 예) "시골 생활은 조용하고 편안한 점도 있지만, 이 여자는 젊어서 그런지 그런 걸 답답해한다. 도회지로 나가고 싶어 하는 것 같다."

■ 내적 압력

- 죽음의 압력(pressure Death): 주인공의 죽음

> 예) "남자는 결국 죽는 것 같다. 여자가 구슬프게 울고 있다."

- 질환의 압력(pressure Illness): 주인공의 질환

> 예) "이 여자는 아파서 몇 년 동안이나 꼼짝도 못하고 누워만 지내는 것 같네요."

- 좌절의 압력(pressure Frustration): 주인공의 행동에서 일어나고 있거나 일어나리라고 예상되는 욕구 좌절

> 예) "학교에 가고 싶지만…… 이 여자는 거의 포기했어요. 집에 돈도 없고, 부모님이 이해도 안 해 주고……"

- 죄의 압력(pressure Guilt): 주인공의 범법 행위나 비행에 대한 죄악감 또는 종교적·도덕적 죄의식의 자각

> 예) "정신을 차려 보니 여자는 죽어 있었다. 이 남자는 후회를 하기 시작

한다. 무섭기도 하고……"

- 신체 부전의 압력(pressure Physical inadequacy): 주인공의 신체적 부적절 감에 의한 압력

  예) "학교에서 있었던 일들이 다 자기가 뚱뚱하기 때문인 것 같다고 생각 하고 있어요. 어떻게 하면 살을 뺄까 고민하고 있어요."

- 심리 부전의 압력(pressure Mental inadequacy): 주인공의 심리적 부적절 감에 의한 압력

  예) "아빠는 아들의 장점을 말하며 용기를 북돋아 주려고 하지만, 아들은 아빠 말이 다 부질없이 느껴져요. 다 자기 기분 좋아지라고 하는 거 짓말이라고 생각해요."

- 수술의 압력(pressure Operation): 수술에 대한 불안, 공포

  예) "이 아이는 얼마 후에 있을 수술에 대해 상상하고 있어요. 잔인하게 자기 살이 찢겨 나갈 것을 생각하니 소름이 끼쳐요."

- 열등감의 압력(pressure Inferiority): 개인이 느끼는 신체적 · 사회적 · 정 신적 열등감

  예) "부잣집에서 일하는 하녀가 멍하니 앉아서 자기 신세를 한탄하고 있 어요. 왠지 자기는 2류 인간인 것 같다는 느낌이 드는 것 같네요."

③ 주인공의 반응에서 드러나는 욕구를 분석한다

주인공의 욕구가 다양하게 드러나는 경우 주요 욕구는 빈도나 강도, 지속 시 간에 따라 결정된다.

■ 사물이나 상황에게로 향하는 주인공의 활동에서 드러나는 욕구

- 성취의 욕구(need Achievement): 중요한 무언가에 대해 정력과 인내심을 가지고 임함. 성취하기 위해 분투함. 행동에 야망이 나타남.

  예) "그래서 아이는 이번 일 이후 수업을 열심히 듣는다. 과목에서 결코 낙제하지 않으리라 다짐하면서 학부과정을 마친다."

- 획득의 욕구(need Acquisition): 사회적 · 반사회적인 획득
  - 사회적 획득: 돈, 소유물 등을 위해 일하기. 무언가 값진 것을 얻기 위해 노력하기. 경제적 상술을 위한 욕구, 욕망 등이 행동에 나타남.
    예) "열심히 일하고 돈을 벌어 집을 살 수 있었다."
  - 반사회적 획득: 훔치거나 속이고 소매치기하기, 수표 위조하기 등
    예) "남자는 동네에서 악명이 높았다. 언제나 가능하면 물건을 훔쳤다. 이번에는 사탕 가게를 털었다."

- 변화, 여행, 모험 추구의 욕구(need Change, travel, adventure): 쉴 새 없이 계속 움직이기. 새로운 광경, 새로운 장소를 갈구하기, 모험을 추구하기. 낯설고 먼 곳에 가는 것을 꿈꾸기
  예) "글쎄, 이 일당들 중 한 명이 지도상에 없고 아무도 가 본 적 없는 남아메리카 페루 동쪽 부근에 관한 이야기를 들었어요. 그래서 그들은 그곳에 가 보기로 결심했죠."

- 인지의 욕구(need Cognizance): 호기심을 갖는 것. 의문이 가는 부분에 관해 살피고 질문하기
  예) "이 여자는 다른 방에 무언가가 움직이고 있는 것을 알고는 그냥 방에 머물러 있을 수가 없었다. 뭐가 지나갔는지 알아보기 위해 문을 열었다."

- 구성의 욕구(need Construction): 무언가를 창조하거나 구성하는 것
  예) "이건 바 형태로 개조된 교실이에요. 바텐더가 병사의 이야기를 만들어 내는 것을 진지하게 듣고 있어요."

- 만회의 욕구(need Counteraction): 실패나 장애를 극복하고, 자존심을 만회하기 위해 노력. 열등감을 극복하기 위해 노력함.
  예) "이 남자는 자기 친구가 자기 애인을 빼앗아 간 것에 대단히 화가 나 있다. 그래서 무언가를 하려고 하고 있는 것 같다."

- 흥분의 욕구(need Excitance, dissipation): 정서적 흥분을 추구하기. 위험한 놀이 탐닉하기

예) "아마 두 여자가 한 남자와 사랑에 빠진 것 같다. 이 여자는 요부임에 틀림없다. 이 남자는 그런 것을 좋아한다."

- 섭취의 욕구(need Nutriance): 음식과 음료를 즐기고 추구하기. 배고픔과 갈증을 느낌. 술과 약물을 복용

  예) "한 12세기 정도인 것 같고, 이 커다란 소는 온 가족이 마실 우유를 충분히 짜낼 수 있을 것 같다."

- 수동의 욕구(need Passivity): 고요하고 이완돼 있음. 휴식이나 수면을 즐기기. 누워 있거나 아무것도 하지 않고 피로감을 느끼는 것. 수동적인 명상, 반추

  예) "이들은 아주 열심히 일했고, 잠시 낮잠을 자기 위해 누웠다."

- 유희의 욕구(need Play): 게임을 하거나 파티에 가는 등 즐거움을 추구하며 노는 것. 농담하며 웃기. 밝은 마음과 즐거운 방식으로 상황을 대처하는 것

  예) "잠시 후면 엄마가 들어올 것이고, 이 아이는 다시 나가서 친구들과 놀 것이다."

- 확보의 욕구(need Retention): 어떤 대상을 차지하고 빌려주지 않으며 다른 사람이 훔쳐가지 못하도록 감추는 것. 물건들을 저장하고 모음. 검소하거나 구두쇠적인 행동

  예) "태평양 어느 섬에 두 명의 수전노가 있다. 그들은 그 섬에서 보물을 찾았고, 보물에 매료되어 돌아갈 생각을 하지 않는다. 거기서는 돈을 쓸 일이 없기 때문에 보물들이 자기들에게 아무 이득이 없다는 것을 알면서도 그곳에 머물러 있으려 한다."

- 관능의 욕구(need Sentience): 향락적·심미적 쾌락 추구
  - 향락: 안식과 사치, 안락함, 즐거운 감각, 좋은 음식과 마실 것 등을 추구하는 것

    예) "한 여인이 나무에 기대어 햇볕을 쬐며 행복에 빠져 있다. 별 생각이 없어 보인다. 그냥 일광욕을 즐기고 있을 뿐인 것 같다."

  - 심미: 자연의 감각적 측면에 민감해지기. 예술과 음악, 문학을 즐기는

것. 창작하고 작곡하고 글을 쓰는 것

> 예) "이 소년은 바이올린 공부를 하고 있다. 훌륭한 음악가 덕분에 바이올린에 흥미를 갖게 되었고, 재능이 매우 많은 것 같다. 음악을 좋아하는 듯 보인다."

- 이해의 욕구(need Understanding): 지식과 지혜를 추구. 학교에서 열심히 공부하고, 무언가 배우기 위해 책을 읽는 것. 문제를 해결하기 위해 생각하고 곰곰이 성찰하는 것. 지혜를 얻기 위해 여행하고 경험을 추구하는 것

> 예) "친구들은 모두 이 여자를 '책벌레'라고 놀렸다. 책 읽는 것을 좋아해서 손에 닿는 것은 뭐든지 읽으려 했기 때문이다."

■ **다른 사람에게로 향하는 주인공의 활동에서 드러나는 주인공의 욕구**

- 친화의 욕구(need Affiliation): 타인과 개인적 · 집단적 · 정서적 친화의 욕구

  - 개인적: 친구 사이에 우정을 유지하기. 특정인에게 강한 애정을 갖는 것

    예) "남자는 그 친구와 희로애락을 함께했다."

  - 집단적: 사교적 집단에서 일하고 노는 욕구. 모든 종류의 사람을 좋아하는 것. 서로 모여 사귀는 것. 함께 집단을 이루어 일하거나 노는 것

    예) "이 남자는 동아리 내에서 매우 잘 지냈다. 모두들 남자를 좋아했다."

  - 정서적: 강한 애정, 동정, 존경 등에 의해 타인에게 속박되는 것

    예) "그는 그녀를 만났고, 사랑에 빠지게 됐어요."

- 공격의 욕구(need Aggression): 감정적 · 언어적 · 신체적 공격에의 욕구

  예) "이 남자는 이 사람을 미워했다. 가서 이 사람을 질식시켜 죽이기로 결심했다. 그래서 노인에게 다가갔다."

- 지배의 욕구(need Dominance): 타인의 행동과 생각, 감정들에 영향을 미치려고 노력하는 것. 지위를 얻기 위해 노력하는 것. 토론하고 논쟁하기. 통제하고 지도하기

  예) "그는 친구의 잘못된 생각을 바로잡아 주고 싶었다. 할 수만 있다면

밤새도록이라도 그 친구와 토론을 벌일 기세였다."

- **전달의 욕구(need Exposition)**: 정보를 알리고, 소식을 전달하고, 설명하고, 훈계하고 가르치는 것
  예) "높은 단 위에 서서 집단의 갱생을 위해 유창하게 연설한다."

- **양육의 욕구(need Nurturance)**: 적극적으로 공감을 표현하기. 동정심을 가지고 위로하기. 타인의 감정에 대해 친절하고 관대하게 대하기
  예) "그는 노인을 동정하며 걱정하지 말라고 얘기했다. 그러고는 노인이 필요로 했던 돈을 빌려 주었다."

- **인정의 욕구(need Recognition, exhibition)**: 갈채와 칭찬, 명성 추구. 자랑하기. 눈에 띄고, 주목을 끌고, 대중 앞에서 행동하거나 말하기. 타인 앞에서 극적으로 표현하기
  예) "남자가 밧줄을 타고 올라 꼭대기에 이르렀을 때 서커스를 보던 관중 모두가 열광했다."

- **거부의 욕구(need Rejection)**: 경멸과 비난을 표현함. 자신의 관심과 동떨어진 것들, 사람들, 직업 또는 사상으로부터 등을 돌림.
  예) "이 사람은 옛날에 자기가 존경했던 사람들을 깔보고 있다."

- **성의 욕구(need Sex)**: 이성과 교제하기. 성관계를 갖는 것
  예) "이 남자는 이 여자와 사랑에 빠졌고, 여자와 관계를 갖고 싶어 한다."

- **구원의 욕구(need Succorance)**: 타인의 지지와 보호를 바람. 타인의 충고와 도움을 바람. 친밀한 이로부터 격리되었을 때 외로움 속에서 고독과 향수를 느끼는 것
  예) "한 젊은이와 그가 좀 의지하고 있는 아버지예요. 이 노인에게 자기가 홀로 독립할 수 있을 때까지 자신을 보살펴 달라고 부탁하고 있어요."

- **우월의 욕구(need Superiority)**: 성취의 욕구. 승인의 욕구
  예) "이 반에서 누가 자기보다 예쁜 새 옷을 입고 왔든지 아니면 시험 성적이 자기보다 좋게 나왔나 봐요. 오늘 학교에서 자기가 최고의 공주로 떠받들여지지 않은 것 같아서 지금 화가 많이 나 있어요. 엄마

가 이리저리 달래 보지만 쉽게 화가 풀릴 것 같지 않네요. 아마 조만
간 엄마를 졸라서 반 애들이 다 부러워할 만한 걸 살 것 같아요."

- 유사의 욕구(need Similiance): 타인에 감정이입, 주변 사람들을 모방, 혹
  은 본을 받는 것
  예) "이 남자의 얘기를 듣다 보니 이 여자는 자기도 그런 일을 겪은 듯이
  맘이 슬퍼져요. 안쓰러운 맘이 들어서 가만히 안아 주고 있는 거예요."
- 불일치의 욕구(need Contrariance): 남과 달리 행동하고 싶고 독특하고 싶
  은 욕구. 반대의 입장을 취하는 것
  예) "체육 시간이라 다들 급하게 모이는데 이 애는 그런 식으로 수업 시
  간에 허둥지둥 합류하고 싶지가 않아요. 다 똑같이 운동을 하는 건
  너무 바보같이 느껴져요. 그래서 이번 수업은 빠질 생각으로 나무
  뒤에 숨어 있어요."

■ **다른 사람의 행동에 대한 반응에서 드러나는 주인공의 욕구**

- 굴종의 욕구(need Abasement): 비난과 처벌을 피하기 위해 또는 고통과
  죽음을 피하기 위해 타인에게 마지못해 응함. 그다지 반대하지 않고, 모
  욕, 비난, 처벌에 복종함. 타인과의 우호적 관계 유지를 위한 순응, 패배,
  사과, 체념, 무저항
  예) "이 남자의 부모는 남자가 사업을 하기를 바란다. 그는 미술을 공부
  하고 싶었으나, 부모님의 의견대로 따르기로 하였다."
- 자율의 욕구(need Autonomy): 자율적 행동에 대한 욕구
  - 자유: 구속이나 속박에서 벗어남. 학교나 사회, 직장으로부터의 이탈,
    군무 이탈. 의무 해방. 관계에서 생기는 의무를 피하기 위해 떠나거나
    관계를 청산
    예) "그들은 심한 논쟁을 한 것 같다. 남자와 소녀는 떠나려고 하는 것
    같다."
  - 저항: 강압에 저항. 상사의 판단에 대항하여 논박. 반항적 · 부정적 · 논

쟁적이며 권위에 저항

> 예) "그는 자존심이 무척 강한 젊은이였고, 명령에 복종하는 것을 좋
> 아하지 않았다. 아버지의 요구에 순응할 아무런 이유를 발견할 수
> 가 없었다."

- 반사회적: 허용되지 않는 무언가를 하는 것. 거짓말, 음주, 노름, 매춘
행위. 비행을 지르고 무질서하게 멋대로 하는 것

> 예) "이 남자는 술을 마시고 사람들과 싸움을 했다. 피를 흘리며 길거
> 리에 쓰러져서 잠든 다음 날, 지나가는 행인에게서 돈을 빼앗아
> 출출한 배를 달랬다. 이젠 뭘 할까……. 당장은 별로 하고 싶은 게
> 없어서 길거리를 돌아다녔다."

• 비난 회피의 욕구(need Blame-avoidance): 야단, 비난, 벌 등을 두려워하
여 잘못을 저지르지 않으려 함. 비관습적이거나 비난받을 만한 무언가를
하는 것에 대한 유혹을 피함.

> 예) "이 남자는 학교 친구에게 주먹을 휘두르려다가 마음을 고쳐먹어요.
> 그런 짓을 하면 정학당할 수도 있다는 생각이 든 거죠."

• 존경과 복종의 욕구(need Deference): 타인에 복종. 명령에 순응. 암시나
권유에 협조

- 복종: 타인의 소망, 제안, 권고를 받아들임. 존경하는 이의 지도에 기
꺼이 따름.

> 예) "한 남자가 말했다. '당신은 뭐든지 나와 함께 하려고만 하면 돼요.
> 싸우려 들지 말아요. 당신은 거기 누워서 졸기만 하면 된다고요.'
> 그래서 그는 그곳에 누워서 매일같이 '나는 졸리다.'라고 마음속으
> 로 반복해서 말했다. 곧 그는 최면 상태가 되었다."

- 존경: 찬미와 존경의 표현. 훌륭한 행위를 칭찬하고, 장점과 재주를 인
정함.

> 예) "그 의사는 그의 이상이었다. 그 의사가 수술하는 것을 보면서 남
> 자는 경외심을 가졌다."

- 재난 회피의 욕구(need Harm-avoidance): 싸움이나 신체적 위험을 회피. 상해, 질병, 죽음을 두려워함. 동물, 적, 경찰관 등의 추적을 받아 도망감.
  예) "이 사람은 이곳에서 자살을 시도했다. 그의 정신적 고뇌는 죽음을 생각할 만큼 큰 것이었고, 자신이 안고 있는 모든 문제는 죽음을 통해 해결될 수 있을 것이라 여겼다. 그러나 죽음이라는 것 자체가 훨씬 더 끔찍한 것이고, 다른 여러 문제를 압도할 정도라는 것을 알게 되었다."

- 방어의 욕구(need Defence): 공격, 비난, 비평으로부터 자신을 방어
  예) "뭔가 일이 틀어진 것 같다. 이 노인은 사장이나 아버지쯤 되는 것 같은데, 이 젊은이가 뭔가 잘못했다는 식으로 쳐다본다. 이 남자는 위기감이 들어서 자기 때문이 아니라는 이유를 막 생각해 내고 있다. 이 사람은 평소에도 언제나 빠져나갈 구멍을 만들어 놓기 때문에 이 정도 변명은 식은 죽 먹기인 것 같다……. 이런 사람 옆에 있으면 뒤통수를 맞을 수도 있을 것 같다."

- 은둔의 욕구(need Seclusion): 외부 접촉을 회피, 은둔
  예) "엄마가 걱정스럽게 방 안을 들여다보는 거예요. 애가 며칠 동안이나 방 밖으로 안 나오면서 밥도 안 먹고 전화도 안 받고 침대에 누워서 잠만 자네요."

- 불가침의 욕구(need Inviolability): 자존심 손상과 박탈을 방어, 좋은 평판을 유지하기 위해 심리적 거리를 유지
  예) "이 남자는 이 여자가 맘에 들어서 접근을 해요. 이 여자도 사실 이 남자가 싫지는 않는데 가까워지는 게 부담이 돼요. 자기한테 실망할까 봐요. 남자의 관심을 받는 걸 은근히 즐기면서 더 이상 가까워지지는 않고, 이런 식의 빙빙 도는 관계가 한동안 지속될 것 같아요."

- 해독 회피의 욕구(need Noxious-avoidance): 불쾌한 감각을 회피함.
  예) "이 여자는 밭에서 나는 거름 냄새가 너무 싫어요. 가난을 상징하는 것 같아서요. 잘 차려입고 책 들고 꼭 자기가 이런 곳의 출신이 아니라는 듯이 집을 나서요. 냄새 안 나는 쪽으로 최대한 돌아서요."

④ 주인공이 관심을 표현하고 있는 대상을 분석한다

반응 내용 가운데 주인공에게 긍정적이거나 부정적인 감정을 일으키는 사물, 활동, 사람, 관념을 찾아본다.

⑤ 주인공의 내적인 심리 상태를 분석한다

이야기 속에서 주인공이 경험하는 내적 심리 상태가 발생하는 환경 자극과 그것이 해결되는 방식이 연구되어야 한다. 심리적 행복 상태, 갈등 상태, 비관적 상태로 구별한다.

⑥ 주인공의 행동이 표현되는 방식을 분석한다

주인공이 환경의 힘에 자극되었거나 자극되고 있을 때 반응하는 행동 방식을 검토한다. 이를 통해 이야기에서 드러나는 피검자 성격의 어느 부분이 표출된 수준인지 혹은 내재된 수준인지 알 수 있다.

주인공의 행동 수준은 공상 수준, 행동 이전 수준, 억제된 행동 수준, 행동 수준으로 구별된다. 이 가운데 행동 수준은 몸짓으로만 표현되는 제스처, 능동적 반응, 수동적 반응, 외향적 행동, 내향적 행동으로 구별될 수 있다.

⑦ 일의 결말을 분석한다

이야기의 종료 상황뿐 아니라 결과를 유발한 조건들에도 주의를 기울여야 한다.

욕구와 압력 관계에 의해 상황의 결말이 행복한가 또는 불행한가, 성공적인가 또는 실패인가, 문제 해결이 이루어지고 욕구가 충족된 상태인가 또는 갈등 해결이 이루어지지 못하고 문제 해결이 지연되는 상태인가에 주목한다.

제10장
임상적 사례와 해석의 예

| 최정윤 |

다음은 22세 남자 피검자의 사례다. 피검자의 학력은 고졸이며, 미혼에 외동이다. 아버지는 피검자가 10세 무렵에 병환으로 돌아가셨고 이후 현재까지 어머니와 단둘이서 살아왔다고 한다. 어머니는 작은 가게를 운영하며 피검자를 키워 왔고, 고교 졸업 이후에는 피검자도 여러 가지 아르바이트를 하면서 가계를 돕고 있다고 한다.

피검자는 어머니와 함께 내원하였으며, 내원사유로는 서너 달 전부터 잠을 제대로 잘 수 없어서라고 하였다. 피검자는 수면 장해의 원인에 대해서, 지금까지는 일을 아르바이트 정도로 생각해 왔으나 1년 전부터 어머니의 몸이 많이 좋지 않아지면서 점점 실질적인 가장 노릇을 해야 한다는 중압감을 느끼고 있는데 그로 인한 스트레스 탓이 아닐까 한다고 하였다.

내원은 주변의 여러 사람, 특히 어머니가 전문적인 도움을 받아 보라고 권하여 이루어졌다고 하였다.

검사는 임상 현장에서 주로 이루어지는 검사총집(full battery)으로 이루어졌다. 각 검사에 대한 피검자의 반응과 가능한 해석에 대해 생각해 보면 다음과 같다.

1. 지능검사

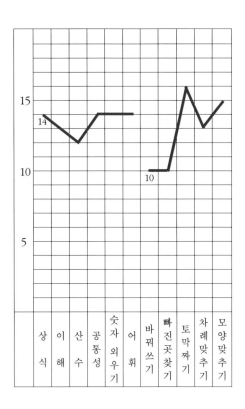

피검자의 전체 검사 IQ는 109로 '평균 수준'이며, 언어성 IQ는 113, 동작성 IQ는 104로 평가되었다.

여러 소검사 중 가장 안정적이며 장해의 영향을 가장 늦게 받는 것으로 알려져 있어 병전 지능 추정의 근거가 되는 '상식' '어휘' '토막짜기' 소검사로 추정해 볼 때, 피검자의 병전 지능은 보통 상에서 우수 수준까지도 추정이 가능하다. 현재 지능과의 이러한 차이는 현재 피검자의 인지적 효율성이 저하되어 있어 자신의 지적 잠재력을 충분히 발휘하지 못하는 상태에 있기 때문으로 생각된다.

언어성 지능 지수와 동작성 지능 지수 간의 차이는 9점으로 유의미한 수준에 미치지 못하므로, 일차적으로는 언어성 지능과 동작성 지능 간에 큰 차이가 없는 것으로 볼 수 있다. 그러나 언어성 영역의 소검사들은 분산이 비교적 크지 않은 데 비하여 동작성 영역의 소검사들은 분산이 크다는 점에 주목할 필요가 있다. 이는 지금까지의 교육을 통해서 축적되고 조직화된 경험과 지식은 잘 보유되어 있는 편이나, 새로운 상황에 대한 순발력과 즉각적이고 유연한 대처 능력은 효율성이 저하되어 있는 것으로 생각할 수 있다.

동작성 소검사들 중에서 특히 정신운동 속도와 에너지를 측정하는 '바꿔쓰기' 소검사와, 역시 정신적 기민성과 함께 집중력을 요하는 '빠진곳찾기' 소검사의 점수가 가장 낮다. 이것으로 보아 피검자는 정신적 에너지의 사용과 집중력에 어려움을 겪고 있다고 생각할 수 있다. 언어성 영역 중 역시 집중력과 관계되어 있는 '산수' 소검사의 점수가 낮다는 점도 이 가설을 뒷받침하는 근거로 생각할 수 있다.

반면, 역시 주의 집중력과 밀접한 관련이 있는 '숫자 외우기' 소검사의 점수는 저하되어 있지 않다. 이는 '숫자 외우기' 소검사가 다른 관련 소검사들에 비하여 청각적 단순 주의력이 차지하는 비중이 보다 높음을 감안할 때 피검자가 단순하고 기계적인 과제에는 아직 집중할 수 있는 능력이 유지되고 있음을 반영한다고 생각된다.

한편, 동작성 영역의 '차례맞추기' 소검사 점수도 상당한 저하를 보이고 있다. 이는 피검자가 대인관계에 대한 관심이 별로 높지 않다는 것, 타인과의 관계 형성에 몰입도가 높지 않다는 점 등을 반영하는 것으로 생각해 볼 수 있다.

반면, '토막짜기' 및 '모양맞추기' 소검사의 점수는 잘 유지되어 있는데, 이는 지각적 조직화 능력 및 공간 능력, 추상적 사고 능력(특히 비언어적)이 좋으며, 이런 기능의 활용에 별다른 문제를 겪고 있지 않음을 시사하는 것으로 볼 수 있다. 양호한 언어성 기능과 함께 피검자의 좋은 지적 자원으로 생각할 수 있다. 그러나 한편으로는 앞서 살펴본 피검자의 기능저하 영역과 대조적으로, 인적(人的) 요소, 다시 말하면 대인관계와 직접 관련되지 않은 영역의 기능들이 유지되어 있다는 점에 주목할 필요가 있겠다.

2. MMPI 검사

타당도 척도를 보면, L척도와 K척도가 경미하게 상승되어 있고 F척도는 크게 떨어지지 않으면서 오히려 약간 상승되어 있는, 폭이 낮은 V형을 나타내고 있다. L 및 K 척도와 F척도의 상대적 상승 정도로 볼 때, 피검자는 자신의 문제에 대해서 다소 미성숙한 방식으로 방어하려는 경향이 있고 현재 큰 문제는 겪고 있지 않다고 스스로 생각하고 있으나, 심리적인 어려움은 어느 정도 가지고 있어 온 것으로 보인다. 다시 말하면, 심리적으로 불편한 상태가 한동안 지속되어

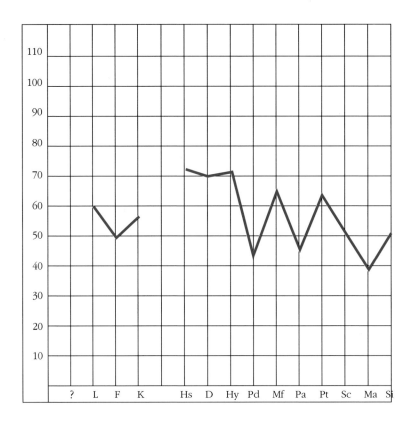

왔으나, 이것이 상당 기간 지속되면서 현재는 적응되어 있는 상태일 가능성이
시사된다.

임상척도에서는 1, 2, 3 척도가 비슷하게 임계선 수준에서 상승하고 있다.
123 코드 타입에 해당된다고 볼 수 있는데, 1번과 3번 척도의 상승으로 보아 신
체적 고통감과 다양한 신체적 불편감 등 신체화 경향이 표면화되어 있을 것으로
보인다. 또한 2번 척도가 상승되어 있으면서 동시에 9번 척도는 저하를 보이고
있어, 우울감, 자기가치감의 손상, 에너지 수준의 저하를 보이고 있을 것으로 생
각된다.

다음으로 높은 상승을 보이고 있는 것은 7번 척도로, 이것으로 볼 때 불안 수
준도 상당히 높다고 할 수 있다.

또한 3번 척도는 상승되어 있는 데 비해서 4번 척도는 많이 낮은 점으로 볼 때

대인관계에서 타인에게 사회적으로 바람직한 모습, '좋은' 모습을 보이고자 하는 경향은 많으나 솔직한 자기표현이나 자기주장은 잘 하지 못하는 사람일 가능성이 시사되고 있다. 또한 소위 '행동 척도(에너지 척도)'라고 불리는 4, 6, 9번 척도들이 모두 하락하고 있고 남성이면서 5번 척도는 상승되어 있어서 행동을 잘 못하는 사람, 즉 우유부단하고 수동적이며 자기결정을 하지 못하고 의존적인 경향이 많을 것으로 생각된다.

대인관계에 대한 회피 정도를 반영하는 0번 척도와 대인관계에서의 민감성, 경계심 등을 반영하는 6번 척도 등이 낮은 것은, 피검자 스스로 자신이 대인관계에서 그리 소극적이지 않으며 타인에 대해서도 편안하게 받아들이고 있다고 생각 또는 보고하려 하고 있음을 반영한다고 생각된다. 그러나 지능검사를 비롯하여 앞서 나온 여러 가지 검사 반응을 고려할 때 이런 반응에는 피검자의 방어적 태도가 영향을 미친 것으로 생각해 볼 수 있겠다.

3. SCT

■ 어머니에 대한 태도
13. 나의 어머니는 "불쌍하다."
26. 어머니와 나는 "힘들게 살아가고 있다."
39. 대개 어머니들이란 "따뜻하다."
49. 나는 어머니를 좋아했지만 "아버지는 무서웠다."

■ 아버지에 대한 태도
2. 내 생각에 가끔 아버지는 "나쁜 사람이었다."
19. 대개 아버지들이란 "권위적이다."
29. 내가 바라기에 아버지는 "좀 더 엄마에게 잘했었으면 좋았을 것 같다."
50. 아버지와 나는 "서로 잘 몰랐다."

■ 가족에 대한 태도

12. 다른 가정과 비교해서 우리 집안은 "너무 불행했다."

24. 우리 가족이 나에 대해서 "좋게 생각할 것 같다."

35. 내가 아는 대부분의 집안은 "평범하고 화목하다."

48. 내가 어렸을 때 우리 가족은 "불행했다."

■ 여성에 대한 태도

9. 내가 바라는 여인상은 "현모양처"

25. 내 생각에 여자들이란 "남자 머리 위에 있다. 약았다. 다 여우다."

■ 남성에 대한 태도

8. 남자에 대해서 무엇보다 좋지 않게 생각하는 것은 "여자를 배신하는 것"

20. 내 생각에 남자들이란 "그저 그렇다."

36. 완전한 남성상은 "사회적으로 성공하고 돈도 많이 벌어야"

■ 이성관계 및 결혼생활에 대한 태도

10. 남녀가 같이 있는 것을 볼 때 "좋아 보인다."

23. 결혼생활에 대한 나의 생각은 "즐거울 것 같다."

37. 내가 성교를 했다면 "별 생각없다."

47. 나의 성생활은 "없다."

■ 친구나 친지에 대한 태도(대인지각)

6. 내 생각에 참다운 친구는 "없다."

22. 내가 싫어하는 사람은 "자기 생각만 하고 나를 괴롭히는 사람"

32. 내가 제일 좋아하는 사람은 "엄마"

44. 내가 없을 때 친구들은 "나에 대한 이야기를 하고 있을 것 같다. 괜히 찔린다."

■ 권위자에 대한 태도

3. 우리 윗사람들은 "자기 생각만 한다."

31. 윗사람이 오는 것을 보면 나는 "불안하다."

■ 두려움에 대한 태도

5. 어리석게도 내가 두려워하는 것은 "혼자 있는 것"

21. 다른 친구들이 모르는 나만의 두려움은 "치밀한 면"

40. 내가 잊고 싶은 두려움은 "소심한 것"

43. 때때로 두려운 생각이 나를 휩쌀 때는 "늘 불안하다."

■ 죄책감에 대한 태도

14. 무슨 일을 해서라도 잊고 싶은 것은 "내 모든 과거이다."

17. 어렸을 때 잘못했다고 느끼는 것은 "엄마에게 더 잘하지 못한 것"

27. 내가 저지른 가장 큰 잘못은 "학교 다닐 때 더 열심히 공부하지 않은 것"

46. 무엇보다도 좋지 않게 생각하는 것은 "이기적"

■ 자신의 능력에 대한 태도

1. 나에게 이상한 일이 생겼을 때는 "불안하다."

15. 내가 믿고 있는 내 능력은 "참을성"

34. 나의 가장 큰 결점은 "참을성"

38. 행운이 나를 외면했을 때 "나는 늘 비관한다."

■ 과거에 대한 태도

7. 내가 어렸을 때는 "너무 불행했다."

33. 내가 다시 젊어진다면 "지금의 실수는 되풀이하지 않는다."

45. 생생한 어린 시절의 기억은 "겉은 즐거웠지만 그 안은 늘 슬펐다."

■ 미래에 대한 태도

4. 나의 장래는 "공무원이다."

11. 내가 늘 원하기는 "엄마와 행복하게 살았으면 좋겠다."

16. 내가 정말 행복할 수 있으려면 "내가 더 잘해야 한다."

18. 내가 보는 나의 앞날은 "**밝다.**"
28. 언젠가 나는 "**성공할 것이다.**"

■ 목표에 대한 태도
30. 나의 야망은 "**끝없다.**"
41. 나의 평생 가장 하고 싶은 일은 "**친구들과 어울리는 것**"
42. 내가 늙으면 "**편히 살고 싶다.**"

피검자의 SCT 반응에서는 전반적으로 우울감과 불행감, 무기력감 등이 두드러지게 나타나고 있다. 자신감이 부족하고 무기력감과 함께 과거에 대한 후회, 문제에 대한 자기귀인 경향, 우유부단함을 보이고 있으며 우울감, 불안감을 느끼고 있는 것으로 보인다(1, 14, 16, 17, 27, 33, 38, 40, 43). 이것은 만성적으로 있어 온 오래된 문제일 가능성이 높아 보인다(7, 12, 13, 14, 15, 26, 45, 48). "참을성"을 자신의 강점이자 결점으로 들고 있는 점도 주목되는데(15, 34), 자신에 대해 냉소적으로 평가하는 태도를 엿볼 수 있다.

이와 같은 부정적인 감정들은 가족 내의 갈등에 뿌리를 두고 있을 가능성 또한 시사된다. 피검자는 어린 시절 불행했다는 것을 반복적으로 기술하고 있는데, 아버지에 대한 두려움이 많았고 친밀감을 형성하지 못했던 것으로 보인다(49, 50). 어머니와 아버지의 불화(29), 경제적 어려움(26) 등이 피검자의 어린 시절에 큰 영향을 미친 것으로 생각된다.

아버지에 대해서와는 대조적으로 어머니에 대해서는 일체감과 애정, 측은감 등 긍정적인 감정을 표현하고 있다(11, 13, 32, 39). 그러나 뒤에 제시될 투사적 검사에서는 이와는 다른 양상을 보이고 있어 주목해 둘 필요가 있다.

한편, 피검자는 대인관계에서 소외감을 느끼고 있는데(5), 타인과의 소통 및 교류에 대한 욕구가 있으나(41) 사람에 대한 부정적인 생각과 불신감, 불편감으로 인해(6, 8, 20, 22, 25, 31, 44) 대인관계를 회피, 철수하고 있을 것으로 생각된다.

또한 주목되는 것은 피검자가 18, 23, 28, 30번 등의 문항에서 보이고 있는, 자신의 능력과 미래에 대한 낙관적 태도이다. 이는 다른 문항들에서 나타난 피검자의 정서 및 자기상과 매우 상반되는 태도다. 그러나 이런 지나칠 정도의 낙관은 근거가 없으며 피상적이면서 막연한 바람에 그치고 있는 것 같다. 피검자의 이런 태도는 건강한 낙관주의라기보다는 현재의 고통스러운 감정 및 내재되어 있는 갈등에 대해 회피하고자 하는 무의식적 동기로 인해 부인(denial)의 방어기제를 사용하고 있기 때문이라고 보인다.

4. HTP 검사

1) 집

피검자가 그린 그림들은 전반적으로 극히 단조로운 양상을 보이고 있으며, 이 집 그림 또한 그러하다. 지붕, 벽, 창문, 문 등 필수 요소는 그려져 있으나 세부 묘사가 결여되어 있고 그림이 매우 메마른 양상을 보이고 있다. 선의 강도는 그리 약하지 않아 피검자의 자아 경계와 강도는 비교적 잘 유지되어 있는 것으로 볼 수 있다. 그러나 그림의 크기는 작다. 이런 양상들이 우울증의 가능성을 시사한다.

굴뚝이 그려져 있지 않은데 이는 가정 내에서 따뜻한 교류나 경험이 결핍되어 있어 가정 내에서 심리적 따뜻함을 느끼지 못하고 있음을 시사할 수 있다. 또한 가정 내에서 감정의 표현이 결여되어 있음을 시사할 수도 있다.

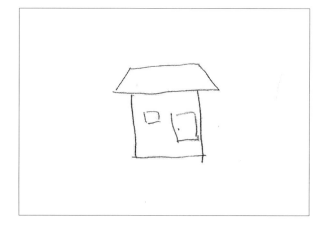

한편, 문을 가장 나중에 그렸고 문이 지면에서 떨어져 있는 양상을 보이

고 있다. 이는 대인관계를 꺼리고 타인의 접근을 제한하는, 다른 사람들이 쉽게 접근할 수 없도록 하는 시도라고 생각된다. 또한 현실에서 철수하려는 경향도 나타내고 있는 것으로 생각할 수 있다.

2) 나무

집 그림과 마찬가지로 역시 선의 강도는 약하지 않으며 또한 수관이 비교적 큰 모습이다. 이것으로 볼 때 피상적으로는 기능이 크게 낮아 보이지 않을 수 있다. 그러나 역시 세부 묘사가 크게 부족한 것에서 에너지가 부족하고 관심 영역이 협소함이 나타나고 있다.

또한 나무의 크기도 작아서 낮은 에너지 수준, 열등감, 부적절감, 철수 경향 등이 시사되고 있다. 특히 가지가 없는 점에 주목해야 한다. 가지는 환경으로부터 만족을 느끼고 타인과 접촉하며 성취를 향해 뻗어 나가는 피검자의 자원을 나타내는데, 이것이 전혀 없다. 즉, 피검자는 환경과의 상호작용을 위한 자원이 부족하며 타인과의 접촉을 꺼리고 철수되어 있다고 생각해 볼 수 있다.

3) 사람

남성과 여성 모두를 그리기는 하였으나, 의상과 머리 모양이 약간 다른 것을 제외하고는 남녀 성별이 거의 구분되지 않게 그림을 그리고 있다. 이는 피검자에게 성적인 분화와 심리성적 성숙이 지체되어 있음을 시사한다고 볼 수 있다.

두 그림 모두 몸통에 비해서 머리가 비교적 작은데, 지적·사회적 부적절감, 무능감, 열등감을 시사한다고 보인다. 또한 죄책감 등 피하고 싶은 생각을 억

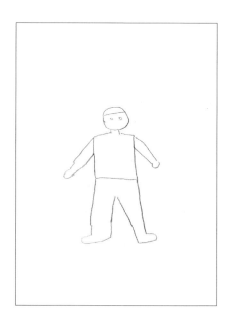

압·부인하는 경향도 생각해 볼 수 있다.

이 피검자의 사람 그림에서 가장 큰 특징은 단추구멍 같은 두 눈만 그렸을 뿐 일체의 얼굴 세부 묘사를 생략하고 있다는 점이다. 이는 대인관계에서 회피적이고 피상적인 태도를 보이면서 과도한 경계심과 소심함을 보이고 있을 가능성을 시사한다. 또한 자기중심성, 미성숙, 퇴행 경향, 현실을 직시하지 않으려는 경향도 시사하는 것으로 알려져 있다.

귀를 생략한 것은 환경과의 접촉을 피하고자 하는 욕구 및 청각적 정보 수용 거부를 나타내고, 코의 생략은 철수, 우울 경향, 입의 생략은 구강 공격성에 대한 죄책감, 타인과 의사소통하는 데서의 어려움을 나타내는 것으로 생각해 볼 수 있다.

또한 팔을 무기력하게 옆으로 벌리고 있는데, 이는 환경이나 대인 접촉에의 욕구가 있고 도움이나 애정을 필요로 하고 있으나, 무기력감을 느끼면서 수동적이고 의존적인 상태에 있음을 나타내는 것일 가능성이 있다.

'남자' 그림에서 두 팔과 다리의 비대칭은 심리적 안정감과 성격적 불균형을 시사할 수 있다.

5. 로르샤흐 검사

〈표 10-1〉은 피검자의 로르샤흐 반응에 대한 점수 계열지다. 이를 토대로 피검자의 특징을 살펴보자.

핵심영역(Core Section)에 해당하는 지표들 중, 피검자는 R=16, L=7을 보이고 있다.

반응 수 R은 한국 성인의 적정 기준(11~27) 사이에 속하므로 종합체계를 적용하는 데 무리가 없다.

L=7로, 매우 높은 수준이다. 이는 피검자가 환경에 대한 반응과정에서 자극의 복잡성을 무시하면서 자극장을 축소·단순화하여 받아들이려는 경향이 매우 높다고 볼 수 있다. 즉, 자신이 가진 에너지와 지적 자원을 활용하지 않고 가능한 한 단순하게 대응하고 있음을 나타낸다.

또한 EB=2:0으로, 색채반응은 전무하며 M반응만 나타나고 있다. 따라서 이 피검자는 내향성으로, 문제해결이나 행동 방식을 결정함에 있어서 환경과의 관계에 의존하지 않으며 자신의 내적 활동, 즉 사고 활동에만 의존하는 경향이 강함이 시사되고 있다.

이와 같이 이 피검자의 경우 반응의 결정인으로 다수의 F와 약간의 M만 나타나고 있다는 것이 큰 특징이다. 이로 인해 정서 영역 등 여러 가지 지표를 계산하는 것이 무의미하다고 볼 수 있다. 그렇다고 해서 피검자의 심리 상태를 파악할 수 없는 것은 아니며, 이런 양상 자체가 피검자가 다양한 심리적 자원을 잘 활용하지 못하는 상태에 있음을 시사하는 것으로 생각할 수 있다. 특히 색채반응이 전혀 나타나지 않아 정서적 반응성 및 수용성, 표현성이 매우 제한적일 수 있음에 주목할 필요가 있겠다.

그 외 나타난 의미 있는 지표들을 살펴보면, 정서영역(Affect Section)에서 S=5이면서 앞쪽 카드와 뒤쪽 카드 모두에서 나타나고 있다. 이런 점에서 환경에 대해 상당히 비관적이며 분노감이 있을 가능성이 시사된다.

○○○ **표 10-1** 피검자의 로르샤흐 반응 점수 계열지

카드 번호	반응 번호	영역과 발달질	영역 번호	결정인과 형태질	(2)	내용	평범 반응	z점수	특수 점수
I	1	WSo	1	Fo		(Hd)		3.5	
	2	WSo	1	Fo		Ad		3.5	
II	3	W+	1	Mpo	(2)	H		3.0	COP, AG
III	4	D+	1	Mpo	(2)	H	P	3.0	
	5	Ddo	99	F-		Ad			
IV	6	Wo	1	Fo		H	P	2.0	
V	7	Wo	1	Fo		A	P	1.0	
	8	Wo	1	Fo		A		1.0	PSV
VI	9	Ddo	99	Fu		Ad			
VII	10	Do	2	Fo	(2)	H	P	2.5	
	11	Wo	1	F-		A			
	12	DSo	7	Fu		Hh, Cg			
VIII	13	Do	1	Fo	(2)	A	P		
IX	14	DSo	99	Fu		(Hd)			
X	15	WSo	1	Fu		Hd		6.0	
	16	Do	8	Fu	(2)	A			

또한 대인관계영역(Interpersonal Section)에서는, COP=1, AG=1이면서 한 반응에서 동시에 나타난다. 이런 점에서 대인관계에서 긍정적인 상호작용과 공격적인 상호작용 중 어떤 쪽으로 지각해야 할지에 대해서 갈등이 있는, 즉 양가적인 지각으로 인한 갈등이 있을 가능성이 시사된다.

한편, H:(H)+Hd+(Hd)=4:3으로 적정한 수준을 보이고 있다. 피검자의 사람에 대한 개념은 공상이나 상상보다는 실제 대인관계 경험에 기초하여 형성되었을 가능성이 많은 것으로 생각할 수 있다.

사고영역(Ideation Section)에서는, 이 피검자의 경우 a:p와 Ma:Mp가 모두 0:2이다. 이는 피검자의 사고나 내적 활동이 고정되어 있어서 상황에 맞게 유연하게 적응하지 못하고 있음과 더불어, 사고가 방어적 수단으로 사용되면서 수동적으로 도피하는 방향으로 사용되고 있을 수 있음을 반영하는 것으로 생각할 수 있다.

한편, 중재영역(Mediation Section)에서, X+%=44, F+%=50, X-%=12, S-%=0, Xu%=31 정도의 수치를 보이고 있다. 현실에 기반을 둔 관습적이고 일반적인 방식의 사고를 반영하는 X+%, F+%는 기준치(각각 70% 이상, 80% 정도) 이하이나, 이는 X-%와 Xu%로 볼 때 지각적 왜곡이나 지각적 적절성의 결여, 즉 현실 검증력의 저하나 손상으로 인한 것이 아니라 Xu%에서 반영되고 있는 지나치게 개인주의적이면서 비관습적으로 지각하는 경향 때문에 나타난 것으로 보인다. 즉, 피검자는 자신에게 주어진 환경 내에 수용되어 있기는 하나 조화를 잘 이루지 못하며 환경에 대해서 불편감과 분노감을 가지고 있을 가능성이 있다.

과정영역(Processing Section)에서, Zf=9, Zd=-2로 피검자의 인지 활동 효율성은 과소통합적인 형에 속한다. 즉, 환경에서 정보를 처리할 때 에너지와 노력을 들여 신중하게 하기보다는 성급하거나 무계획적인 방식을 취하면서 주요한 단서들을 무시하거나 놓칠 가능성이 시사된다.

W:M=8:2로, EB에서 내향성으로 나타난 피검자가 자신의 능력 수준에 비하여 지나치게 인지적 성취를 하려고 하지는 않는 것으로 보인다. W:D:Dd=8:6:2로 D반응이 W반응에 비하여 다소 많은 편이나, W반응이 쉽게 W로 볼 수 있는

카드들에서 주로 나타나고 있어 역시 인지적 노력을 크게 투자하고 있지는 않은 것으로 생각할 수 있겠다.

자기지각영역(Self-Perception Section)에서는 자아중심성 지표 $3r+(2)/R=0.31$ 로 기준치보다 낮아, 피검자가 자신의 가치를 매우 부정적으로 평가하고 있음이 반영되고 있다.

6. TAT

다음은 이 피검자의 TAT 반응이다. TAT는 검사 종반에 실시되었는데, 피검자가 많이 피곤해서 피검자의 반응을 보는 것이 필요하다고 생각된 카드들을 몇 가지만 선정하여 실시하였다. 피검자의 반응을 욕구-압력 분석법에 따라 간략히 분석해 보면 다음과 같다.

1) 도판 1

남자아이가 바이올린을 보고 있다. 바이올린을 켜 보고 싶다고 생각하고 있다. 그렇지만 자기 악기가 아니기 때문에 켜 보지 못한다. 이 아이에게는 바이올린이 없다. 집이 가난하다. 잠깐 연주해 보지만…… 별로 좋아하지는 않을 것 같다. 나중에도 좋아하지 않고 결국 싫어하게 될 것 같다. 왜 싫어하게 되는지는 모르겠다.

■ 분석
1. 주인공: 남자아이
2. 환경의 압력: 결여의 압력
3. 주인공의 욕구: 확보의 욕구, 거부의 욕구
4. 주인공이 관심을 표현하고 있는 대상: 바이올린
5. 주인공의 내적 심리 상태: 갈등 상태

6. 주인공의 행동 방식: 소극적 태도, 수동-공격적 대처 방식

7. 결말: 갈등은 해결되지 못함. 회피적 방식으로 처리

2) 도판 3BM

아주 괴로운 사람인 것 같다. 굉장히 괴로워 보인다. 이유는 모르겠다. 아픈가? 뱃속이나 심장이 안 좋은 것 같다. 괴로워하고 있다. 이러다가 그냥 죽을 것 같다. 가난해서 치료를 안 한다.

■ 분석

1. 주인공: 아주 괴로운 사람

2. 환경의 압력: 질환의 압력, 결여의 압력, 죽음의 압력

3. 주인공의 욕구: 나타나지 않음

4. 주인공이 관심을 표현하고 있는 대상: 나타나지 않음

5. 주인공의 내적 심리 상태: 비관적 상태

6. 주인공의 행동 방식: 수동적 대처, 문제해결을 위한 적극성의 결여

7. 결말: 불행한 결말

3) 도판 4

두 사람은 연인 사이다. 여자가 남자를 따라다니는 것 같다. 지금도 여자는 같이 있고 싶어 하는데, 남자는 별로 여자가 맘에 들지 않는다. 앞으로 헤어질 것 같다. 여자는······ 아마도 복수할 것이다. 남자의 일이나 그런 것을 많이 방해할 것 같다. 그래서 남자는 점점 안 좋아질 것 같다.

■ 분석

1. 주인공: 남자

2. 환경의 압력: 성의 압력, 배척의 압력

3. 주인공의 욕구: 거부의 욕구

4. 주인공이 관심을 표현하고 있는 대상: 여자(부정적)

5. 주인공의 내적 심리 상태: 비관적 상태

6. 주인공의 행동 방식: 수동적으로 당함

7. 결말: 갈등의 지속, 부정적 결말

4) 도판 6BM

장례식장인 것 같다. 이 나이 든 여자는 하녀다. 젊은 남자의 부모가 돌아가셔서 둘 다 슬퍼하고 있는 것이다. 두 사람의 사이는 좋은 것 같다. 늙은 여자가 남자를 위로해 준다. 남자는 앞으로 사업 쪽으로 성공한다. 여자는 남자한테 조언을 해 주고 지켜 줄 것 같다.

■ 분석

1. 주인공: 젊은 남자

2. 환경의 압력: 불행의 압력

3. 주인공의 욕구: 존경과 복종의 욕구, 성취의 욕구

4. 주인공이 관심을 표현하고 있는 대상: 나이 든 여자(하녀)

5. 주인공의 내적 심리 상태: 비관적 상태에서 행복 상태로 변함

6. 주인공의 행동 방식: 순응적 반응

7. 결말: 욕구 충족적

5) 도판 7BM

두 사람은 친구인 것 같다. 나이 많은 사람과 젊은 사람이다. 사회에서 일하다가 만났다. 나이 많은 사람이 조언을 해 준다. 사이는 좋은 것 같다. 젊은 남자는 엘리트이고 성격도 깐깐한데 성공한다. 나이 많은 사람은 너그러운 사람이다. 계속 젊은 남자를 지켜주다

가 죽는다.

■ 분석

1. 주인공: 젊은 남자
2. 환경의 압력: 나타나지 않음
3. 주인공의 욕구: 성취의 욕구, 존경과 복종의 욕구
4. 주인공이 관심을 표현하고 있는 대상: 나이 든 남자
5. 주인공의 내적 심리상태: 행복 상태
6. 주인공의 행동 방식: 순응적 반응
7. 결말: 욕구 충족적

6) 도판 13MF

남자가 사랑하는 사람을 죽인 것 같다. 왜 그랬을까…….글쎄……. 후회하는 것 같다. 순간적으로 욱해서 죽였나 보다. 여자가 헤어지자고 해서……. 남자는 잠깐 후회했다가 다른 여자들을 계속 죽인다. (다른 여자들을 죽이는 이유는?) 글쎄……. 남자가 이상해 보인다. 미칠 것 같다. 여자를 너무 좋아했나 보다.

■ 분석

1. 주인공: 남자
2. 환경의 압력: 배척의 압력, 죄의 압력
3. 주인공의 욕구: 공격의 욕구
4. 주인공이 관심을 표현하고 있는 대상: 여자
5. 주인공의 내적 심리 상태: 갈등 상태
6. 주인공의 행동 방식: 반사회적 반응, 비현실적 반응
7. 결말: 파국적 결말

7) 도판 16

방금 본 것 중에서 상상해야 하나? 방금 본 카드그림이 계속 떠오른다. 아까 그 남자가 고개 숙이고 후회하는 모습이 생각난다. 앞에서 본 남자 여자 연인 모습도 떠오른다(도판 4를 말함). 둘 다 위험한 사람인 것 같다.

■ 분석
욕구-압력 분석법의 틀에 맞지 않는 내용임. 내용분석이 적합함

8) TAT 반응에 대한 종합 분석

피검자의 욕구-압력 분석법에 따른 분석 결과와 함께 반응 내용의 세부적인 면을 종합해서 살펴보면, 전체적으로 우울하고 불행하거나 비극적인 내용과 결말을 보이고 있음을 알 수 있다. 주인공들의 태도에서도 환경적 압력과 자신의 욕구를 해결하기 위한 적극성은 나타나지 않으며(심지어는 결말이 욕구 충족적인 경우에도 그러하다), 소극적·수동적이며 환경에 순응적인 태도가 주로 나타나고 있다.

도판 1과 3BM에서는 주인공의 행동이나 상태의 이유에 대해서 "모르겠다."는 반응을 보이고 있는데, 이는 자신의 심리 상태나 갈등에 대해 회피하려는 태도를 반영한다고 볼 수 있다. 또한 도판 3BM의 "뱃속이나 심장이 안 좋다."는 반응에서는 심리적 갈등에 대해 신체화로 대처하는 경향을 생각해 볼 수 있다. MMPI 프로파일상 123 코드 타입을 보였던 것과 교차 타당화할 수 있는 내용이라 하겠다.

한편, 앞서 언급한 바와 같이 전체적으로 적극적인 해결책을 모색하는 태도는 거의 나타나지 않으며 환경에 수동적으로 끌려가는 모습이 많이 나타난다. 특히 도판 4에서는 타인의 공격성에 대해서도 수동적으로 당하기만 하는 모습이 나타난다.

반면, 피검자가 여성을 '공격하는 대상'으로 지각하고 있다는 점도 주목할 만하다. 도판 13MF에서도 주목할 만한 남녀 관계가 나타나고 있는데, 여기에서는 도판 4와는 반대로 남자가 여자를 공격하는 것으로, 즉 여성에 대한 공격성이 표현되고 있다. 이것을 볼 때 여성에 대한 피검자의 지각은 매우 부정적으로, 여성에게 적대감과 함께 피해의식을 동시에 느낄 가능성을 생각해 볼 수 있다. 그런데 피검자는 이런 여성에 대한 공격성을 "미쳤다"로 합리화하는 모습을 보이고 있다. 여기에는 여성에 대한 공격성, 적개심과 자신의 행동에 대한 책임에 직면하지 않고 회피하고자 하는 무의식적 태도가 반영된 것으로 생각된다.

욕구 충족적인 결말을 보이는 두 카드, 즉 6BM과 7BM에서의 반응도 중요한 시사점을 갖는다. 이 카드들에는 주로 부모상과의 관계가 잘 투사되는 것으로 알려져 있다. 그런데 피검자는 두 카드 모두에서 나이 든 남녀를 부모가 아닌 가족 외적인 인물로 설정하고 있다(하녀, 사회에서 만난 사람). 특히 6BM에서는 이미 부모는 죽고 장례식장에 있는 것으로 설정하고 있다. 그러면서 이 나이 든 인물들이 주인공 젊은 남자에게 지지와 조언을 해 주고 이를 통해 주인공은 성공하게 된다는 이야기를 만들고 있다. 이런 반응들을 통해 피검자에게는 부모와의 심리적 유대 및 친밀감, 신뢰감이 결여되어 있으며, '나이 든 사람'으로 표상된 아버지상 및 어머니상에 대해 해결되지 못한 의존 욕구가 많음을 가정해 볼 수 있다.

또한 6BM에서 어머니상을 "하녀"로 설정하고 있는 것은 어머니에 대해서 의존심을 가지고 있을 뿐 아니라 동시에 '자기 마음대로 부릴 수 있는', 자신이 좌지우지할 수 있는 대상으로 만들고 싶은 무의식적 욕구가 반영된 것으로 보인다. 어머니에게 의존심과 적개심, 즉 양가감정을 가지고 있는 것으로 생각할 수 있겠다.

앞서 언급된 여성에 대한 적개심 또한, 이성에 대한 지각이 기본적으로 어린 시절부터 부모와의 관계에 뿌리를 두고 형성된다는 점, 더불어 이 피검자의 경우 실제적인 대인관계, 특히 이성 관계 경험이 빈곤함을 생각할 때 어머니에 대한 무의식적인 공격 욕구가 여성에게 일반화되었을 가능성을 생각해 볼 수 있다.

이는 또한 앞서 분석한 SCT에서 어머니와 매우 긍정적인 관계를 맺고 있는 것으로 피검자가 보고한 것과 상반되는 양상임에 주목할 필요가 있다. 즉, 자기 보고식 검사인 SCT와 보다 더 투사적인 성격을 가지는 TAT에서의 반응이 다르다는 점은 이 피검자의 내적 특징을 분석함에 있어 시사하는 바가 크다고 할 수 있다. 피검자의 의식적 태도와 무의식적 태도가 상반되는데, 자신도 이유를 모르는 심리적 압박감과 갈등이 클 것으로 생각된다.

한편, 자유로운 연상이 가능한 도판 16에서 새로운 이야기나 이미지, 장면을 도출하지 못하고 앞서 제시되었던 카드들의 내용에서 피검자가 벗어나지 못하고 있다는 점 또한 피검자의 사고 특징을 잘 보여 주는 것으로 생각된다. 이런 반응은 피검자가 사고나 연상의 전환을 잘 하지 못함을 시사한다. 이런 사고 경향은 로르샤흐에서의 분석 결과와 맥을 같이한다.

특히 이런 보속적 반응이 이성 관계와 관련된 내용에서 나타나고 있음을 볼 때, 피검자가 이성 관계에 취약할 뿐 아니라 쉽게 압도될 수 있을 것이라는 가정도 가능하다고 생각된다.

7. 요약 및 제언

각 검사에서 나타난 피검자의 특징들을 요약해 보면, 지능검사에서는 정신적 에너지와 순발력 있는 상황 대처 능력 및 집중력의 저하, 대인관계 영역에 대한 낮은 관심이 주 특징으로 나타나고 있다.

MMPI에서는 우울감이 오래 지속되어 온 것으로 보이며, 부정적 내적 감정을 직접 표현하기보다는 신체화를 통해서 간접 표출하고 있는, 매우 수동적이고 의존적이며 우유부단한 사람의 모습이 나타나고 있다.

SCT에서도 전반적으로 우울감, 불행감, 무기력감, 낮은 자기가치감 등이 두드러지는데, 이 역시 어린 시절에 뿌리를 두고 만성적으로 있어 온 문제일 가능성이 시사된다. 대인관계에서의 소외감과 철수 경향, 타인에 대한 불신감과 불편감도 두드러진다.

HTP에서도 반응 전반에 걸쳐 단조롭고 메마른 내적 세계, 무기력감, 수동-의존적 상태, 타인의 접근에 대한 제한을 보이고 있으며 환경으로부터 만족을 얻는 능력이 부족함이 시사된다.

로르샤흐에서도 지나치게 경제적인 인지적 활동, 사고의 전환이 잘 되지 않음, 정서적 수용성 및 반응성의 결여, 수동적 도피 경향, 낮은 자기가치감이 나타나고 있다.

TAT에서도 역시 전반적으로 우울하고 비극적인 내용과 수동적이고 소극적인 대처 방식이 두드러진다.

또한 검사 전반에 걸쳐 공통적으로 자발성, 자율성, 자아존중감이 매우 빈약하다는 것이 나타나고 있다.

이런 양상들을 종합해 볼 때, 피검자는 현재까지 만성적인 우울증 상태에 있어 온 것으로 결론 내릴 수 있겠다.

이런 만성적 우울증은 부모와의 관계로부터 비롯된 것일 가능성이 많아 보인다. 긍정적인 기억과 친밀감을 형성하지 못한 채 사별한 아버지, 표면적으로는 긍정적인 감정과 심리적 유대가 깊은 것으로 보이나 내적으로는 적대감을 상당히 가지고 있는 어머니와의 관계에서 건강한 자아를 발달시키지 못하였고, 그 결과 유약하고 수동적이며 미성숙한 자아 상태에 있는 것으로 생각된다.

피검자의 내적 성숙과 긍정적 정서 상태를 위해서는 부모, 특히 어머니와의 관계에서 축적되어 온 부정적 감정에 대해서 인식·수용하고 해소할 수 있도록 하며, 이를 통해 어머니로부터 보다 건강한 심리적 독립을 이루고 새롭게 긍정적 관계를 맺도록 도울 수 있는 상담 전략이 필요할 것으로 보인다.

제3부

진로 및 교육 장면

제11장
진로검사

| 선혜연 |

　진로검사란 내담자의 진로 탐색 및 선택 그리고 진로 변경 등 진로 의사결정 과정에서 발생하는 개인의 심리적 속성을 알아보는 검사로서 개인의 특성을 파악하고 진로와 관련된 문제들을 진단하여 진로 의사결정을 합리적으로 수행할 수 있도록 도와주는 데 사용하는 검사도구로 정의된다. 진로상담의 역사적 발전과정을 살펴보면 심리검사의 발전과 맥을 함께하고 있다. 즉, 진로상담에서 검사는 매우 중요한 역할을 담당하는 상담의 도구라고 할 수 있다.

　이 장에서는 우리나라 진로상담에서 사용되는 다양한 심리검사에 대해 개관하고, 검사의 내용에 따라 크게 흥미검사, 적성검사, 가치검사, 진로 선택 및 발달을 측정하는 검사로 나누어 심리검사들에 대해 살펴보고자 한다. 특히 각 검사는 개관적인 설명과 더불어 검사의 구성과 진로상담에서의 활용방법에 초점을 두고 살펴볼 것이다.

1. 진로검사의 개요

1) 진로검사의 개념

진로검사란 진로 상담 및 교육 과정에서 진로와 관련 있는 개인의 특성을 알아보는 평가를 총칭한다. 이종범(2001)은 내담자의 자기이해 및 진로 선택과 의사결정 과정에서 발생하는 개인의 심리적·행동적인 속성을 알아보는 표준화된 검사도구로서 표준화된 지능검사, 적성검사, 흥미검사, 성격검사, 진로성숙도검사, 가치관검사 등이 진로검사 도구에 속한다고 하였다. 즉, 진로검사란 진로 탐색 및 선택, 진로 변경 등 진로 의사결정 과정에서 발생하는 개인의 심리적 속성을 알아보는 검사로서 개인의 특성을 파악하고 진로와 관련된 문제들을 진단하여 진로 의사결정을 합리적으로 수행할 수 있도록 도와주는 검사도구로 정의할 수 있다.

표준화된 검사와 평가도구의 발달은 진로 및 직업 상담의 역사와 밀접하게 관련되어 있다. 적성검사가 직무에서의 성공을 예언할 수 있는지에 대한 많은 논쟁이 있었음에도 불구하고, 진로 의사결정 과정에서 적성이나 기술과 같은 개인적 특성에 대한 평가는 매우 중요하다(Zunker, 2002). 진로 문제를 다루는 상담 및 교육 장면에서 문제의 구체화, 내담자에 대한 정확한 이해, 합리적인 의사결정의 조력을 위해서는 적절한 심리검사의 활용이 필요하다. 심리검사는 진로상담의 과정과 결과의 효율성을 증가시킬 뿐만 아니라 보다 과학적인 상담을 가능하게 해 준다. 또한 도움을 줄 영역이나 방법을 알려 주며 이러한 계획이 적합할 것인지에 대한 정보를 줄 수도 있다. 진로상담 장면에서 활용되는 심리검사의 기능을 살펴보면 다음과 같이 네 가지로 요약해 볼 수 있다.

첫째, 개인차를 예상하고, 직업적·교육적으로 각기 다른 진로 선택을 하는 개인의 성공 가능성을 추론하는 예언(prediction) 기능을 한다. 따라서 진로검사에서는 특히 예언타당도가 중요하다. 개인이나 집단이 여러 가지 결정을 할 때

능력, 성취, 기타 변인을 근거로 미래에 어떻게 행동하게 될 것인가를 예언할 필
요가 있다. 여러 가지 검사를 통하여 획득된 수량화된 자료에 근거하여 이루어
지는 예언은 단순한 짐작이나 바람에 근거하여 판단하는 것보다 훨씬 더 신뢰도
가 높고 타당하다. 진로상담에서 개인의 다양한 특성을 고려하여 가장 적합한
직무를 찾아내기 위해 검사를 활용하는 것은 개인이 그 직무를 성공적으로 수행
할 것을 예언하려는 목적에서 검사를 활용하는 예라고 볼 수 있다.

둘째, 가치관, 홍미, 적성 등과 같은 개인 특성에서 사람들 사이의 유사성과 차
이점을 알 수 있게 하는 판별(discrimination) 기능을 한다. 즉, 동질의 직업 또는 교
육 집단을 확인하거나 다른 집단과 구별할 수 있도록 도와주는 역할을 한다. 아
동 및 학생, 성인들을 어떤 집단으로 분류하거나 또는 정치(定置)하기 위한 목적
으로도 검사가 활용된다. 진로검사는 정신질환의 진단, 학교나 교육과정의 선택,
직업적성의 판단 등을 위하여 광범위하게 활용될 수 있다. 더 나아가 학교나 회
사 또는 공공기관에서 어떤 사람을 선발할 경우, 검사는 개인 간의 차이를 수량적
으로 제시할 수 있다. 실제 기업 및 기관에서 직원을 선발하려는 목적으로 다양
한 진로검사가 활용되고 있는데, 특히 인성 및 적성 검사를 통해 그 조직에서 필
요로 하는 인적 자원을 보다 객관적으로 선발하기 위한 노력이 이루어지고 있다.

셋째, 개인의 의사결정, 진로성숙, 태도 및 인지적 변인에 대한 내용을 확인하
여 개인의 적절한 진로 선택이 가능할지 여부를 확인할 수 있는 진단(monitoring
또는 diagnosis) 기능을 한다. 진로 선택과정과 관련된 변인들을 알아봄으로써 의
사결정, 진로성숙, 진로 미결정 등에 대해 진단적 역할을 수행한다.

넷째, 진로상담 및 교육의 성과에 대한 평가(evaluation)를 가능하게 하는 기능
을 한다. 태도, 지식, 기술, 성취도, 환경적 상황 및 진로 개입 단계 등을 평가함
으로써 보다 개선된 진로 지도 및 상담을 가능하게 하는 역할을 한다. 최근 진로
상담을 비롯한 상담의 여러 영역에서 상담의 효과에 대한 관심이 높아지고 있는
데 이러한 효과를 평가하기 위한 목적에서 다양한 진로검사를 활용할 수 있다.

Nathan과 Hill(1992)은 진로상담 과정에서 검사의 기능을 다음과 같이 구체적
으로 제시하였다.

- 자기진단을 위한 체계를 제공한다.
- 자기평가에 대한 객관성 및 신뢰성을 증가시킨다.
- 새로운 시각으로 자신을 바라볼 수 있게 돕는다.
- 장기적 관점을 가질 수 있도록 한다.
- 의사결정의 위험요소를 줄인다.
- 일에 대한 과거의 행동을 설명할 수 있게 한다.

2) 진로검사의 종류

심리검사의 한 종류인 진로검사도 다양한 방식으로 검사의 유형을 나눌 수 있다. 실시 방식에 따라 속도검사나 역량검사로 나눌 수 있으며, 개인검사나 집단검사로 나눌 수 있다. 또한 지필검사나 수행검사의 유형으로 개발되어 있는 경우도 있다. 그러나 일반적으로 진로검사의 종류를 논할 때에는 흔히 검사의 내용을 중심으로 분류하고 있다. 다음은 진로상담에서 자주 활용되는 진로검사들을 내용에 따라 분류한 것이다.

ooo **표 11-1 내용별 진로검사의 분류체계 및 검사의 종류**

대분류	중분류	심리검사의 종류
인지적 검사 (능력검사)	지능검사	한국판 Wechsler 지능검사, K-ABC 등
	성취검사	기초학습기능검사, 대학수학능력검사 등
	적성검사	GATB 일반적성검사, 성인용 직업적성검사 등
정의적 검사 (태도검사)	흥미검사	진로 탐색검사, 직업선호도검사, 스트롱 검사 등
	가치검사	직업가치관검사
	성격검사	MMPI, MBTI, CPI, Big 5검사 등
	진로선택 및 발달 검사	진로결정수준검사, 진로성숙도검사, 진로신념검사, 구직 욕구진단검사 등

3) 진로상담에서 심리검사의 활용

　진로상담은 내담자가 진로 결정과 관련된 정보를 수집하고 해석할 수 있도록 조력하는 과정을 포함한다. 따라서 진로상담에 있어서도 검사의 활용은 필수적이다. 진로상담 현장에서 심리검사를 선택하기 위해서는 일반적으로 진로 발달 단계에 따라 중점적으로 활용할 수 있는 검사의 종류를 고려할 필요가 있다. 미국의 경우 각각의 진로 발달 단계에 따라 자기이해, 교육 및 직업적 탐색, 진로 설계에 대한 능력 및 행동 전략에 대한 수준을 정하여 각각의 진로 발달 단계에 따른 차별적 진단을 위한 방법으로 진로검사를 활용하고 있다(NOICC, 1989). 이러한 진로 발달 단계별 활용 가능한 진로검사를 제시하면 〈표 11-2〉와 같다.

ㅇㅇㅇ **표 11-2** 발달 단계에 따른 진로검사의 실시

학년	진로 발달 단계	해당 진로검사
초등학교	진로인식	• 가족사(Family histories) • 개인사(Personal Narratives) • 흥미검사
중학교	진로 탐색	• 성취도검사 • 흥미검사
고등학교 대학교	진로준비 및 확립	• 능력검사 • 성취도검사 • 적성검사 • 직업흥미검사 • 직업가치관검사

자료: Oklahoma State Department of Career and Technology education (2000).

　진로상담에서 심리검사를 활용하기 위해서는 검사 목적에 부합하는 검사를 선택해야 한다. 흔히 좋은 검사를 선택하기 위해 고려해야 할 사항으로 검사의 타당도와 신뢰도, 검사 실시 비용, 검사 실시 시간, 채점 및 결과 해석 시 요구되는 교육·훈련 정도, 채점의 용이성, 특정 집단에 대한 규준의 활용 가능성, 내담자에 대한 유용성 등을 들 수 있다. 진로검사를 선택하기 위해서도 이러한 '좋

은' 검사를 선택하기 위한 노력을 기울여야 하며, 이는 흔히 내담자가 검사를 통해 얻고자 하는 요구를 분석하는 노력에서부터 시작된다.

상담자1: 어떤 도움이 필요해서 상담실에 오게 되었나요?

내담자1: 제 친구 수진이가 여기서 심리검사를 받았는데 자신에게 어떤 직업이 적합한지를 알려 주는 검사를 받았다고 하더군요. 저도 제가 무슨 일을 잘할 수 있을지 몰라서 검사를 한번 받아 보고 싶어서 왔어요.

상담자2: 예, 수진 학생은 직업흥미를 알아보는 데 도움이 되는 몇 가지 검사를 받았습니다. 하지만 그 검사들이 누군가에게 꼭 맞는 직업을 알려 주는 검사는 아닙니다. 지수 양에게 도움이 되는 검사를 찾기 위해서 우선 지수 양의 이야기를 들어보고 싶어요. 무슨 일을 잘할 수 있을지 궁금하다고 했는데, 그런 생각을 하게 된 계기가 있었나요?

내담자2: 저는 특수교육을 전공하고 있는데요, 적성에 잘 안 맞는 것 같아요. 부모님은, 특히 아버지는 제가 교사가 되어야 한다고 생각하시지만 제가 정말 평생 그 일을 즐겁게 할 수 있을지 모르겠어요. 전 제가 교직을 좋아한다고 생각한 적이 한 번도 없었는데, 그렇다고 지금 와서 다른 것을 시작하는 것도 너무 늦었잖아요. 제가 뭘 할 수 있을지 모르겠어요. 검사를 받아 보면 제가 뭘 하고 싶어 하는지 알 수 있을까요? 사실 가끔 만화가가 되는 상상을 하곤 해요. 그런데 아버지는 시간 낭비하지 말고 얼른 임용고사 준비를 시작하라고 하세요.

상담자3: 아버지 말씀 때문에 지수 양이 좀 풀이 죽은 것 같아 보이네요.

내담자3: 아버지한테 솔직하게 이야기해 보라고 하는 친구들도 있었어요. 그래서 특수교육이 별로 적성에 안 맞는다고 아버지께 이야기해 보려 했는데 들으려고도 안 하세요. 수진이가 검사를 받아 봤다고 할 때, 저도 객관적인 검사 결과를 갖고 말씀드리면 좀 들으시려나 하는 생각이 들었어요.

상담자4: 결국 지수 양은 검사 결과를 통해 특수교사로서 교직이 적성에 맞는지 아닌지를 확인하고 싶은가 보군요. 그래서 그 결과를 아버지께 보여 드리면서 지수 양의 본심을 알려 드리고 싶은가 봐요.

내담자4: 네, 맞아요.

이렇게 내담자의 검사 실시에 대한 요구를 확인하고 나면 검사를 실시하는 목적을 명확히 할 필요가 있다. 진로검사는 진단, 예언, 개인과 준거집단 사이의 비교 등과 같은 목적이 있으므로 상담자는 내담자의 요구에 기초하여 선택된 측정도구의 사용 목적을 내담자가 이해할 수 있도록 충분히 설명해야 한다. 그리고 검사 결과를 효과적으로 활용하기 위해서 상담자는 내담자의 요구와 검사 목적의 관련성 또한 충분히 설명해야 한다. 적성검사는 미래의 교육 및 직업적 수행을 예측하기 위해 실시하고, 성취도검사는 내담자의 교육적 장점과 단점을 평가하기 위해 실시하며, 흥미검사는 주로 준거집단과 개인의 흥미 패턴 사이의 비교를 통해 개인의 성향을 분석하기 위해 실시한다. 아울러 진로성숙도검사는 자아인식, 진로계획 능력, 의사결정 기술 등과 같은 진로 발달 수준을 파악하기 위해 실시한다. 그리고 성격검사는 행동에 영향을 주는 개인의 특성에 대한 단서를 제공하며, 가치관검사는 성격검사와 같이 개인의 특성을 알아보기 위해 실시한다. 이러한 검사의 목적이 분명해지면 검사 목적에 따라 실시할 검사를 결정한다. 검사를 선택하는 과정에서는 내담자를 참여시켜 진행할 필요가 있다.

내담자5: 검사를 받으면 이런 제 고민을 해결하는 데 도움이 될까요?

상담자5: 지수 양의 고민을 해결하는 데는 몇 가지 유용한 검사가 있어요. 직업흥미검사는 지수 양의 흥미가 어떤 직업군에서 종사하고 있는 사람들의 흥미 패턴과 유사한지에 대해 알려 줄 수 있어요. 하지만 그 직업에서 지수 양이 성공을 할 수 있을지 여부를 말해 주는 건 아니에요.

내담자6: 남들이 알지 못하는 저만의 적성을 알 수 있는 검사는 없을까요?

상담자6: 본인이 전혀 모르는 특별한 능력이나 적성을 심리검사 결과만으로 파악하기는 어렵답니다. 개인의 능력이나 적성은 아까 말씀드린 흥미와는 조금 다른 개념인데 이런 적성을 알 수 있는 방법은 지수 양의 교과 성적이나 과거 즐겨 했던 과제들을 보면 알 수도 있답니다. 하지만 이런 적성 역시 지수 양이 성공할 수 있는 직업명을 명확히 알려 주기는 어렵습니다. 이런 검사들 중에서 특별히 관심이 가는 검사가 있나요?

내담자7: 전에 검사를 받아 보았던 친구 수진이가 아마 방금 말씀하신 흥미검사를 받았던 것 같네요. 수진이는 그 검사가 꽤 도움이 된다고 이야기해 주었어요.

상담자7: 그 친구는 어떤 면에서 그 검사가 도움이 되었다고 하던가요?

내담자8: 제 생각엔 그 애가 가지고 있는지 몰랐던 흥미를 몇 가지 알게 된 것 같아요.

상담자8: 그런 일이 가끔 있죠. 지수 양에게도 흥미검사가 유용할지 여부를 확인하기 위해서 지수 양이 생각하는 본인의 흥미에 대해 좀 더 이야기해 보면 좋겠어요. 사실 때로는 검사가 그 사람이 이미 알고 있는 것 이상을 말해 주지 못할 때도 있거든요.

내담자9: (자신의 흥미에 대해 여러 가지를 말함)

상담자9: 듣고 보니 흥미검사를 통해 지수 양의 흥미를 좀 더 자세히 살펴보는 것이 도움이 될 것 같군요. 제가 몇 가지 흥미검사를 소개해 드릴 테니 지수 양에게 가장 적합할 검사를 선택해 봅시다.

검사를 실시하고 난 후 내담자와 검사를 활용한 진로상담을 진행할 경우에는 다음과 같은 점을 유의하여 해석할 필요가 있다.

첫째, 검사에 대해 전문적인 지식을 가진 사람이 결과를 해석하는 것이 바람직하다. 심리검사 결과는 인간의 한 부분만을 설명해 주는 것이기 때문에 한 가지 검사 결과만을 가지고 해석하기보다는 행동관찰이나 면접 혹은 기타 자료를 참고하여 검사 결과를 보완하고 확인해야 한다. 심리검사 결과는 하나의 가설이므로 해석할 때 단정적인 표현은 삼가야 한다.

둘째, 진로상담에서 검사 결과의 활용은 내담자의 다양한 정보에 기초하여 체계적으로 이루어져야 한다. 일반적으로 진로 탐색과 관련하여 개인의 특징 및 특성을 파악하거나 이에 대한 정보를 제공하기 위해 검사 결과를 활용한다. 진로상담자는 검사 결과를 통하여 내담자가 스스로에 대한 객관적인 정보를 얻을 수 있도록 도와야 하며, 진로 계획의 토대를 마련해 주기 위해 개인차의 정도에 대한 명확한 설명을 해 주어야 한다. 이를 통해 내담자는 사회 · 경제적 환경, 경험, 검사 결과 등을 종합적으로 고려하여 진로 계획을 세울 수 있을 것이다.

마지막으로, 한 내담자에게 여러 가지 검사를 실시한 후에 이를 통합적으로 해석하고 설명할 필요가 있다. 예를 들어, 진로성숙도검사, MBTI, 청소년용 직업흥미검사, 다중지능검사를 하나의 검사 배터리로 제시하여 실시할 수 있을 것이다. 진로성숙도검사를 통해 학생의 진로 발달 단계를 태도, 능력, 행동 측면에서 파악할 수 있다. 즉, 학생의 진로 계획성이나 독립성, 일에 대한 태도, 자기이해 정도, 정보 활용 능력, 직업에 대한 지식 수준 등을 알 수 있다. 또한 진로를 적극적으로 탐색하고 준비하는가에 대한 진로 탐색 및 준비 행동 수준도 파악할 수 있다. 청소년용 직업흥미검사에서 흥미육각형 모양과 크기를 보고 흥미가 얼마나 분화되고 발달되어 있는지 확인할 수 있으며, 희망직업과 검사 결과에서 나온 직업을 비교하여 얼마나 일관성이 있고 차이가 있는지에 대해 살펴볼 수 있을 것이다.

2. 직업흥미 평가

내담자들에게 어떤 활동들을 어느 정도 좋아하는지 혹은 어느 정도 싫어하는지를 물어보는 흥미검사는 진로상담에서 특히 유용하다. 일반적으로 흥미검사는 사람들의 성격과 직업생활의 유형을 분석하여 6개의 유형(RIASEC)으로 분류한 Holland의 직업적 성격 유형론에 기초한 검사들이 대표적이다. 우리나라에서 사용되는 흥미검사 중 Holland 진로탐색검사(중고생용), Holland 적성탐색검사(대학생 및 성인용), STRONG 진로탐색검사(중고생용)의 흥미유형 하위척도, STRONG 직업흥미검사(대학생 및 성인용)의 흥미유형 및 기본흥미척도, 노동부 직업선호도 검사의 직업적 흥미 하위척도가 여기에 속한다.

대부분의 상담자는 내담자의 학업 및 진로 계획을 조력하기 위해 흥미검사를 자주 사용한다. 상담자들이 흥미검사를 선택할 때에는 다음의 몇 가지 지침을 기억할 필요가 있다.

첫째, 흥미검사는 좋아하거나 싫어하는 것을 측정하는 것이지 능력을 측정하는 것이 아니라는 사실을 잊지 말아야 한다. 많은 선행 연구가 흥미 점수와 능력 점수는 관련이 거의 없다는 것을 밝히고 있다(Campbell, 1972). 흥미검사는 내담자가 만족할 수 있는 진로나 일의 상황이 무엇인지 알려 주지만, 내담자가 그곳에서 어느 정도 성공할 수 있을지에 대한 정보를 제공하는 것은 아니다.

둘째, 내담자는 검사를 할 때 긍정적으로 동기화되어 있는 상태여야 한다. 내담자가 자신의 흥미에 대해 미리 표현할 수 있을 때 흥미검사가 더 도움이 된다(Zytowski, 1977). 그리고 검사의 목적을 잘 이해하고 충분히 인정하고 있어야 자신의 흥미나 의도에 대해 솔직하게 응답할 수 있을 것이다(Gellerman, 1963). 검사에 대한 태도가 달라지면 흥미검사의 점수도 크게 달라진다. 내담자들은 부모나 다른 사람들이 어떻게 응답해 주기를 바랄 것인지에 맞추어 응답하기도 하고, 자신의 흥미와 상관없이 자신의 능력이나 기회를 생각하고 각 문항에 답하기도 한다. 특히 수업 시간의 일부로 검사를 실시할 경우 너무 빨리 해 버리거나 불성실하게 답하는 경우가 있다. 이런 상황에서는 검사 점수의 타당도나 신뢰도가 낮을 수밖에 없다.

셋째, 보편적 흥미검사는 도시공학과 전기공학 사이에서 어떤 것을 선택해야 하는 경우처럼 보다 세밀한 구분을 필요로 하는 내담자에게는 별로 유용하지 않다. 흥미검사의 결과는 내담자의 능력, 가치, 이전 일의 경험, 고용 가능성 등 내담자의 상황에 대한 다른 정보들을 고려하여 의사결정에 활용되어야 한다.

넷째, 정서적 문제를 가지고 있는 내담자에게 흥미검사를 사용하는 것은 부적절하다(Brandt & Hood, 1968). 정서적으로 불안정한 상태에서는 정상적인 상태에서보다 부정적이고 수동적인 태도로 응답하기 쉽다(Drasgow & Carkhuff, 1964). 따라서 상담자들은 진로 계획에 들어가기 전에 내담자가 현재 정서적인 문제를 가지고 있지 않은지를 확인해야 한다.

다섯째, 청소년들의 흥미는 경험과 교육을 통해 쉽게 변화될 수 있기 때문에 너무 오래전에 받은 흥미검사 결과로 현재의 흥미를 설명하는 것은 신뢰하기 어렵다(Johansson & Campbell, 1971). 따라서 청소년 내담자가 6개월 이전에 받은 흥미검사를 해석해 달라고 요청할 경우 상담자는 내담자에게 다시 검사를 받아 보라고 권하는 것이 좋다. 특히 20세 이하의 아동 및 청소년들의 경우에는 새로운 일이나 공부를 시작하면서 흥미가 쉽게 변하기도 한다.

마지막으로 내담자가 왜 그런 선택을 하는지에 대해 탐색할 경우, 흥미검사 보다는 직업카드분류가 더 유용한 정보를 제공해 준다(Slaney, Moran, & Wade, 1994). 직업카드분류는 구조적 면접의 기능을 한다. Tyler(1961)가 최초로 개발한 직업카드는 카드에 직업명이 적혀 있고, 이 카드들을 '선택할 것이다(would choose)' '선택하지 않을 것이다(would not choose)' '모르겠다(no opinion)'의 세 영역으로 분류하게 한다. 그리고 선택 및 미선택 영역의 이유를 세부적으로 살펴본다. 이 과정을 통해 상담자는 내담자가 어떤 것에 근거하여 직업을 선택하는지 이해할 수 있다. 즉, 진로 탐색과정에서 나타나는 내담자 선호의 이유가 무엇인지 상담자와 내담자가 함께 찾아가게 된다. 우리나라에서도 직업카드 및 학과카드가 개발되어 청소년 진로상담에서 활발히 활용되고 있다. 여기에서는 우리나라 상담자들이 진로상담을 위해 많이 사용하고 있는 몇 가지 흥미검사를 소개하고 그 활용방법에 대해 정리해 볼 것이다.

1) Holland 진로탐색검사

진로심리학자인 John L. Holland는 1953년 직업선호도검사(Vocational Preference Inventory: VPI)를 최초로 개발하였고, 이후 직업선호도검사(VPI)는 8번의 개정과정을 거쳐 현재 사용하고 있는 진로탐색검사(Holland, Powel, & Fitzshe, 1994)가 되었다. 이를 기초로 하여 우리나라에서는 안창규(1996)가 Holland 진로탐색검사(중·고생용) 및 Holland 적성탐색검사(대학생 및 성인용)를 개발하여 표준화한 이후 여러 상담기관에서 현재 활발히 사용되고 있다.

Holland의 진로탐색검사(Self-Directed Search: SDS)는 Holland의 직업적 성격 유형론을 기초로 하여 개발된 검사다. Holland의 직업적 성격 유형론은 개인의 직업적 선호와 진로 선택에 대해 다음과 같은 네 가지 기본 가정을 기초로 설명한다(Holland, 1997). 첫째, 대부분의 사람은 여섯 가지 직업적 성격 유형, 즉 현실적(Realistic), 탐구적(Investigative), 예술적(Artistic), 사회적(Social), 설득적(Enterprising), 관습적(Conventional) 중의 한 가지 유형으로 분류될 수 있다(〈표 11-3〉 참조). 사람들은 성장하면서 부모, 사회 계층, 문화, 물리적 환경 등에 영향을 받아 각자의 독특한 성격이 형성되고 이후 다양한 경험을 통해 좋아하는 활동이 생겨나며, 그 결과 특정한 적성이나 유능감이 형성된다.

둘째, 사람들의 직업적 환경도 여섯 가지 현실적, 탐구적ㆍ예술적ㆍ사회적ㆍ설득적ㆍ관습적 환경이 있다(〈표 11-3〉 참조). 직업 환경은 그 직업에서 요구하는 성격 유형을 가진 사람들에 의해 형성된다. 예컨대 사회적 환경(S)은 주로 사람들을 돕고 가르치는 활동을 하도록 요구하므로 그러한 성격 특성을 가진 사회형(S)의 사람들이 그 환경에 가장 많다.

셋째, 사람들은 자신의 능력과 기술을 발휘하고 태도와 가치를 표현하고 자신에게 맞는 역할을 수행할 수 있는 환경을 찾는 경향이 있다. 현실형의 사람들은 현실적 환경을, 사회형의 사람들은 사회적 환경을 추구한다. 따라서 개인의 성격 유형은 곧 특정한 문화 속에서 살아온 결과라고 할 수 있고, 이것은 사람들이 어떻게 자신의 목표를 설정하고 직업을 선택해 왔는가를 설명해 준다.

넷째, 개인의 행동은 성격 특성과 환경 특성 사이의 상호작용에 의해서 결정된다. 이러한 상호작용의 결과는 직업 선택, 전직, 직업적 성취, 유능감, 사회적 행동으로 나타난다.

한국판 Holland 검사는 중ㆍ고등학생용으로 만들어진 Holland 진로탐색검사와 대학생 및 성인용으로 만들어진 Holland 적성탐색검사의 두 가지 유형이 있다. Holland 진로 탐색검사의 경우 직업성격 유형찾기, 활동, 성격, 유능감, 직업, 능력평정의 여섯 가지 영역으로 구성되어 있고, Holland 적성탐색검사는 여

ooo **표 11-3** Holland의 6가지 직업적 성격의 특성

직업적 성격 유형	성격 특징	선호하는/싫어하는 직업적 활동	대표적인 직업
현실적 유형 (Realistic type)	남성적이고, 솔직하고, 성실하며, 검소하고, 지구력이 있고, 신체적으로 건강하며, 소박하고, 말이 적으며, 고집이 있고, 직선적이며, 단순하다.	분명하고, 질서정연하게 그리고 체계적으로 대상이나 연장, 기계, 동물들을 조작하는 활동 내지는 신체적 기술들을 좋아하는 반면, 교육적인 활동이나 치료적인 활동은 좋아하지 않는다.	기술자, 자동차 및 항공기 조종사, 정비사, 농부, 엔지니어, 전기·기계기사, 운동선수 등
탐구적 유형 (Investigative type)	탐구심이 많고, 논리적·분석적·합리적이며, 정확하고, 지적 호기심이 많으며, 비판적·내성적이고, 수줍음을 잘 타며, 신중하다.	관찰적·상징적·체계적으로 물리적·생물학적·문화적 현상을 탐구하는 활동에는 흥미를 보이지만, 사회적이고 반복적인 활동들에는 관심이 부족한 면이 있다.	과학자, 생물학자, 화학자, 물리학자, 인류학자, 지질학자, 의료기술자, 의사 등
예술적 유형 (Artistic type)	상상력이 풍부하고, 감수성이 강하며, 자유분방하며, 개방적이다. 또한 감정이 풍부하고, 독창적이며, 개성이 강한 반면, 협동적이지는 않다.	예술적 창조와 표현, 변화와 다양성을 좋아하고, 틀에 박힌 것을 싫어한다. 모호하고, 자유롭고, 상징적인 활동을 좋아하지만, 명쾌하고, 체계적이고, 구조화된 활동에는 흥미가 없다.	예술가, 작곡가, 음악가, 무대감독, 작가, 배우, 소설가, 미술가, 무용가, 디자이너 등
사회적 유형 (Social type)	사람들과 어울리기 좋아하며, 친절하고, 이해심이 많으며, 남을 잘 도와주고, 봉사적이며, 감정적이고, 이상주의적이다.	타인의 문제를 듣고, 이해하고, 도와주고, 치료해 주고, 봉사하는 활동에는 흥미를 보이지만, 기계·도구·물질과 함께 명쾌하고, 질서정연하고, 체계적인 활동에는 흥미가 없다.	사회복지사, 교육자, 간호사, 유치원 교사, 종교지도자, 상담가, 임상치료가, 언어치료사 등
설득적 유형 (Enterprising type)	지배적이고, 통솔력·지도력이 있으며, 말을 잘하고, 설득적이며, 경쟁적이고, 야심적이며, 외향적이고, 낙관적이고, 열성적이다.	조직의 목적과 경제적 이익을 얻기 위해, 타인을 선도·계획·통제·관리하는 일과 그 결과로 얻어지는 위신·인정·권위를 얻는 활동을 좋아하지만 관찰적·상징적·체계적 활동에는 흥미가 없다.	기업경영인, 정치가, 판사, 영업사원, 상품구매인, 보험회사원, 판매원, 관리자, 연출가 등
관습적 유형 (Conventional type)	정확하고, 빈틈이 없고, 조심성이 있으며, 세밀하고, 계획성이 있으며, 변화를 좋아하지 않으며, 완고하고, 책임감이 강하다.	정해진 원칙과 계획에 따라 자료들을 기록·정리·조직하는 일을 좋아하고, 체계적인 작업환경에서 사무적·계산적 능력을 발휘하는 활동을 좋아한다. 그러나 창의적·자율적이며 모험적·비체계적인 활동은 매우 혼란을 느낀다.	공인회계사, 경제분석가, 은행원, 세무사, 경리사원, 컴퓨터 프로그래머, 감사원, 안전관리사, 사서, 법무사 등

출처: 김계현, 황매향, 선혜연, 김영빈(2012).

기에 가치 영역이 하나 더 포함되어 일곱 가지 영역으로 구성되어 있다. 각 영역의 문항에는 긍정이면 'O', 부정이면 'X'로 응답하게 되어 있으며 자가채점용 검사지에는 그대로 표시하고 컴퓨터용 검사지의 경우에는 OMR 카드에 컴퓨터 사인펜으로 칠하도록 되어 있다.

Holland 검사는 중학생 이상, 즉 만 13세 이상이면서 한글을 해독할 수 있으면 누구에게나 실시할 수 있다. 시간 제한이 있는 검사가 아니므로 엄격하게 시간을 통제할 필요는 없지만, 검사를 실시하는 데 소요되는 시간은 대략 40분에서 50분 정도다. 그러나 내담자가 문항의 내용을 잘 이해하지 못하여 상담자가 설명을 해 주는 경우에는 더 많은 시간이 소요될 수 있다. 일반적으로 Holland 검사는 개별적으로 실시하고, 결과 해석 시에도 개별상담의 형태로 전달해 주는 것이 가장 효과적인 방법이지만 집단검사로도 활용될 수 있다.

Holland 검사 결과를 진로상담에서 효과적으로 활용하기 위해서는 분석 시 다음의 몇 가지 중요한 개념을 숙지해야 한다.

(1) 일관도

일관도는 검사에서 얻어진 진로코드가 RIASEC의 육각형 모형에서 자리 잡고 있는 위치에 의해 결정된다. 즉, RIASEC 육각형 모형에서 인접한 유형 간에는 밀접한 관계가 있고, 대각선으로 마주보고 있는 유형 간에는 정반대의 관계가 있다는 점을 고려하여 일관성 지수를 계산한다. 높은 일관도는 보다 안정된 직업 경력과 관련이 있고, 직업적 성취와 자신의 목표를 장기적으로 추구해 온 사람들에게서 높게 나타나는 경향이 있다.

(2) 변별도

변별도는 검사에서 얻은 내담자의 RIASEC 프로파일이 어느 정도 분화되어 있는가를 말한다. 변별도 지수는 전범위 점수(DR)와 Iachan 지수(DI)로 계산할 수도 있지만 일반적으로 변별도 지수를 간편하게 알아보는 방법이 많이 활용된다. 즉, 첫 번째 코드와 두 번째 코드 또는 세 번째 코드 등 여러 코드 간의 점수

차이가 10점 이상이 되면서 프로파일상 높고 낮은 구분이 뚜렷하면 변별도가
높고, 코드 간의 점수 차이가 크지 않고 평평한 분포를 이루면 변별도가 낮다고
말한다. 비교적 평평한 모양의 프로파일인 경우, 즉 각 유형별 총계점수가 모두
낮거나 또는 모두 높은 경우는 다음과 같은 방식으로 해석될 수 있다.

- 내담자가 진로 관련 경험이 부족하거나 미성숙한 경우일 수 있음
- 여러 가지 재능과 흥미를 가진 잘 통합된 내담자일 가능성도 있으나, 일관
  도가 낮으면서 평평한 모양의 프로파일은 정서가 분열되어 있고 혼란스러
  운 상태의 지표일 수 있음
- 높게 평평한 프로파일은 활기가 넘치고 다양하고 광범위한 흥미와 재능을
  가진 경우일 수 있음
- 낮게 평평한 프로파일은 문화적 경험의 부족, 자기거부, 정체감의 혼란인
  경우일 수 있음

(3) 긍정응답률

긍정응답률은 검사 전체 문항에 대한 내담자의 긍정 반응의 백분율을 말한
다. 긍정응답률이 낮은 경우(24% 이하)는 내담자가 진로나 직업 선택에 있어서
특정 직업을 선정하여 다른 가능성을 배제하고 있거나, 자아개념이 너무 낮아서
우울하거나, 무력감을 나타내고 흥미를 보이지 않거나, 성격적으로 너무 편협된
사람일 가능성이 있다. 긍정응답률이 높은 경우(65% 이상)는 내담자가 너무 다
양한 흥미나 능력을 갖고 있어서 자신의 흥미나 능력을 특징지을 수 없거나, 특
정한 분야에서 흥미나 진로를 선택적으로 받아들이지 못하거나, 진로성숙도가
너무 비현실적 또는 환상적 수준에 있어서 모든 것에 대해 긍정적으로 응답한
경우일 수 있다.

(4) 진로코드

전체 요약점수 분포에서 가장 높은 것의 척도코드와 두 번째 높은 것의 척도

코드를 순서대로 기록한 것이 자신의 진로코드다. 예를 들어, R이 가장 높고 그 다음이 I라면 RI가 진로코드가 된다. 만일 R의 점수와 I의 점수 간의 차이가 10점 이하이면 RI뿐만 아니라 IR도 개인의 진로코드가 된다. 만일 세 번째 높은 척도가 C이고 I와의 점수 차이가 10점 이하이면 RC도 역시 최종 진로코드가 된다. 이 경우에는 RI와 RC 두 개가 최종 진로코드가 된다.

2) 스트롱 검사

스트롱(Strong) 검사는 다양한 직업 세계의 특징과 개인의 흥미에 대한 유용한 자료를 제공해 주는 흥미검사로서 널리 활용되고 있다. 개인이 어떤 활동에 가치를 두는지, 어떤 직업이 적합한지, 어떤 환경이 적합한지, 어떤 사람들과 일하는 것을 좋아하는지 등에 관련된 척도별 점수를 제공하여 개인의 전체적인 흥미의 경향성을 알아보고, 이들 경향성이 직업 세계와 어떻게 관련되어 있는지, 이러한 발견점을 개인의 진로 및 직업을 탐색하는 데 어떻게 적용할 것인지를 알아볼 수 있도록 구성되어 있다.

1927년 E. K. Strong, Jr.가 최초로 스트롱 직업흥미검사(Strong Vocational Interest Blank: SVIB)를 제작한 이래 계속 개정되어 오고 있는데, 현재 미국에서 사용되고 있는 스트롱 흥미검사(SII)는 Administrative indexes, 일반직업분류(General Occupational Theme scales: GOT), 기본흥미척도(Basic Interest Scales: BIS), 직업척도(Occupational Scales: OS), 개인특성척도(Personal Style Scales: PSS)의 다섯 가지 하위척도의 점수를 결과로 제시한다. 우리나라에서는 2001년, 미국의 스트롱 흥미검사를 근간으로 중·고등학생용인 STRONG 진로탐색검사와 대학생 이상 일반인용인 STRONG 직업흥미검사가 출판되었다.

STRONG 진로탐색검사는 미국의 스트롱 흥미검사의 네 가지 척도 가운데 일반직업분류(GOT) 척도를 채택하고 한국의 중·고등학생들의 진로성숙의 수준을 측정하기 위한 새로운 척도를 개발하여 진로성숙도검사와 직업흥미검사의 두 부분으로 구성하였다. 1부 진로성숙도검사에서는 진로정체감, 가족일치도,

진로준비도, 진로합리성, 정보습득률 등을 측정하고, 2부 직업흥미검사에서는 직업, 활동, 교과목, 여가 활동, 능력, 성격 특성 등에 대한 문항을 통해 학생들의 흥미 유형을 포괄적으로 파악할 수 있도록 한다. 진로성숙도 점수가 특히 낮을 경우 흥미 유형도 명확히 나타나지 않기 때문에 결과해석지에서 진로성숙도 부족 요인에 * 표시가 되어 있는 경우 이에 대한 보다 전문적인 해석을 필요로 한다.

STRONG 직업흥미검사는 미국의 스트롱 흥미검사(SII)의 한국판으로서 대학교 이상 성인에게 적용 가능하다. STRONG 직업흥미검사는 세분화된 직업흥미 탐색을 통한 개인의 흥미 영역 세분화에 초점을 두고 보다 구체적인 직업탐색 및 진학계획, 경력개발 등에 효과적으로 사용될 수 있도록 만들어졌다. 미국 스트롱 흥미검사를 구성하는 4개 하위척도 중 직업척도(OS)를 제외한 세 가지 척도의 317문항을 채택하여 8,865명을 대상으로 한국 규준을 마련하였다. 3개 하위척도의 내용은 다음과 같다.

- 일반직업분류(GOT) 점수: Holland의 RIASEC 유형 분류로서의 GOT 점수들은 피검자의 흥미에 관한 포괄적인 정보를 제공한다.
- 기본흥미척도(BIS) 점수: GOT의 하위척도이며, 특정 활동과 주제에 대한 25개의 세부 척도로 GOT를 특정한 흥미들로 세분화한다(〈표 11-4〉 참조). 따라서 GOT는 내용 및 범위에서 일반적으로 더 넓고 다양한 반면, BIS는 특정한 흥미 분야에 더 집중되어 있다. BIS는 가능성 있는 직업 분야를 확인하는 데 유용하다.
- 개인특성척도(PSS) 점수: PSS는 일반적으로 개인이 어떻게 학습하고, 일하고, 놀고, 생활하는지에 대해 스스로 탐색하게 함으로써, 어떤 특정 환경과 자신과의 관계에 대해 평가할 수 있는 틀을 제공한다. PSS 척도는 개인의 업무 유형, 학습 유형, 리더십 유형, 모험심 유형의 네 가지 하위척도별로 개인의 특성에 대해 기술해 준다.

○○○ **표 11-4 기본흥미척도(BIS)의 25개 세부 척도**

농업	야외 환경에서의 힘든 신체적 노동을 반영한다.
자연	자연의 아름다움을 감상하고 야영, 사냥, 낚시 등과 같이 야외에서의 재창조적인 활동에 대한 흥미다.
군사활동	구조화된 환경, 질서 있고 명령의 체계가 분명한 것에 대한 흥미다.
운동경기	경기 관람을 포함, 스포츠에 대한 강한 흥미를 말하며, 개인 스포츠보다는 단체 경기나 경쟁적인 스포츠에 대한 흥미다.
기계관련활동	기계 장비뿐 아니라 정밀한 의료기기 등을 다루는 일에서 요구되는 작업에 대한 흥미를 반영하며 화학자, 치과의사, 물리학자, 엔지니어 등이 해당된다.
과학	자연과학에 대한 흥미를 말하며, 특히 과학이론과 진리에 대한 탐구, 과학적 연구와 실험 등에 대한 관심을 말한다.
수학	수를 다루고 통계적 분석에 대한 흥미를 말하며, 현실-탐구적인 영역에 대한 흥미를 포함한다.
의학	과학척도는 물리학에 대한 흥미를 나타내는 데 비해 이 항목은 의학, 생물학 등에 대한 흥미를 말한다.
음악/드라마	공연활동에 참여하거나 공연 관람에 대한 흥미를 말한다.
미술	순수미술가, 디자이너, 건축가 등 작품을 창조하고 관람 또는 수집하는 것에 대한 흥미를 반영한다.
응용미술	시각적인 창의성과 공간을 시각화하는 포괄적인 면을 강조하는 항목으로, 기계 제도 등과 같은 현실적인 예술부문에 대한 강한 흥미를 말한다.
글쓰기	문학, 독서, 비평적인 글에 대한 흥미를 말하며, 언어와 관련된 직업, 국어교사, 변호사, 홍보책임자, 기자, 작가 등이 해당된다.
가정/가사	다른 사람을 접대하는 일에 대한 흥미다.
교육	초 · 중 · 고등학교 교직에 대한 흥미를 말한다.
사회봉사	사회사업, 사회봉사, 자선활동 등 사람과 함께 일하거나 사람을 돕는 데 대한 인간적인 흥미를 말한다.
의료봉사	앞서 설명한 의학 척도와 달리 진료상황에서 환자를 직접적으로 돕는 데 대한 관심을 의미한다.
종교활동	종교교육지도자, 사제, 목사, 사회단체(YMCA 등) 지도자 등과 같이 영적 혹은 종교적 문제에 대한 흥미를 말한다.

대중연설	각광받기를 좋아하고 다른 사람들의 생각과 관점에 영향을 주고자 하며 언어적 활동을 통하여 다른 사람을 설득하는 것에 대한 흥미를 말한다.
법/정치	논쟁과 토론을 통해서 개념을 전달하는 것에 대한 흥미로 정치학자, 공무행정가, 판매업자 등의 흥미를 말한다.
판매촉진	서비스보다는 물건을 파는 도·소매 활동에 대한 흥미를 말하며, 주로 백화점 관리자, 유통업자 등과 같이 구조화된 상점과 같은 환경에서 판매하는 것을 선호한다.
판매	방문 판매 등과 같은 예상치 않은 상황에 대해 적극적인 대처를 통한 활약이 가능한 흥미를 반영하는 항목이다.
조직관리	다른 사람들을 지휘하고 감독하는 권위와 힘에 대한 흥미를 말한다.
자료관리	자료 및 정보를 다루고 처리하는 것에 대한 흥미다. 아래의 사무척도와는 달리 독립성과 의사결정권이 포함되는 위치에 있어서의 흥미를 포함한다.
컴퓨터	컴퓨터, 프로그래밍, 문서작성 그리고 사무기기를 다루는 작업에 대한 흥미를 말한다.
사무	워드프로세싱, 오탈자 교정 등과 같은 단순한 사무 활동에 대한 흥미를 말한다.

3. 직업적성 평가

적성(aptitude)이란 구체적이고 특수한 영역에서 개인이 발휘할 수 있는 구체적인 기술과 능력 혹은 잠재능력을 일컫는다. 따라서 적성검사는 직무 수행에 필요한 개인의 잠재적 능력을 측정하여 직무 또는 교육 분야에서 개인이 얼마나 잘 수행할 수 있는지를 예측하고, 개인의 인지적 강점과 약점을 알려 줄 수 있다.

적성을 평가하기 위해 표준화 적성검사나 행동관찰, 포트폴리오 평가 등의 방법이 활용되고 있지만 가장 널리 활용되는 것은 표준화 적성검사라고 할 수 있다. 우리나라 최초의 적성검사는 노동부(현 고용노동부)에서 1970년대 미국의 GATB(General Aptitude Test Battery)를 기초로 일반직업적성검사를 개발한 것이지만 이 검사는 널리 활용되지 못했다. 1999년 이후 온라인 심리검사의 발전을 기초로 노동부에서 개발한 온라인 성인직업적성검사가 현재 가장 널리 사용되고 있는 직업적성검사라고 할 수 있다. 〈표 11-5〉는 현재 널리 사용되고 있는 무료 온라인 적성검사의 목록을 정리한 것이다. 이 절에서는 가장 널리 활용되고 있는 노동부 성인용 직업적성검사에 대해 구체적으로 알아볼 것이다.

노동부 성인용 직업적성검사는 다양한 직업 분야에서 자기가 맡은 직무를 성공적으로 수행하기 위하여 요구되는 중요한 적성요인의 측정을 목적으로 개발된 적성검사로서 개인의 특성이 어떤 직업 분야에 적합한지를 파악하고, 개인의 적성과 희망하는 분야에서 요구되는 직무 수행 요건 및 중요 적성요인의 차이를 비교함으로써 개인의 능력과 적성에 적합한 직업의 선택을 조력하는 데 활용되고 있다. 노동부 성인용 직업적성검사는 총 11개의 적성요인과 16개의 하위검사로 이루어져 모두 337문항으로 구성되었다(〈표 11-6〉 참조).

ooo **표 11-5** 온라인 적성검사

검사명	대상	내용	제공처
직업적성검사	중2~고3	10개 적성요인 측정 신체·운동능력, 손재능, 공간·시각능력, 음악능력, 창의력, 언어능력, 수리·논리력, 자기성찰능력, 대인관계능력, 자연친화력	커리어넷
청소년용 적성검사 (중학생용)	중학생	10개 하위검사로 9개 적성요인 측정 언어능력, 수리능력, 공간능력, 지각속도, 과학능력, 색채능력, 사고유연성, 협응능력, 학업동기	워크넷
청소년용 적성검사 (고등학생용)	고등학생	15개 하위검사로 10개 적성요인 측정 언어능력, 수리능력, 추리능력, 공간능력, 지각속도, 과학원리, 집중능력, 색채능력, 사고유연성, 협응능력	워크넷
성인직업적성검사	성인	16개 하위검사로 11개 적성요인 측정 언어력, 수리력, 추리력, 공간지각력, 사물지각력, 상황판단력, 기계능력, 집중력, 색채지각력, 사고유창력, 협응능력	워크넷

ㅇㅇㅇ **표 11-6** 노동부 성인용 직업적성검사의 적성요인과 하위검사 내용

적성요인(문항 수)	주요 내용	하위검사
언어력(43)	일상생활에서 사용되는 다양한 단어의 의미를 정확히 알고 글로 표현된 문장들의 내용을 올바르게 파악하는 능력	어휘력검사
		문장독해력검사
수리력(26)	사칙연산을 이용하여 수리적 문제들을 풀어내고 일상생활에서 접하는 통계적 자료들의 의미를 정확하게 해석하는 능력	계산력검사
		자료해석력검사
추리력(24)	주어진 정보를 종합해서 이들 간의 관계를 논리적으로 추론해 내는 능력	수열추리1검사
		수열추리2검사
		도형추리검사
공간지각력(26)	물체를 회전시키거나 재배열했을 때 변화된 모습을 머릿속에 그릴 수 있으며, 공간 속에서 위치나 방향을 정확히 파악하는 능력	조각맞추기검사
		그림맞추기검사
사물지각력(30)	서로 다른 사물들 간의 유사점이나 차이점을 빠르고 정확하게 지각하는 능력	지각속도검사
상황판단력(14)	실생활에서 자주 당면하는 문제나 갈등상황에서 문제를 해결하기 위한 여러 가지 가능한 방법 중 보다 바람직한 대안을 판단하는 능력	상황판단력검사
기계능력(15)	기계의 작동원리나 사물의 운동원리를 정확히 이해하는 능력	기계능력검사
집중력(45)	작업을 방해하는 자극이 존재함에도 불구하고 정신을 한 곳에 집중하여 지속적으로 문제를 해결할 수 있는 능력	집중력검사
색채지각력(18)	서로 다른 색을 정확히 구별하고, 서로 다른 색의 혼합 결과를 판단하는 능력	색혼합검사
사고유창력(2)	주어진 상황에서 짧은 시간 내에 서로 다른 많은 아이디어를 개발해 내는 능력	사고유창력검사
협응능력(5)	눈과 손이 정확하게 협응하여 세밀한 작업을 빠른 시간 내에 정확하게 해내는 능력	기호쓰기검사

성인용 직업적성검사는 구직을 원하는 만 18세 이상의 모든 성인에게 실시할 수 있고, 사고유창력검사와 협응능력검사를 제외한 모든 검사는 온라인상에서 컴퓨터를 통해 자동 채점된다. 검사 결과는 T점수로 환산된 점수로 제시된다. 따라서 각 적성요인별로 120점 이상의 경우 최상의 위치로서 상위 10%에 해당하며, 119점에서 112점은 상위 10%~상위 20%에 속하고, 111점에서 100점은 상

위 20%~상위 50%, 99점에서 88점은 하위 50%~하위 20%, 87점에서 81점은 하위 20%~하위 10%에 속하며, 80점 이하는 하위 10% 이내의 점수임을 의미한다.

성인용 직업적성검사는 적성검사 결과에 기초하여 총 54개 직업군에 속하는 직업들을 추천해 준다. 또한 특정 직업에서 중요 적성요인으로 추출된 요인점수에서 하위 15%에 해당되는 점수를 특정 직업의 중요 적성요인 기준점수로 잡고, 이 기준점수와 개인의 적성요인 점수와의 비교를 통해 개인이 특정 직업군에 적합한지 여부를 판단해 준다.

4. 직업가치 평가

진로상담자들은 일을 포함한 다양한 삶의 영역에 대한 내담자의 동기 수준을 내담자 스스로가 평가해 볼 수 있도록 도와주어야 하는데 직업가치의 평가는 이러한 이유로 중요성을 갖는다. 가치란 한 개인이 '무엇을 중요하게 생각하는가'와 관련 있는 심리적 개념으로서 흔히 '행동의 목표가 되는 것'(Nevill & Super, 1986)을 일컫는다. 그동안 진로상담 영역에서 가치는 흥미나 적성에 비해 관심을 덜 받았던 것이 사실이다. 하지만 직업가치가 직업흥미보다 직무만족도와 더 높은 상관을 보인다는 연구(예: Rounds, 1990)들이 등장하면서 최근 직업가치에 대한 관심이 높아지고 있고, 이러한 맥락에서 직업가치를 측정하고자 하는 다양한 검사가 개발되고 있다. 이 절에서는 직업가치 측정을 위해 미국에서 개발된 미네소타 가치검사(MIQ)와 우리나라에서 개발되어 사용되고 있는 직업가치관검사를 중심으로 살펴보고자 한다.

1) 미네소타 가치검사

미네소타 가치검사(Minnesota Importance Questionnaire: MIQ)는 Dawis와 Lofquist(1984)의 직업적응이론에 기초한 직무만족(job satisfaction) 연구 결과에

서 도출된 20개의 직업가치에 대해 개인이 직업을 선택할 때 그러한 가치를 얼마나 중요하게 생각하는가를 질문하는 것으로 구성되어 있다. MIQ를 구성하는 20개의 직업가치와 6개 가치 영역에 대한 설명이 〈표 11-7〉에 제시되어 있다. MIQ는 비교형과 순위형의 두 가지 유형의 검사가 있다. 비교형은 상반되는 두 가지 요구의 쌍 가운데 하나를 선택하도록 만들어진 190문항으로 구성되어 있고, 간편형인 순위형은 5개 가치에 대하여 그 중요도의 순위를 매기는 21개 문항으로 구성되어 있다. 간편형의 경우 검사 소요 시간은 약 20분이며, 초등학교 5학년 정도의 읽기 능력을 갖춘 경우 검사가 가능하지만 16세 이하 청소년들에게는 사용하지 않는다. 16세 이전까지는 발달적으로 일에 대한 가치가 잘 정립되어 있지 않기 때문이다. 우리나라에서는 이상금(1996), 이요행(2002) 등이 MIQ를 번역하고 수정한 검사도구가 있으나 널리 활용되지는 않고 있다.

ooo **표 11-7** 미네소타 가치검사(MIQ)의 척도 및 문항 구성

가치영역	직업가치	문항
Achievement	Ability Utilization	I could do something that makes use of my abilities.
	Achievement	The job could give me a feeling of accomplishment.
Comfort	Activity	I could be busy all the time.
	Independence	I could work alone on the job.
	Variety	I could do something different every day.
	Compensation	My pay would compare well with that of other workers.
	Security	The Job would provide steady employment.
	Working Conditions	The job would have good working conditions.
Status	Advancement	The job would provide an opportunity for advancement.
	Recognition	I could get recognition for the work I do.
	Authority	I could tell people what to do.
	Social Status	I could be "somebody" in the community.

Altruism	Coworkers	My coworkers would be easy to make friends with.
	Social Service	I could do things for other people.
	Moral Values	I could do the work without feeling that it is morally wrong.
Safety	Company Policies and Practices	The company would administer its policies fairly.
	Supervision–Human Relations	My boss would back up the workers (with top management).
	SupervisionTechnical	My boss would train the workers well.
Autonomy	Creativity	I could try out some of my own ideas.
	Responsibility	I could make decisions on my own.

2) 직업가치관검사

진로상담의 기본 원칙 중 하나는 개인의 특성과 일치하는 직업을 가졌을 때 가장 큰 만족과 성취를 가져온다는 것이다. 흔히 개인의 특성을 고려한다고 했을 때, 흥미와 적성을 대표적인 것으로 생각해 온 경향이 있으나, 가치가 오히려 흥미보다 더 근원적인 의미를 가지며 개인의 진로 선택과 밀접한 관련이 있다는 연구 결과들이 있다(Brown, 1995; Dawis & Lofquist, 1984). 최근 직업가치에 대한 중요성이 강조되면서 우리나라에서도 이를 객관적으로 측정하려는 시도가 활발히 진행되고 있다. 현재 우리나라에서 개발되어 비교적 널리 사용되고 있는 직업가치관검사로는 한국직업능력개발원에서 개발한 직업가치관검사(2001)와 노동부에서 개발한 직업가치관검사(2006)가 있다.

한국직업능력개발원에서 개발한 직업가치관검사는 우리나라 중 · 고등학생을 대상으로 표준화되어 '능력 발휘, 다양성, 보수, 안정성, 사회적 인정, 지도력 발휘, 더불어 일함, 사회봉사, 발전성, 창의성, 자율성'의 총 11개 직업가치를 측정하고 있다. 검사 문항은 총 55문항으로, 짝을 지어 제시되는 두 가지 가치 항목 중에서 자신에게 더 중요한 것에 응답하는 형식으로 구성되어 있다. 검사 소요 시간은 약 20분이며, 기본적으로 중·고등학생에게 적용될 수 있는 가치들을 중심으로 구성되었으나 대학생 이상의 성인들에게도 사용할 수 있다.

한편, 노동부 산하 한국고용정보원에서 개발한 직업가치관검사는 만 15세 이상의 청년층 및 성인들을 대상으로 개발되었으며, 총 13개의 직업가치를 측정한다. 13개의 가치요인에 대해 각각 6개 문항씩 포함되어 전체 78개 문항으로 구성되어 있고, 각 문항에 대하여 5점 리커트 척도로 응답하도록 되어 있다. 이 검사는 온라인으로 실시하고 결과를 즉시 받아 볼 수 있으며 실시 시간은 약 15~20분 정도 소요된다. 이 검사는 타인과의 비교가 아닌 자기 내부의 비교 방식을 채택하여 규준에 의한 해석은 하지 않는다. 검사의 각 하위요인에 대한 설명은 〈표 11-8〉과 같다.

ㅇㅇㅇ 표 11-8 한국고용정보원 직업가치관검사의 직업가치

직업가치	가치 설명	관련 직업
성취	스스로 달성하기 어려운 목표를 세우고 이를 달성하여 성취감을 맛보는 것을 중시하는 가치	대학교수, 연구원, 프로운동선수, 연구가, 관리자 등
봉사	자신의 이익보다는 사회의 이익을 고려하며, 어려운 사람을 돕고, 남을 위해 봉사하는 것을 중시하는 가치	판사, 소방관, 성직자, 경찰관, 사회복지사 등
개별활동	여러 사람과 어울려 일하기보다 자신만의 시간과 공간을 가지고 혼자 일하는 것을 중시하는 가치	디자이너, 화가, 운전사, 교수, 연주가 등
직업안정	해고나 조기퇴직의 걱정 없이 오랫동안 안정적으로 일하며 안정적인 수입을 중시하는 가치	공무원, 교사, 약사, 변호사, 미용사, 기술자 등
변화지향	일이 반복적이거나 정형화되어 있지 않으며 다양하고 새로운 것을 경험할 수 있는지를 중시하는 가치	연구원, 컨설턴트, 소프트웨어 개발자, 광고 및 홍보 전문가, 메이크업아티스트 등
몸과 마음의 여유	건강을 유지할 수 있으며 스트레스를 적게 받고 마음과 몸의 여유를 가질 수 있는 업무나 직업을 중시하는 가치	레크리에이션 진행자, 교사, 대학교수, 화가, 조경기술자 등

영향력 발휘	영향력을 발휘하여 타인에게 영향력을 행사하고 일을 자신의 뜻대로 진행할 수 있는지를 중시하는 가치	감독 또는 코치, 관리자, 성직자, 변호사 등
지식추구	일에서 새로운 지식과 기술을 얻을 수 있고 새로운 지식을 발견할 수 있는지를 중시하는 가치	판사, 연구원, 경영 컨설턴트, 소프트웨어 개발자, 디자이너 등
애국	국가의 장래나 발전을 위하여 기여하는 것을 중시하는 가치	군인, 경찰관, 검사, 소방관, 사회단체활동가 등
자율성	다른 사람들에게 지시나 통제를 받지 않고 자율적으로 업무를 해 나가는 것을 중시하는 가치	연구원, 자동차영업원, 레크리에이션 진행자, 광고전문가, 예술가 등
금전적 보상	경제적인 어려움이 없고 돈을 많이 벌 수 있는지를 중시하는 가치	프로운동선수, 공인회계사, 금융자산운용가, 기업고위임원 등
인정	자신의 일이 사람들로부터 인정받고 존경받을 수 있는지를 중시하는 가치	항공기 조종사, 판사, 교수, 운동선수, 연주가 등
실내활동	주로 사무실에서 일할 수 있으며 신체활동을 적게 요구하는 업무나 직업을 중시하는 가치	번역사, 관리자, 상담원, 연구원, 법무사 등

3) 가치검사의 활용

MIQ이건 직업가치관검사이건 가치 측정도구를 사용하려는 상담자들은 다음과 같은 사항을 참고하여 검사를 활용하는 것이 좋다.

- 내담자가 자신의 일이나 인생의 목표를 명료화하기 원할 때 가치 측정도구를 사용하라. 일이나 다른 활동에서 내담자의 동기를 이해하기 위해서는 가치검사 결과와 흥미검사 결과를 통합하여 활용하는 것이 좋다.
- 내담자에게 자신의 프로파일을 예측하게 하라. 내담자에게 자신에게 가장 중요한 욕구가 무엇인지 그리고 가장 덜 중요한 욕구가 무엇인지를 구분하게 하라. 이를 통해 내담자는 가치 구조를 어떻게 자신의 상황에 적용해야

하는지 배우게 된다.

- 내담자의 프로파일을 예측해 보라. 이런 훈련을 통해 상담자는 가치검사와 내담자에 대해 보다 익숙해질 수 있다. 상담자들은 내담자의 가치에 대한 자신의 생각을 체계적으로 구조화하기 위해 노력해야 한다.

- 가치검사 프로파일과 내담자의 예측 내용을 비교하라. 서로 일치하지 않는 다면 그 차이가 발생한 이유를 확인하라.

- 가치점수가 내담자의 경험과 어느 정도 일치하는가? 내담자가 자신의 가치와 일치하는 보상을 제공해 준 활동에 대해 만족스러운 보고를 하는지 살펴보아야 한다.

- 내담자에게 각 문항을 자신의 상황에 비추어 설명해 보라고 하라. 특히 가장 많이 고려하고 있는 문항들에 대해서 그 문항이 내담자에게 어떤 의미가 있는지 탐색해 보아야 한다.

- 각 직업이나 활동이 제공하는 보상과 가치의 관계를 살펴보라. 혹은 내담자가 고려하고 있는 직업이 제공할 수 있는 보상에 대해 내담자에게 예측해 보도록 한다.

- 가치검사를 통해 자기탐색을 촉진시키라. 가치검사 결과 한 가지로 의사결정을 내려서는 안 되고, 흥미, 능력, 이전 경험, 기회 등에 대한 다른 자료와 함께 사용해야 한다.

- 가치는 변화할 수 있다는 점을 명심하라. 어떤 가치나 요구가 충족되면, 충족되지 못한 요구가 상대적으로 더 중요해질 수 있다. 상황이 달라지면서 내담자가 스스로 자신의 요구를 재검토하도록 도와야 한다.

5. 진로발달 평가

진로발달이론에 따르면 사람들은 일생 동안 몇 단계의 발달과정을 거친다(Super, 1984). 각 단계마다 서로 다른 발달 과업이 있고 발달 과업을 잘 완수해야 다음 단계로 넘어간다. 이렇게 각 단계를 성공적으로 잘 마치고 다음 단계를 잘 준비하고 있는지를 나타내는 개념이 진로성숙도(career maturity)이다. 즉, 진로성숙도는 진로 문제와 관련된 개인의 발달 정도와 수준의 지표다(Osipow & Fitzgerald, 1996).

한편, 진로상담에서 개인의 진로 발달을 평가하기 위해 다양한 질적 평가 절차들이 진로상담 장면에서 사용되고 있는데, 이 절에서는 개인의 진로발달 평가를 위한 진로성숙도검사와 특히 진로 발달에 큰 영향을 미치는 가족 관계를 평가할 수 있는 질적 평가 절차로서의 진로가계도를 살펴볼 것이다.

1) 진로성숙도검사

진로성숙도 측정은 진로 발달에 대한 포괄적 평가를 의미하는데, 크게는 진로계획 태도와 진로계획 능력의 두 가지 지표를 포함하고 있다. 일반적으로 진로성숙도의 구인은 문화적으로 차이를 보이지 않지만, 진로 발달의 속도는 문화적 배경에 따라 달라질 수 있다(Fouad & Arbona, 1994). 우리나라에서 최근 자주 활용되는 진로성숙도검사를 소개하면 다음과 같다.

(1) 진로성숙도검사(CMI)

CMI(Career Maturity Inventory)는 John Crites(1978)의 진로발달 모델에 기초하고 있다. Crites의 진로발달 모델에 따르면 진로성숙도는 요인의 위계 체제를 가지고 있다. 지능검사의 일반요인인 g요인과 유사한 진로성숙도의 일반적 요인이 있고, 몇몇 영역(group)요인이 있고, 수많은 특수(specific)요인이 있다고 한다. 영역요인은 진로계획 과정(태도 및 능력)과 진로계획 내용(일관성 및 진로선택의 범위)의 두 가지다. CMI는 진로계획의 과정변인에 초점을 두고 있는데 진로계획 태도와 진로계획 능력의 두 척도로 구성되어 있다.

CMI의 세부 하위척도는 다음과 같다.

- 진로의사결정에 대한 태도(75문항): 결정성, 참여도, 독립성, 성향, 타협성

- 진로의사결정에 대한 능력(100문항): 자기평가, 직업정보, 목표선정, 계획, 문제해결

CMI는 초등학교 6학년부터 고등학교 3학년 학생들을 대상으로 표준화되었으며 남녀 학생별로 각기 다른 규준표를 제시해 준다. 일반적으로 검사에 소요되는 시간은 2시간 이하이고, 손으로 채점할 수도 있고 컴퓨터로 채점할 수도 있다. 우리나라에서는 장석민, 임두순, 송병국(1991)이 CMI에 바탕을 두고 한국의 실정에 맞게 '진로성숙도검사'를 개발하였다.

Crites(1978)는 이론적 기준, 연령 및 학년에 따른 분화의 측면에서 CMI 문항들을 만들었다. Healy(1994)에 따르면 태도척도는 진로발달 연구, 진로성숙도 선별, 진로교육의 평가 등 다양한 장면에서 활용할 수 있지만, 능력척도는 연구용 측정도구로만 사용해야 한다고 하였다. 실제 우리나라 진로 관련 연구에서도 태도척도를 주로 사용하고 있다.

(2) 한국직업능력개발원의 진로성숙도검사

한국직업능력개발원의 진로성숙도검사(임언, 정윤경, 상경아, 2001)는 진로성숙과 관련된 다양한 요인을 포함하고, 언어 능력 및 일반적 인지 능력과 무관하며, 진로성숙뿐만 아니라 진로 미결정의 이유에 대한 구체적인 자료를 제공하는 것을 목적으로 개발되었다.

총 145문항으로 구성된 진로성숙도검사는 진로성숙을 태도와 능력 및 행동의 세 측면으로 구분하고 〈표 11-9〉와 같은 일곱 가지 하위검사를 통해 진로성숙을 측정한다.

ㅇㅇㅇ **표 11-9 진로성숙도검사의 하위 영역 및 정의**

영역	하위검사(문항 수)	정의
태도	독립성(13문항)	진로결정의 책임을 수용하고 자기 스스로 진로를 탐색하고 선택하려는 태도
	일에 대한 태도 (13문항)	직업의 의미에 대한 올바른 인식과 직업에 중요성을 부여하는 정도
	계획성(13문항)	자신의 진로 방향을 설정해 보고 그것을 위한 계획을 수립해 보는 태도
능력	자기이해(15문항)	능력, 흥미, 가치, 신체적 조건, 환경적 제약 등 개인이 진로 선택에서 고려해야 할 개인적 특성들에 대한 이해 정도
	정보활용 및 진로 결정능력(16문항)	진로와 관련된 정보를 활용하여 자신에게 적합한 진로를 합리적으로 선택할 수 있다고 생각하는 정도
	직업에 대한 지식 (60문항)	일반적 직업에 대하여 알고 있는 정도
		자신이 관심을 갖는 직업에 대해 구체적으로 알고 있는 정도
행동	진로 탐색 및 준비 행동(15문항)	자신의 진로를 적극적으로 탐색하고 준비하는 정도

진로성숙도검사의 대상은 중학교 2학년부터 고등학교 3학년이고, 초등학교 5학년 이상의 언어이해력을 전제로 구성되었다. 검사 결과는 하위 영역별로 원점수, 백분위, T점수 등이 제시된다. 각 하위 영역별 문항 수 차이 및 중요도 차이로 인해 합산점수로서의 진로성숙도 점수를 제시하지는 않는다. 결과표에는 각 하위 영역에 대한 설명과 함께 각 하위 영역에서의 백분위에 따른 조언표가 제시되는데, 백분위 75 이상인 경우 높은 것으로, 백분위 25 이하인 경우 낮은 것으로 구분하여 각 하위 영역별로 개인별 해석이 제공된다.

(3) 청소년 진로발달검사

청소년 진로발달검사는 김봉환, 김아영, 차정은, 이은경(2007)이 개발하였고 온라인(워크넷)을 통해 제공된다. 중학교 2학년부터 고등학교 3학년까지를 대상으로 비교적 최근에 개발된 이 검사는 크게 1부와 2부로 나누어져 있다. 1부는 진로에 대한 태도와 성향, 진로와 관련된 지식의 정도, 진로행동의 정도를 측정하는 진로성숙도검사이고, 2부는 성격요인, 정보요인, 갈등요인을 측정하는 진로미결정검사이다. 청소년들의 진로 발달을 측정할 수 있는 내용으로 구성되어 있는 진로성숙도검사는 총 57문항으로 구성되어 있다(〈표 11-10〉 참조).

ㅇㅇㅇ **표 11-10 청소년 진로발달검사의 구성**

〈진로성숙도검사〉

척도명	세부요인
진로에 대한 태도와 성향	계획성
	독립성
	태도
신뢰와 관련된 지식의 정도	자신에 대한 지식
	직업에 대한 지식
	학과에 대한 지식
진로행동의 정도	진로행동

〈진로미결정검사〉

척도명	세부요인
성격요인	동기부족
	결단성부족
정보요인	직업에 대한 지식 부족
	자신에 대한 이해 부족
갈등요인	직업과 자신과의 갈등
	외적 조건들과 자신과의 갈등

2) 진로가계도 평가

진로상담에서 심리평가는 내담자가 자신과 자신을 둘러싼 환경에 대해서 잘 이해하고 이러한 이해를 기초로 자신에게 적합한 진로의 탐색과정을 도와주려

는 목적에서 실시된다. 특히 개인의 진로 발달에서 가족은 다양한 방식으로 포
괄적인 영향을 미친다는 측면에서 진로와 관련된 내담자의 가족과 그 역동에 대
한 체계적인 평가가 도움이 된다.

이런 목적에서 진로상담에서 자주 활용되는 진로가계도(career genogram)는
Bowen의 가계도를 응용한 것으로 진로상담의 '정보수집' 단계에서 사용될 수
있다. 이는 내담자의 '진로'에 초점을 두고 가계도를 그리면서 내담자 가족들의
진로 관련 정보에 초점을 맞추어 정보 탐색(Brown & Brooks, 1991; Dagley, 1984;
Gysbers & Moore, 1987; Okiishi, 1987)을 하는 질적 평가방법 중 하나다. 즉, 3세
대에 걸친 내담자 가족이 어떠한 진로를 선택해 왔는지, 그리고 그것이 내담자
에게 어떠한 영향을 주었는지 등을 살펴봄으로써 진로 선택과 관련하여 내담자
를 더 깊이 이해할 수 있게 된다.

진로가계도의 작성 및 해석은 크게 세 단계로 이루어진다. 1단계는 진로가계
도의 목적을 내담자와 공유하는 것으로, 진로가계도 작성 활동을 왜 그리고 어
떤 목적에서 하는지에 대하여 이해하도록 하는 것이다. 2단계는 내담자가 자신
의 진로가계도를 그릴 수 있도록 방법에 대해 설명하는 것으로, 3세대 가족을
그릴 수 있게 하며 가족의 형태에 맞게 알맞은 기호를 사용하도록 상담자가 도
와줄 수 있다. 이때 내담자가 자신의 가족을 드러내는 데 있어 심리적 부담을 느
끼지 않도록 배려하면서 원가족과 확대가족의 이전 직업과 현재 직업을 구체
적으로 작성할 수 있도록 하는 것이 중요하다. 진로가계도를 다 그렸다면, 3단
계는 그 내용을 구체적으로 살펴보면서 내담자 진로에 영향을 미친 것들에 대
해 탐색하는 과정이다. 탐색과정에서 활용될 수 있는 구체적인 질문은 다음과
같다.

- 당신이 자란 가정을 한번 묘사해 보시겠어요?
- 아버지 직업은 무엇이었어요? 어머니의 직업은 무엇이었어요? (내담자 부
  모, 다른 직업 경험, 교육 및 훈련, 진로만족, 달성하지 못한 꿈 등도 질문하라.)
- 아버지와 어머니는 어떤 분이셨나요? 이분들을 형용사로 묘사해 본다면

어떨까요? 부모님의 부부 관계는 어땠어요?

- 형제자매의 직업은 무엇인가요? 동생들은 무엇이 되고 싶어 하나요? 형제자매는 어디서 살고 있죠? 각각의 살아가는 방식을 기술해 보세요. (가족이 가까이서 사는지를 질문하고, 할아버지와 할머니의 인정을 받기 위한 경쟁 등과 같은 사촌과의 관계도 탐색하라)
- 할머니의 직업은 무엇인가요? 할아버지의 직업은 무엇인가요?
- 이모/고모/삼촌의 직업은 무엇인가요?
- 가족 내에서 당신의 역할은 무엇이었고, 현재는 어떠한가요? (지금 그리고 자라면서)
- 어머니/아버지와의 관계는 어떠했고 현재는 어떠한가요? (부모님은 당신이 무엇이 되기를 바라셨으며, 현재 바라고 있는가?)
- 가족 중 누구를 가장 좋아하나요? (누가 누구를 돌보며, 밀착 관계는 어떠한가)
- 배우자와 당신 가족의 관계는 어떤가요?

진로가계도는 상담자의 능력과 필요에 따라 내담자를 이해하기 위해 다양하고 융통성 있게 활용할 수 있다.

6. 진로결정 평가

진로 결정을 측정하는 검사도구는 내담자가 진로를 선택하고 의사결정하는 데 있어 어느 정도 어려움을 겪고 있는지를 평가하는 척도를 말한다. 미결정에서 높은 점수를 보인 내담자라면 진로 대안의 계획 전 단계 또는 계획 단계에 있고(Prochaska, Diclemente, & Norcross, 1992), 따라서 진로 선택에 대한 준비가 충분하지 않은 상태에 있음을 의미한다. 이들은 의사결정에 대한 자신감, 독립심, 예측 능력 등이 부족할 수도 있다(Savickas, 1990). 이런 내담자에 대해 상담자는 흥미검사나 능력검사를 사용하여 진로 의사결정을 촉진하기보다는 진로 미결정의 요인이 무엇인지를 먼저 탐색해야 한다. 이 절에서는 진로 결정을 측정하는 심리검사들에 대해 알아볼 것이다.

1) 진로결정수준검사(CDS)

진로결정수준검사(Career Decision Scale: CDS)는 Samuel Osipow와 동료 학자들이 진로 미결정의 선행조건 확인을 목적으로 1987년에 개발하였고, 우리나라에서는 고향자(1992)가 번안하고 타당화하였다. 진로결정수준검사는 2문항으로 구성된 확신 척도와 내담자와의 면접 자료에 근거한 16문항으로 구성된 미결정 척도의 두 가지 하위척도로 구성된다. 각 문항들은 문항의 진술 내용이 자신의 상태를 얼마나 잘 기술하고 있는지에 대해 4점 척도로 응답하도록 되어 있다.

진로결정수준검사는 진로 선택과정에 있는 고등학생과 대학생을 대상으로 표준화되었다. 검사가 짧아서 10분 이내에 실시할 수 있고 2분 이내에 채점이 가능하다. 미국의 진로결정수준검사의 검사요강에는 고등학생, 대학생, 성인 학습자에 대한 규준이 각각 제시되어 있다. 우리나라에서는 문항 번안 및 타당화는 이루어졌지만 아직 표준화 과정을 거치지 않아 규준이 마련되어 있지 않다.

상담자들은 진로결정수준검사의 미결정 척도 문항들을 활용하여 내담자의 진로 미결정의 원인이 무엇인지 탐색할 수 있다. 각 문항 하나하나를 통해 상담 과정에서 탐색해 볼 가설들을 도출할 수 있다. 일반적으로 진로결정수준검사의 요인분석 결과에서는, ① 진로 미결정감, ② 내적 및 외적 장벽, ③ 접근-접근 갈등, ④ 의존성의 네 가지를 측정하는 것으로 밝혀졌다(Savickas, 1990; Shimizu, Vondracek, Schulenberg, & Hostetler, 1988).

2) 진로의사결정의 평가(ACDM)

진로의사결정의 평가(Assessment of Career Decision Making: ACDM)는 Harren의 진로의사결정 모델에 기초하고 있다(Harren, 1979). 현재 미국에서 사용되고 있는 Form K는 9점 척도의 94개 문항으로 구성되어 있다(Buck & Daniels, 1985). 의사결정 유형을 재는 3개 하위척도, 발달 과제를 해결해 나가는 과정을 재는 6개 하위척도로 구성된다. 우리나라에서는 의사결정 유형을 재는 3개 하위척도가 번역되었고 '의사결정 유형검사'로 활용되고 있다. 의사결정 유형검사는 고등학생과 대학생에게 사용할 수 있는데, 우리나라에서는 진로의사결정 유형검사를 위한 채점판을 통해 채점하고 있다.

의사결정 유형검사는 의사결정 과정에서 합리적·직관적·의존적 유형을 어느 정도 사용하는지 측정한다. 의사결정 유형은 사람들마다 다르다(Harren, 1979; Heppner & Krauskopf, 1987). 합리적 유형은 어떤 결정에 도달하기 위해 관련된 자료들을 체계적으로 수집하고 비교하는 논리적 과정을 중요시한다. 직관적 유형은 여러 대안 가운데 어떤 하나를 선택할 때 무엇보다 자신의 느낌을 중요하게 생각하고, 이렇게 이미 선택한 것에 대한 확신을 얻기 위해 관련된 자료를 수집한다. 의존적 유형은 의사결정 과정에서 타인의 생각에 주로 의존한다. 따라서 합리적 접근과 직관적 접근이 자료를 수집하고 문제를 해결해 나가는 방법으로 적합하다.

ACDM 중 의사결정 유형 척도가 상담과정에서는 가장 유용하다는 주장도 있다(Prediger, 1988). 즉, 의사결정 유형 척도는 내담자가 점수의 의미를 쉽게 이해할 수 있다는 장점이 있어 내담자의 자기이해를 높여 준다는 측면에서 도움이 된다. 상담자들은 내담자의 의사결정 유형에 따라 서로 다른 개입 전략을 선택하는 것이 바람직하다. 예를 들면, 직관적 의사결정 유형의 내담자라면 상담자는 직관적 의사결정에서 활용되는 정보를 충분히 확보할 수 있도록 조력하고, 그 결정의 이점과 결정에 따르는 책임을 분석하는 단계로 나아가야 한다. 의존적 의사결정 유형의 내담자에 대해서는 내담자가 누구의 의견에 의존하고 있는지 알아차릴 수 있게 조력하고, 의사결정과 의존에 관련된 역동을 탐색하는 방향으로 나아가야 할 것이다(Whinston, 2000).

3) 진로결정 자기효능감 척도(CDMSES-SF)

진로결정 자기효능감은 Bandura의 자기효능감에 기초하여 Hackett와 Betz(1981)가 발전시킨 개념으로서 개인이 진로결정이라는 과업을 시작하고 유

지하는데 있어서 매우 중요한 역할을 하며 특정 행동 수행 또는 행동 변화를 결
정하는 중재요인이다(Lent & Hackett, 1987). 즉, 진로결정 자기효능감이란 개인
이 자신의 진로 목표를 달성하는 데 필요한 여러 과업을 성공적으로 수행할 수
있을 것인지에 대한 신념이나 유능감(Taylor & Betz, 1983)이라고 할 수 있다.

진로결정 자기효능감을 측정하기 위해 Taylor와 Betz는 CDMSES(Career
Decision-Making Self-Efficacy Scale)를 개발하였는데 이후 Betz, Klein과 Taylor
에 의해 간편형인 CDMSES-SF(Career Decision-Making Self-Efficacy Scale-Short
Form)로 발전되었다. 현재 우리나라에서도 이 간편형을 번안하고 타당화한 도
구들(이기학, 이학주, 2000; 이은경, 2001)이 상담 연구나 실제에서 활용되고 있다.

진로결정 자기효능감 척도(CDMSES-SF)는 자기 평가, 직업 정보, 목표 선택,
미래 계획, 문제 해결의 5개 하위 요인의 총 25문항으로 구성되어 있다. 상담자
는 이 검사를 통해 내담자들이 진로 관련 과업을 수행함에 있어 어려워하는 부
분을 파악하고 다양한 시각에서 자신의 준비도를 생각해 볼 수 있는 기회를 제
공할 수 있다.

제12장
성격검사

| 박소연 |

 일상적인 의미에서의 '성격'은 다양한 장면에서 다양한 의미로 사용되지만, 심리검사에서 의미하는 성격검사는 개인의 정서적이고 사회적인 특성과 행동을 평가하는 검사를 의미한다.

 임상 진단을 위한 보조도구로 MMPI가 주로 활용되듯이, 이 장에서 소개하는 몇 가지의 성격검사도 그 활용 목적에 적합하게 사용될 때 도움을 줄 수 있다. 활용 목적에 따라 성격검사를 구분하면 크게 두 가지의 목적, 즉 ① 자신과 타인의 성격이해, ② 평가로 구분해 볼 수 있다. 첫째, 검사를 받은 사용자 스스로 자신이나 타인의 이해를 도모하기 위해 검사 결과를 사용할 수 있다. 이와 같은 목적으로 많이 활용되는 검사는 사용하기에 편리하고 일반인도 쉽게 이해할 수 있는 MBTI 성격검사이며, 에니어그램도 유사한 목적을 위해 활용된다. 이 두 개 검사의 공통점은 다양한 사람의 성격 특성을 유형(type)으로 구분하여 이해를 도모하고 있다는 것이다. 둘째, 상담이나 훈련 등의 도움을 필요로 하는 개인의 성격을 이해하여 사용하기 위한 목적이나 인사 선발 또는 여러 성격적 특성을 함양하는 프로그램의 효과 검증 등 평가를 위한 목적으로 활용할 수 있다. 이러한 목적으로 활용되는 검사에는 16PF, CPI, NEO-PI-R, PAI 등의 성격검사가 있는데, 이들 검사는 개인에 대한 이해뿐 아니라 평가를 위해 사용할 수 있는 성격검사다.

어떠한 사용 목적을 염두에 두고 검사를 개발했느냐에 따라 검사의 활용이 달라지기 때문에, 성격검사의 올바른 사용을 위해서는 사용하고자 하는 검사의 제작과정 및 검사 해석과 활용 방법을 잘 알아야 한다. 이 장에서는 학교 및 사회 현장에서 개인 이해나 평가용으로 활용할 수 있는 국내의 표준화된 검사들 중 몇 가지를 살펴봄으로써 성격검사에 대한 이해 및 활용에 도움을 주고자 한다.[1]

1. 16PF와 다요인 인성검사

1) 검사의 제작과 발달

Cattell은 자신의 성격이론을 검증하기 위해서 성격검사를 개발하였다. 그는 사전, 정신과 문헌 자료, 심리학 문헌 자료 등에 사용된 성격 특성을 묘사하는 용어들을 약 1만 8,000개 모아 이 용어들을 성격 특성(personal traits), 일시적 특성(temporary states), 사회적 평가(social evaluation), 은유적이고 애매한 평가(metaphorical or doubtful terms)의 4개 군집으로 분류하였다. 그다음 성격특징을 기술한 4,500여 개의 용어들을 중심으로 동의어를 줄여 160개의 양방향적(bipolar) 차원들을 추출하였다. 여기에 흥미와 능력 개념을 11개 추가하여 총 171개의 차원을 선정한 다음, 2단계의 군집분석 및 요인분석을 통하여 최종적으로 12개의 해석 가능한 요인들을 발견하고 이를 성격의 일차적이고 근원적인 특성이라 할 수 있는 성격의 잠재특성으로 간주했다. 그다음 Q-데이터(questionnaire data) 방법을 사용하여 12개 차원을 재확인하였다.

---

[1] 이 장의 내용을 구성하기 위하여 제시된 검사들의 해석 및 활용은 소개된 매뉴얼(참고문헌 제시)을 참조했음을 밝힌다.

Cattell은 12개의 차원들을 요인에 대한 설명변량 크기 순서로 A부터 O까지 명명했다. 이때 D, J, K 요인은 명확한 해석이 불가능하다고 판단하여 요인에서 제외하였다. 그리고 Q-데이터 방법에서 확인된 4개 요인들을 Q1, Q2, Q3, Q4로 명명하여 총 16개의 일차 요인을 채택하고, 총 16개의 성격요인으로 16PF (Sixteen Personality Factor Questionnaire)를 구성하였다. 16PF의 성격검사로서 가장 독특한 점은 지능요인(B)이 포함되어 있다는 것이다. Cattell은 중요 잠재특성 중 하나로 능력을 간주했기 때문에 이를 포함하였다.

Cattell은 16개 일차 요인을 다시 요인 분석하여 4개의 이차 요인을 추출하였다. 이차 요인은 개인의 행동에 직접적으로 영향을 미치지 않고 일차 요인들을 통해 간접적으로만 영향을 미치는 성격 특성이다.

Cattell은 자신의 성격이론을 검증하기 위해 16PF를 개발하였기 때문에, 1949년 16PF를 처음 발표한 이후 그의 연구 결과에 발맞춰 꾸준히 개선해 왔다. 16PF는 1956년, 1962년, 1968년, 1993년, 1995년에 다시 개정판이 나왔으며 현재 미국에서 사용 중인 검사는 1995년의 5번째 개정판을 2000년에 표준화한 검사다. 지속적인 개정을 거치면서 요인 명칭들도 점차 세련되고 초기의 이해하기 어려웠던 용어들은 많이 사라졌다. 16PF의 이차 요인 명칭도 전반 요인(global factors)이라 부르면서 5개 요인으로 변경되었다. 16PF 5판은 총 185문항으로 이루어져 있으며, 16세 이상의 성인을 대상으로 하며 검사 시간은 50분가량 소요된다. 검사 실시방법은 온라인 또는 지필 형식으로 가능하다.

국내에서는 1990년에 염태호와 김정규에 의해 '성격검사요인'이라는 명칭으로 개발되었으며, 2003년 다요인 인성검사로 명칭이 수정되었다. 16PF A형을 원본으로 하여 한국판 표준화 과정을 시작하였으며, 원판의 신뢰도가 낮은 문항을 삭제하고 79문항의 새로운 문항을 추가하였다. 또한 16PF 원판과 문항 제시 및 응답하는 방식에서 달라졌다. 문항을 제시할 때 원판은 세 가지 답지 중 하나를 선택하는 것이었으나, 한국판 저자들 시각에서는 이 방식이 어색하고 인위적으로 보여 하나의 이어진 문장 형태로 변형하였다. 응답 측면에서는 원판에서 '잘 모르겠다' '둘 다 아니다' '중간이다' 등의 대답을 모두 같은 것으로 취급함으

로써 일관성이 결여되어 척도로 사용하는 데 문제점이 있다고 판단하고 모든 척
도의 응답을 5점 척도로 변경하였다. 여기에서는 국내에서 사용 중인 다요인 인
성검사를 살펴보도록 하겠다.

2) 다요인 인성검사

(1) 척도의 구성

1990년 검사를 개발한 당시에는 16개 일차 요인과 4개의 이차 요인 및 피검자
의 태도를 측정하는 2개의 특수 척도로 구성되었다. 이후 2003년에는 B요인과
L요인을 제외하고 14개 일차 요인과 5개의 2차 척도, 2개의 특수 척도로 수정되
어 현재 사용되고 있다. 응답 방식은 5점 척도(전혀 아니다, 아니다, 중간이다, 그렇
다, 아주 그렇다)로 이루어져 있다. 수기채점용은 140문항, 전산채점용은 160문
항으로 구성되어 있다. 일차 요인과 이차 요인 및 특수 척도에 대한 설명은 〈표
12-1〉, 〈표 12-2〉, 〈표 12-3〉과 같다.

표에서 낮은 점수는 T점수로 35점 이하를 의미하며, 높은 점수는 T점수 65점
이상을 의미한다.

ooo **표 12-1** 일차 요인명과 T점수에 따른 특성 및 특징

일차 요인명		낮은 점수 특성 및 특징	높은 점수 특성 및 특징
A요인	온정성	특성: 냉정성 특징: 차가운, 비사교적인, 비판적, 무심한, 초연한	특성: 온정성 특징: 다정한, 선량한, 사교적, 낙천적, 친절한
C요인	자아강도	특성: 약한 자아강도 특징: 정서적으로 불안정한, 감정적인, 조급한, 변덕스러운	특성: 강한 자아강도 특징: 정서적으로 안정된, 성숙한, 침착한, 일관성 있는
E요인	지배성	특성: 복종성 특징: 온건한, 의존적, 복종적, 동조적, 추종하는	특성: 지배성 특징: 자기주장적, 독단적, 권위적, 공격적, 경쟁적

F요인	정열성	특성: 신중성 특징: 신중한, 조심스러운, 소극적인, 숨기는, 실리적인	특성: 정열성 특징: 정열적, 말이 많은, 적극적, 솔직한, 신중치 못한
G요인	도덕성	특성: 약한 도덕성 특징: 비양심적, 편의적, 자유분방한, 덜렁대는, 경솔한	특성: 강한 도덕성 특징: 양심적, 도덕적, 책임감 있는, 성실한, 참을성 있는
H요인	대담성	특성: 소심성 특징: 수줍은, 소심한, 감상적, 민감한, 억제하는	특성: 대담성 특징: 배짱 있는, 낯 두꺼운, 대담한, 남자다운, 우호적인
I요인	예민성	특성: 둔감성 특징: 둔감한, 강인한, 남성적, 실제적, 고집 센	특성: 예민성 특징: 여성적인, 민감한, 의존적, 유연한, 감성적
M요인	공상성	특성: 실제성 특징: 실제적, 현실적, 구체적인 행동적, 확실한 일만하는	특성: 공상성 특징: 상상력이 풍부한, 공상을 즐기는, 관념적, 창조적 발상을 하는
N요인	실리성	특성: 순진성 특징: 자연스러운, 단순한, 순진한, 다정한, 세상물정을 모르는	특성: 실리성 특징: 세상물정에 밝은, 약삭빠른, 계산을 하는, 실리적인, 야심적인
O요인	자책성	특성: 편안함 특징: 평온한, 확신하는, 후회 없는, 편안한, 감정에 좌우되지 않는	특성: 자책감 특징: 불안한, 자기 잘못인 양, 우울한, 자책하는, 죄의식을 느끼는
Q1요인	진보성	특성: 보수성 특징: 보수적, 관습적, 신중한, 구태의연한, 변화를 싫어하는	특성: 진보성 특징: 진보적, 실험적, 개혁적, 자유분방한, 반항적
Q2요인	자기결정성	특성: 집단 의존성 특징: 집단 의존적, 남의 의견을 따르는, 참여적, 추종적, 인정받고 싶은	특성: 자기결정성 특징: 자기중심적, 자립적, 자기방식에 익숙한, 혼자서 결정하는, 자기충족적
Q3요인	자기통제성	특성: 약한 통제력 특징: 의지력이 약한, 민감한, 산만한, 정서가 불안정한	특성: 강한 통제력 특징: 자기통제를 잘하는, 불안을 조절하는, 정확한, 강박적
Q4요인	불안성	특성: 이완감 특징: 안정된, 평온한, 침착한, 느긋한, 자기만족적인	특성: 불안감 특징: 긴장되기 쉬운, 스트레스를 잘 받는, 불안한, 화를 내는

ooo **표 12-2** 이차 요인명과 T점수에 따른 특성 및 특징

요인명	낮은 점수 특성 및 특징	높은 점수 특성 및 특징
외향성	특성: 내향성 특징: 수줍은, 자기중심적, 사람들과 사귀는 것을 피함	특성: 외향성 특징: 사교적, 생각이나 느낌을 잘 표현, 많은 사람과 사귈 기회 만드는, 좋은 관계 유지
불안성	특성: 약간 불안 특징: 자신의 삶에 대해 만족, 일상생활에서 별 스트레스 느끼지 않음, 그러나 최저점수일 경우 어려운 과제에 대한 문제해결의 동기가 결여될 수 있음	특성: 강한 불안 특징: 강한 불안감을 느끼는 상태, 충분히 해낼 일조차 불안을 느낌, 불안이 매우 심할 경우 직무수행 곤란 및 신체증상의 발병 초래
강정성	특성: 유약성 특징: 감정에 의해 영향 많이 받음, 온화하고 점잖고 예술이나 문화에 관심 가짐, 자신뿐 아니라 타인 감정에도 매우 민감, 우유부단함	특성: 강인성 특징: 감정보다는 사실 또는 문제 자체에 더 영향 많이 받음, 대담하고 강인, 결단력과 모험심 강함, 타인을 세심하게 배려하지 못함
자립성	특성: 종속성 특징: 남들에게 의존적, 감정과 행동 억제, 수동적 성격	특성: 자립성 특징: 공격적, 독립심 강함, 대담하고 신랄
초자아 강도	특성: 약한 초자아강도 특징: 타인의 가치관이나 기대, 도덕적 의무감에 따라 행동하지 않음. 자기 식의 기준을 세우고 행동하거나 규범을 어기는 경향 있음. 자제력이 부족한 편임	특성: 강한 초자아강도 특징: 도덕적 통제를 많이 함. 사회적 규범과 도덕을 강하게 내면화함. 대단히 신뢰할 만함. 자신과 남들에게 지나치게 엄격하여 행동이 부자연스러움

ooo **표 12-3** 특수 척도명과 T점수에 따른 의미

특수 척도	요인명	낮은 점수의 의미	높은 점수의 의미
동기왜곡척도	MD요인	솔직하게 대답함	잘 보이려는 의도로 대답함
무작위척도	RANDOM	진지하게 대답함	아무렇게나 대답함

(2) 신뢰도와 타당도

신뢰도는 세 가지 형태를 보고하고 있다. 문항의 내적합치도인 크론바흐 알파계수는 N요인 0.47을 보고하고 있으며, 이를 제외한 일차 요인들은 0.50에서 0.83 사이다. 교정된 Spearman-Brown 반분신뢰도계수는 N요인 0.57이며 다른 요인들은 0.65에서 0.89 사이의 신뢰도를 보고하고 있다. 일주일 간격의 재검사 신뢰도계수는 0.73에서 0.90 사이다.

타당도는 구성타당도를 알아보기 위해 MMPI, 이화방어기제검사, 스트레스보고검사, 미국판 16PF와의 상관관계를 살펴보았으며, 다요인 인성검사와 유관한 척도끼리 통계적으로 유의한 상관관계를 보였다.

(3) 검사의 실시 및 활용

중학생부터 성인까지 사용 가능하며, 온라인 또는 지필로 검사를 실시할 수 있다. 검사를 실시하는 데 소요되는 시간은 약 40분 정도이며, 채점방법은 수기 채점 및 전산 채점을 모두 활용할 수 있다. 지필검사의 구매 및 온라인 검사 실시는 한국가이던스(www.guidance.co.kr) 홈페이지를 통해 가능하며, 염태호와 김정규(2003)는 수기 채점방법과 T점수 산출 방식을 상세하게 설명하여 척도별 점수를 산출할 수 있도록 하였다.

16PF는 일반인을 대상으로 한 정상적인 성격 특성 및 비정상적인 성격 특성을 측정할 수 있는 검사다. 그러므로 개인의 기본 성격 특성을 이해하기 위해 활용될 수 있으며, 중·고등학교의 교육 및 상담 장면, 각종 직업 분야에서의 인사 선발 장면, 직장이나 기관에서의 인력자원 관리 장면, 비정상 성격의 기본 특성 자료가 필요한 상담 분야, 임상 분야 또는 신경정신의학 분야 등에서 유용한 성격 진단도구로 활용 가능하다(염태호, 1990).

2. NEO-PI-R과 NEO-Ⅱ성격검사

1) 검사의 제작과 발달

NEO-PI-R은 성격심리학의 특성이론을 근거로 하고 있으며, 요인 분석적 방법을 통해 개발되었다. Costa와 McCrae(1992a)는 1960년부터 1990년까지의 여러 성격심리적 이론에 기초하여 제작된 Eysenck와 Eysenck의 성격차원검사, Buss와 Plomin의 기질검사, Jackson의 성격검사, Hogan의 성격검사, Gough의 CPI, Cattell의 16PF, Wiggins의 Circumplex model, Myers와 Briggs의 MBTI 등의 성격검사들을 결합 요인분석(joint factor analysis)하여 공통적으로 추출되는 요인들을 발견하고자 하였다(안현의, 김동일, 안창규, 2006). 그들은 종단적 연구들을 통해 특성을 '행동으로부터 추론될 수 있는 일반화된 행동 경향성'으로 정의하였으며, 모든 개인들에게는 공통적으로 5개 특성요인이 존재한다고 보았다.

Costa와 McCrae(1992b)는 5요인을 측정하기 위해 1985년에 NEO Personality Inventory(NEO PI)를 개발하였고, 1992년에는 하위 요인들을 보강하여 수정한 The Revised NEO Personality Inventory(NEO-PI-R)를 구성하였다.

Costa와 McCrae가 제안한 성격의 5요인 구조설은 오랜 기간에 걸쳐 여러 연구자에 의해 꾸준히 지지되어 온 이론이다(Botwin & Buss, 1989; Costa & McCrae, 1992c; Fiske, 1949; Goldberg, 1981, 1992; Norman, 1963; Tupes & Christal, 1961). 학자들마다 다소 요인 명칭에 있어 다르게 지칭하는 경우가 있지만, 일반적으로 사용되는 명칭은 신경증(Neuroticism), 외향성(Extraversion), 개방성(Openness), 친화성(Agreeableness), 성실성(Conscientiousness)으로 사용되고 있다.

한국판 NEO-PI-R은 안창규와 채준호(1997)가 NEO-PI-R S형을 번안하여 표준화하였다. NEO-PI-R S형은 만 17세 이상을 대상으로 개발된 검사이므로, 2005년 안현의, 김동일, 안창규는 성격의 5요인 모형에 기반을 두고 청소년용인

NEO 청소년성격검사를 개발하였다. 현재 한국판 NEO-PI-R은 NEO-II 성격검사로 불리며 초등학교 4학년 이상부터 성인을 대상으로 활용할 수 있도록 되어 있다. 여기에서는 NEO-II 성격검사에 대해 살펴보기로 하겠다.

2) 요인의 의미

(1) 신경증(Neuroticism: N)

일상생활에서 경험하는 부정적 정서와 그에 대한 적응의 정도를 의미한다. 정서적 불안정성이나 부적응의 수준으로 자신의 충동을 잘 조절하지 못하며, 스트레스에 대해 잘 대처하지 못하는 성향을 측정하고 있다. 부정적 정서는 불안, 적대감, 우울, 충동성, 사회적 위축, 정서 충격 등이다. 신경증이 높을 경우에는 정서적으로 안정되어 있지 못하며 예민하고 스트레스에 취약할 수 있다.

(2) 외향성(Extraversion: E)

외향성이 높은 사람은 사람들과 만나기를 좋아하며 적극적이고 자기주장을 잘하며 열성적이고 낙천적인 편이다. 대체로 직업 세계에서 영업과 판매를 잘하는 사람들은 전형적인 외향적 사람들이라 할 수 있다. 이 점수가 낮으면 조용하고 잘 드러나지 않으며, 혼자 지내는 것을 더 좋아하며 조용한 모습을 보이므로 비사교적이고 우유부단하며 일의 속도가 느릴 수 있다.

(3) 개방성(Openness: O)

독자적인 판단, 변화에 대한 선호, 심미적인 감수성, 풍부한 상상력과 아이디어, 지적 호기심 등의 정도를 의미한다. 개방성이 높은 사람은 세상에 대해 호기심이 많으며 새로운 아이디어와 가치를 추구하며, 자신의 감정에 민감하고, 창조적이고 탐구적인 일을 좋아하는 경향이 있다.

(4) 친화성(Agreeableness: A)

이타심과 관련이 있으며, 타인을 신뢰하고 관심을 가지는 정도와 솔직하고 순응적인 정도를 의미한다. 외향성과 같이 개인의 대인관계 양식을 잘 설명해 주는 요인이다.

(5) 성실성(Conscientiousness: C)

자신에 대한 능력을 믿고 계획적이고 조직적으로 일을 수행하며, 자기통제를 잘하여 책임감 있게 생활하는가의 정도를 의미한다. 매사에 자신감이 있고 체계적이고 계획적으로 일을 처리하며, 책임감이 강하고 신중한 성향을 측정한다. 성실성이 높으면 목적 지향적이고, 조직력이 뛰어나며, 시간을 엄수하고 자신의 의무 이행에 철저하다. 성실성이 낮으면 게으르고 원칙 없이 행동하는 것이 아니라, 정해진 원칙을 정확히 적용하기를 힘들어하거나 주어진 목표 달성을 하려는 의지가 부족한 특성을 보일 수 있다.

3) 척도의 구성

NEO 청소년용 및 성인용 성격검사는 상위 요인 5개와 하위 요인 26개, 아동용은 상위 요인 5개와 하위 요인 18로 이루어져 있다. 5단계 평정으로 0점인 "전혀 그렇지 않다"에서 4점인 "매우 그렇다" 중 하나를 선택하도록 되어 있다.

각 하위척도별로 8문항과 검사 반응의 타당도를 측정하는 2문항을 포함하여 아동용은 148문항, 청소년용과 성인용은 210문항으로 구성되어 있다. 검사 반응의 타당도를 측정하는 문항은 "검사의 모든 질문에 정확하고 솔직하게 응답하려고 하였다."다. 원판인 NEO-PI-R과 국내 개발 검사의 척도는 〈표 12-4〉에 제시된 바와 같다.

∞∞ 표 12-4 NEO-PI-R와 NEO 성격검사의 요인 및 하위척도

요인	NEO-PI-R	아동	청소년 및 성인용
N: 신경증	N1: 불안 N2: 적대감 N3: 우울 N4: 자의식 N5: 충동성 N6: 심약성	N1: 불안 N2: 적대감 N3: 우울 N4: 충동성 N5: 사회적 위축 N6: 정서충격	N1: 불안　　N6: 정서충격 N2: 적대감　N7: 심약성 N3: 우울　　N8: 특이성 N4: 충동성　N9: 신체신경 N5: 위축　　N10: 자존감
E: 외향성	E1: 온정　　E5: 자극 추구 E2: 사교성　E6: 긍정적 정서 E3: 주장 E4: 활동성	E1: 사회성 E2: 지배성 E3: 자극추구	E1: 사회성 E2: 지배성 E3: 자극추구 E4: 활동성
O: 개방성	O1: 상상 O2: 심미성 O3: 감정의 개방성 O4: 행동의 개방성 O5: 사고의 개방성 O6: 가치의 개방성	O1: 창의성 O2: 정서성 O3: 사고유연성	O1: 창의성 O2: 정서성 O3: 사고유연성 O4: 행동진취성
A: 친화성	A1: 온정성　A5: 겸손 A2: 신뢰성　A6: 동정 A3: 관용성 A4: 이타성	A1: 온정성 A2: 신뢰성 A3: 관용성	A1: 온정성 A2: 신뢰성 A3: 공감성 A4: 관용성
C: 성실성	C1: 유능감　C5: 자기규제성 C2: 정연성　C6: 신중성 C3: 충실성 C4: 성취동기	C1: 유능감 C2: 조직성 C3: 책임감	C1: 유능감 C2: 성취동기 C3: 조직성 C4: 책임감

4) 신뢰도와 타당도

　문항 내적 합치도를 나타내는 크론바흐 알파계수를 살펴보면, 아동용 5개 요인은 0.75에서 0.95 사이이며, 18개 하위척도는 0.64에서 0.81 사이로 보고하고 있다. 청소년용의 경우에도 5개 요인은 0.82에서 0.95의 범위를 보이며, 26개 하위척도는 0.55에서 0.86 사이로 나타났다. 대학생의 경우 5개 요인은 0.91에

서 0.96이며, 성인은 0.79에서 0.91이다.

청소년 검사의 확인적 요인분석을 통한 구인타당도를 살펴본 결과 적합도 지수가 대체로 양호한 것으로 나타났으며, 준거타당도를 살펴보기 위해 아동 및 청소년용 검사와 위기평정척도, 학업성취도와 상관분석을 한 결과 준거 변인들에서 타당한 상관계수를 보고하고 있다. 또한 Holland 직업적 성격유형검사, 학생유형검사(Student Style Inventory: SSI)와도 유관된 척도끼리 통계적으로 유의한 상관계수가 나타났다.

5) 검사 반응의 타당도

검사를 해석하기에 앞서 3개의 검사 실시 신뢰도 지수인 반응 일관성, 응답성실도, 무응답 수를 통해서 검사에 성실하게 임하였는지 확인한 후 검사를 해석한다. 반응 일관성이 29점 이하일 경우 '높음', 30~54점일 경우 '보통', 55점 이상일 경우 '낮음'에 해당한다. 응답성실도가 1점 이상이거나 무응답 수가 20문항 이상일 경우 결과 해석에 주의를 요한다.

6) 검사의 실시 및 활용

검사의 지필검사 구매 및 온라인 검사 실시는 학지사 인싸이트(www.inpsyt.co.kr) 홈페이지를 통해 가능하며, 검사에 소요되는 시간은 약 40분 정도다.

NEO-II 성격검사는 전반적인 개인의 성격 이해를 도와주기 위한 도구로 활용될 뿐 아니라, 상담 및 임상 장면에서 내담자의 주요 정서, 대인관계, 경험, 동기, 태도상의 유형 등과 관련한 이해를 통해 내담자의 강점과 약점을 지적해 주어 상담과정 초기에 구조적 평가를 가능하게 한다. 또한 장애와 관련 있는 성격 특질들의 객관적 측정을 통해 진단을 내리는 데 도움을 줄 수 있으며, 내담자에게 검사 결과에 관한 피드백을 제공하여 통찰을 촉진할 수 있다.

청소년 상담 때는 상담자가 내담자를 이해하도록 도울 뿐만 아니라, 내담자 스스로 자신의 성격에 대해 탐색하고 강점과 약점을 파악하여 성장하도록 도움을 줄 수 있다. 특히 청소년 검사는 발달 특성상 나타나는 청소년의 위기나 학업과 관련하여 예방과 개입, 교수-학습 전략 등에 대한 의미 있는 정보를 제공하고 있어 상담에서 유용한 정보로 활용할 수 있다.

결과표는 개인결과표 이외에 학교에서의 검사 활용에 도움을 주기 위해 상담교사용, 담임교사용, 사전-사후 비교용의 세 가지가 추가로 제공된다. 특히 다양한 인성 관련 함양 프로그램이나 훈련 프로그램의 처치에 대한 효과성 검증에 도움이 되도록 사전-사후 비교용 결과표를 제공하고 있다. [그림 12-1]에 제시된 사전-사후 비교용 결과표에 제시된 바와 같이 사전 검사와 사후 검사 간 평

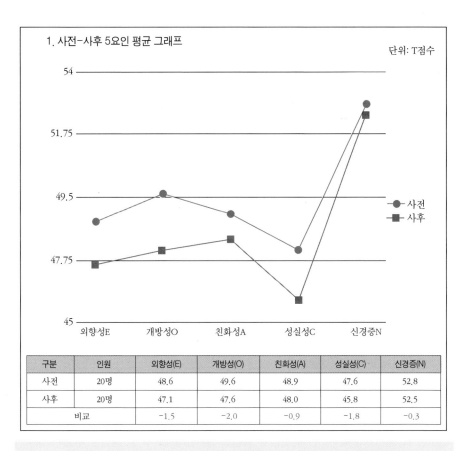

구분	인원	외향성(E)	개방성(O)	친화성(A)	성실성(C)	신경증(N)
사전	20명	48.6	49.6	48.9	47.6	52.8
사후	20명	47.1	47.6	48.0	45.8	52.5
비교		-1.5	-2.0	-0.9	-1.8	-0.3

[그림 12-1] NEO-Ⅱ청소년 성격검사의 사전-사후 비교용 결과 예시

균의 변화를 가시적으로 쉽게 확인할 수 있도록 그래프와 평균, 평균차에 대한 내용을 도표로 보여 주고 있다. 또한 검사 점수의 조합적인 해석을 통하여 [그림 12-2]에 나타난 바와 같이 14개 심리적 특징을 보일 가능성이 있는 대상 학생에 대한 결과표를 제공하여, 상담교사가 상담을 하기 이전에 학생들에 대해 이해할 수 있도록 추가 정보를 제공하고 있다. 이러한 자료는 많은 학생 중에서 특히 더 도움이 필요한 학생을 사전에 점검하고 신경을 쓰도록 하는 데 유익한 자료로

4. 1학년 02반 상담을 위한 특징적인 구분 대상 학생 표

심리적 특징	대상 학생	대상 학생 수
대인관계가 좋은 학생	고이사(04), 고이오(05)	2명
대인관계가 매우 힘든 학생		0명
소수의 깊은 친밀감을 가진 학생		0명
매우 행복하다고 느끼는 학생		0명
매우 불행하다고 느끼는 학생		0명
대인관계 및 학업생활에 만족하는 학생	고이삼(03), 고이사(04)	2명
만성적 학업부진 학생		0명
자긍심이 매우 낮은 학생		0명
매우 사회적으로 고립된 학생		0명
심리적 충격을 심하게 겪고 있는 학생		0명
폭력 경향성이 있는 학생		0명
반사회적 성향이 있는 학생		0명
매우 심한 우울증을 보이는 학생		0명
ADHD의 가능성을 다소 보이는 학생	고이팔(08)	1명

[그림 12-2] NEO-II청소년 성격검사 책임교사용 결과보고서 중 상담을 위한 특징적인 구분 대상 학생표 결과 예시

활용할 수 있다. 그러나 자료의 사용 이전에 상담교사 이외에는 검사 결과에 대해 접근할 수 없도록 철저한 보안이 이루어져야 하며, 검사 결과에만 의존하여 대상 학생을 판단하기보다는 추가적으로 다른 지표나 관찰을 통해 해당 심리적 특성이 높다고 제시된 학생들에 대한 정보를 수집하는 것이 필요하겠다.

7) 5요인 인성검사: 5요인 모형의 또 다른 청소년 대상 검사

하대현, 황해익, 남상인(2008)이 표준화한 5요인 인성검사 또한 5요인 모형에 따라 청소년을 대상으로 표준화한 검사다. 신경증, 외향성, 지적 개방성, 친화성, 성실성의 5개 요인에 30개 하위 요인으로 이루어져 있으며, 5요인에 대한 문항 내적 합치도인 크론바흐 알파계수는 0.89에서 0.94로 보고되어 있다. 탐색적 요인 분석을 통해 요인구조 타당도를 살펴본 경우도 타당한 것으로 나타났다. 또한 준거 관련 타당도로서 학교성적, 대인관계 성향, 학교적응, 진로자아효능감 및 진로 정체감, 직업흥미 검사와 상관을 구한 결과, 5요인 성격검사는 학업 성적, 대인관계나 학교적응 관련 준거, 진로 관련 준거와 관련해 특정한 성격요인들과 일관성 있고 예측 가능한 상관 유형을 나타냈다. 5요인 인성검사는 지필검사로 실시되며 대한사립중고등학교장회를 통해 집단검사 형태로 구매하여 활용할 수 있다.

3. CPI

1) 검사의 제작과 발달

1946년에 MMPI 1판이 사용되기 시작한 이후, MMPI는 다른 검사들을 개발하기 위한 공인되고 타당한 문항의 원천으로 활발하게 사용되었으며 기본 척도 이외에 해석이 가능한 추가 척도들이 다양하게 개발되었다. 그러한 노력의 일환으로 MMPI와 유사하나 다른 목적으로 개발된 것이 CPI(California Psychological

Inventory)다. 1956년에 처음 개발된 CPI는 '정상인을 위한 MMPI'라고 알려져 있을 만큼 MMPI에서 절반 정도의 문항을 차용하였다.

첫 개발 당시 17개 척도 480문항으로 이루어졌던 CPI는 1978년 462문항으로 문항이 줄었으며, 1996년 3판 개정 때는 434문항으로 감소되어 현재까지 사용되고 있다. 1996년에 삭제된 문항들은 인사 선발과정에서 응답자가 이의를 제기할 만한 민감한 문항들과 1990년 미국에서 제정된 장애인법에 저촉될 만한 소지가 있는 문항들이었다. 문항 수는 감소시키되 기본 척도들의 신뢰도와 타당도를 유지하고자 노력하는 방향으로 연구가 진행되었으며, 현재 미국에서 사용되는 검사는 434문항과 축약형인 260문항이 사용되고 있다(Gough & Bradley, 1996). 우리나라에서는 어세스타에서 국내 판권을 보유하고 있으며, 주로 채용 장면에서 검사를 사용하고 있고 CPI에 대한 활용과 해석을 돕기 위한 전문가 교육과정을 실시하고 있다.

정상인을 위한 MMPI라는 별칭으로 불리듯이, CPI는 전형적인 행동 유형과 태도를 측정하고자 하는 문항으로 구성되어 있어 정상적인 개인의 대인관계 행동 및 정서적인 안정, 지적인 탐구와 관련한 성취 욕구 등을 이해하는 데 도움을 주는 검사다. CPI는 MMPI와 마찬가지로 단일 척도에 근거하는 것이 아니라 개별 척도들에 대한 종합적인 프로파일 해석을 기본으로 하고 있다.

CPI는 첫 개발 이후 꾸준히 여러 장면에서 활용되어 오면서 준거타당도를 검증하여 왔으며, 임상 및 상담뿐만 아니라 인사 선발 장면에서도 활용되어 오고 있다. 상담이나 개인의 성격 이해를 위한 정보의 원천으로 CPI를 사용할 때는 전문가에 의한 프로파일 해석이 추가적으로 요구되지만, 채용 장면에서 활용할 때는 각 척도의 점수 및 합산되어 산출되는 점수들에 의한 정보만으로 사정(assessment)이 가능하다.

2) 척도의 구성

채용 장면에서는 피검사자가 자신을 실제보다 더 좋게 보이고자 하는 왜곡된 반응(faking good)을 보일 가능성이 높으므로, 성격 척도들을 통해 성격을 해석하기 이전에 우선적으로 피검자가 검사에 얼마나 솔직하게 임하였는가를 알아보아야 한다. CPI는 피검자의 왜곡 반응 여부를 알아보기 위해 긍정 및 부정 응답과 무작위응답을 통해 타당도 지수를 제공하고 있다. CPI는 성격과 관련한 20개 하위척도로 구성되어 있으며, 20개 하위척도는 4개의 성향군으로 묶여서 해석할 수 있다. CPI 척도 및 성향군에 대해서는 〈표 12-5〉, 예시 결과표는 [그림 12-3]에 제시되어 있다.

ooo **표 12-5** CPI 성향군 및 척도

성향군	척도	척도의 개념
대인관계	주도성	집단 내 관계에 있어서 주도적 행동 성향
	지위상승욕구	성급하거나 높은 지위에 도달하고 싶어 하는 정도
	사교성	타인과의 관계에 있어서 사교적이고 참여적인 성향
	사회적 존재감	상호작용하에서의 안정감이나 자신을 표현하려는 경향
	자기수용	개인의 가치 및 자신에 대한 수용적인 사고와 행동경향
	독립성	타인에게 의존하지 않고 독립적 사고와 행동을 하려는 경향
	공감성	타인의 입장을 이해하고 공감하려는 성향
자기관리	책임감	성실하고 책임감이 있으며 신뢰감을 주는 성향
	사회성	사회 혹은 집단에서 원만한 대인관계를 유지하려는 성향
	자기통제	자신의 감정이나 기분을 통제하고 조절하는 성향
	호감성	다른 사람들에게 좋은 인상을 주려는 성향
	동조성	스스로를 다른 사람들과 비슷하다고 느끼는 정도
	안녕감	스스로의 건강과 활력, 에너지에 대한 긍정적 태도
	관용성	타인에게 보이는 우호적인 행동성향
동기 및 사고방식	순응적 성취	계획적이거나 정형화된 틀 안에서 무언가 성취하려는 경향
	독립적 성취	자유롭고 독립적인 분위기 안에서 성취하려는 경향
	지적 효율성	지적 호기심의 정도 및 개념적이고 사고적인 성향
개인특성	예민성	미묘한 변화를 예리하게 감지하고 파악하는 성향
	융통성	변화에 대한 적응력과 다양성을 추구하는 성향
	대인민감성	타인의 행동이나 말에 민감하게 반응하는 정도

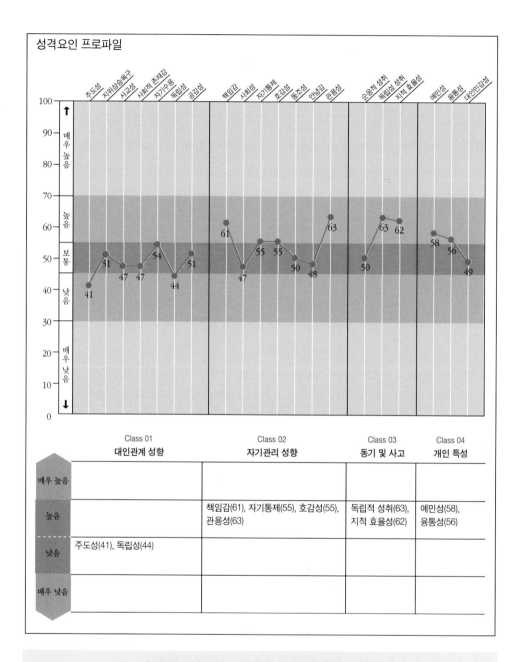

[그림 12-3] CPI 성격요인 프로파일 결과 예시

또한 20개 척도의 프로파일 분석을 통해 알파, 베타, 감마, 델타의 4개 성격 특성을 제시해 주고 있다. 알파형은 실행적인 성향으로, 대인관계를 중요시하며 타인을 이끄는 리더로서의 역할을 선호하며, 생산적이고 과업 중심적이며 능동적인 특성을 보인다. 베타형은 협력적인 성향으로, 자신의 의견을 잘 드러내지 않는 내향적인 모습을 보이지만 주어진 기준이나 규범을 수용하고 따르며 자신보다는 타인을 먼저 고려하는 특성을 보인다. 감마형은 혁신적인 성향으로 전통과 관습보다 개인의 가치를 더 중요하게 여기며, 대인관계가 원만하고 유머러스하며 즐거움을 추구하고 종종 창의적인 모습을 보인다. 델타형은 사색적인 유형으로 자신의 사생활을 중요하게 생각하며, 사회적 관습에 저항하는 경향이 있어 관습에 얽매이지 않고 혼자 일하는 것을 선호한다. 이와 같은 4개 성격 특성에 대한 결과는 [그림 12-4]와 같이 사사분면 중 해당하는 좌표에 성격 특성을 표시하고, 각 성격 특성에 따른 해석을 제시하고 있다.

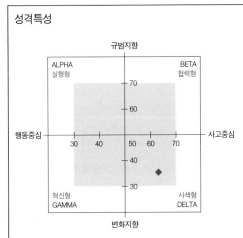

[그림 12-4] CPI 성격특성 결과 예시

3) 신뢰도와 검사의 실시

문항 내적 합치도인 크론바흐 알파계수를 434문항에 대한 검사를 수정할 때의 미국 규준으로 살펴보면 0.62에서 0.83 사이로 보고되고 있다. 검사는 한국 판권을 보유하고 있는 어세스타에 의뢰하여 실시할 수 있으며, 검사의 실시와 해석을 위해서는 일정 교육의 이수가 필요하다.

4) 검사의 활용

CPI는 20개의 기본 척도와 성격 특성의 제시 이외에, 7개의 업무지향 척도를 제공함을 통해 인사 선발 장면에서 활용하는 데 도움을 주고 있다. 또한 채용을 위해 CPI를 활용할 때는 성격 기본 척도와 업무지향척도 점수의 조합을 사용하여 채용을 원하는 기업의 핵심 가치와 역량을 측정한다. 7개의 업무지향척도는 〈표 12-6〉에 제시한 바와 같이 관리자적 잠재력, 작업지향성, 창의적 기질, 리더십 잠재력, 우호성, 법과 규범지향성, 강인함으로 구성되어 있다.

ooo **표 12-6** CPI의 업무지향척도

업무지향척도	개념
관리자적 잠재력	관리자로서의 재능을 갖고 있는지 혹은 이러한 지위를 추구하려는 경향
작업 지향성	일에 전념하는 정도, 직업 윤리의 강도, 우수한 수행에 대한 가능성을 가진 정도
창의적 기질	창의성에 대한 잠재력 및 개성, 비습관적 가치 등을 가진 정도
리더십 잠재력	낙관적인 자세, 기민함, 적극성, 자기확신 정도 등 리더십과 관련된 기술 및 특성의 보유 정도
우호성	타인에게 우호적이고 협력적이며 친화적인 정도
법/규범 지향성	법/규범 기능을 지향하고 이러한 상황하에서 성공적인 수행을 할 수 있을 가능성에 대한 성향
강인함	독립적인 사고를 하며 강한 정신력을 가진 정도

[그림 12-5]에 제시한 내용은 회사에 맞춤식으로 제공하는 결과표 예시 중 일부다. 응시자 개개인별로 1장으로 제공되는 이와 같은 결과표는 면접 장면에서 성격 특성과 관련한 질문을 할 때 활용할 수 있다. 예를 들어, [그림 12-5]의 결과가 나타난 신입사원 면접 대상자의 경우, 면접에서 추가 질문을 통해 CPI 결과를 확인해 볼 필요가 있다. 공통역량과 리더십역량은 보통 수준에 해당하지만, 독립성(T점수 67)과 사교성(T점수 63)은 높고 자기통제(T점수 35)와 대인민감성(T점수 37)은 낮게 나타났다. 이럴 경우 사람들과 활달하게 어울리나 자신에 대한 타인의 시선이나 평가에 민감하지 못하여 독선적이고 자기멋대로 행동할 가능성이 있으며 감정 관리 미흡으로 인하여 사람들과 갈등이 생길 수 있으므로

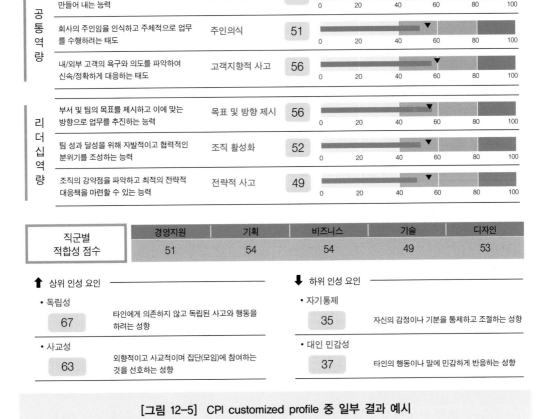

[그림 12-5] CPI customized profile 중 일부 결과 예시

긴밀한 팀워크를 요구하는 업무에서는 부족함을 드러낼 수 있다. 그러므로 역량 중심 면접을 할 때에도 이와 같은 검사 결과를 반영하여 면접관은 "학과 활동이나 동아리 활동의 경험이 있습니까? 활동 경험이 있을 경우, 사람들과 갈등을 겪은 적이 있다면 무슨 일 때문이었는지 간단하게 설명해 주십시오."와 같이 과거 경험을 통하여 팀워크 역량을 확인할 수 있다.

4. PAI와 PAI-A

1) 검사의 제작과 발달

성격평가 질문지 PAI(Personality Assessment Inventory; Morey, 1991)는 임상진단, 정신병리의 전형 및 치료 계획에 필요한 정보를 얻기 위한 객관적 성격검사로서 임상적으로 중요한 변인들을 측정할 수 있도록 하기 위한 성격검사다. PAI는 개별 문항의 개념적 성격과 경험적 정확성에 초점을 두는 구성타당화적 관점에서 개발된 검사이며, 정신병리를 평가하기 위한 동질적 척도들로 구성되어 있다.

앞서 살펴본 CPI가 정상인을 위한 MMPI로 볼 수 있다면, PAI는 MMPI와 유사한 검사이나, 집단 실시가 가능하고 MMPI의 취약점인 구성타당도를 확보하고자 한 검사라고 할 수 있다. 임상 장면에서 가장 많이 활용되는 성격검사는 MMPI로 정상과 이상 집단을 구분하고 여러 정신병리를 밝히는 데 매우 유용하다. 그러나 MMPI의 개발방법상의 문제로 인하여 심리측정학적 관점에서 볼 때 구성타당도가 미흡하다는 제한점을 가지고 있다. PAI는 이러한 문제점을 보완하기 위해 구성타당화 방법을 사용하여 검사를 개발하였으며, 변별타당도를 최대화시키기 위한 여러 절차를 적용하여 여러 집단의 변별 가능성을 높이기 위해 노력하였다. 우리나라에서는 김영환, 김지혜, 오상우, 임영란, 홍상황(2001)에 의해 한국판으로 표준화되어, 현재 청소년용과 성인용으로 활용되고 있다.

PAI와 MMPI의 유사점은 DSM-IV에 따른 진단명을 분류할 수 있으며, 임상척도를 포함하고 있는 것이다. 다른 점은 MMPI가 이분문항(예, 아니요)으로 이루어진 반면 PAI는 4점 척도로 평정하게 되어 있으며, 중복문항이 없으며, 척도명이 의미하는 구성개념이 실제 척도 내용과 관련이 있다는 점이다. 여기에서는 청소년용인 PIA-A에 대해 살펴보기로 하겠다.

2) 척도의 구성

청소년 성격평가 질문지(Personality Assessment Inventory for Adolesent: PAI-A; Morey, 2007)는 객관형 성격검사로서 임상적으로 중요한 변인들을 다루고 있는 자기보고형 질문지로 개발되었다. PAI-A는 대학생과 성인에서 나타나는 다양한 정신병리를 진단하고 치료하기 위해 개발된 성인용 PAI(Morey, 1991)의 344문항에 근거를 두고 있다. PAI-A는 총 264문항으로 이루어져 있으며, 4개의 타당성척도, 11개의 임상척도, 5개의 치료척도, 2개의 대인관계척도 등 서로 다른 영역을 평가하는 척도들로 구성되어 있다. 이 중 10개 척도는 해석을 용이하게 하고 복잡한 임상적 구성개념을 포괄적으로 다루기 위해 개념적으로 유도한 3~4개의 하위척도를 포함하고 있다. PAI-A는 여러 영역에서 유용하게 사용할 수 있도록 하기 위하여 문항 내용과 경험적 특징을 포함한 여러 가지 상이한 문항 파라미터들 간에 균형을 이룰 수 있도록 문항을 선정하고 척도를 구성하였다(〈표 12-7〉 참조).

ooo **표 12-7 PAI-A의 척도**

척도		내용
타당도 척도	비일관성(ICN)	문항에 대한 반응과정에서 수검자의 일관성 있는 반응태도를 알아보기 위한 정적 또는 부적 상관이 높은 문항 쌍으로 구성됨
	저빈도(INF)	부주의하거나 무선적인 반응태도를 확인하기 위하여 정신병적 측면에서 중립적이고 대부분의 사람이 극단적으로 인정하거나 인정하지 않는 문항들로 이루어짐

	부정적 인상(NIM)	지나치게 나쁜 인상을 주거나 꾀병을 부리는 태도와 관련이 있으나 임상집단에서는 이렇게 반응할 비율이 매우 낮음
	긍정적 인상(PIM)	자신을 지나치게 좋게 보이려 하며 사소한 결점도 부인하려는 태도를 측정
임상 척도	신체적 호소(SOM)	건강과 관련된 문제에 대한 집착과 신체화장애 및 전환증상 등의 구체적인 신체적 불편감을 의미하는 문항들. 전환(SOM-C), 신체화(SOM-S), 건강염려(SOM-H)의 3개 하위척도가 있음
	불안(ANX)	불안의 상이한 여러 특징을 평가하기 위해 불안현상과 객관적인 징후에 초점을 둔 문항들. 인지적(ANX-C), 정서적(ANX-A), 생리적(ANX-P) 불안의 3개 하위척도가 있음
	불안관련 장애(ARD)	구체적인 불안과 관련이 있는 증상과 행동에 초점을 둔 문항들. 강박장애(ARD-O), 공포증(ARD-P), 외상적 스트레스(ARD-T)의 3개 하위척도가 있음
	우울(DEP)	우울의 증상과 현상에 초점을 둔 문항들. 인지적(DEP-C), 정서적(DEP-A), 생리적(DEP-P) 우울의 3개 하위척도가 있음
	조증(MAN)	조증과 경조증의 정서적·인지적·행동적 증상에 초점을 둔 문항들. 활동수준(MAN-A), 과대성(MAN-G), 초조성(MAN-I)의 3개 하위척도가 있음
	망상(PAR)	망상의 증상과 망상형 성격장애에 초점을 둔 문항들. 과경계(PAR-H), 피해망상(PAR-P), 원한(PAR-R)의 3개 하위척도가 있음
	조현병(SCZ)	광범위한 조현병의 증상에 초점을 둔 문항들. 정신병적 경험(SCZ-P), 사회적 위축(SCZ-S), 사고장애(SCZ-T)의 3개 하위척도가 있음
	경계선적 특징(BOR)	불안정하고 유동적인 대인관계, 충동성, 정서적 가변성과 불안정, 통제할 수 없는 분노 등을 시사하는 경계선 성격장애의 특징에 관한 문항들. 정서적 불안정(BOR-A), 정체감문제(BOR-I), 부정적 관계(BOR-N), 자기손상(BOR-S)의 4개 하위척도가 있음
	반사회적 특징(ANT)	범죄행위, 권위적 인물과의 갈등, 자기중심성, 공감과 성실성의 부족, 불안정, 자극추구 등에 초점을 둔 문항들. 반사회적 행동(ANT-A), 자기중심성(ANT-E), 자극추구(ANT-S)의 3개 하위척도가 있음
	알코올 문제(ALC)	문제적 음주와 알코올 의존적 특징에 초점을 둔 문항들로 이루어짐
	약물 문제(DRG)	약물사용에 따른 문제와 약물의존적 특징에 초점을 둔 문항들로 구성됨

치료 척도	공격성(AGG)	언어적 및 신체적 공격행동이나 공격적 행동을 자극하려는 태도와 관련된 분노, 적대감 및 공격성과 관련된 특징과 태도에 관한 문항들. 공격적 태도(AGG-A), 언어적 공격(AGG-V), 신체적 공격(AGG-P)의 3개 하위척도가 있음
	자살관념(SUI)	무력감과 자살에 대한 일반적이고 모호한 생각부터 자살에 관한 구체적인 계획에 이르기까지 자살하려는 관념에 초점을 둔 문항들로 이루어짐
	스트레스(STR)	가족, 건강, 직장, 경제 및 다른 중요한 일상생활에서 최근에 경험하는 스트레스와 관련된 문항들로 구성됨
	비지지(NON)	접근이 가능한 지지의 수준과 질을 고려해서 지각된 사회적 지지의 부족에 관한 척도
	치료거부(RXR)	심리적 및 정서적 측면의 변화에 대한 관심과 동기를 예언하기 위한 척도로 불편감과 불만, 치료에 참여하려는 동기, 변화의 필요성에 대한 인식, 새로운 아이디어에 대한 개방성 및 책임을 수용하려는 의지 등에 관한 문항들로 이루어짐
대인 관계 척도	지배성(DOM)	대인관계에서 개인적 통제와 독립성을 유지하는 정도를 평가하기 위한 척도. 점수가 높은 사람은 지배적이고 낮은 사람은 복종적임
	온정성(WRM)	대인관계에서 지지적이고 공감적인 정도를 평가하기 위한 척도로 대인관계를 온정과 냉담 차원으로 개념화. 점수가 높은 사람은 온정적이고 외향적이지만, 낮은 사람은 냉정하고 거절적임

3) 신뢰도와 타당도

한국판 PAI는 김영환 등(2001년)이 표준화하였으며, 표준화 당시 대학생과 성인, 환자 집단의 크론바흐 알파계수와 재검사 신뢰도계수를 보고하고 있다. 성인을 기준으로 살펴보면 크론바흐 알파계수가 0.61에서 0.87 사이이며, 재검사 신뢰도계수는 비일관성 척도를 제외하고 0.71에서 0.89 사이로 나타났다. 비일관성 척도의 경우 0.35로 낮게 나타났으나, 이 척도의 경우는 Morey(1991)의 연구에서도 0.31로 낮게 나타났다.

구인타당도를 알아보기 위한 요인 구조에 대한 연구는 2001년과 2010년에 진행되었다. 2001년 연구에서는 정상 성인과 임상집단으로 구분하여 요인 구조를 살펴본 결과, 정상 성인은 전반적인 심리적 불편감, 대인관계, 행동화적 경향 및 물질사용문제의 4요인이 적합하였으며, 임상집단은 행동화적 경향과 물질사용 문제가 한 가지 요인으로 묶여져 3요인이 적합한 것으로 나타났다. 2010년 연구에서는 정상 성인을 대상으로 요인을 살펴본 결과, 불안과 우울, 충동성과 과장성, 신체 생리적 문제, 활동성 저하와 사회적 위축, 공격성과 정서적 불안정성의 5요인으로 확인되었다.

또한 변별타당도를 확보하기 위한 김영환 등(2001년)의 연구 이후에 수형자, 여성 살인범, 정신분열병, 범법 청소년 등의 집단을 대상으로 한 연구들(김나라, 남희정, 홍경수, 김지혜, 2011; 김시업, 이혜전, 손지선, 전유병, 2004; 박은영, 홍상황, 정상문, 김영환,2002; 박혜숙, 김양곤, 윤일홍, 2015)에서 집단 간 변별이 확인되었다.

4) 검사 반응 타당도

검사 반응의 타당성을 알아보는 타당도척도는 4개이며, [그림 12-6] 결과 예시에 나타나듯이 비일관성(ICN) 척도가 65점 이상이거나, 저빈도(INF) 척도가 61점 이상, 부정적 인상(NIM) 척도가 74점 이상, 긍정적 인상(PIM) 척도가 58점 이상일 경우 검사에 임하는 자세가 불성실하였거나 자신을 좀 더 좋게 또는 나

타당성 지표 결과 1

구분	척도	규준	해석	T점수	척도	규준	해석	T점수
타당성 척도	비일관성 척도 (ICN)	0~64	일관성 있는 반응	43	부정적 인상 (NIM)	0~73	정상	38
		65~72	다소 비일관적			74~84	부정적 인상 의심	
		73 이상	비일관적			85 이상	부정적 인상, 도움요청	
	저빈도 척도 (INF)	0~60	정상	68	긍정적 인상 (PIM)	0~57	정상	63
		61~74	무선반응 의심			58~67	긍정적 인상 의심	
		75 이상	무선반응			68 이상	긍정적 인상, 도움요청	

※ 타당성 척도 상승, 반응지표가 정상일 경우: 무의식적 왜곡
※ 타당성 척도<반응지표일 경우: 의도적 왜곡

[그림 12-6] PAI의 타당성 지표 결과 예시

쁘게 보이고자 의도적 왜곡을 하였을 가능성이 있으므로, 검사 결과 해석에 주의를 기울여야 한다.

5) 검사의 실시 및 활용

청소년용 검사인 PAI-A는 264문항으로 구성되어 있으며 검사 실시에 약 45분 정도가 소요되며, 성인용 PAI는 344문항으로 이루어져 있으며 약 50분이 소요된다. 검사의 구매 및 검사 실시는 학지사 인싸이트(www.inpsyt.co.kr) 홈페이지를 통해 가능하나, 개인의 온라인 검사는 불가능하고 학교나 단체를 통한 지필검사의 구입이 가능하다.

PAI-A는 청소년들이 나타내는 여러 가지 문제를 파악하여 사전에 예방하고 이들을 적절하게 지도하기 위한 정확한 평가가 가능하며, 중고생 규준뿐만 아니라 비행청소년 규준이 따로 마련되어 있어서 여러 장면에서 활용할 수 있다. 또한 개인용 결과표뿐 아니라 담임교사용과 책임교사용 결과표가 제공되어, 사전 예방과 지도 및 상담을 위해 활용할 수 있도록 하고 있다.

[그림 12-7], [그림 12-8]은 담임교사에게 제공되는 결과표 중의 일부분인 치료 및 대인관계 척도의 예시다. [그림 12-7]에 제시된 바와 같이, 학급 학생들의 척도 점수 및 평균을 제시하여 학급의 전체 경향성 및 개개인의 점수를 확인함과 동시에, 수준별 기준을 제시하여 점수에 대한 해석을 할 수 있도록 하고 있다. [그림 12-8]은 [그림 12-7]에 이어지는 결과 제시이며, 치료 및 대인관계 척도를 해석할 때 주의가 요구되는 학생을 위험 수준과 잠재위험 수준으로 구분하여 알려 줌으로써 상담 및 생활지도에 도움을 주고자 하고 있다. 이와 별도로 책임교사 결과표에는 검사를 시행한 전체 학생 및 각 반별 평균 및 결과 해석에 주의를 요구하는 학생에 대한 집계와 명단이 제공되고 있다. 이같은 결과의 활용은 윤리적 측면에서 매우 조심해야 하므로, 앞서 NEO-II 청소년 성격검사에서의 결과표 활용과 마찬가지로 철저히 보안을 유지하며 지나치게 검사 결과에만 의존하여 학생을 판단하는 자세는 지양하고 활용해야 하겠다.

I. 학급별 검사 결과

3. 치료 및 대인관계척도 검사 결과

(단위: T Score)

번호	NAME	치료척도					대인관계척도	
		공격성척도 AGG	자살관념척도 SUI	스트레스척도 STR	비지지척도 NON	치료거부척도 RXR	지배성척도 DOM	온정성척도 WRM
01	고일일	45	41	32	38	74**	43	53
02	고일이	53	43	52	81**	45	31**	30**
03	고일삼	31	41	52	56	51	34**	25**
04	고일사	47	41	32	78**	74**	48	39*
05	고일오	50	47	29	81**	51	29**	37*
06	고일육	56	43	34	47	61*	53	60
07	고일칠	46	55	49	62*	64**	34**	28**
08	고일팔	47	41	29	53	61*	43	23**
09	고일구	44	53	52	53	58*	29**	37*
10	고일십	59	45	67*	53	58*	56	53
전체		47.8	45.0	42.8	60.2	59.7	40.0	38.5

임상척도는 인간이 가진 부정적인 정서증상이며 부정적이거나 바람직하지 못한 성격특성을 보이는 것을 의미합니다.
임상척도 해석 시 반드시 타당도척도 점수를 함께 고려해야 합니다.
저빈도척도(INF)나 비일관성척도(ICN) 점수가 상승했을 경우: 검사대상자의 부주의 때문에 임상척도 점수가 상승했을 가능성이 있음
부정적 인상척도(NIM)가 상승했을 경우: 검사대상자가 증상을 매우 특이하게 과장하는 경향이 있음
긍정적 인상척도(PIM)가 상승했을 경우: 검사대상자가 비교적 사소한 결점도 인정하지 않으려고 하는 경향이 있음

치료척도 수준별 기준

구분	척도		잠재위험수준(T)	위험수준
치료척도	공격성척도	AGG	60~69	71T 이상
	자살관념척도	SUI	60~69	72T 이상
	스트레스척도	STR	65~69	73T 이상
	비지지척도	NON	60~69	74T 이상
	치료거부척도	RXR	53~62	63T 이상
대인관계 척도	지배성척도	DOM	35~39	34 이하, 70T 이상
	온정성척도	WRM	35~39	34 이하, 70T 이상

[그림 12-7] PAI-A 담임결과표 중 치료 및 대인관계척도 결과 예시

I. 학급별 검사 결과

3. 치료 및 대인관계척도 검사 결과

척도 해석 시 주의가 요구되는 학생

척도			학생
치료 척도	공격성척도 AGG	위험수준	
		잠재위험수준	
	자살관념척도 SUI	위험수준	
		잠재위험수준	
	스트레스척도 STR	위험수준	
		잠재위험수준	고일십(10)
	비지지척도 NON	위험수준	고일이(02), 고일사(04), 고일오(05)
		잠재위험수준	고일칠(07)
	치료거부척도 RXR	위험수준	고일일(01), 고일사(04), 고일칠(07)
		잠재위험수준	고일육(06), 고일팔(08), 고일구(09), 고일십(10)
대인 관계 척도	지배성척도 DOM	위험수준	고일이(02), 고일삼(03), 고일오(05), 고일칠(07), 고일구(09)
		잠재위험수준	
	온정성척도 WRM	위험수준	고일이(02), 고일삼(03), 고일칠(07), 고일팔(08)
		잠재위험수준	고일사(04), 고일오(05), 고일구(09)

[그림 12-8] PAI-A 담임결과표 중 치료 및 대인관계척도 해석 시 주의 요구 결과 예시

5. MBTI

1) 검사의 제작과 발달

각기 다른 사람들이 서로 조화를 이루고 생산적인 생활을 하게끔 하는 건강한 성격 특성에 대해 관심을 가지고 있던 Briggs는 관찰 및 자서전 연구를 통해 그녀 나름대로 성격에 관하여 연구하고 사람들의 유형을 분류해 보았다. 그러던 중 1921년 발간된 Jung의 심리유형 책을 접하게 되면서, 자기 나름의 이론을 버리고 Jung의 심리유형이론에 자신의 기존 연구를 접목함은 물론 Jung의 심리유형이론에 따라 인간관찰 연구를 다시 시작했다. 심리학자는 아니었으나 사람의 성격에 대해 지대한 관심을 가지고 있었던 Briggs와 그녀의 딸인 Myers에 의해 MBTI는 수십 년에 걸쳐 개발되었다. MBTI는 1943년 첫 검사인 MBTI Form A를 시작으로 하여 지속적으로 연구되어 왔으며, 1975년 CPP(Consulting Psychologists Press)를 통해 MBTI Form G가 출간되면서 보다 널리 활용되게 되었고 현재의 대중적 인기를 얻게 되는 발판이 마련되었다. 현재는 MBTI Form Q까지 개발되었다.

국내에서는 심혜숙, 김정택 박사에 의해 MBTI Form G의 표준화가 이루어져 1990년부터 활용되고 있으며, 2002년에는 Form K의 한국판 표준화 검사가 개발되었다. 2012년에 Form M, Form Q를 표준화하였으며, 국내에서는 2013년부터 Form M과 Form Q 두 개 검사를 활용 목적에 맞춰 취사선택하여 활용하고 있다. Form Q는 Form M의 93문항에 다면척도를 산출할 수 있는 문항을 추가하여 총 144문항으로 이루어져 있으며, Form M의 결과에 20개의 다면척도를 추가하여 보다 풍부한 해석을 할 수 있게 되어 있다. 여기에서는 한국판 MBTI Form Q에 맞춰 MBTI를 살펴보도록 하겠다.

2) 검사의 척도

(1) 선호 경향

MBTI는 Jung의 심리유형이론을 보다 쉽게 이해하여 실생활에서 유용하게 쓰일 수 있도록 개발된 것이다. 이론적 기반을 제공한 Jung은 자신의 유형이론으로 심리검사를 개발하려는 시도를 한 적이 없다. 때문에 MBTI는 Jung의 심리유형이론을 기반으로 하되, 그의 이론을 심리검사에 적용시키기 위해 다소 단순화시킨 일면을 지니고 있다.

Jung의 심리유형이론 중에서 검사 척도와 관련된 가장 핵심적인 내용은, 우리는 누구나 감각(Sensing, S), 직관(iNtuition, N), 사고(Thinking, T), 감정(Feeling, F)

∘∘∘ **표 12-8 MBTI의 선호 경향**

EI: 주의 초점
　주의 집중과 에너지의 방향에 대한 선호

외향형(E: Extraversion)		내향형(I: Introversion)
폭넓게 사람들과 사귀며, 사교적이고 적극적이며 활동적인 유형. 자신 내부보다는 외부로 관심을 쏟는 편임	↔	깊이 있는 대인관계를 유지하며, 조용하고 신중하게 집중력 있는 작업을 좋아하는 유형. 에너지의 초점이 외부세계보다는 자기 내부로 향함

SN : 인식기능
　정보를 인식하는 방식에서의 경향성

감각형(S: Sensing)		직관형(N: iNtuition)
오감에 의존하고 실제의 경험을 중시하며 지금, 현재에 초점을 맞추어 살아가고자 함. 실제적이며 정확한 것을 좋아하고, 관찰 능력이 뛰어나서 상세한 것까지 기억을 잘하는 편임	↔	육감이나 영감에 의존하고 미래지향적이며 현실보다는 가능성과 의미를 추구함. 다양한 아이디어를 가지고 있으며 신속, 비약적으로 일을 처리하는 경향이 있음

TF: 판단기능
　인식된 정보를 가지고 판단을 내릴 때 쓰는 기능의 선호

사고형(T: Thinking)		감정형(F: Feeling)
객관적 사실에 관심을 기울이며 사사로운 감정이나 인정에 얽매이기보다는 원리나 원칙에 입각하여 논리적이고 분석적으로 판단하려 함	↔	사람과의 관계에 관심이 있으며, 옳고 그름이나 원칙보다는 주관적인 가치와 상대방의 입장을 배려, 조화를 고려하여 판단하려 함

JP: 생활양식
　외부세계에 대한 태도나 적응에 있어 선호하는 과정

판단형(J: Judging)		인식형(P: Perceiving)
분명한 목적과 방향을 가지고 행동하고자 하며, 계획을 잘 짜며 신속하게 의사결정을 하고 체계적인 생활을 하는 편임	↔	목적과 방향에 대해 변화의 가능성을 열어 놓고 상황에 따라 융통성 있게 행동하며 개방성과 포용성을 가지고 여유롭게 생활하는 편임

이라 불리는 네 가지의 기본적인 정신적 기능을 사용한다는 것이다. Jung은 인간 행동의 다양성은 우리가 매일 사용하는 정보수집 방식과 정보에 근거한 행동방식의 차이 때문에 생긴다고 하였다. 즉, 우리는 이 네 가지의 기본적 기능을 매일 사용하는데, 우리가 외부 세상의 정보를 수집하는 방식이 다르고(감각적으로 하느냐 또는 직관적으로 하느냐), 수집한 정보에 근거해서 행동을 결정하는 데 있어 각 개인이 선호하는 방법이 다름(사고를 중시하느냐 또는 감정을 중시하느냐)으로 인해 근본적인 개인차를 가져온다고 본다. 그리고 이러한 기능을 사용할 때 어떤 태도를 취하느냐에 따라 외향(Extraversion, E) 또는 내향(Introversion, I) 및 판단(Judging, J) 또는 인식(Perceiving, P)으로 구분하여 심리적으로 흐르는 에너지의 방향과 생활양식들을 이해할 수 있다고 본다. Jung은 판단과 인식에 대해 암시는 했으나 분명하게 언급하지 않았으며, 생활양식에 대한 접근을 정교화한 것은 Briggs와 Myers의 시도였다.

MBTI의 기본척도는 앞에서 언급한 성격 유형의 지표(index)를 알려 주는 4개의 쌍으로 이뤄진 선호 경향이다. MBTI는 네 가지의 분리된 선호 경향으로 구성되어 있으며, 각 개인은 자신의 기질과 성향에 따라 분리된 네 개의 이분된 선호 범주 중 하나의 범주에 속하게 된다.

(2) 다면척도

MBTI Form Q는 다면척도를 측정하기 위해 Form M보다 문항 수가 증가하였다. 다면척도는 선호 경향 및 유형에 대한 세부적인 이해를 도모하기 위해 개발된 척도로서, 네 가지 선호 경향의 복합적인 다면성을 정의하는 20개의 다면척도가 포함되어 있다. 다면척도는 자신의 유형이 분명하지 않을 때 혹은 같은 유형 안에서도 존재하는 차이점들을 설명하고자 할 때 유용한 도움을 줄 수 있다. 〈표 12-9〉는 다면척도와 그 측정 내용이다.

○○○ 표 12-9 MBTI의 다면척도 및 측정 내용

선호지표	다면척도	다면척도의 측정 내용
외향-내향	능동성-수동성	대인관계에서 의사소통과 관계 맺는 방식
	표현적-보유적	자신의 정서, 감정, 관심사 등을 타인에게 표현하는 방식
	다양한 관계-밀접한 관계	타인과 관계 맺을 때 대인관계의 폭과 깊이를 조절하는 정도
	활동적-반추적	학습이나 여가 활동 때 새로운 정보 습득을 위해 선호하는 방식
	열성적인-정적인	의사소통할 때 어떤 의사소통 양식을 선호하며, 의사표현의 양과 질의 정도를 측정
감각-직관	구체적-추상적	주변 정보를 어떻게 지각하며, 어떤 종류의 정보에 더 많이 주의를 기울이는가를 측정
	현실적-창의적	일, 학습, 일상생활에서 지각된 대상이나 정보를 활용하는 방식
	실용적-개념적	지각한 정보들 중 어떤 특성에 더 관심을 보이고 중요시하는지를 측정
	경험적-이론적	습득한 정보에서 유용한 지식과 의미를 어떻게 도출하는가를 측정
	전통적-독창적	사회적 관례나 기존 방식 등이 개인의 지각과 의미도출 과정에 미치는 영향
사고-감정	논리적-정서적	의사결정이나 결론을 도출할 때 사용하는 기준
	이성적-감성적	의사결정 과정에서 타인과의 인간관계 유지를 위해 선호하는 기준
	질문지향-협응지향	의사결정 과정에서 인식 대상에 대해 초기 단계에 접근해 가는 방식
	비평적-허용적	일차적으로 내려진 결정을 어떠한 태도로 받아들이는가를 측정
	강인한-온건한	의사결정할 때 그 결정에 대한 일관성 정도와 어떤 태도를 가지는가를 측정
판단-인식	체계성-유연성	학습, 일 등 다양한 생활 영역에서 물리적 환경을 조직하는 방식
	목표지향적-개방적	주로 여가 활동 때 활동을 조직하고 계획을 세우는 방식
	조기착수-임박착수	마감시한과 관련한 시간관리
	계획성-자발성	주위 환경 및 활동을 어느 정도 체계적으로 조직화하는가를 측정
	방법적-과정적	큰 프로젝트 수행을 위해 관련된 세부 과제들을 어떻게 배열하고 조직하는가를 측정

(3) 일관성 지표

일관성 지표는 다면척도 점수의 일관성을 나타내는 지표다. 문항을 읽지 않고 무작위로 응답하거나 문항 내용을 잘 파악하지 못하고 응답했을 경우 일관성 지수의 평균이 30점이므로, 일관성 지표는 검사에 응답자가 신뢰할 수 있게 답하였는가를 알려 주는 타당도 지표로서 사용 가능하다. 일관성 지수가 45점 미만일 경우에는 검사의 프로파일이 유효하지 않을 수 있으므로 검사 결과의 해석에 유의해야 한다.

3) 신뢰도와 타당도

1984년 미국에서의 문항 내적 합치도를 알려 주는 크론바흐 알파계수는 0.76~0.83 사이로 높게 나타났으며, 2012년 Form M의 한국판 표준화 때의 선호지표에 대한 신뢰도는 반분신뢰도계수가 0.78~0.95로 높게 나타났으며, 재검사신뢰도 또한 0.89~0.94로 높게 나타났다. Form Q 한국판의 경우 다면척도의 크론바흐 알파계수는 0.54~0.84까지 신뢰도를 보고하고 있다.

2001년 Form K의 한국판 표준화를 할 때 20개 다면척도에 대한 요인분석을 실시하였고, 각 다면척도는 4개의 해당 선호지표에 묶이는 것으로 나타났으며, 분산비율이 총 분산의 61%를 설명하고 있어 구인타당도 측면에서 양호하게 나타났다. MBTI에서 중요한 지표는 16개의 유형으로, 문항은 유형 제시를 위한 네 선호지표의 각기 반대되는 특성을 잘 변별해 내는 기능을 하여야 한다. MBTI와 같이 2~3개 중 강제 선택하는 응답 방식으로 유형을 판별하는 검사는 대체로 유형 분포로부터 타당도의 증거를 수집하거나, 다른 검사척도와 MBTI 연속점수와의 상관, MBTI 결과와 자신이 판단한 유형과의 비교 등을 통해 타당도를 알아본다. MBTI 유형과 관련한 타당도에 대한 보다 상세한 정보는 김정택, 심혜숙, 심민보, 김명준(2013)을 참조하기 바란다.

4) 검사의 실시와 활용

MBTI Form Q는 온라인 및 지필 검사로 실시가 가능하되, 채점은 어세스타를 통해 컴퓨터 채점만 가능하다. 수기 채점을 원할 경우에는 MBTI Form M을 활용해야 한다. Form Q는 문항반응이론(IRT)을 이용하여 컴퓨터로 채점되며, Form M의 수기 채점의 경우에는 단위가중치를 사용하여 채점할 수 있으며 컴퓨터를 통해 IRT를 이용한 채점도 가능하다.

MBTI는 한국MBTI연구소가 실시하는 교육과정을 이수한 MBTI 전문가에게 검사의 사용 및 해석 권한을 부여하고 있다. 때문에 온라인으로 검사를 할 때에도 전문가를 통해 이용할 수 있다.

MBTI의 활용은, 첫째, 교육 장면에서 학생들의 성격 유형을 이해함으로써 교사와 부모 간의 원활한 의사소통 및 협조를 가능하게 한다. 또한 개인의 성격 유형에 적절한 교수방법을 개발할 수 있다.

둘째, 상담 장면에서 각 개인의 선호 경향에 따른 장점을 이해함으로써 보다 효율적인 생활을 도울 수 있다. 부부 및 가족들 간에 서로의 유형을 이해함으로써 생활에서 발생하는 갈등과 오해를 줄이고, 보다 성숙한 관계를 발달시키도록 할 수 있다.

셋째, 진로지도 및 직업 선택 측면에서 자신의 성격 유형을 이해함을 통해 적합한 전공, 직업, 작업 환경을 찾는 데 도움을 줄 수 있다. 직장에서는 부서 내 또는 팀 내에서 구성원의 인식 및 판단 유형을 활용하여 배치하도록 할 수 있으며, 구성원 간의 유형 이해를 통해 건강한 대인관계 및 건강한 커뮤니케이션 기술을 발달시키는 데 도움을 줄 수 있다.

넷째, 팀워크 측면에서 집단 구성원들의 성격 유형을 서로 이해함으로써 갈등이나 장애를 유발할 수 있는 서로의 성격상 차이점을 이해하고 효율적인 관계를 형성하도록 도울 수 있다.

6. 에니어그램

1) 검사의 제작과 발달

에니어그램(Enneagram)은 아홉 개의 점이 있는 그림을 뜻하는 말로 '9'를 의미하는 그리스어 'ennea'와 '점 또는 그림'을 뜻하는 'grammos'의 합성어를 말한다(Riso & Hudson, 1999). 에니어그램은 원과 아홉 개의 점, 그 점들을 잇는 선으로 구성된 도형으로 표현될 수 있으며, 이 도형은 서로 연관되어 있는 9개의 성격 유형군을 내포하고 있다.

에니어그램은 중동 지방에서 BC 2,500년경에 발생한 것으로 추정되며, 수피즘의 수도자들에 의해 구전으로 전해져 오다가 1900년대 초에 러시아의 Gurdjieff가 서구 사회에 처음 소개한 것으로 알려져 있다. 현대 에니어그램 사상을 정립한 것은 Ichazo이나, 심리학과 접목시켜 현재 사용하는 심리검사의 이론적 기반을 정립한 것은 Riso다. 그는 예수회에서 에니어그램을 배운 후 스탠퍼드 대학에서 에니어그램을 연구하였다.

Riso에 의해 수련방법으로 종교 장면에서 먼저 알려진 에니어그램은 자기보고식 심리검사로 개발되어 개인 이해의 도구로 활용하게 되었다. Riso는 1992년 RETI(Riso Enneragram Test Indicator)를 처음 개발한 후, Hudson과 함께 1994년 RHETI(The Riso-Hudson Enneagram Type Indicator) Ver. 2.0을 개발하였고, 이를 수정하여 1999년 RHETI Ver. 2.5를 개발하였다.

국내에는 2001년에 윤운성이 개발한 한국형 에니어그램 성격유형검사(Korean Enneagram Psychological Type Indicator: KEPTI)와 2007년 이은하가 개발한 에니어그램 심리역동검사(Enneagram Psychological Dynamic Indicator: EPDI)가 활용되고 있다. 여기에서는 EPDI를 중심으로 살펴보도록 하겠다.

2) 9개 성격 유형

에니어그램을 이해하기 위해서는 우선 힘의 중심에 따른 세 가지 분류와 아홉 가지의 기본 성격 유형을 파악해야 한다. 에니어그램에서는 성격 유형을 힘의 중심에 따라 크게 장중심, 가슴중심, 머리중심의 세 가지로 나누고 있다(Riso, 1993). 사람들은 누구나 이 세 중심을 모두 가지고 있으나 그중 한 중심에서 나오는 힘이 다른 두 중심의 힘보다 우세하며, 특히 스트레스 상황이나 부정적인 상황일 때에 먼저 사용하는 의식과 관련된 신체기관이 그 사람의 중심이 된다고 본다. 힘의 중심과 성격 유형을 간단하게 제시하면 〈표 12-10〉과 같다.

ooo **표 12-10** 에니어그램의 힘의 중심 및 성격 유형표

힘의 중심	성격 유형	특성
가슴중심	2유형 협조형	자신보다는 타인의 욕구를 돌보고 타인에게 도움을 주고자 함
	3유형 성공형	효율을 중시하며 성공하기 위해 노력하며, 인간관계에서도 좋은 인상을 주고자 함
	4유형 개인형	특별한 사람이라고 스스로를 자부하며 느낌과 표현력이 풍부함
머리중심	5유형 관찰형	지식을 쌓아 가는 것을 좋아하며 뛰어난 분석력과 통찰력을 바탕으로 객관적으로 파악하고자 함
	6유형 수호형	책임감이 강하며, 신뢰를 중요히 여기며 약속, 체계, 틀을 지키고자 함
	7유형 이상형	낙천적이며 밝고 명랑하고, 아이디어가 풍부하며 호기심이 많아 즐거움을 추구함
장중심	8유형 대결형	용기와 힘이 넘치며, 성실하며 약자를 보호하고자 하며, 자신이 옳다는 것을 위해 전력을 다해 싸우고자 함
	9유형 보존형	갈등과 긴장을 피하고자 하며, 인내심이 강하고 조화와 평화를 바람
	1유형 성취형	공정함과 정의, 자제심을 바탕으로 매사에 완벽을 추구하고자 함

에니어그램의 아홉 가지 성격 유형은 원에 나열되어 있으며, 자신의 유형의 좌우에 있는 유형들을 날개라고 표현한다. 기본 성격 유형이 같더라도 우세한 날개가 다름으로 인해 전체적 성격이 달라질 수 있으며, 양쪽 날개가 균형을 이룰 때에 최고의 능률을 발휘한다고 본다. 아홉 개 성격 유형은 개인의 심리적 성장과 퇴보에 따라 역동적으로 움직이며, 스트레스가 없는 편안한 상태와 스트레스 상황에 따라 통합 방향과 퇴보 방향으로 달리 움직인다고 한다. 이러한 이론적 배경하에 에니어그램의 정량적 접근을 택한 심리검사들은 아홉 가지 유형을 판별해 내기 위한 유형검사의 형태로 개발되었다.

3) EPDI

(1) 척도의 구성

2007년 이은하가 개발한 EPDI는 초등학교 4학년부터 성인을 대상으로 표준화되었으며, 5점 척도로 구성되어 있다. 초등학교 4학년부터 6학년 대상인 아동용 EPDI는 총 108문항, 청소년용은 135문항, 대학생과 성인용은 108문항으로 이루어져 있다. [그림 12-9]는 성인용 EPDI 검사의 결과표다. 9개 유형을 힘의 중심으로 구분하여 점수를 표현하고 있으며, 9개 유형 간의 균형 있는 발달 여부를 원의 모양을 통해 가시화하여 보여 주고 있다.

(2) 신뢰도와 타당도

아동용 EPDI의 각 유형별 크론바흐 알파계수는 0.294에서 0.776 사이로 나타났으며, 문항 전체는 0.901이다. 특히 9유형(0.294)의 크론바흐 알파계수가 낮게 나타났다. 청소년용 EPDI의 각 유형별 크론바흐 알파계수는 0.626에서 0.806으로 나타났으며, 문항 전체는 0.923이다. 성인용 EPDI의 각 성격 유형별 크론바흐 알파계수는 0.702에서 0.795 사이다.

청소년용 EPDI의 타당도는 확인적 요인분석을 통해 살펴보았으며, 각 문항의 표준화 회귀계수를 살펴볼 때 3유형의 11번을 제외한 모든 문항이 각 유형에 통

>>_검사결과 프로파일 (A형) 〈타고난 기질〉-내가 타고난 욕구가 무엇인지 알려 줍니다.

**님의 기본성격유형은 5유형에 최고점수 43점입니다(힘의 중심: 머리중심, 날개성향: 4 날개, 통합방향 —8번 영역). 일반적으로 각 기질별 평균점수는 35~40점 정도이며, 이 점수는 자신성격유형의 발달정도를 나타냅니다.

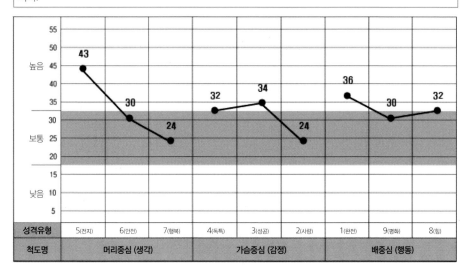

성격유형	5(전지)	6(안전)	7(행복)	4(독특)	3(성공)	2(사랑)	1(완전)	9(평화)	8(힘)
척도명	머리중심 (생각)			가슴중심 (감정)			배중심 (행동)		

1) 점수의 범위
:전체 원에서 표현하는 점수의 범위에 따른 성향

① 43-50점
 - 지나치게 성향이 드러나 돌출됨.
② 37-42점
 - 안정적인 성향을 보임, 원만
③ 36-25점
 - 소극적인 성향을 보임, 불안
④ 25점 이하
 - 극도로 위축된 성향

2) 원의 모양
① 원만한 원모양의 경우
 : 균형적인 자아기능, 모나지 않은 원만한 경향을 의미합니다.
② 윤곽이 불규칙한 원모양의 경우
 : 전체적으로 쓰는 성향은 자주 쓰고 쓰지 않는 성향은 표현되지 않는 모습입니다.
③ 경사가 교차한 원모양의 경우
 : 표면적으로 표출되는 강한 성향과 내면적으로 부족감을 느끼는 약한 성향의 차가 심하게 나타납니다.
 충동적으로 보이거나 불안할 수 있습니다.
④ 원은 원만하나 점수가 매우 낮은 작은 원의 경우
 : 자신감, 힘이 부족하고 자신이 결여되어 있는 모습입니다.

▼ 균형 있는 내 모습 살펴보기

타고난 욕구를 얼마나 골고루 발휘하고 있는가를 살펴볼 수 있습니다.
- 전체적으로 굵은 원에 가까울수록 타고난 욕구를 균형적으로 쓰는 것으로 보입니다.

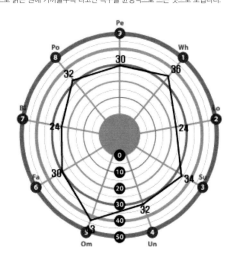

[그림 12-9] EPDI 성인용 결과표 예시

계적으로 유의하게 부하하고 있음을 매뉴얼을 통해 보고하고 있다. 성인용 타당도 또한 확인적 요인분석을 통해 확인하였으며, 적합도 지수를 살펴볼 때 대체로 양호한 것으로 해석되었음을 매뉴얼을 통해 보고하고 있다. 아동용 EPDI의 타당도는 매뉴얼에 보고된 바가 없다.

4) KEPTI-에니어그램에 따른 또 다른 국내 유형검사

윤운성(2001)이 개발한 KEPTI는 81문항으로 중학생부터 성인까지 사용할 수 있도록 표준화되어 있다. 문항이 5점 척도로 구성되어 있으며, 온라인 및 오프라인으로 검사가 가능하다. 이 검사의 성인용 표준화 자료를 살펴보면 각 유형별 크론바흐 알파계수가 0.51에서 0.80이며, 재검사신뢰도는 0.67에서 0.92 사이로 보고되고 있다. 또한 RHETI와의 공인타당도는 0.82로 보고되고 있다.

5) 검사의 실시 및 활용

온라인 또는 지필검사를 통해 실시될 수 있으며, 지필검사의 경우 집단검사로도 활용될 수 있다. 또한 두 검사 모두 MBTI와 마찬가지로 각 검사에서 요구하는 소정의 사용자 교육을 이수한 사람들을 대상으로 검사의 사용 및 해석이 권고되고 있다.

EPDI는 한국가이던스(www.guidance.co.kr), KEPTI는 한국에니어그램 교육연구소(www.kenneagram.com)를 통해 구입하여 사용할 수 있으며, 각 검사의 교육과정도 해당 홈페이지에 안내되어 있다.

에니어그램 유형검사는 상담 장면에서는 성격에 대한 이해와 타인과의 관계 개선을 위해 활용되며, 내담자에 대한 이해를 위해 사용된다. 학교 장면에서는 기질에 맞는 효율적인 진로지도 및 적합한 학습방법을 찾을 수 있도록 도와주며, 교사 스스로 자신의 교수방법을 이해하고 효율적인 교수방법을 훈련하도록 도움을 줄 수 있다. 기업 장면에서는 조직 내부에서 겪을 수 있는 내적 갈등과 심리적 역동을 이해하여 갈등을 해소하는 데 도움을 줄 수 있다. 종교영성 장면에서는 자신의 잠재된 모습을 발견하고 자신에 대한 깊은 내적 성찰을 도와주며, 자아성숙과 자아통합을 도와줄 수 있다.

제13장
학습검사

| 이기정 |

학습검사는 학령기 아동의 학습 능력이나 학습 전략, 학령기 이전 아동의 학습준비도 등을 평가하여, 각 영역에서 학생들의 상대적인 위치나 무엇을 더 가르쳐야 하는지, 혹은 어떤 학습 전략을 개발해 주어야 하는지에 대한 정보를 제공한다. 이 장에서는 이러한 다양한 학습검사를 소개하고 전반적으로 다양한 검사를 활용하여 학습장애 아동을 판별하는 과정을 포함한 아동평가 보고서를 제시하고자 한다.

1. 기초학습기능수행평가체제

기초학습기능수행평가체제(Basic Academic Skills Assessment: BASA)는 교육과정중심측정(Curriculum-Based Measurement: CBM)을 기본 형태로 개발된 학습능력 평가도구로, 읽기(reading), 어휘(vocabulary), 읽기 이해(reading comprehension), 쓰기(writing), 수학(math), 수학 문장제(math word problem) 검

사와 학습준비도를 평가할 수 있는 초기수학(early numeracy), 초기문해(early literacy) 검사로 구성되어 있다. CBM의 특징을 모두 가지고 있는 BASA는 각 검사는 각 영역에서 표준화된 방식으로 간단하게 반복측정이 가능하게 고안되어 있다. 또한 규준(norm)을 가지고 있기 때문에 피검자와 또래 간의 비교가 가능하고, 현재 능력에 근거하여 기대되는 성장률을 제공하고 있기 때문에 장단기 목표를 결정하고, 동형검사를 활용하여 피검자의 진전도를 측정하는 것 역시 가능하다.

여기에서는 위 8개 중 5개 검사, 즉 학령기 수준의 학업수준 피검자를 평가하기 위한 BASA-읽기, 어휘, 읽기 이해와 수학, 수학 문장제 검사의 다섯 가지를 소개하고자 한다. 이 외의 BASA-초기문해와 초기수학 검사는 만 4세 아동부터 초등학교 1학년 1학기 수준의 학업 수준의 피검자를 평가하기 위한 검사로 학령기 이전 학업준비도 검사로 활용된다.

1) 기초학습기능수행평가체제-읽기 검사

(1) 개요

기초학습기능수행평가체제-읽기 검사(BASA-읽기; 김동일, 2008)는 읽기 해독 능력인 읽기 유창성을 평가하기 위한 검사도구다. 읽기능력에서는 문자를 소리로 바꾸어 읽는 읽기 해독 능력과 글을 읽고 의미를 파악하는 읽기 이해 능력 모두가 필요하지만, 읽기 초기 단계인 3학년 수준까지는 문장을 소리로 바꾸어 읽는 과정인 자동화된 읽기 유창성 능력이 주로 강조되기 때문이다.

(2) 대상

이 검사는 초등학교 1학년 1학기부터 3학년 2학기에 해당하는 학생의 읽기 유창성을 평가하도록 제작되었다. 그러나 3학년 이후 학년 중 학습부진 혹은 장애가 의심되는 경우에도 사용될 수 있으며(3학년 2학기 규준 사용), 평가 결과를 통하여 아동의 현재 학령 수준을 유추할 수 있다.

(3) 구성

BASA-읽기는 유창성 검사와 빈칸 채우기 검사로 구성되어 있다. 아동의 현 수준을 평가하기 위한 기초평가에서는 이 두 검사를 다 실시하며, 특히 읽기 유창성 검사의 경우, '토끼야 토끼야'와 '분명히 내 동생인데'를 번갈아 가며 총 3회 실시하고, 그 중앙값을 사용하도록 하고 있다. 이후 형성평가에서는 이 두 기초 검사와 같은 수준인 읽기 본문 22개가 제공되며, 랜덤으로 자유롭게 선택하여 사용할 수 있다.

(4) 실시방법

BASA-읽기 중 읽기 유창성 검사는 개인검사로 이루어진다. 제공되는 본문 을 1분 동안 얼마나 빠르고 정확하게 읽는지가 중요하기 때문에, 아동은 충분히 빨리 읽을 수 있도록 격려되어야 한다. 기초검사의 경우, 먼저 '토끼야 토끼야' 를 1분 동안 읽고, '분명히 내 동생인데'를 1분 동안 다시 읽고, 마지막으로 '토끼 야 토끼야'를 1분간 읽는다. 이는 아동이 읽기 활동 자체에 두려움을 가지지 않 도록 하기 위함이다. 이렇게 3회를 실시한 후, 이 세 점수 중 중앙값을 아동의 기초선으로 결정한다. 빈칸 채우기 검사는 집단검사로도 실시가 가능하며, 3분 동안 실시된다. 문장 사이에 주어진 3개의 단어 중 가장 적절한 단어 하나를 고 르는 검사이며, 이 역시 시작 전에 연습문제를 활용하여 학생들이 어떻게 문항 을 풀어야 하는지 충분히 익숙해지도록 한다. 만약 아동이 3분 이전에 과제를 수행한다면 시험지 하단에 그 시간을 표기한다.

(5) 결과

검사 결과는 백분위 점수뿐 아니라 T점수, 학년점수, 월진전도가 제공된다. 이 를 통하여 또래와 비교 시의 상대적인 위치, 현재 발달 수준 그리고 기대되는 성 장률을 계산할 수 있다. 검사 결과, 백분위가 5% 이상 15% 이하인 경우에는 기초 읽기 능력 향상을 위하여 지도가 필요한 아동이며, 5% 이하인 경우에는 전반적 이고 지속적인 읽기지도가 필요한 학생으로 읽기학습장애가 의심되는 아동이다.

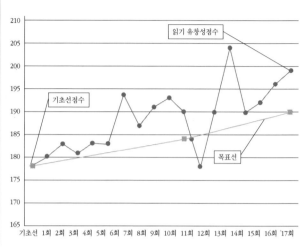

이름	이○○	검사자	지○○
학교명	○○ 초교	검사일시	2017.6.25.
성별	여	생년월일	2009.3.20.
학년.반	3-2	검사시 연령	8세 3개월
읽기 유창성	1차 검사 ① 원점수		178
	2차 검사 ② 원점수		168
	3차 검사 ③ 원점수		190
읽기 수행 수준	④ 원점수(중간값)		178
	⑤ T점수(중간값)		38.61
	⑥ 백분위점수(중간값)		12.71
	⑦ 백분위점수 단계		4단계
	⑧ 현재수준설명		기초 읽기능력 향상을 위하여 지도가 필요합니다.
	⑨ 현재학년		3.4
	⑩ 학년점수(중간값)		1.9
	⑪ 학년차이(학년점수-현재학년)		1.5
	⑫ 월진전도		6

[그림 13-1] BASA-읽기 검사 결과 및 목표 설정 그래프의 예

　　본 검사는 기초평가를 통하여 피검자의 읽기 유창성 수준을 평가한 후 중재 목표를 설정하고, 형성평가를 통하여 중재(교육)에 따른 변화를 지속적으로 점검할 수 있도록 설계되었다. 개별화교육계획 혹은 일반적인 중재(교육)에 따른 목표 설정 방법으로 읽기검사 결과 시 제시되는 월진전도를 활용하는 방법이나, 또래의 평균 수행을 목표로 설정할 수 있다. [그림 13-1]은 규준표에 근거하여 기초선 검사 결과(중간값)와 월진전도를 계산하여 목표선을 구한 예다. 기초선 값+월진전도×목표기간(월)을 계산하여 목표선을 구하고, Data points를 이용하여 대상학생의 점수가 4회 이상 연속하여 목표선 아래로 떨어지면 교수법을 변경하고, 3회 이상 목표선을 상회하면 목표를 변경할 수 있다.

2) 기초학습기능수행평가체제-어휘 검사

(1) 개요

기초학습기능수행평가체제-어휘 검사(BASA-어휘; 김동일, 2019)는 학령기 아동의 어휘 능력을 평가를 위한 검사도구로, 명시적 정의, 어휘와 제시되는 상황적 맥락, 형태소 분석을 포함한 어휘 능력을 평가하도록 구성되어 있다.

(2) 대상

이 검사는 초등학교 3학년에서 6학년까지 총 4개 학년을 대상으로 학생들의 어휘 능력을 평가하도록 되어 있다.

(3) 구성

BASA-어휘 검사는 학년별로 총 7세트로 구성되어 있다. 검사의 한 세트는 학년별 국가수준 교육과정의 교육과정 교과서 분석을 통해 추출된 어휘를 반영한 42문항으로 이루어져 있다. 이들 문항은 현행 교육과정에 기초한 대표 문항들로 구성되어 있으며, 7세트는 모두 문제의 유형과 난이도가 동일한 동형검사로 제작되어 있다.

(4) 실시방법

BASA-어휘 검사는 개인검사 또는 집단검사로 실시될 수 있다. 한 세트의 42문항을 15분 안에 풀어야 하는 시간제약형 검사이므로 빠른 시간 내에 가능한 한 많은 문항을 정확하게 풀 수 있도록 격려되어야 한다. 검사 결과는 정답일 경우 1점으로 처리하고, 오답일 경우 0점으로 처리한다. 각 세트는 일주일에 한 번 또는 격주로 실시함으로써 학생들의 어휘 능력의 진전도를 측정하는 데 활용될 수 있다.

(5) 결과

검사 결과는 백분위 점수뿐 아니라 T점수, 학년점수가 제공된다. 이를 통하여 또래와 비교 시의 상대적인 위치, 현재 발달 수준을 확인할 수 있다. 검사 결과, 백분위가 5% 이상 15% 이하인 경우에는 기초 어휘 능력 향상을 위한 지도가 필요한 아동이며, 5% 이하인 경우에는 전반적이고 지속적인 어휘 능력과 관련 지도가 필요한 아동이다.

3) 기초학습기능수행평가체제-읽기 이해

(1) 개요

기초학습기능수행평가체제-읽기 이해 검사(BASA-읽기 이해; 김동일, 2019)는 학령기 아동의 읽기 이해 능력을 평가를 위한 검사도구로, 사실적 이해, 추론적 이해, 평가적 이해를 포함한 읽기 이해 능력을 평가하도록 구성되어 있다.

(2) 대상

이 검사는 초등학교 3학년에서 6학년까지 총 4개 학년을 대상으로 학생들의 읽기 이해 능력을 평가하도록 되어 있다.

(3) 구성

BASA-읽기 이해 검사는 학년별로 총 4세트로 구성되어 있다. 검사의 한 세트는 학년별 국가수준 교육과정의 교육과정 교과서 분석을 통해 반영한 23~30문항으로 이루어져 있다. 이들 문항은 현행 교육과정에 입각하여 읽기 이해 준거를 설정하고 이를 기반으로 구성되어 있으며, 4세트는 모두 문제의 유형과 난이도가 동일한 동형검사로 제작되어 있다.

(4) 실시방법

BASA-읽기 이해 검사는 개인검사 또는 집단검사로 실시될 수 있다. 한 세트의 23~30문항(3학년 20문항, 4학년 23문항, 5학년 28문항, 6학년 30문항)을 15분 안에 풀어야 하는 시간제약형 검사이므로 빠른 시간 내에 가능한 한 많은 문항을 정확하게 풀 수 있도록 격려되어야 한다. 검사 결과는 정답일 경우 1점으로 처리하고, 오답일 경우 0점으로 처리한다. 각 세트는 일주일에 한 번 또는 격주로 실시함으로써 학생들의 읽기 이해 능력의 진전도를 측정하는 데 활용될 수 있다.

(5) 결과

검사 결과는 백분위 점수뿐 아니라 T점수, 학년점수가 제공된다. 이를 통하여 또래와 비교 시의 상대적인 위치, 현재 발달 수준을 확인할 수 있다. 검사 결과 백분위가 5% 이상 15% 이하인 경우에는 기초 읽기 이해 능력 향상을 위한 지도가 필요한 아동이며, 5% 이하인 경우에는 전반적이고 지속적인 읽기 이해 능력과 관련 지도가 필요한 아동이다.

4) 기초학습기능수행평가체제-수학 검사

(1) 개요

기초학습기능수행평가체제-수학 검사(BASA-수학; 김동일, 2006)는 수학학습의 기초ㆍ기본인 연산 능력을 측정하는 도구다.

(2) 대상

이 검사는 초등학교 1학년 2학기(9월)부터 3학년 2학기까지의 아동을 대상으로 사칙연산 능력을 측정하고, 그 결과에 따라 수학학습 부진이나 학습장애를 선별하는 데 활용된다.

(3) 구성

BASA-수학은 3수준으로 나눠져 있다. 1, 2, 3학년의 교과서와 익힘책을 분석하여 개발한 각 학년 수준의 검사도구와 통합 수준의 검사도구로 구성되어 있다. I수준 검사는 1학년 수준, II수준 검사는 2학년 수준, III수준 검사는 3학년 수준의 문제를 모두 담고 있다.

(4) 실시방법

BASA-수학은 각 학년에 따라 다음과 같이 실시한다. 초등학교 1학년 학생에게는 I수준과 통합 수준, 초등학교 2학년 학생에게는 II수준과 통합 수준, 초등학교 3학년 이상 학생에게는 III수준과 통합 수준 검사를 실시한다. 기초선 측정을 위해서 검사를 세 번 실시하여 얻은 점수 중 중앙값으로 결정한다. 학년 수준과 통합 수준 점수 중 자신이 원하는 수준의 검사지에서 얻은 점수들 중 중간값을 기초선으로 삼고, 형성평가를 실시할 때도 선택한 수준의 검사지를 이용한다.

(5) 결과

검사 결과는 백분위 점수뿐 아니라 T점수, 학년점수, 월진전도가 제공된다. 이를 통하여 또래와 비교 시의 상대적인 위치, 현재 발달 수준 그리고 기대되는 성장률을 계산할 수 있다(그림 13-2) 참조). 검사 결과, 백분위가 5% 이상 15% 이하인 경우에는 기초수학 능력 향상을 위하여 지도가 필요한 아동이며, 5% 이하인 경우에는 전반적이고 지속적인 수학지도가 필요(학습장애 위험)한 아동이다. 따라서 이들에게는 아래 학년 수준의 검사, 즉 초등학교 2학년 학생에게는 I수준, 초등학교 3학년 이상 학생에게는 II수준 검사를 실시하여 백분위를 확인한다.

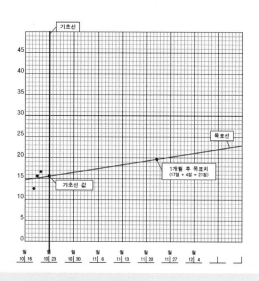

이 름	김순희	검 사 자	황oo
학 교 명	oo초등학교	검 사 실 시 일	2006년 10월 20일
성 별	여	생 년 월 일	1994년 3월 13일
학 년 · 반	5학년 5반	검 사 시 연 령	12년 7월 7일

(III) 단계	1차 검사 ①	원점수	20
	2차 검사 ②	원점수	28
	3차 검사 ③	원점수	24
수학 수행 수준	④	원점수(중간값)	24
	⑤	T점수(중간값)	29.69
	⑥	백분위 점수(중간값)	3
	⑦	백분위 점수 단계	5단계
	⑧	현재 수준 설명	전반적이고 지속적인 수학지도가 필요합니다.
	⑨	현재 학년	5.6
	⑩	학년 점수(중간값)	2.4
	⑪	학년차이(학년 점수-현재 학년)	3.2
	⑫	월진전도	2+

[그림 13-2] BASA-수학 검사 결과 및 목표 설정 그래프의 예

3학년 이상 학생인 경우, II수준 검사에서도 백분위가 15% 이하인 경우에는 I수준 검사를 실시한다. 백분위 점수와 T점수를 확인할 때는 각 수준의 검사에서 해당 학년의 규준표를 이용해야 한다.

5) 기초학습기능수행평가체제-수학 문장제 검사

(1) 개요

기초학습기능수행평가체제-수학 문장제 검사(BASA-수학 문장제; 김동일, 2015)는 학령기 아동의 수학 문장제 해결능력 평가를 위한 검사도구로, 산술 능력뿐만 아니라 읽기 이해력, 전략 사용, 추론 능력을 포함하여 문제 해결력을 평가하도록 구성되어 있다.

(2) 대상

이 검사는 초등학교 3학년에서 6학년까지 총 4개 학년을 대상으로 학생들의 수학 문장제 문제 해결력을 평가하도록 되어 있다.

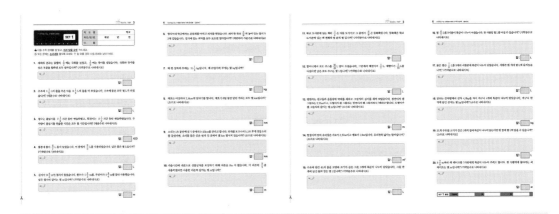

[그림 13-3] BASA-수학 문장제 검사

(3) 구성

BASA-수학 문장제는 학년별로 총 12세트로 구성되어 있다. 검사의 한 세트는 학년별 국가수준 교육과정의 기본 학습 요소를 반영한 20문항으로 이루어져 있다. 이들 문항은 현행 교육과정에 입각한 대표 문항들로 구성되어 있으며, 12세트는 모두 문제의 유형과 난이도가 동일한 동형검사로 제작되어 있다. 각 문항에는 식과 답을 쓰는 칸이 있으며 이를 모두 작성하도록 되어 있다.

(4) 실시방법

BASA-수학 문장제는 개인검사 또는 집단검사로 실시될 수 있다. 한 세트의 20문항을 10분 안에 풀어야 하는 시간제약형 검사이므로 빠른 시간 내에 가능한 한 많은 문항을 정확하게 풀 수 있도록 격려되어야 한다. 검사 결과는 식 점수, 답 점수, 자릿 점수를 채점하여 산출되므로 학생들로 하여금 해당 칸에 식과 답 모두를 빠짐없이 쓰도록 지도한다. 각 세트는 일주일에 한 번 또는 격주로 실시함으로써 학생들의 수학 문장제 문제 해결력의 진전도를 측정하는 데 활용될 수 있다.

(5) 결과

검사 결과는 백분위 점수뿐 아니라 T점수, 학년점수, 월진전도가 제공된다. 이를 통하여 또래와 비교 시의 상대적인 위치, 현재 발달 수준 그리고 기대되는 성장률을 계산할 수 있다. 검사 결과 백분위가 5% 이상 15% 이하인 경우에는 기초 수학문장제 문제해결 능력 향상을 위한 지도가 필요한 아동이며, 5% 이하인 경우에는 전반적이고 지속적인 수학 문장제 문제해결 관련 지도가 필요한 아동이다.

2. KISE 기초학력검사

1) 개요

KISE 기초학력검사(Korea Institute for Special Education-Basic Academic Achievement Test: KISE-BAAT)는 국립특수교육원에서 2005년에 개발된 학력검사로 학교 학습, 특히 국어와 수학에서 부진을 나타내는 아동과 곤란을 경험하는 아동을 선별 또는 진단하기 위한 검사(battery)다.

2) 대상

KISE-BAAT는 만 5세 0개월부터 만 14세 11개월 30일(유치원에서 중학교 3학년 연령)까지의 아동을 대상으로 읽기, 쓰기, 수학 기초학력을 평가하는 검사도구다.

3) 구성

KISE-BAAT는 KISE-BAAT(읽기), KISE-BAAT(수학), KISE-BAAT(쓰기)의 3개 소검사로 이루어져 있으며, 각각의 소검사는 가형과 나형의 2종 동형검사로 구성되었다. KISE-BAAT의 개발 목적이 학습부진 및 곤란을 보이는 아동의 선별 및 진단이 목적이기도 하지만, 교육 프로그램을 평가하고 효과를 측정하는 데에도 그 목적이 있다. 따라서 사전 · 사후 검사 혹은 일반화 등을 평가할 때, 반복 측정을 통한 학습효과를 줄이기 위하여 2종 동형검사로 개발되었다. 또한 아동의 기초학력 지체의 여부와 정도에 대한 진단과 더불어 교육 계획의 수립 · 시행 및 평가에 활용할 수 있도록 개발되었다. 각각 소검사의 평가 영역 및 내용, 문항 수는 〈표 13-1〉과 같다.

∘∘∘ **표 13-1** KISE-BAAT의 소검사 평가 영역 및 내용

소검사	검사 영역		평가 내용(문항 수)	문항 수
읽기 (360문항)	선수기능		도형변별/낱자변별/낱말변별	45
	음독능력		낱자읽기/낱말읽기/문장읽기	75
	독해능력	낱말이해	반대말, 비슷한 말, 유추, 존대어/낱말의 상하관계 유추, 수량단위, 존대어	60
		문장완성	그림 보고 문장완성하기/문장완성하기	30
		어휘선택	시제일치, 호응관계/접속사, 의미 파악하고 적절한 어휘 선택하기	30
		어휘배열	문장을 구성하여 배열하기	30
		짧은글 이해	문장 읽고 주요 사실에 답하기/사실이나 느낌, 의견 구분하기/비유나 상징적 표현 이해하기/글의 주제 찾기/속담 이해하기/글 읽고 결과 유추하기/글 읽고 비판하기	90
쓰기 (300문항)	선수기능		사물, 숫자, 기호, 문자 변별하기/줄긋기, 도형그리기/글자 보고 쓰기/자신의 이름 쓰기	60
	표기능력		낱자쓰기/낱말쓰기/맞춤법에 맞추어 쓰기/받아쓰기/띄어쓰기/문장부호 사용하기	60
	어휘구사력		주어진 낱말 사용하여 짧은 글짓기/주어진 두 낱말의 뜻을 구분하여 짧은 글짓기/주어진 낱말을 보고 연상되는 낱말 쓰기/주어진 문장 속에 알맞은 낱말 쓰기/주어진 낱말들을 순서대로 배열하기	60
	문장구사력		주어진 낱말을 순서대로 배열하기/그림을 보고 다른 형태의 문장들 만들기/문장 구성이 잘못된 것을 고치기/의문문, 청유문, 명령문, 감탄문 쓰기	60
	글구성		그림을 순서대로 나열하여 이야기 만들기/들려주는 글의 내용을 한 문장으로 요약하여 쓰기/그림을 보거나 들려주는 글을 듣고 인과관계, 닮은 점, 추론한 것 등을 쓰기	60
수학 (780 문항)	수	범자연수	10 이하, 100 이하, 1000 이하, 1000 이상	72
		분수와 소수	분수, 소수	36
		비와 백분율	비와 백분율	21
	도형	도형	공간감각, 평면도형, 입체도형	72

연산	덧셈	개념, 구체물 활용, 자연수 덧셈, 분수와 소수 덧셈	54
	뺄셈	개념, 구체물 활용, 자연수 뺄셈, 분수와 소수 뺄셈	54
	곱셈	개념, 구체물 활용, 자연수 곱셈, 분수와 소수 곱셈	60
	나눗셈	개념, 구체물 활용, 자연수 나눗셈, 분수와 소수 나눗셈	60
	암산	듣고 암산하기, 자연수, 분수와 소수	54
측정	측정	길이와 각도, 넓이, 무게, 부피와 들이	72
	시간과 화폐	기초개념, 시각과 달력, 금액 · 물건값	54
	어림	수, 측정, 계산(화폐포함)	54
확률과 통계	확률과 통계	표와 차트, 그래프, 경우의 수 · 확률	54
문제해결	문제해결	간단한 문제해결, 복잡한 문제해결의 이해 및 전략	63

4) 실시방법

KISE-BAAT 검사는 개인용 검사로 검사자와 아동 간의 라포 형성이 중요하다. 또한 이 검사는 읽기, 쓰기, 수학의 기초학력을 측정하는 복수심리검사이기 때문에 세 영역 모두에서 부진이나 곤란을 보이는 아동을 평가하거나 혹은 분리하여 실시하는 것도 가능하다. 채점 시 검사도구 내 전문가 매뉴얼을 활용하거나 http://www.mindstore.co.kr에서 엑셀파일을 다운받아 쉽게 할 수 있다.

5) 결과

KISE-BAAT 검사의 결과는 원점수를 통하여 백분위수, 환산점수, 학력지수, 학년규준 등을 제시한다. 먼저 학년규준을 제시하기 때문에 또래 아동들과 비교하여 얼마나 부진하거나 곤란을 보이는지 평가가 가능하다. 뿐만 아니라 학력지수를 제공하기 때문에 지능과의 비교를 통하여 학습장애 여부를 결정할 수 있다. 학습장애를 판별할 때 적용되는 불일치 기준에 따르면, 능력(지능)과 학업성취 간의 차이가 큰 경우(불일치)가 학습장애로 판별된다. 이러한 불일치를 결정하기 위하여 지능점수와 학업성취 수준이 비교되어야 하는데, KISE-BAAT 검사는 지능지수와 같은 형태인 학력지수를 제공하고 있고, 이러한 차이가 -1 혹은 -2 표준편차의 경우, 학습장애로 판별할 수 있게 도와준다. KISE-BAAT 검사 결과의 예는 [그림 13-4]와 같다.

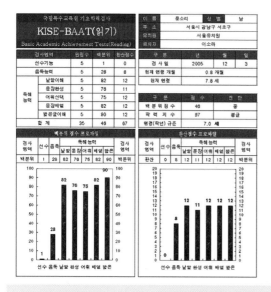
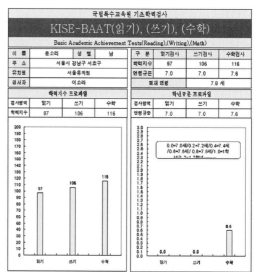

[그림 13-4] KISE-BAAT 검사 결과의 예(읽기 결과표와 읽기 · 쓰기 · 수학 종합 결과표)

3. 언어이해 · 인지력 검사

1) 개요

언어이해 · 인지력 검사의 주요 목적은 3세~5세 11개월의 학령 전 아동의 언어 이해력 및 인지력을 측정하는 것이다. 이 검사의 결과는 일반 및 장애 아동의 언어 이해력 및 인지력을 측정할 수 있음은 물론이고 검사 결과에 따른 장애 아동의 언어 영역에 대한 개별화교육 프로그램(Individualized Education Program: IEP)을 작성할 때 기초 자료로 사용될 수 있다. 전반적으로 문항이 쉽다는 의견도 있으나, 아동의 언어 발달을 조기에 선별하는 데 유용한 도구다.

2) 대상

대상은 3세~5세 11개월의 학령 전 정상 아동은 물론이고 지적장애, 청각장애, 언어장애, 자폐, 뇌손상, 주의력 결핍을 포함한 정서 · 행동 문제를 지닌 아동들이다.

3) 구성

이 검사는 아동의 언어발달 지체를 변별해 내기 위하여 40개의 문항으로 구성되어 있다. 각 문항의 내용은 대명사, 부정어, 크기 개념, 위치 개념, 색 개념, 수량 개념, 남녀 개념, 비교 개념, 분류 개념, 소유격, 시제, 단수 · 복수 개념, 의문사, 사물의 기능 등으로 구성되어 있다. 각 문항의 내용은 〈표 13-2〉와 같다.

○○○ **표 13-2** 언어이해 · 인지력 검사의 문항 내용

문항 번호	문항 내용
1	긍정, 부정: ~이다, ~아니다
2	분류: 장난감, 동물, 사람
3	있다, 없다
4	양: 더 많다, 더 적다(블록 사용)
5	사물의 기능
6	수개념(1~2)
7	성 구별: 여자, 남자
8	위치: 안(속), 밖
9	방향: 올라가요, 내려가요
10	길이: 길다, 짧다
11	위치: 위, 아래(밑)
12	위치: 떨어져 있다, 붙어 있다
13	높이: 높다, 낮다
14	형용사: 크기, 색깔
15	위치: 앞, 뒤
16	시제: 과거, 미래
17	양: 더 많다, 더 적다
18	위치: 앞, 뒤
19	위치: 가까이, 멀리
20	분류: 과일, 채소(야채), 건물(집)
21	양: 수개념
22	수량: 제일 많다, 제일 적다
23	짝짓기
24	방향: ~따라가요
25	숫자: 1~5까지 받아쓰기
26	분류: 교통기관
27	소유격
28	동전
29	수개념
30	같다, 다르다
31	의문사: 누가, 무엇
32	분류: 학용품
33	오른쪽, 왼쪽
34	위치: 두 번째, 세 번째
35	방향: 오른쪽, 왼쪽
36	계절
37	위치: 처음, 끝(마지막)
38	대명사: 나, 너
39	시간: 전, 후
40	양: 단수, 복수

4) 실시방법

이 검사는 아동의 생활연령에 따라서 시작하는 문항을 달리한다(⟨표 13-3⟩ 참조). 만약 아동에게 연령에 따른 시작 문항부터 실시하여, 그 첫 문항부터 연속으로 5문항 이상 실패하면, 그보다 더 낮은 연령의 시작 문항부터 실시한다. 그리고 연속으로 5문항을 실패하였을 때 검사를 중단한다. 검사자는 검사 시작 전, 검사도구(실시요강 및 그림 자료) 외에도, 블록/구슬/동전/각각 12개, 동전(10원, 50원, 100원, 500원) 각각 1개, 종이와 연필을 준비하도록 해야 한다.

○○○ **표 13-3** 언어이해 · 인지력 검사의 생활연령별 시작 문항

연령	시작 문항
3세~3세 11개월	1번
4세~4세 11개월	11번
5세~5세 11개월	20번

5) 결과

실시요강의 지시에 따라 각 문항별 하위 문항 중에서 같은 계열의 물음 3개 중 2개를 통과했으면 +, 실패하면 −, 무반응일 때는 NR, 그리고 실시하지 않은 문항에는 • 을 기록한다. +로 표시된 문항 수를 세어 원점수를 구하며, 실시요강의 백분위 산출표에서 원점수로 백분위를 구한다. 마지막으로 실시요강의 등가연령 산출표에서 원점수로 등가연령을 구한다.

4. 그림 어휘력 검사

1) 개요

이 검사는 2세 0개월~8세 11개월 아동의 수용어휘 능력을 측정하기 위하여 개발된 것으로, 정상 아동은 물론 여러 장애로 인하여 언어에 문제가 있는 아동들의 수용어휘 능력을 평가하는 데 활용 가능하다. Peabody Picture Vocabulary Test-Revised(PPVT-R)의 문항을 기초로 개발되었으며, 그 외 초등학교 교과서 언어 발달에 관한 논문들을 참고하여 2세 0개월~8세 11개월의 아동에게 적절한 112개의 어휘를 선별하였다.

2) 대상

이 검사는 2세 0개월~8세 11개월 아동들의 수용어휘 능력을 측정하기 위하여 개발되었다. 이 검사는 정상 아동은 물론 지적장애, 청각장애, 뇌손상, 자폐, 정서·행동장애, 지체장애 등으로 인하여 언어에 문제가 있는 아동들의 수용어휘 능력을 평가하는 데 활용할 수 있다.

3) 구성

이 검사의 문항은 PPVT-R의 문항을 기초로 우리나라 상황에 적합한 언어를 더 선정하였으며, 총 112개 문항으로 구성되어 있다. 품사별로는 명사가 57%, 동사가 20%, 형용사가 12%, 그리고 부사가 1%로 구성되어 있다. 또한 용어의 내용 범주를 살펴보면, 동물, 건물, 음식, 가구, 가정용품, 신체부위, 직업, 도형, 식물, 학교 및 사무실의 비품, 기구 및 장치, 악기, 교통기관 등으로 구성되어 있다. 최종 112개 문항 중에서는 PPVT-R(L형, M형)에서 59개 문항(53%)이 선정되었다.

4) 실시방법

이 검사에서는 교사가 어휘를 이야기하면, 아동이 그 어휘에 적합한 그림 4개 중 하나를 선택하도록 한다. 실시 이전에 반드시 연습문항을 익히는 것이 필요하다. 연습문제는 연령에 따라 다르게 실시해야 하는데, 6세 이하 아동의 경우 문항 A, B, C를, 6세 이상 아동의 경우 문항 D, E를 실시한다. 실제 검사에서도 아동의 생활연령에 따라 시작 문항을 달리해야 한다(〈표 13-4〉 참조). 검사자는 기초선과 최고한계선(ceiling)을 찾아야 하는데, 만약 아동이 시작한 문항으로부터 연속해서 8개를 바르게 반응하지 못하면, 8개 문항을 연속해서 바르게 맞힐 때까지 낮은 번호의 문항으로 내려간다. 연속해서 8개를 바르게 맞힌 문항들 중 가장 낮은 번호의 문항을 기초선이라고 한다. 기초선이 확립되면, 기초선보다 낮은 번호의 문항들은 굳이 실시하지 않더라도 맞은 것으로 간주한다. 기초선이 확립되면, 계속 위 번호의 문항들을 검사해 나가다가 아동이 연속적으로 8개 문항 중 6개를 틀리게 반응하면 중지한다. 이때 틀리게 반응한 마지막 문항을 최고한계선이라고 한다. 최고한계선이 정해지면 그보다 높은 번호의 문항들을 굳이 실시하지 않더라도 틀린 것으로 간주한다.

ooo **표 13-4** 아동의 생활연령에 따른 시작 문항 번호

연령	시작 문항 번호
2세 0개월~2세 11개월	1
3세 0개월~3세 5개월	9
3세 6개월~3세 11개월	17
4세 0개월~4세 5개월	25
4세 6개월~4세 11개월	33
5세 0개월~5세 5개월	41
5세 6개월~5세 11개월	49
6세 0개월~6세 5개월	57

6세 6개월~6세 11개월	65
7세 0개월~7세 5개월	73
7세 6개월~7세 11개월	81
8세 0개월~8세 5개월	89
8세 6개월~8세 11개월	97

5) 결과

각 문항은 1점씩 배정한다. 기초선이 확립되면 기초선보다 낮은 문항들은 맞은 것으로 간주하며, 최고한계선이 확정되면 그보다 높은 문항들은 틀린 것으로 간주하여 원점수를 계산한다. 즉, 원점수는 (최고한계선-틀린 문항 수)로 산출된다. 일단 원점수가 계산되면, 그로부터 백분위 점수 및 등가연령을 산출할 수 있다. 등가연령은 생활연령에 관계없이, 아동이 이 검사에서 받은 원점수가 어떤 발달 수준에 해당하는지를 나타내는 수치로 아동의 수용어휘 발달연령 수준을 알 수 있다.

5. 청소년 학습전략검사

1) 개요

청소년학습전략검사(Assessment of Learning Strategies for Adolescents: ALSA)는 청소년을 위한 학습전략 검사도구로 초등학교 5학년 이상의 학생에게 적용 가능하다. 이 검사는 학생의 학습전략을 평가하여 인지, 초인지 전략 및 자원관리 영역, 학습동기 및 자아효능감 영역에서의 강약점을 찾아내고, 부족한 부분에 대한 훈련을 통하여 학습의 효과를 극대화시키는 데 목표가 있다. 최근 학습부진의 문제를 극복하기 위하여 학습부진 혹은 학습장애 학생의 학습전략 기술을 교수하는 연구들이 지속되고 있으며 그 효과가 매우 긍정적이라는 점에서 이 검사의 장점을 찾아볼 수 있다. 이 검사의 또 다른 특징으로는 학생의 학습전략 영역에서의 장단점을 파악하는 것뿐 아니라, 필요한 학습전략 프로그램[알자(ALSA)와 함께하는 공부방법 바로알기: 학습전략 프로그램]을 결과와 연계하여 실시 가능하다는 것이다.

2) 대상

알자(ALSA) 검사는 청소년을 위한 학습전략 검사도구로 초등학교 5학년 이상의 학생들에게 적용이 가능하다.

3) 구성

알자(ALSA) 검사는 모두 4개의 하위 요인, 즉 학습동기, 자아효능감, 인지 · 초인지 전략, 자원관리 전략으로 구성되어 있다. 각 하위 요인에 따라 학습동기 9문항, 자아효능감 12문항, 인지 · 초인지 전략 17문항, 자원관리 전략 9문항의 총 47문항으로 이루어져 있다. 검사의 반응 형식은 4단계 평정으로, 피검자들은 각 문항의 내용에 대해 매우 그렇다 4점, 그렇다 3점, 아니다 2점, 전혀 아니다 1점 중에서 하나를 선택한다.

4) 실시방법

알자(ALSA) 검사는 개별검사 혹은 집단검사로 실시될 수 있다. 검사는 일반적인 타 검사와 마찬가지로 피평가자가 편안함을 느낄 수 있는 장소에서 실시해야 하며, 실시 시 타인으로부터 방해받지 않아야 한다. 학생들은 필기구를 준비하고 검사지에 인적 사항을 기록한 다음, 문항 1번부터 각 문항에 대해 자신에게 알맞다고 생각하는 답을 골라 V표 한다.

5) 결과

검사를 실시한 후 검사지의 오른쪽 부분 자르는 선을 따라 떼어 낸 후 표시된 하위척도별 원점수를 합산한다. 합산된 원점수를 학지사에서 제공하는 채점 프로그램에 입력하면 프로파일 결과 해석으로 구성된 채점 결과를 개별적으로 출력할 수 있다.

하위척도와 전체 검사 결과는 또래의 수준과 비교되어 '매우 낮음, 낮음, 보통, 높음, 매우 높음'의 다섯 가지로 구분된다. 학습동기 영역에서는 아동의 내재 동기와 외적 동기를 평가하며, 내재 동기가 높은 학생의 경우, 외부의 보상 없이 공부를 즐기거나 학습과제에 도전하기를 선호하는 특성을 가진다. 자아효능감 영역에서는 효능감 수준을 평가하며, 높은 학습자일수록 도전적인 과제를 선택하고, 과제를 성공적으로 수행하기 위해 더 많은 노력을 하며, 과제 지속성이 높다. 또한 인지·초인지 전략이 뛰어난 학생은 새로운 정보를 학습하는 방법을 알고 있으며, 자원관리 전략이 뛰어난 학생일수록 학습에서의 시간관리, 환경관리, 스스로의 노력에 대한 귀인 등을 잘 조절할 수 있는 것으로 해석된다.

6. 학습전략검사

1) 개요

학습전략검사(Multi-dimensional Learning Strategy Test-II: MLST-II; 박동혁, 2014)는 초등학생, 청소년(중·고등학생), 대학생에게 적용 가능한 학습전략 검사도구이다. 이 검사는 피검자의 성격특성, 동기특성, 정서특성, 행동특성을 파악하여 학습에서의 강·약점 및 학습전략의 유형(주도형, 성실형, 잠재형, 정체형)을 알아내고, 자기주도학습지수(LQ)를 산출한다. 결과를 통하여 학생의 학습과정에서의 취약점을 보완하고 자기주도 학습능력을 높이기 위한 학습상담 프로그램을 제안하거나 실제 세부 학습전략을 제시하여 학습자들이 스스로의 학습을 관리할 수 있는 능력을 극대화하는 데 그 목적을 두고 있다.

2) 대상

MLST-II는 초등학교 4~6학년, 청소년(중·고등학생), 대학생을 대상으로 실시 가능하다.

3) 구성

MLST-II는 성격특성, 동기특성, 정서특성, 행동특성의 4가지 요인으로 구성되어 있다. 성격특성은 효능감, 결과기대, 성실성의 3가지 척도로 구성되어 있으며, 동기특성은 학습, 경쟁, 회피의 3가지 척도로, 정서특성은 우울, 불안, 짜증의 3가지 척도로 구성되어 있다. 그리고 행동특성은 시간관리, 수업듣기, 노트필기, 공부환경, 집중전략, 읽기전략, 기억전략, 시험전략의 8가지 척도로 구성되어 있다. 이 4가지 요인 이외에도 MLST-II에는 신뢰성 지표(반응일관성, 연속동일반응, 사회성 바람직성, 무응답)와 부가정보(성적, 학습시간, 성적만족도, 심리적 불편감)를 제공하고 있다.

4) 실시방법

MLST-II는 개별검사 혹은 집단검사로 실시될 수 있다. 검사는 일반적인 타 검사와 마찬가지로, 피평가자가 편안함을 느낄 수 있는 장소에서 이루어져야 하며, 검사지에 인적사항을 표기한 후 문항 1번부터 자신에게 알맞다고 생각하는 답을 골라 표시한다. 혹은 편리에 따라 온라인 평가를 실시할 수 있다.

5) 결과

MLST-Ⅱ는 학지사 심리검사연구소 사이트(인싸이트, http://inpsyt.co.kr/main)에서 결과를 출력할 수 있다. 전체 점수를 해석하기에 앞서 신뢰성 지표와 부가정보에 대한 해석이 제공되는데, 만약 신뢰성 지표에 문제가 있는 경우 전체 검사 결과에 대한 해석을 수용하기 어렵기 때문에 이를 반드시 확인해야 한다.

신뢰성 지표는 피검자가 평가를 얼마나 신뢰롭게 실시했는지 혹은 이 검사의 결과를 신뢰할 수 있는지를 보여주는 지표이다. 신뢰성 지표에는 반응 일관성(문항 내용이 유사하거나, 문항 간 상관이 높은 문항에서 같은 방향으로 응답을 하고 있는 정도), 연속 동일반응(문항의 배열 순서를 기준으로 연속해서 15개 이상의 문항에 동일한 반응을 하였는지를 판단), 사회적 바람직성(타인에게 의도적으로 잘 보이려고 하는 정도), 무응답(검사 문항에 응답을 하지 않은 경우)을 포함한다. 부가정보는 성적(본인이 응답한 성적 정보로 상, 중, 하), 학습시간(본인이 하루에 스스로 계획을 세워서 공부하는 시간을 T점수로 변환), 성적만족도(본인의 학업성적에 만족하는 정도를 T점수로 변환)에 대한 정보와 심리적 불편감(본인이 현재 느끼고 있는 정서적 불편감 정도)을 제공한다. 이후 이 심리적 불편감 점수는 본 검사의 정서 특성 점수(종합)와 함께 해석되어 심리적 불편감이 2점 이상, 정서 특성 점수 60 이상의 경우 상담을 제안하기도 한다.

본 검사의 하위 요인인 성격, 동기, 정서, 행동 특성들은 각각을 이루고 있는 척도들의 T점수와 백분위 점수가 제공되며, T점수 30 미만의 경우 매우 낮은 정도로 해석된다. 이러한 개인 내적에서의 상대적 강점과 약점이 파악되고, 프로파일이 분석되어 주도형, 잠재형, 성실형, 정체형의 4유형의 학습자 중 하나로 분석된다. 이러한 학습자 유형은 학습에 투자되는 학습량과 학습동기의 수준과 학습전략의 효율성 정도에 따라 결정된다. 또한 MLST-Ⅱ에서는 자기주도학습지수(LQ)를 제공하는데, 이는 측정 요인 중 자기주도학습과 가장 관련성이 높은 요인인 성격특성, 학습전략, 학습동기 세 가지 요인의 총점을 표준화시켜 합산하여 그 값의 평균을 100, 표준편차 15로 환산한 점수이다.

7. 한국판 학습장애 평가척도

1) 개요

한국판 학습장애 평가척도(Korean version of Learning Disability Evaluation Scale: K-LDES; 신민섭, 조수철, 홍강의, 2007)는 학습장애의 특성이 드러날 수밖에 없는 교실 내에서 교사가 학습장애를 선별할 수 있도록 개발된 검사도구다. 학습장애 학생의 가장 공통된 특징을 기술하고 있으며, 광범위한 평가 프로그램으로써 활용이 가능하다. 또한 특수교육으로의 의뢰 이전 교사의 관찰 결과를 객관적인 정보로 변화시키는 데 유용하다.

2) 대상

K-LDES 검사는 만 6세에서 11세의 학생을 대상으로 실시할 수 있다.

3) 구성

K-LDES 검사는 7개의 하위 영역(주의력, 사고력, 말하기, 읽기, 쓰기, 철자법, 수학적 계산)에서 아동들이 보이는 문제를 부모나 교사가 '전혀 그렇지 않다, 가끔 그렇다, 항상 그렇다'의 3점 척도로 평가하도록 되어 있다. 총 88문항이며 7개 하위 영역의 내용은 〈표 13-5〉와 같다.

○○○ **표 13-5** K-LDES 검사의 하위 구성

하위척도	내용	문항 수
주의력	주의집중의 어려움을 평가한다.	7
생각하기	시·공간적 능력, 계기적 정보처리 능력을 평가한다.	17
말하기	말할 때 음을 빠뜨리거나, 단어를 전혀 틀리게 발음하거나, 대화를 잘 이어 가지 못하거나 어휘력이 한정되어 있는 것 등을 평가한다.	9
읽기	단어나 행, 문장들을 빼먹고 읽는 것과 같은 읽기의 정확성과 독해력을 평가한다.	14
쓰기	반전 오류(글자나 숫자를 거꾸로 씀), 띄어쓰기에서의 어려움 등을 평가한다.	14
철자법	철자법, 받아쓰기의 어려움 등을 평가한다.	7
수학적 계산	수학적 연산과 수학적 추론에서의 어려움을 평가한다.	20

4) 실시방법

K-LDES 검사는 학생을 관찰하고 직접 교수하는 기회를 가진 부모나 교사가 실시하는 것이 가장 바람직하다. 학생 수행을 관찰하기 위한 최소 관찰 기간은 없으나 실제 학생이 학습하는 과정을 관찰하는 것이 중요하다. 교사나 부모가 특정한 하위척도 정보만 가지고 있다면, 다른 교사나 부모의 도움을 받는 것도 필요하며, 추측하거나 빈칸으로 남겨 두어서는 안 된다.

5) 결과

결과는 원점수 정보를 통하여 하위척도 표준점수, 학습지수, 프로파일로 분석될 수 있다([그림 13-5] 참조). 하위척도 표준점수는 채점 프로그램을 통하여 얻을 수 있으며, 7개 하위척도에 대한 측정치, 또는 K-LDES의 학습장애 요인 군집에 대한 측정치를 제공한다. 이는 특정 영역에서의 관심, 필요, 성공으로 평

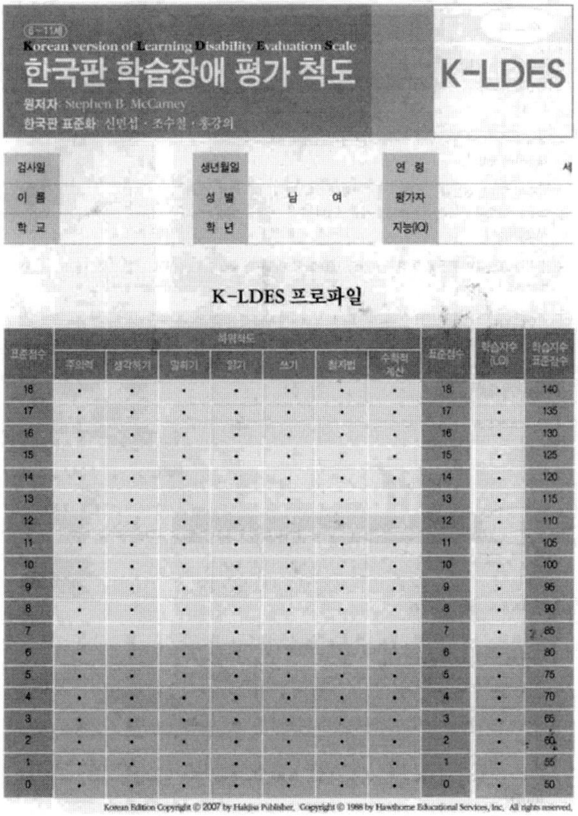

(6~11세)
Korean version of Learning Disability Evaluation Scale
한국판 학습장애 평가 척도 K-LDES
원저자: Stephen B. McCarney
한국판 표준화: 신민섭 · 조수철 · 홍강의

검사일		생년월일		연 령	세
이 름		성 별	남 여	평가자	
학 교		학 년		지능(IQ)	

K-LDES 프로파일

표준점수	하위척도							표준점수	학습지수(LQ)	학습지수 표준점수
	주의력	생각하기	말하기	읽기	쓰기	철자법	수학적 계산			
18	•	•	•	•	•	•	•	18	•	140
17	•	•	•	•	•	•	•	17	•	135
16	•	•	•	•	•	•	•	16	•	130
15	•	•	•	•	•	•	•	15	•	125
14	•	•	•	•	•	•	•	14	•	120
13	•	•	•	•	•	•	•	13	•	115
12	•	•	•	•	•	•	•	12	•	110
11	•	•	•	•	•	•	•	11	•	105
10	•	•	•	•	•	•	•	10	•	100
9	•	•	•	•	•	•	•	9	•	95
8	•	•	•	•	•	•	•	8	•	90
7	•	•	•	•	•	•	•	7	•	85
6	•	•	•	•	•	•	•	6	•	80
5	•	•	•	•	•	•	•	5	•	75
4	•	•	•	•	•	•	•	4	•	70
3	•	•	•	•	•	•	•	3	•	65
2	•	•	•	•	•	•	•	2	•	60
1	•	•	•	•	•	•	•	1	•	55
0	•	•	•	•	•	•	•	0	•	50

[그림 13-5] K-LDES 검사 채점지

가된다. 학습지수는 학습장애를 나타내는 데 사용되며, 하위척도의 환산점수를 합산한 점수에 근거하여 산출된다. 학습지수는 IQ점수(Wechsler 검사 결과)와 비교하여 학습장애의 심한 정도를 평가하는 데 활용된다. 마지막으로 K-LDES 프로파일은 하위척도와 학습지수의 대표치를 제공하며, 정상 표집에서 산출된 평균과 학생의 점수를 시각적으로 비교할 수 있게 도와준다. 이는 한 학생이 학습에서 가지고 있는 주된 결함 영역을 확인하는 데 편리하며, 하위척도 중 하나 혹은 그 이상이 평균 아래로 1 표준편차 이상 벗어나 있는 경우, 특수교육으로의 의뢰를 고려할 수 있다.

8. KISE-적응행동검사

1) 개요

KISE-적응행동검사(Korea Institute for Special Education-Scales of Adaptive Behavior: KISE-SAB)는 사회·문화적 맥락을 반영하고 생활양식에 적합한 내용의 적응행동검사를 개발하기 위해 국내외에서 많이 활용하고 있는 적응행동검사를 분석하여 적응 행동의 평가요인, 평가방법 및 해석방법 등을 추출하여 적응행동 평가모형을 개발한 다음, 그에 따라 개발된 검사다. 적응 행동은 지적장애를 판별하는 주요 요인의 하나이며, 학생의 성장과 발달 정도를 밝히는 데 상당한 영향력을 미치는 요인으로, 아동이 지적장애로 판별되고, 특수교육으로 의뢰되기 위해서는 지능검사 외에도 적응 행동을 함께 평가해야 한다.

2) 대상

KISE-SAB는 지적장애 학생의 경우 만 5세부터 17세까지를 대상으로 적용하고, 일반 학생의 경우 만 21개월부터 17세까지를 대상으로 적용하도록 개발하였다. 이는 KISE-SAB의 문항과 실시 방침을 모두 이러한 연령의 범위에 있는 학생에게 적합하고 효과적이도록 개발했다는 의미다.

3) 구성

KISE-SAB는 구성 모형에 제시된 적응 행동을 평가하기 위해 개념적 적응행동검사·사회적 적응행동검사 및 실제적 적응행동검사로 전체 검사를 구성하였다. KISE-SAB의 검사 영역별 소검사 구성 내용은 〈표 13-6〉과 같다. 개념적 적응행동검사는 구체적·현실적인 실제가 아닌 학문적 상황에서 성공하는

∘∘∘ **표 13-6** KISE-SAB의 검사 영역별 소검사 구성 내용

영역	소검사
개념적 적응행동검사	① 언어이해 ② 언어표현 ③ 읽기 ④ 쓰기 ⑤ 돈개념 ⑥ 자기지시
사회적 적응행동검사	① 사회성일반 ② 놀이활동 ③ 대인관계 ④ 책임감 ⑤ 자기존중 ⑥ 자기보호 ⑦ 규칙과 법
실제적 적응행동검사	① 화장실 이용 ② 먹기 ③ 옷 입기 ④ 식사준비 ⑤ 집안정리 ⑥ 교통수단 이용 ⑦ 진료받기 ⑧ 금전관리 ⑨ 통신수단 이용 ⑩ 작업기술 ⑪ 안전 및 건강관리
합계	24개

데 필요한 기술로 구성된다. 수학적 문제해결, 복잡한 교재의 독서, 과학적 실험의 설계, 역사적으로 중요한 사실의 해석, 학문적 논문의 집필 등과 같은 기술의 발달과 유지에 필요한 요소 등이 개념적 적응행동에 포함되며, 환경 적응에 필요한 동기적·실제적 기술은 포함하지 않는다. 따라서 개념적 적응행동 영역은 언어이해, 언어표현, 읽기, 쓰기, 돈개념, 자기지시의 6개 소검사로 구성되어 있

다. 사회적 적응행동검사는 사회적 기대와 다른 사람의 행동을 이해하고 사회적 상황에서 자신이 어떻게 행동하는 것이 적절한지를 판단하는 기술인 사회적 기술로 구성된다. 사회적 기술의 주요한 구성요소는 사회적 이해 · 통찰 · 판단 및 의사소통을 포함한다. 이는 사회성일반, 놀이활동, 대인관계, 책임감, 자기존중, 자기보호, 규칙과 법의 7개 소검사로 이루어져 있다. 그리고 실제적 적응행동검사는 평범한 일상생활 활동을 해 나가는 데 있어 독립된 인간으로서 자신을 유지해 가는 데 필요한 실제적 적응기술로 구성된다. 이 기술은 자신의 신체적 능력을 가능한 한 최대의 독립을 성취하기 위해 사용하는 기술로, 화장실 이용, 먹기, 옷입기, 식사준비, 집안정리, 교통수단 이용, 진료받기, 금전관리, 통신수단 이용, 작업기술, 안전 및 건강관리의 11개 소검사로 구성되어 있다.

4) 실시방법

KISE-SAB 검사는 학생을 관찰하고 직접 교수하는 기회를 가진 부모나 교사가 함께 실시하는 것이 가장 바람직하다. 학생의 적응행동 기술을 평가할 시 체크리스트의 형식을 취할 수도 있고, 4점 리커트식 형식을 취할 수도 있다.

5) 결과

KISE-SAB는 표준점수를 이용하여 검사 결과를 해석할 수 있도록 개발하였다. 특히 KISE-SAB는 행동의 발생 빈도에 따라 4단계로 구분하여 적응 행동을 평가하고, 그 결과를 표준점수(평균 100, 표준편차 15)를 이용하여 해석하는 방식으로 개발한 적응행동검사라는 데 특징이 있다. 이는 적응 행동도 지능과 동일하게 편차단위로 해석해야만 적응 행동의 지체나 결함 정도를 분석하는 데 용이할 수 있고, 피검사자의 교육 계획을 수립하는 데도 쉽게 활용할 수 있기 때문이다. KISE-SAB는 일반 학생과 지적장애 학생을 대상으로 표준화하여 일반 학생은 물론, 지적장애 학생 집단의 규준으로도 비교를 할 수 있도록 개발하였다.

KISE-SAB는 일반 학생을 규준으로 적응 행동을 평가하되, 지적장애 학생의 경우 지적장애 학생의 규준으로도 적응 행동을 평가할 수 있다.

| 부록 | 학습장애 진단을 위한 아동 평가 보고서[1] |

| 아동 평가 보고서 | ☑ 초기평가
☐ 재평가 |

I. 기초 정보

1. 인적사항 및 검사수행 정보

아동명	이태웅(가명)
생년월일	1999년 10월 28일
성별	남
소속	초등학교 3학년 1반
의뢰인(혹은 담임교사)	박지윤(가명)
검사장소	학교 상담실 및 아동 자택
검사수행 기간	2008년 10월 12일~2008년 12월 5일
전체 검사수행 과정	

회차	날짜	과정	검사자
0-1	10월 7일	- 아동 대면	
0-2	10월 10일	- 팀 회의: 검사 선정 및 수행 계획	
1	10월 12일	- 검사와 중재 소개 및 일정 안내 - 아동과 부모 면담, K-CPRS	
2	10월 17일	- KISE-BAAT(읽기) - 담임교사 면담, K-CTRS	
3	10월 21일	- KISE-BAAT(수학) 1차 검사	

---

[1] 이 보고서는 교육과학기술부와 광주광역시교육청에서 지원한 학습장애 진단·평가모형 개발 연구(실행) 보고서에 실린 아동 평가 결과를 첨부한 것이다.

4	10월 24일	– 웩슬러 아동용 지능검사
5	10월 31일	– KISE-BAAT(수학) 2차 검사
6	11월 4일	– BASA-수학 기초평가
7	11월 7일	– BASA-읽기 기초평가
8	11월 10일	– 팀 회의: 평가 종합 및 중재 계획
9	11월 11일	– 1차 중재: 오류분석을 통한 집중교육 – BASA-수학 1차 형성평가(III단계, 통합단계)
10	11월 14일	– 2차 중재: 오류분석을 통한 집중교육 – BASA-수학 2차 형성평가(III단계, 통합단계)
11	11월 16일	– 3차 중재: 오류분석을 통한 집중교육 – BASA-수학 3차 형성평가(III단계, 통합단계)
12	11월 18일	– 4차 중재: 오류분석을 통한 집중교육 – BASA-수학 4차 형성평가(III단계, 통합단계)
13	11월 21일	– 5차 중재: 오류분석을 통한 집중교육 – BASA-수학 5차 형성평가(III단계, 통합단계)
14	11월 24일	– 팀 회의: 중재 및 평가 중간점검 및 수정·보완
15	11월 25일	– 6차 중재: 오류분석을 통한 집중교육 – BASA-수학 6차 형성평가(III단계, 통합단계)
16	11월 28일	– 7차 중재: 오류분석을 통한 집중교육 – BASA-수학 7차 형성평가(III단계, 통합단계)
17	11월 30일	– 8차 중재: 오류분석을 통한 집중교육 – BASA-수학 8차 형성평가(III단계, 통합단계)
18	12월 2일	– 9차 중재: 오류분석을 통한 집중교육 – BASA-수학 9차 형성평가(III단계, 통합단계)
19	12월 5일	– 10차 중재: 오류분석을 통한 집중교육 – BASA-수학 10차 형성평가(III단계, 통합단계)
20	12월 9일	– 팀 회의: 적격성 판단 및 향후 중재 제안

2. 부모 및 교사 면접에 의한 정보

가족관계	– 아버지(48세), 어머니(47세), 초등학교 1학년인 남동생
경제적 상황 및 가족 분위기	– 아버지는 직장생활로 바쁜 편이며 전업주부인 어머니와 많은 시간을 함께 보냄 – 집은 재개발된 언덕 위의 아파트와 초등학교 사이의 도로 밑 저지대에 위치한 다세대 주택의 2층이며, 현관부터 마루까지 늘어선 책장에는 아동용 도서가 가득 꽂혀 있음 – 1학년인 남동생은 부모가 특별히 과제를 돌봐 주지 않아도 스스로 잘 하는 편임 – 형인 태웅이는 그러한 동생을 자랑스러워하면서도 부러워함
병력 및 발달과정	– 특별한 병치레 없었고 가족병력 없음 – 신체 및 운동 발달은 평균이었지만 유아기 옹알이의 횟수 및 빈도가 낮았고, 3세에도 문장을 제대로 구사하지 못할 정도로 언어발달이 또래보다 늦음 – 3세경, 병원을 찾았을 때 태웅이는 의사의 말에 그다지 반응을 보이지 않음 – 아직 어려서 그럴 수 있다면서 좀 더 기다려 보자는 의견이 다수였다고 함 – 6세 전후 서울대학교 병원에서 경계선급 지능지수를 받았으며, 병원과 연계된 사설 치료실에서 학습훈련을 일주일에 두 번씩 3년 반 가까이 받았음 – ADHD 진단을 받아 처방받은 약을 10월 초까지 복용하였다가 그 후 중단한 상태
학습 수행수준, 방과 후 활동 및 생활습관	– 반에서의 학업수준은 중하 정도라고 함 – 아동은 국어를 자신 있어 하고 수학을 가장 어려워하지만, 어머니는 아동이 어휘력 부족으로 수학의 문장제 문제를 이해하지 못한 것이 원인이라 생각하기에, 가장 근본적인 문제는 어휘력이라고 생각하심 – 과제는 스스로 하려고 노력하고 계획을 세워 실천하려고 하나, 생각만큼 잘 되지 않고 자주 잊어버린다고 함 – 매주 화요일 학교에서 실시하는 컴퓨터 교실 참여 – 주 3회 태권도 도장에 다니는데, 아동이 가장 자신 있어 하고 자랑스러워하는 것이 바로 태권도를 잘한다는 점이라고 함 – 최근에 학교에서 문제를 종종 일으키는 아동으로부터 따돌림과 괴롭힘을 당한 적이 있음

II. 평가 결과

1. 학업성취 영역

1) 학습 진전도 평가: BASA

(1) 기초선 결과

■ BASA-읽기

이름	이태웅(가명)		검사자	
학교명	초등학교		검사실시일	2008년 11월 7일
성별	남		생년월일	1999년 10월 28일
학년 반	3학년 1반		검사 시 연령	9년 ○월 9일
읽기검사 1회	①	원점수		215
읽기검사 2회	②	원점수		163
읽기검사 3회	③	원점수		187
읽기수행 수준	④	원점수(중간값)		187
	⑤	T점수(중간값)		35.48
	⑥	백분위점수(중간값)		15
	⑦	백분위점수 단계		4
	⑧	현재 수준 설명		기초 읽기 능력 향상을 위하여 지도를 부탁드립니다.
	⑨	현재 학년		3.7 (3학년 10월 기준)
	⑩	학년점수(중간값)		2.0
	⑪	학년차이 (학년점수-현재 학년)		-1.7
	⑫	월진전도		6+

■ BASA-수학

이름			이태웅(가명)		검사자	
학교명			초등학교		검사실시일	2008년 11월 4일
성별			남		생년월일	1999년 10월 28일
학년 반			3학년 1반		검사 시 연령	9년 ○월 6일
Ⅲ 단계	1차 검사	①	원점수			28
	2차 검사	②	원점수			27
	3차 검사	③	원점수			25
수학수행 수준		④	원점수(중간값)			27
		⑤	T점수(중간값)			40.21
		⑥	백분위점수(중간값)			18
		⑦	백분위점수 단계			3
		⑧	현재 수준 설명			정상적인 수행수준입니다.
		⑨	현재 학년			3.6
		⑩	학년점수(중간값)			3.075
		⑪	학년차이 (학년점수−현재 학년)			0.525
		⑫	월진전도			4+
통합 단계	1차 검사	①	원점수			24
	2차 검사	②	원점수			29
	3차 검사	③	원점수			23
수학수행 수준		④	원점수(중간값)			24
		⑤	T점수(중간값)			31.85
		⑥	백분위점수(중간값)			3
		⑦	백분위점수 단계			5
		⑧	현재 수준 설명			전반적이고 지속적인 수학지도가 필요합니다.
		⑨	현재 학년			3.6
		⑩	학년점수(중간값)			2.4
		⑪	학년차이 (학년점수−현재 학년)			1.2
		⑫	월진전도			2+

(2) 회기별 중재 내용 및 형성평가 결과(보다 구체적인 내용은 부록 II-1 참조)

회기	학습목표 및 교수-학습 과정	BASA 진단평가 (III/통합)	특이사항
0	기본 사항 파악 및 학습 태도 관찰	28/24 27/29 25/23	- III단계에서는 3단계 수준을 받았으나, 상대적 난이도가 낮은 통합평가에서 5단계 수준으로 떨어진 것으로 보아, 시간경과에 따른 집중력 저하가 원인으로 보임
		BASA 형성평가 (III/통합)	
1	- 받아올림이 없는 세 자리 수 + 세 자리 수(2-나) - 받아내림이 없는 세 자리 수 - 세 자리 수(2-나)	23/26	- 중재 시 2학년 2학기 과정(2-나)을 학습하였는데 쉽다며 성급하게 푸는 경향 있음: 너무 빨리 풀다가 오류 보임 - 중재 중 피로가 쌓여서인지, 중재 후 실시된 형성평가에서 기초선보다 더 낮은 점수 기록 - 다음 회기에는 3학년 1학기 과정(3-가)을 교수할 예정
2	- 받아올림이 있는 세 자리 수 + 세 자리 수(3-가) - 받아내림이 있는 세 자리 수 - 세 자리 수(3-가)	20/24	- 받아 올림/내림 오류가 많음 - 오류가 많아서 속상한 탓인지, 중재 후 실시된 형성평가에서 한숨 쉬고, 말을 거는 등 집중도 떨어져 지난 회기보다 낮은 점수 기록 - 다음 회기에는 2학년 1학기 과정(2-나)으로 받아 올림/내림을 교수할 예정
3	- 받아올림이 있는 두 자리 수 + 한 자리 수(2-가) - 받아내림이 있는 두 자리 수 - 한 자리 수(2-가)	21/24	- 2학년 때 배워서 잘할 수 있는데, 왜 또 공부해야 하냐며 불만 피력 - 종이에 계산과정이나 받아 올림/내림의 수를 쓰는 것을 싫어하며 암산만을 고집함
4	- 받아올림이 있는 두 자리 수 + 두 자리 수(2-가) - 받아내림이 있는 두 자리 수 - 한 자리 수(2-가)	16/23	- 설명할 때 다 안다며 경청하지 않다가, 두 자리 수 덧셈에서 실수가 계속되자 속상해하며 형성평가에서 집중력 저하 - 쉬는 시간을 충분히 주고(10분) 설득하여 받아 올림/내림의 수를 기입하게 하였더니 오류 다소 감소

5	- 곱셈 구구를 이용한 나눗셈의 몫 구하기(3-가) - 곱셈과 나눗셈의 관계 (3-가)	27/30	- 진단평가 시 나눗셈에 대한 기초지식이 전혀 없음을 파악 - 3-가 단계에서 나눗셈이 처음 도입되므로 교육과정에 따라 목표를 설정
5		23/26	- 이에 따른 내용은 직접교수 프로그램인 DISTAR 중 Division 부분에서 발췌하여 사용 - 곱셈을 능숙하게 할 수 있어서 나눗셈에 대한 이해도 높음 - 칭찬을 많이 하자, 자신감 있는 모습으로 과제에 집중하는 모습을 보였으며 형성평가에서도 매우 향상을 보임
6	- 몇십 ÷ 몇(3-나) - 받아내림이 없는 두 자리 수÷한 자리 수(3-나)	20/24	- 나눗셈이 재미있고, 좋아하게 되었다고 말함 - 시간이 지나자 주의력이 조금 떨어진 모습을 보였지만 능숙하게 문제를 풀어 나감
7	- 받아내림이 있는 두 자리 수] - 두 자리 수 - 두 자리 수 ×한 자리 수	21/24	- 여전히 암산을 좋아하며 받아 올림/내림의 실수가 반복됨 - 계산과정을 쓰면서 문제를 해결하는 수학천재 소년의 이야기를 해 주자, 본인도 해 보겠다며 계산과정을 쓰기 시작했고, 이 과정에서 오류를 스스로 고쳐 나감
8	- 세 자리 수×한 자리 수 - 두 자리 수×두 자리 수	29/31	- 곱셈의 재미있는 특성에 관해 설명하였더니 큰 흥미를 보이며 문제가 더 잘 풀린다며 신이 남 - 받아 올림/내림 계산과정은 꼭 쓰고, 자신 있는 부분은 암산
9	- 나눗셈의 몫과 나머지 (3-나) - 받아내림이 있는 두 자리 수 ÷ 한 자리 수 Ⅰ (3-나)	15/24	- 나눗셈의 나머지에 대해 잘 이해하지 못함 - 매우 어려워해서 받아내림이 있는 두 자리 수 ÷ 한 자리 수 부분을 두 부분으로 나누어 교수하기로 함 - 어려운 문제에 마주치자 곧 주의력이 분산되며 학습의 중단을 요구함 - 형성평가 시에도 다른 행동이나 생각을 하는 등 문제에 집중하지 못하여 매우 저조한 결과로 나타남

| 10 | - 받아내림이 있는 두 자리 수 ÷ 한 자리 수 II (3-나)
 - 나눗셈의 검산(3-나) | 22/19 | - 이전 회기에 비해 나눗셈에 대한 이해도는 소폭 향상되었으나 혼자서 풀어 보라고 했을 때에는 잘 수행하지 못하고 주의력이 분산됨
 - 학습량이 부담되었는지 회기가 끝날 쯤에는 매우 지친 모습을 보임 |

■ 진전도 그래프
- BASA-수학 III단계

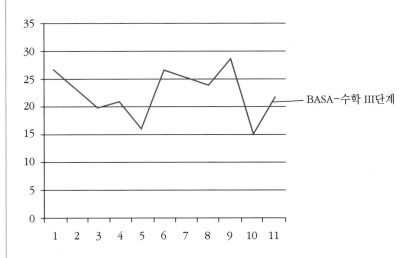

종료

- BASA-수학 통합단계

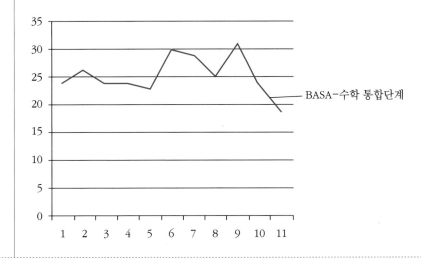

■ 총평
- BASA-수학을 사용하여 태웅이의 학습 진전도를 측정한 결과, 그 결과가 매우 들쑥날쑥하며, 일대일 집중 학습에도 불구하고 진전도가 유의하게 향상되지 않고 있음을 확인할 수 있었음
- 일관적이지 않은 결과는 집중력 정도에 따라 크게 좌우되는 것으로 보임
- 주의력 향상을 위한 프로그램과 더불어 더욱 집중적이고 개별화된 교수 방법이 요구됨

2) 학업 수행(보다 구체적인 내용은 부록 II-2, 3 참조)

검사종류	검사 점수 및 결과
KISE-BAAT	- 읽기: 학년규준 1.8학년으로 1.8학년 지체 - 수학: 학년규준 2.2학년으로 1.4학년 지체
검사실시일	- 2008년 10월 17일~10월 31일
평가자	
학급 및 학교 시험: 2008년 2학기	- 국어: 50점, 수학: 48점
학업 수행과 관련된 학교 기록	- 1, 2학년까지는 전 과목에 걸쳐 평균(혹은 약간 아래) 정도의 수행 수준을 보임 - 주어진 과제를 꾸준히 하려고 노력하나 종종 실패함 - 3학년 이후 눈에 띄게 성적이 떨어짐(특히 수학) - 성적이 떨어지면서 학업적 자아효능감도 낮아지고, 학습 동기도 현저히 줄어듦 - 과제에 몰입하지 못하고, 주의력이 부족함

2. 인지 영역

검사종류	검사 점수 및 결과
웩슬러 아동용 지능검사	- 지능지수 81로 평균 하의 수준
검사실시일	- 2008년 10월 24일
평가자	

3. 학습기능 관찰

관찰영역	관찰된 내용
학업	- 연산 속도가 매우 느리며 연산 기호 관련 오류 및 작업기억 결함이 의심스러운 오류를 종종 보임 - 수학적 개념 학습을 어려워함 - 모르는 어휘가 나왔을 때에도 질문하기보다는 눈치를 보며 대충 넘어가려는 경향이 있음 - 글을 읽을 때 단어를 생략하고 읽는 경우가 종종 있으며, 줄 전체를 생략하기도 함
행동	- Time-on-task가 짧고, 주변의 방해 자극에 취약함 - 주의력 결핍 행동 이외에, 행동적 측면에서는 주요 문제가 관찰되지 않음
정보처리	- 학교에서 담임교사가 확인하는 내용(알림장 등)은 기입하지만, 전반적으로 책이나 노트에 요점정리나 필기하는 것을 좋아하지 않는 경향이 있음: 수학문제 풀이도 종이가 깨끗해야 한다며 계산과정을 생략하다 오류를 보이는 경우가 많으며, 중간고사 시험지도 마찬가지임. 조직화하여 효율적으로 노트 필기하는 방법을 모름 - 주어진 일을 할 때 계획을 세워 처리하지 못하고 시간 관리 능력이 떨어짐 - 학습 활동 시 과제를 즉시 수행하지 못하고 종종 교사의 지시를 잊어버려 되묻곤 함

4. 기타 평가 정보

1) 기타 체크리스트 실시 결과: 공존장애(ADHD, 정서·행동장애 등) 여부 확인

검사종류	검사 점수 및 결과
K-CPRS	- 부모용(27문항): 34점 이미 6세에 ADHD로 진단받음
검사실시일	- 2008년 10월 12일
평가자	- 대상 아동의 부모
K-CTRS	- 교사용(28문항): 15점 부모용 척도보다 낮게 나온 이유는 아동이 과잉행동이 아니라 부주의형이기에, 자세한 관찰 없이는 눈에 띄지 않기 때문으로 추론됨
검사실시일	- 2008년 10월 17일
평가자	- 담임교사

2) 신경심리검사 결과

해당 사항 없음.

3) 의학적 정보

특별한 병력은 없었으나, 유아기 옹알이의 횟수 및 빈도가 낮았고, 3세에도 문장을 제대로 구사하지 못할 정도로 언어 발달이 또래보다 늦었다고 한다. 6세 전후 서울대학교 병원에서 경계선급 지능지수 및 ADHD 진단을 받았으며, 병원과 연계된 사설 치료실에서 일주일에 두 번씩 3년 반 가까이 학습훈련을 받았다. ADHD 증상 완화를 위한 약을 10월 중순까지 복용하였는데, 아동이 약 복용을 좋아하지 않았고 부모도 큰 효과를 관찰하지 못한 관계로 고민하고 있던 중, 지인인 임상심리가의 의견으로 현재는 중단한 상태다.

4) 보조공학

해당 사항 없음.

III. 적격성 결정을 위한 평가결과 해석

	단계	내용	확인
I -A	심각한 저성취 확인 *하위 5~15%	- 교사, 부모, 아동과의 면접 및 학교시험 성적에서 드러난 학업성취도뿐 아니라, 표준화 검사인 KISE-BAAT와 BASA의 결과에서도 알 수 있듯이 학업에 어려움을 느끼고 있는 상태이며 평균적으로 1.5학년 이상의 지체 보임	V
	또래보다 낮은 진전도 (중재에의 반응 정도) *실제 학령의 평균 진전도보다 낮은 경우	- BASA-수학을 사용하여 학습 진전도를 측정한 결과, 그 결과가 매우 들쑥날쑥하며, 일대일 집중 학습에도 불구하고 진전도가 유의하게 향상되지 않고 있음을 확인할 수 있었음	V

I-B	제외 준거 평가 *학업적 어려움에 대한 대안적인 설명 변인(문화적 결손, 낮은 SES, 외국인, 귀국자 자녀 등) 확인	- 다문화 가정이 아니며, 부유한 가정은 아니지만 아동의 어머니가 아이에 대한 관심이 높고 같이 보내는 시간도 많은 것을 고려해 볼 때 해당 사항 없음	V
II-A	개인 내적 결손 요인 분석 (지적 기능 검사)	- 웩슬러 아동용 지능검사 결과, 언어성 92, 동작성 72, 지능지수 81로 평균 하의 수준의 지적 기능을 나타냄	V
II-B	제외 준거 재평가 *인지적 어려움에 대한 대안적인 설명 변인(지적장애, 발달지체 등) 확인	- 지능 수준이 평균 하로, 지적장애에 해당하지 않음	V
III	기대보다 낮은 성취 수준 확인 *SD 1-2 차이	- 지능이 81점으로 평균 하에 속하는데 성취도는 1.5학년 이상의 지체를 보이고 있는 바, 지능과 성취의 불일치가 존재한다고 볼 수 있음	V
IV	기능적 장애 수준의 평가	- 느린 연산 속도 및 연산 기호 관련 오류가 잦고, 수학적 개념 학습을 어려워하며, 생략과 같은 읽기 문제를 보임 - Time-on-task가 짧고, 주변의 방해 자극에 취약함 - 조직화 전략이 부족하며, 계획하기 기능 및 작업기억 결함이 의심됨	V
	관련 서비스 지원 여부 평가	- 공존장애(ADHD, 정서·행동장애 등) 확인: 주의 집중 시간이 매우 짧으며, 중재 중이나 검사 중에도 자꾸 말을 하는 등 그에 대한 주의를 받아도 같은 행동이 계속됨, 사소한 방해 자극에도 금방 집중이 분산됨 - 교육적으로 관련된 의학적 정보: 6세 때, 경계선급 지능지수를 받았으며, ADHD 진단도 함께 받음	V

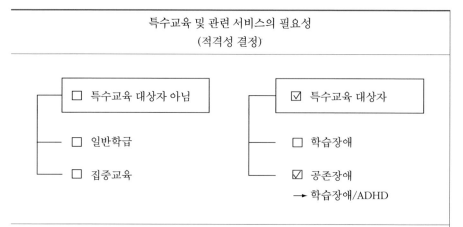

- 총평

대상 아동은 유아기 때부터 일어난 언어적 발달 지연으로 어휘력과 이해력 부족이 나타났고, ADHD를 동반한 상태였으나, 부모의 높은 관심과 교육적 중재의 힘으로 받아쓰기와 기본연산, 구구단과 같은 선수학습기능 익히기에 초점을 기울인바, 초등학교 1, 2학년 때까지는 학업에서 약간의 어려움만을 경험하는 정도였음. 그러나 3학년으로 진급한 뒤부터 난이도가 높아지는 학습내용의 숙지에 어려움을 호소하고 있으며, 또래와의 격차도 커지고 있음. 지능검사에서 잠재성이 상대적으로 낮게 나왔으며 RTI의 단계 2에 해당하는 집중 지도를 통해서도 일관적이지 못하고, 낮은 진전도를 보여 ADHD를 동반한 학습장애까지 의심되는바, 학업성취도의 격차는 계속될 것으로 보임. 따라서 향후 ADHD에 대한 중재를 포함하는, 단계 3에 해당하는 특수교육 관련 서비스가 요구됨

IV. 중재 계획

	대안	장단점
1	복지관의 방과 후 프로그램 참가하기	- 사회성 및 집중력 증진을 위한 프로그램에 참여할 수 있음 - 비용이 발생되나 사설 치료실보다는 저렴하게 이용 가능
2	담임교사에게 협조 구하기	- 교수방법에 변화를 주어, 아동이 수업시간에 집중하여 같이 학습하는 면학 분위기 조성 - 교사 면담을 통해 느낀 바로는 담임교사가 매우 바빠서 대상아동에 대해 배려하는 것이 부족하다고 판단되어 현실적으로 쉽지 않음

3	특수학급에서의 협조 구하기	- ADHD를 가지고 있고 학습장애의 염려가 있으니 RTI의 단계 3인 특수교육 의뢰를 할 수 있으나, 우리나라 초등학교의 현실상 실현되지 않을 수 있음 - 기본 교과목(예: 국어, 수학)에서 pull-out하여 지도한다고 하면 학습의 효과는 높을 수 있으나, 본인에 대한 주위 사람의 인식에 신경을 많이 쓰는 대상 아동에게는 오히려 역효과가 있을 수도 있음
4	방학동안 1:1 지도 받기	- 학습지 교사에게 지도 받은 경험 있으나, 아동이 스트레스를 많이 받아 9월에 중단함 - 그 후, 어머니께서 집에서 공부를 돌봐 주시나 아이가 하기 싫어함 - 개인 과외는 고가의 비용발생이 단점 - 대학생 멘토링 학습지도 프로그램 등 무료 프로그램을 찾아볼 수 있을 것

부록Ⅱ-1　수학 연산에서의 오류 유형 분석

1. 사례 보고서에서 사용하는 오류 유형 분류 틀

오류 유형	하위 유형			
	덧셈	뺄셈	곱셈	나눗셈
체계적인 오류	잘못된 연산			
	불완전한 연산			
	자릿값 오류			
	알고리즘 오류			
	받아올림의 오류	받아내림의 오류	받아올림의 오류	0 처리 오류
		0 처리 오류	0 처리 오류	
	계산상의 오류: 단순한 계산상에서의 오류	곱셈 구구 오류		
		덧셈 오류	뺄셈 오류	
			가정몫 오류	
임의의 오류	오류의 패턴 없이 무작위로 답을 적은 경우			
무응답 오류	문제에 응답하지 않은 경우			

2. BASA-수학 형성평가를 통한 오류 유형 결과 분석

이번 사례 연구에서 대상 아동의 수학 형성평가 문제에서의 오류 분석의 내용을 분석해 보면 다음과 같다. 이번 연구에서 사용한 오류 유형 분류 틀에 의하면 곱셈과 나눗셈의 연산과정에서 보이는 오류도 유형화되어 있다. 그러나 본연구에서 대상 아동은 두 자리 이상의 곱셈 문제는 거의 풀지 못했으며, 두 자리 이상의 나눗셈을 제대로 계산하지 못했다. 대상 아동은 BASA-수학 형성평가문제를 풀기 시작한 지 20분 정도가 지나면서 문제 풀이에 거의 집중하지 못하고 산만한 태도를 보였으며, 곱셈과 나눗셈 문제를 거의 풀지 못했다.

  본 연구에서 대상 아동은 받아 올림이나 내림의 연산에서 가장 많은 오류를 보였으며, 일부는 계산과정에서 알맞은 연산이 아닌 다른 연산을 사용하거나, 단순한 계산에서 오류를 보였다. 한편으로 대상 아동이 모든 받아 올림이나 내림의 연산에서 오류를 보인 것은 아니며, 중재 중이나 검사 실시 후에 받아 올림과 내림을 다루는 다른 수학 문제를 설명해 주었을 때 이해하고 있음을 확인할 수 있었다. 이는 본 대상 아동이 받아 올림과 내림의 기본 개념에 대해서는 이해를 하고 있으나 이를 기록할 때 오류를 범하는 것으로 보인다. 또한 나눗셈에서 가정몫을 적게 취해서 오류를 보이기도 했다. 이러한 오류들은 본 아동의 집중력과 주의력이 낮고 산만하다는 점과 연관지어서 접근할 수 있는 것으로 보인다.

  대상 아동이 BASA-수학 형성평가 문제들을 푸는 과정에서 보인 오류들을 유형화해 보면 다음과 같다.

① 잘못된 연산
• 알맞은 연산이 아닌 다른 연산을 사용하는 경우의 예시

$$
\begin{array}{r}
76 \\
+12 \\
\hline
84
\end{array}
\qquad
80 \div 4 = 320
\qquad
69 \div 3 = 72
$$

② 명백한 계산 오류
• 단순한 계산 오류의 예시

$$
\begin{array}{r}
54 \\
-\ 4 \\
\hline
53
\end{array}
\qquad
\begin{array}{r}
57 \\
-\ 2 \\
\hline
54
\end{array}
\qquad
\begin{array}{r}
874 \\
-379 \\
\hline
503
\end{array}
\qquad
\begin{array}{r}
39 \\
-\ 4 \\
\hline
33
\end{array}
$$

③ 받아 올림이나 내림의 오류

• 받아올림을 해야 하는데 하지 않거나 할 필요가 없는데 하는 경우의 예시

```
   65        38        37        67
  +28       +54       +48       +48
  ───       ───       ───       ───
   83        82        75       105
```

• 받아내림을 해야 하는데 하지 않거나 할 필요가 없는데 하는 경우의 예시

```
   75       657      6234       612        93
  - 6      -368     +3865      +364       -27
  ───      ────     ─────      ────       ───
   59       299      2469       258        76
```

• 받아올림 수를 잘못 더하거나 더하지 않은 경우의 예시

```
   216        46
  ×  3       × 5
  ────       ───
   638       200
```

④ 곱셈 구구 오류

• 곱셈 구구를 잘못하는 경우의 예시

```
        4
  9) 54
```

⑤ 불완전한 연산

• 중요한 단계를 생략하거나 중지한 경우의 예시

```
   97
  +26
  ───
   13
```

⑥ 가정몫 오류

• 가정몫을 적거나 많게 취한 경우의 예시

```
        22
   4 )  96
         8
        16
         8
         0
```

대상 아동이 보인 오류의 유형은 위의 오류 유형 분석 틀에 근거해서 접근해 볼 때 크게 여섯 가지로 나누어 볼 수 있으며 빈도는 다음의 표와 같다.

오류의 유형	설명	빈도(총 10회기)
오류 유형 1	잘못된 연산	6
오류 유형 2	명백한 계산 오류	4
오류 유형 3	받아 올림이나 내림의 오류	17
오류 유형 4	곱셈 구구의 오류	3
오류 유형 5	불완전한 연산 오류	2
오류 유형 6	가정몫 오류	1

부록II-2 KISE-BAAT 읽기

국립특수교육원 기초학력검사
KISE-BAAT(읽기)
Korea Institute for Special Education-Basic
Academic Achievement Tests(Reading)

이름	이태웅(가명)	성별	남
주소	서울시 성북구 응암동		
학교	초등학교	학년	3
검사자			

검사영역		원점수	백분위 점수	환산 점수
선수기능		15	100	11
음독능력		24	89	12
독해 능력	낱말이해	16	84	13
	문장완성	7	48	9
	어휘선택	8	47	10
	문장배열	8	57	10
	짧은글 이해	2	6	6
합계		80	51	71

구분	연	월	일
검사일	2008	10	17
기준일	2008	4	0
현재 학년		6	17

구분	점수
백분위 점수	51
학력지수	101
학년규준	1.8

KISE-BATT 읽기

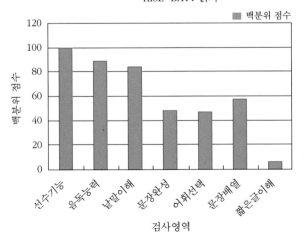

부록II-3   KISE-BAAT 수학

국립특수교육원 기초학력검사
KISE-BAAT(수학)
Korea Institute for Special Education-Basic
Academic Achievement Tests(Math)

이름	이태웅(가명)	성별	남
주소	서울시 성북구 응암동		
학교	초등학교	학년	3
검사자			

검사영역	원점수	백분위 점수	환산 점수
수	18	24	8
도형	7	14	6
연산	36	39	9
측정	25	47	9
확률과 통계	3	29	8
문제해결	1	7	6
합 계	90	25	46

구분	연	월	일
검사일	2008	10	21
기준일	2008	4	0
현재학년		6	21

구분	점수
백분위점수	25
학력지수	88
학년규준	2.2

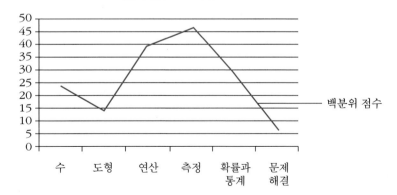

백분위 점수 프로파일

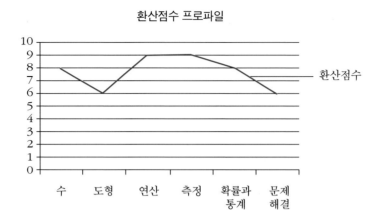

[참고문헌]

고향자(1992). 한국대학생의 의사결정유형과 진로결정수준의 분석 및 진로결정상담의
　　효과. 숙명여자대학교 대학원 박사학위논문.

곽금주(2002). 아동 심리평가와 검사. 서울: 학지사.

곽금주, 박혜원, 김청택(2001). K-WISC-Ⅲ 지침서. 서울: 도서출판 특수교육.

곽금주, 오상우, 김청택(2011). K-WISC-Ⅳ 전문가 지침서. 서울: 학지사 심리검사 연구소.

국립특수교육원(2004). KISE 기초학력검사(KISE-BAAT) 개발연구. 충남: 국립특수교육원.

김계현, 황매향, 선혜연, 김영빈(2012). 상담과 심리검사(2판). 서울: 학지사.

김나라, 남희정, 홍경수, 김지혜(2011). PAI를 통해 본 관해기 시기의 정신분열병 환자
　　의 심리적 특성. 한국임상심리학회지: 임상, 30(2), 459-474.

김동일(2006). 기초학습기능수행평가체제-수학검사. 서울: 학지사.

김동일(2007). 청소년 학습전략 검사(ALSA) 실시요강. 서울: 학지사.

김동일(2008). 기초학습기능수행평가체제-읽기검사(2판). 서울: 학지사.

김동일(2010). 기초학습기능수행평가체제-초기문해 검사. 서울: 학지사.

김동일(2010). 기초학습기능수행평가체제-초기수학검사. 서울: 학지사.

김동일, 강옥려, 홍성두, 이기정, 김이내(2008). 학습장애 진단·평가 모형 개발 연구 실행.
　　교육과학기술부 미발행 연구 보고서.

김봉환, 김아영, 차정은, 이은경(2007). 청소년용 진로발달검사 개발과 타당화 연구. 상
　　담학연구, 8(2), 583-602.

김시업, 이혜선, 손지선, 전우병(2004). 여성살인범의 범행관련 특징과 PAI에 나타난 성
　　격특성. 한국심리학회지: 여성, 9(3), 111-129.

김영태, 장혜성, 임선숙, 백현정(1995). 그림어휘력검사. 서울: 서울장애인종합복지관.

김영환, 김지혜, 홍상황 공역(2006). 로르샤하 종합체계 워크북(5판). 서울: 학지사.

김영환, 김지혜, 오상우, 임영란, 홍상황(2001). PAI 표준화연구. 한국심리학회지: 임상, 20(2), 311-329.

김영환, 김지혜, 오상우, 임영란, 홍상황(2016). PAI-A 청소년 성격평가 질문지 해석지침서. 서울: 학지사인싸이트(http://inpsyt.co.kr/school/info/kindList. 2017.10.29)

김영환, 문수백, 홍상황(2005). 심리검사의 이론과 실제. 서울: 학지사.

김영환, 박은영, 홍상황, 강덕규(2001). PAI의 요인구조. 한국심리학회지: 임상, 20(3), 583-594.

김재환, 오상우, 홍창희, 김지혜, 황순택, 문혜신, 정승아, 이장한, 정은경(2006). 임상심리검사의 이해. 서울: 학지사.

김정택, 심혜숙, 심민보, 김명준(2013). MBTI Form Q 매뉴얼. 서울: 어세스타.

김중술(1988). 다면적 인성검사: MMPI의 임상적 해석. 서울: 서울대학교 출판부.

김태련, 서봉연, 이은화, 홍숙기(1993). 아동용 회화 통각 검사. 한국 가이던스.

박경숙, 윤점룡, 박효정, 박혜정, 권기욱(1991). KEDI-WISC 검사요강. 서울: 도서출판 특수교육.

박영숙(1993). 심리평가의 실제. 서울: 하나의학사.

박은영, 홍상황(2012). 청소년 성격평가질문지(PAI-A) 긍정왜곡 지표의 효율성. 한국심리학회지: 학교, 9(2), 275-288..

박은영, 홍상황, 정상문, 김영환(2002). 수형자의 PAI 프로파일과 범법행위 예언지표. 한국심리학회지: 임상, 21(4). 941-954.

박혜숙, 김양곤, 윤일홍(2015). Rasch 측정모형을 사용한 범법 청소년 대상 PAI-A 공격성 척도 타당화. 교육평가연구, 28(3), 803-829.

박혜원, 곽금주, 박광배(1996). K-WPPSY 지침서. 서울: 도서출판 특수교육.

박혜원, 이경옥, 안동현(2016). K-WPPSY-IV 실시지침서. 서울: 인싸이트.

배정규, 김중술, 안창일(1986). MMPI에서의 부정왜곡에 대한 탐지 전략. 서울의대 정신의학, 11(1), 48-59.

서울장애인종합복지관(1992). 언어 이해, 인지력 검사 실시요강. 서울: 기쁜소식.

성태제(1995). 고등정신능력 신장을 위한 교육평가 방안 탐색. 구립교육평가원 전국교육평가 심포지엄 보고서 제12집.

신경진, 원호택(1991). Exner 종합체계에 따른 한국 정상성인의 Rorschach 반응특성 Ⅰ. 한국임상심리학회: 임상, 10(1), 206-216.

신민섭, 조수철, 홍강의(2007). 한국판 학습장애 평가 척도. 서울: 학지사.

안창규(1996). 진로 탐색검사의 표준화를 위한 연구. 한국심리학회지: 상담 및 심리치료, 8(1), 169-200.

안창규, 채준호(1997). NEO-PI-R의 한국표준화를 위한 연구. 한국심리학회지, 9(1), 443-473.

안현의, 김동일, 안창규(2006). NEO 아동 및 청소년 성격검사의 해석과 활용. 서울: 한국가이던스.

안현의, 안창규. NEO-II 성격검사 해석지침서. 서울: 학지사인싸이트(http://inpsyt.co.kr/school/info/kindList. 2017,10,29)

염태호(1990). 성격의 유형과 특성. 경희대학교, 학생생활연구, 7, 149-198.

염태호, 김정규(2003). 16PF(다요인인성검사)의 이해와 활용. 서울: 한국가이던스.

염태호, 박영숙, 오경자, 김정규, 이영호(1992). K-WAIS 실시 요강. 서울: 한국가이던스.

윤운성(2001). 에니어그램 성격검사의 개발과 타당화. 교육심리연구, 15(3), 131-161.

이기학, 이학주(2000). 대학생의 진로 태도 성숙 정도에 대한 예언 변인으로서의 자기-효능감 효과 검증에 대한 연구. 한국심리학회지: 상담 및 심리치료, 12(1), 127-136

이상금(1996). 간호사가 지각한 자율성, 그룹 결속력과 직무 만족도, 조직 몰입, 직무 동기, 재직 의도와의 관계. 서울대학교 대학원 석사학위논문.

이요행(2002). 개인과 환경의 상응이 직무만족, 수행 및 이직 가능성에 미치는 영향. 중앙대학교 대학원 박사학위논문.

이우경, 이원혜(2012). 심리평가의 최신 흐름. 서울: 학지사

이은경(2001). 자기효능감이 진로발달에 미치는 영향. 이화여자대학교 대학원 박사학위논문.

이은하(2007). 에니어그램 심리역동검사 해석과 활용(성인용). 서울: 한국가이던스.

이은하(2008). 에니어그램 심리역동검사 해석과 활용(청소년용). 서울: 한국가이던스.

이은하(2009). 에니어그램 심리역동검사 해석과 활용(아동용). 서울: 한국가이던스.

이종범(2001). 고등학교에서의 진로검사도구 활용에 대한 연구. 서울대학교 대학원 석사학위논문.

임언, 정윤경, 상경아(2001a). 진로성숙도 검사 개발 보고서. 서울: 한국직업능력개발원.

임언, 정윤경, 상경아(2001b). 직업가치관 검사 개발 보고서. 서울: 한국직업능력개발원.

임인재(1980). 심리측정의 원리: 교육과학신서(제5권). 파주: 교육출판사.

장석민, 임두순, 송병국(1991). 중·고등학생 진로성숙도 검사 표준화 연구. 충북: 한국교육개발원.

정인숙, 강영택, 김계옥, 박경숙, 정동영(2003). KISE-적응행동검사 개발 연구. 충남: 국립특수교육원.

최영주, 정혜정(2017). 심리재활현장에서의 심리진단 및 평가. 서울: 시그마프레스.

최정윤(1984). 인물화 성격 검사. 한국 심리학회 제3회 연수회 자료집.

최정윤(2010). 심리검사의 이해(2판). 서울: 시그마프레스.

최정윤(2016). 심리검사의 이해(3판). 서울: 시그마프레스.

최해민(2002). 한국 웩슬러 유아지능검사와 아동 · 청소년 행동평가척도간의 상관연구. 울산대학교 교육대학원 석사학위논문.

하대현, 황해익, 남상인(2008). 5요인 성격검사의 개발 및 학업, 적응, 진로 관련 준거와의 관계. 교육심리연구, 22(3), 609-629.

한경희, 김중술, 임지영, 이정흠, 민병배, 문경주(2011). 다면적 인성검사 II 매뉴얼(개정판). 서울: 마음사랑.

한국행동과학연구소(2006). 표준인성검사 요강. 서울: 아이진로.

한국행동과학연구소(2006). KPI 청소년용 인성검사 요강. 서울: 아이진로.

한태영, 이병관, 이상희(2006). 직업가치관검사: 시범운영 및 평가 결과보고서. 충북: 한국고용정보원.

홍상황(2016). 성격평가 질문지(PAI)의 해석과 활용. 전국대학교학생생활상담센터협의회 연차대회, 1(8).

홍상황, 한태희(2010). 한국판 성격평가질문지(PAI) 하위척도의 요인구조. 한국심리학회지: 임상, 29(3), 895-905.

황정규(1998). 학교학습과 교육평가. 서울: 교육과학사.

Ackerman, M. J. (2006). Forensic report writing. *Journal of Clinical Psychology, 62,* 59-72.

AERA, APA, & NCME. (1999). *Standard for educational and psychological testing.* Washington, DC: American Psychological Association.

Affleck, D., & Strider, F. (1971). Contribution of psychological reports to patient management. *Journal of Consulting and Clinical Psychology, 53,* 790-802.

Ajzen, I., & Fishbein, M. (1980). *Understanding attitudes and predicting behavior.* Englewood Cliffs, NJ: Prentice Hall.

Amchin, J. (1991). *Psychiatirc diagnosis using the DSM-III-R.* Washington, DC: American Psychiatric press.

American Psychological Association. (2002). Ethical principles of psychologists and code of conduct. *American Psychologist, 57,* 1060-1073.

American Psychological Association. (2009). *Publication manual of the American*

Psychological Association (6th ed.). Washington, DC: Author.

Anasitas, A., & Urbina, S. (1997). *Psychological Testing.* NJ: Prentice Hall.

Anderson, M. (1992). *Intelligence and development: A cognitive theory.* Oxford: Blackwell.

Armengol, C. G. (2001). The referral process. In C. G. Armengol, E. Kaplan, & E. J. Moes (Eds.), *The consumer-oriented neuropsychological report* (pp. 57-60). Lutz, FL: Psychological Assessment Resources.

Armengol, C. G., Moes, E. J., Penny, D. L., & Sapienza, M. M. (2001). Writing client-centered recommendations. In C. G. Armengol, G. Kaplan, & E. J. Moes (Eds.), *The consumer-oriented neuropsychological report* (pp. 141-160). Lutz, FL: Psychological Assessment Resources.

Arnisi, P. A., & Ben-Porath, Y. S. (1995). An MMPI-2 infrequent response scale for use with psychopathological populations: The Infrequency Psychopathology Scale, F(p). *Psychological Assessment, 7,* 424-431.

Bellak, L. (1949). The use of oral barbiturates in psychotherapy. *Am J Psychiatry, 15,* 849-850.

Bellak, L. (1959). The Thematic Apperception Test in clinical use. In L. E. Abt & L. Bellak (Eds.), *Projective psychology.* New York: Grove Press, Inc.

Beutler, L. E., & Berren, M. (1994). *Integrative assessment of adult personality.* NY: Guilford Press.

Beutler, L. E., & Groth-Marnat, G. (Eds.). (2003). *Integrative assessment of adult personality* (2nd ed.). New York : Guilford Press

Beutler, L. E., & Malik, M. L. (Eds.). (2002). *Rethinking the DSM: Psychological perspectives.* Washington, DC: American Psychological Association.

Beutler, L. E., Clarkin, J. F., & Bongar, B. (2000). *Guidelines for the systematic treatment of the depressed patient.* New York: Oxford University Press.

Binet, A., & Simon, T. (1914). *Mentally defective children.* Lorgmans, Green.

Boak, C. (2002). From the Binet-Simon to the Wechsler-Bellevue: Tracing the history of intelligence testing. *Journal of Clinical and Experimental Psychology, 24,* 383-405.

Botwin, M. D., & Buss, D. M. (1989). Structure of Act-Report Data: Is the Five-Factor Model of Personality Recaptured? *Journal of Personality and Social Psychology, 56*(6), 988-1001.

Bourne, E. (2011). *The anxiety and phobia workbook*. Oakland, CA: New Harbinger Publications, Inc.

Brandt, J. E., & Hood, A. B. (1968). Effect of personality adjustment on the predictive validity of the Strong Vocational Interest Blank. *Journal of Counseling Psychology, 15*, 547-551.

Brittain, H. L. (1907). A Study in imagination. In L. E. Abt & L. Bellak (Eds.), *Projective psychology*. New York: Grove Press, Inc.

Brown, D. (1995). A values-based approach to facilitating career transitions. *Career Development Quarterly, 44*, 4-11.

Brown, D., & Brooks, L. (1991). *Career choice and development*. San Francisco: Jossey Bass.

Buck, J. N. (1948). The H-T-P technique, a qualitative and quantitative scoring manual. *Journal of Clinical Psychology, 4*, 317-396.

Buck, J. N., & Daniels, M. H. (1985). *Assessment of career decision making manual*. Los Angeles: Western Psychological Services.

Burns, D. D. (1980). *Feeling good: The new mood therapy*. New York: Avon Books.

Butcher, J. N., & Han, K. (1995). Development of an MMPI-2 scale to assess the presentation of self in a superlative manner: The S scale. In J. N. Butcher & C. D. Spielberger (Eds.), *Advances in personality assessment* (Vol. 10, pp. 25-50). Hillsdale, NJ: Lawrence Erlbaum.

Butcher, J. N., Dahlstrom, W. G., Graham, J. R., Tellegen, A. M., & Kaemmer, B. (1989). *Minnesota Multiphasic Personality Inventory-2 (MMPI-2): Manual for administration and scoring*. Minneapolis: University of Minnesota Press.

Butcher, J. N., Dahlstrom, W. G., Graham, J. R., Tellegen, A. M., & Kaemmer, B. (1989). *Minnesota Multiphasic Personality Inventory-2(MMPI-2): Manual for administration and scoring*. Minneapolis: University of Minnesota Press.

Campbell, D. T., & Fiske, D. W. (1959). Convergent and discriminant validation by the cultitrait-multimethod matrix. *Psychological Bulletin, 56*, 81-105.

Campbell, D. P. (1972). *Handbook for the Strong Vocational Interest Blank*. Stanford, CA: Stanford University.

Carson, R. C. (1997). Costly compromises: A critique of the diagnostic and statistical manual of mental disorders. In S. Fisher & R. P. Greenberg (Eds.), *From placebo to panacea: Putting psychiatric drugs to the test* (pp. 98-112). New

York: Wiley.

Cattell, R. B. (1971). *Abilities: Their structure, growth, and action*. Boston: Houghton Mifflin.

Ceci, S. J. (1996). *On intelligence: A bioecological treaties*. Cambridge, MA: Harvard University Press.

Choca, J. P., & Van Denburg, E. J. (1996). *Manual for clinical psychology trainees*. New York: Brunner/Mazel.

Clark, L. P. (1926). A method of administering and evaluating the Thematic Apperception test in group situations. In L. E. Abt & L. Bellak (Eds.), *Projective psychology*. New York: Grove Press, Inc.

Comier, W. H., & Cormier, L. S. (1998). *Interviewing strategies for helpers: Fundamental skills and cognitive behavioral Interventions* (4th ed.). Monterey. CA: Brooks-Cole.

Cooperland, J. R. M., Kelleher, M. J., Kellett, A. J., Gourlay, A. J., Gurland, B. J., Fleiss, J. L., & Sharpe, L. (1976). A Semi-structured clinical interview for the assessment of diagnosis and mental state in the elderly: the Geriatric Mental State schedule: I. Development and reliability. *Psychological Medicine, 6*(3), 439–449.

Costa, P. T., Jr., & McCrae, R. R. (1992a). Normal personality assessment in clinical practice: The NEO Personality Inventory. *Psychological Assessment, 4*(1), 5–13.

Costa, P. T., Jr., & McCrae, R. R. (1992b). Four ways five factors are basic. *Personality and Individual Differences, 13*(6), 635–665.

Costa, P. T., Jr., & McCrae, R. R. (1992c). *Revised NEO Personality Inventory (NEO-PI-R) and NEO Five-Factor Inventory (NEOFFI) professional manual*. Odessa, FL: Psychological Assessment Resources, Inc.

Crites, J. O. (1978). *Career Maturity Inventory: Theory and research handbook* (2nd ed.). Monterey, CA: CTB/MaGraw-Hill.

Cronbach, L. J. (1951). Coefficient alpha and the internal structure of test. *Psychometrika, 16*, 297–334.

Dagley, J. (1984). *A vocational genogram (mimeograph)*. Athens, GA: University of Georgia.

Dawis, R. V., & Lofquist, L. H. (1984). *A psychological theory of work adjustment:*

An individual-differences model and its applications. Minneapolis: University of Minnesota.

Derby, W. N. (2001). Writing the forensic neuropsychological report. In C. G. Armengol, G. Kaplan, & E. J. Moes (Eds.), *The consumer-oriented neuropsychological report* (pp. 203-224). Lutz, FL: Psychological Assessment Resources.

Drasgow, J., & Carkhuff, R. R. (1964). Kuder neuropsychiatric keys before and after psychotherapy. *Journal of Counseling Psychology, 11*, 67-69.

Ebel, R. L., & Frisble, D. A. (1991). *Essential of educational measurement* (5th ed.). Englewood Cliffs, NJ: Prentice-Hall.

Edgderton, J. E. (1994). *American psychiatric glossary* (7th ed.). Washington, DC: American Psychiatric Press.

Egan, G. (2002). *The skilled helper* (7th ed.). New York: Brooks/Cole.

Elizur, D., & Tziner, A. (1977). Vocational needs, job rewards, and satisfaction: A canonical analysis. *Journal of Vocational Behavior, 10*, 205-211.

Ellis, T., & Newman, C. (1996). *Choosing to live: How to defeat suicide through cognitive therapy*. Oakland, CA: New Harbinger Publications, Inc.

Enelow, A., & Wexler, M. (1966). *Psychiatry in ther practice of medicine*. New York: Oxford University Press.

Exner, J. E. (1993). *The Rorschach: A Comprehensive system. Vol. 1: Basic foundations*. NY: John Wiley & Sons, Inc.

Exner, J. E. (1995). *The Rorschach Workbook for the Comprehensive system*.

Finn, S. E., Moes, E. J., & Kaplan, E. (2001). The consumer's point of view. In C. G. Armengol, E. Kaplan, & E. J. Moes (Eds.), *The consumer-oriented neuropsychological report* (pp. 13-46). Lutz, FL: Psychological Assessment Resources.

First, M. B., Spitzer, R. L., Gibbon, M., & Williams, J. B. (1997). *User's guide for the structured clinical interview for DSM-IV axis I disorders*. Washington, DC: American Psychiatric Press.

Fiske, D. W. (1949). Consistency of the factorial structures of personality ratings from different sources. *Journal of Abnormal Social Psychology, 44*, 329-344.

Folstein, M. F., Folstein, S. E., & McHugh, P. R. (1975). "Mini-Mental State": A practical method for grading the cognitive state of patients for the clinician.

Journal of Psychiatric Research, 12, 189-198.

Fouad, N. A., & Arbona, C. (1994). Careers in a cultural context. *Career Development Quarterly, 43*, 96-104.

Gardner, H. (1993). *Multiple intelligences: The Theory in practice.* New York: Basic Books.

Garfield, S. L., Heine, R. W., & Leventhal, M. (1954). An evaluation of psychological reports in a clinical setting. *Journal of Consulting Psychology, 18*, 281-286.

Gellerman, S. W. (1963). Personnel testing: What the critics overlook. *Personnel, 40*, 18-26.

Goldberg, L. R. (1981). Language and individual differences: The search for universals in personality lexicons. In L. Wheeler (Ed.), Review of personality: The big-five factor structure. *Journal of Personality and Social Psychology, 59*(6), 1216-1229.

Goldberg, L. R. (1992). The development of markers for the Big-Five factor structure. *Psychological Assessment, 4*, 26-42.

Goldfinger, K., & Pomerantz, A. M. (2010). *Psychological assessment and report writing.* Thousand Oaks: Sage.

Goodenough, F. (1926). *Measurement of intelligence by drawings.* New York: World Book.

Gottfredson, L. (1998). The General Intelligence Factor. *Scientific American Presents, 9*(4), 24-29.

Gottfresson, L., & Saklofske, D. H. (2009). Intelligence: Foundations and Issues in Assessment. *Canadian Psychology, 50*(3), 183-195.

Gough, H. G. (1947). Simulated patterns on the MMPI. *Journal of Abnormal and Social Psychology, 43*, 215-225.

Gough, H. G. (1950). The F minus K dissimulation index for the MMPI. *Journal of consulting Psychology, 14*. 40-413.

Gough, H. G., & Bradley, P. (1996). *CPI Manual Third Edition.* Palo Alto, CA: Consulting Psychologists Press.

Groth-Marnat, G. (2006). Introduction to the special series on psychological reports. *Journal of Clinical Psychology, 62*, 1-4.

Groth-Marnat, G. (2009). *Handbook of psychological assessment* (5th ed.). Hoboken, NJ: Wiley.

Groth-Marnat, G. (Ed.). (2000). *Neuropsychological assessment in clinical practice: A guide to test interpretation and integration*. New York: Wiley.

Groth-Marnat, G., & Davis, A. (2010a, March). *The integrated report: Philosophy, guidelines, and teaching strategies*. Paper presented at the annual meeting of the Society for Personality Assessment, San Jose, CA.

Groth-Marnat, G., & Davis, A. (2010b, August). *Teaching integrated report writing: The G-M Integrated Tutorial Software Program*. Paper presented at the annual meeting of the American Psychological Association Convention, Washington, DC.

Groth-Marnat, G., & Horvath, L. S. (2006). The psychological report: A review of current controversies. *Journal of Clinical Psychology, 62*, 73-82.

Groth-Marnat, G., Roberts, R., & Beutler, L. E. (2001). Client characteristics and psychotherapy: Perspectives, support, interactions, and implications for training. *Australian Psychologist, 36*, 111-121.

Guilford, J. P. (1967). *The nature of human intelligence*. New York: McGraw-Hill.

Gysbers, N. C., & Moore, E. J. (1987). *Career counseling: Skills and techniques for practitions*. Englewood Cliffs, NJ: Prentice Hall.

Hacker, D. (1999). *A writer's reference* (4th ed.). Boston: Bedford/St. Martin's.

Hackett, N. E., & Betz, N. (1981). A self-efficacy approach to the career development of women. *Journal of Vocational Behavior, 18*, 326-339.

Hamilton, M. (1967). Development of rating scale for primary depressive illness. *British Journal of Social and Clinical Psychology, 6*, 278-296.

Hammer, E. F. (1958). *The clinical application of projective drawings*. Springfield, Illinois: Thomas.

Harren, V. A. (1979). A model of career decision making for college students. *Journal of Vocational Behavior, 14*, 119-133.

Hartlage, L. C., & Merck, K. H. (1971). Increasing the relevance of psychological reports. *Journal of Clinical Psychology, 27*, 459-460.

Harvey, V. S. (2006). Variables affecting the clarity of psychological assessment reports. *Journal of Clinical Psychology, 62*, 5-18.

Harwood, M., Beutler, L. E., & Groth-Marnat, G. (2011). *Integrative Assessment of Adult Personality* (3rd ed.). Guilford Press.

Healy, C. C. (1994). Review of career Maturity Inventory. In J. T. Kapes, M. M.

Mastie, & E. A. Whitfield (Eds.), *A counselor's guide to career assessment instruments* (pp. 268-272). Alexandria, VA: National Career Development Association.

Heppner, P. P., & Krauskopf, C. J. (1987). An information-processing approach to personal problem solving. *The Counseling Psychologist, 15*, 371-447.

Hersen, M., & Turner, S. M. (1997). *Diagnostic interviewing.* New York: Plenum Press.

Holland, J. L. (1997). *Making vocational choices: A theory of vocational personalities and work environments* (3rd ed.). Odessa, FL: Psychological Assessment Resources.

Holland, J. L., Powel, A. B., & Fitzshe, B. A. (1994). *Self-Directed Search: Professional users guides.* Odessa, FL: Psychological Assessment Resources.

Houts, A. C. (2002). Discovery, invention, and the expansion of the diagnostic and statistical manual of mental disorders. In L. E. Beutler & M. L. Malik (Eds.), *Rethinking the DSM: Psychological perspectives* (pp. 17-65). Washington, DC: American Psychological Association.

Idler, E. L., & Benyamini, Y. (1997). Self-rated health and mortality: a review of twenty-seven community studies. *Journal of Health and Social Behavior, 38*, 21-37.

John, K., Gammon, D. G., Prusoff, B. A., & Warner, V. (1987). The Coail Adjustment Inventory for Children and Adolescents (SAICA): Testing of a New Semistructured Interview. *Journal of the American Academy of Child & Adolescent Psychiatry, 26*(6), 898-911.

Johansson, C. B., & Campbell, D. P. (1971). Stability of the Strong Vacational Interest Blank for Men. *Journal of Applied Psychology, 55*, 34-36.

Kaufman, A. S. (1990). *Assessing adolescent and adult intelligence.* Boston: Allyn & Bacon.

Kamin, L. J. (1995). The pioneers of IQ testing. In R. Jacoby & N. Glauberman (Eds.), *The Bell Curve Debate: History, Documents, Opinions.* New York: Times Books.

Kubiszyn, T., & Borich, G. (1993). *Educational testing and measurement* (4th ed.). NY: Harper Collins College Publishers.

Lachar, B. (1992). Review of Minnesota Importance Questionnaire. In J. J. Kramer & J. C. Conoley (Eds.), *Eleventh Mental Measurements Yearbook* (pp. 542-544).

Lincoln, NE: Buros Institute of Mental Measurements.

Lawrence G. W., Donald H. S., Aurelio P., & James, A. H.(2012). WISC-IV 임상해석 [*WISC-IV Advanced Clinical Interpretation, 1st edition*] (신민섭 외 공역). 서울: 시그마프레스. (원저는 2006년에 출판)

Layton, W. L. (1992). Review of Minnesota Importance Questionnaire. In J. J. Kramer & J. C. Conoley (Eds.), *Eleventh Mental Measurements Yearbook* (pp. 544-546). Lincoln, NE: Buros Institute of Mental Measurements.

Lees-Haley, P. R., English, L. T., & Glenn, W. (1991). A fake-bad scale on the MMPI-2 for personal injury claimants. *Psychological Reports, 68,* 203-210.

Lent, R. W., & Hackett, G. (1987). Career self-efficacy: Empirical status and future directions. *Journal of Vocational Behavior, 30,* 347-382.

Levenson, H. (1973). Multidimensional locus of control in psychiatric patients. *Journal of Consulting and Clinical Psychology, 41,* 397-404.

Levy, S. (1958). Projective figure drawing. In E. Hammer (Ed.), *The clinical application of projective drawings* (pp. 83-112, 135-161). Springfield, Illinois: Thomas.

Libby, W. (1908). The imagination of Adolescents. In L. E. Abt & L. Bellak (Eds.), *Projective psychology.* New York: Grove Press, Inc.

Lichtenberger, E. O. (2004). *Essentials of report writing.* Hoboken, NJ: Wiley.

Lichtenberger, E. O. (2006). Computer utilization and clinical judgment in psychological assessment reports. *Journal of Clinical Psychology, 62,* 19-32.

Luria, A. R. (1980). *Higher cortical functions in man* (2nd ed.). New York: Basic Books.

Machover, K. (1949). *Personality projection in the drawing of the human figure.* Springfield, IL.: Charles C. Thomas.

Machover, K. (1951). Drawing of the human figure: A method of personality investigation. In H. H. Anderson & G. Anderson (Eds.), *An introduction to projective techniques* (pp. 341-369). Englewood Cliffs, NJ: Prentice-Hall.

Mayer, I. D., & Salovey, P. C. (1997). What is emotional intelligence? In p. Salovey & D. J. Sluyter (Eds.), *Emotional Development and Emotional Intelligence: Educationa implications* (pp. 337). New York: Basic Books.

Mayer, J. M. (1978). Assessment of depression. In M. P. McReynolds (Ed.), *Advances in psychological assessment* (Vol. 4, pp. 358-425). San Francisco: Jossey-

Bass.

Mazure, C., Nelson, C., & Price, L. H. (1986). Reliability and validity of the symptoms of major depressive illness. *Archives of General Psychiatry, 43*, 451-456.

Millon, T., Davis, R., & Millon, C. (1997). *MCMI-III manual.* Minneapolis, MN: National Computer Systems.

Morgan, C. D., & Murray, H. A. (1935). A method for investigating fantasies. *Arch Neurology and Psychiatry, 34*, 189-306.

Murray, H. A. (1938). *Exploration in personality.* New York: Oxford University Press.

Murray, H. A. (1943). *Thematic Apperception Test manual.* Boston: Harvard College Fellows.

Murray, H. A. (1971). *Thematic Apperception Test manual.* Boston: Harvard College.

Murstein, B. I. (1961). Interview behavior, projective technique, and questionaires in the clinical assessment of marital choice. *J Consulting Psychology, 25*, 497-504.

Mussman, M. (1964). Teachers' evaluations of psychological reports. *Journal of School Psychology, 3*, 35-37.

Myers, I. B., & McCaulley, M. H. (1995). MBTI 개발과 활용[*Manual: A Guide to the Development and Use of Myers-Briggs Type Indicator*] (김정택, 심혜숙, 제석봉 공역). 서울: 한국심리검사연구소. (원저는 1985년에 출판).

Nathan, R., & Hill, L. (1992). *Career Counselling.* London: Sage.

Nevill, D. D., & Super, D. E. (1986). *Manual for the Values Scale.* Palo Alto, CA: Consulting Psychologists.

NOICC. (1989). *National Career Developmental Guidelines.* Washington, DC: author.

Norman, W. T. (1963). Toward an adequate taxonomy of personality attributes: Replicate factor structure in peer nomination personality rating. *Journal of Abnormal and Social Psychology, 66*, 574-583.

Nunnally, J. C. (1978). *Psychometric theory* (2nd ed.). New York: McGraw-Hill.

Ogdon, D. P. (1981). *Handbook of Psychological Signs, Symptoms, and Syndromes.* Los Angeles, California: Western Psychological Service.

Ogdon, D. P. (1982). *Psychodiagnostics and Personality Assessment: A Handbook.*

Los Angeles, California: Western Psychological Service.

Okiishi, R. W. (1987). The genogram as a tool in career counseling. *Journal of counseling and Development, 66*(3), 139–143.

Oklahoma State Department of Career and Technology education. (2000). *Oklahoma's Guidance School-to-Work Model.* Oklahoma City, Oklahoma: Department of Education.

Osipow, S. H., & Fitzgerald, L. F. (1996). *Theories of career development* (4th ed.). Needham, MA: Allyn & Bacon.

Othmer, E., & Othmer, S. C. (1994). *The clinical interviewing using DSM-IV.* Vol. 1: Fundamentals. Washington, DC: American Psychiatric Press.

Ownby, R. L. (1987). *Psychological reports; A guide to report writing in professional psychology.* Brandon, VT: Clinical Psychology.

Ownby, R. L. (1997). *Psychological reports: A guide to report writing in professional psychology* (3rd ed.). Hoboken, NJ: Wiley.

Pieniadz, J., & Kelland, D. Z. (2001). Reporting scores in neuropsychological assessment: Ethicality, validity, practicality, and more. In C. G. Armengol, E. Kaplan, & E. J. Moss (Eds.), *The consumer-oriented neuropsychological report* (pp. 123–140). Lutz, FL: Psychological Assessment Resources.

Piotrowski, C. (1997). Use of the Millon Clinical Multaxial Inventory in clinical practice. *Perceptual and Motor Skill, 84,* 1185–1186.

Prediger, D. J. (1988). Review of Assessment of Career Decision Making. In J. T. Kapes & M. M. Mastie (Eds.), *A counselor's guide to career assessment instruments* (2nd ed.) (pp. 165–169). Alexandria, VA: National Career Development Association.

Prochaska, J. O., DiClemente, C. C., & Norcross, J. C. (1992). In search of how people change: Application to addictive behaviors. *American Psychologists, 47,* 1102–1114.

Reich, W. (2000). Diagnostic Interview for Children and Adolescents (DICA). *Journal of the American Academy of Child & Adolescent Psychiatry, 39*(1), 59–66.

Reynolds, J. F., Mair, D. C., & Fischer, P. C. (1995). *Writing and reading mental health records: Issues and analysis in professional writing and scientific rhetoric* (2nd ed.). Hillsdale, NJ: Erlbaum.

Riso, D. R. (1993). *Enneagram transformations.* NY: Houghton Mifflin Company.

Riso, D. R., & Hudson, R. (1999). *The wisdom of the enneagram*. NY: a Bantam Book.

Robins, L. N., Helzer, J. E., Croughan, J. L., & Ratcliff, K. S. (1981). National Institute of Mental Health diagnostic interview schedule: Its history, characteristics, and validity. *Archives of General Psychiatry, 38* (4), 381-389.

Rodenhauser, P., & Fornal, R. E. (1991). How important in the mental status examination? *Psychiatry Hospital, 22,* 256-262.

Roid, G. H. (2003). *Stanford-Binet Intelligence Scales, Technical Manual* (5th ed.). Itasca: IL: Riverside Publishing.

Rosenberg, M. (1965). *Society and the adolescent self-image*. Princeton, NJ: Princeton University Press.

Rotter, J. B. (1966). Generalized expectancies for internal versus external control of reinforcement. *Psychological Monographs, 80* (1, whole No. 609).

Rounds, J. B. (1990). The comparative and combined utility of work value and interest data in career counseling with adults. *Journal of Vocational Behavior, 37,* 32-45.

Rucker, C. (1967). Technical language in the school psychologist's report. *Psychology in the Schools, 4,* 146-150.

Savickas, M. L. (1990). The use of career choice process scales in counseling practice. In C. E. Watkins, Jr. & V. L. Campbell (Eds.), *Testing in counseling practice* (pp. 373-418). Hillsdale, NJ: Erlbaum.

Shimizu, K., Vondracek, F. W., Schulenberg, J. E., & Hostetler, M. (1988). The factor structure of the Career Decision Scale: Similarities across selected studies. *Journal of Vocational Behavior, 32,* 213-225.

Slaney, R. B., Moran, W. J., & Wade, J. C. (1994). Vocational card sorts. In J. T. Kapes, M. M. Mastie, & E. A. Whitfield (Eds.), *A counselor's guide to career assessment instruments* (pp. 347-360). Alexandria, VA: National Career Development Association.

Snyder, C. R., Ritschel, L. A., Rand, K. L., & Berg, C. J. (2006). Balancing psychological assessments: Including strengths and hope in client reports. *Journal of Clinical Psychology, 62,* 33-46.

Sommers-Flanagan, R., & Sommers-Flanagan, J. (1999). *Clinical interviewing* (2nd ed.). New York: Wiley.

Sparrow, S. S., & Davis, S. M. (2000). Recent Advances in the Assessment of Intelligence and Cognition. *Journal of Child Psychology, 41*(1), 117-131.

Spearman, C. (1904). General Intelligence, objectively determined and measured. *American Journal of Psychology, 15*, 201-293.

Spearman, C. (1910). The proof and measurement of association between two things. *American Journal of Psychology, 15*, 72-101.

Stein, M. I. (1955). The Thematic Apperception Test. Cambridge, Mass: Addison-Wesley.

Sternberg, L. (1996). *Adolescence* (4th ed.). New York: Knopf.

Super, D. E. (1984). Career and life development. In D. Brown, L. Brooks, & Associates (Eds.), *Career choice and development* (pp. 192-234). San Francisco: Jossey-Bass.

Tallent, N., & Reiss, W. J. (1959a). Multidisciplinary views on the preparation of written clinical psychological reports: I. Spontaneous suggestions for content. *Journal of Clinical Psychology, 15*, 218-221.

Tallent, N., & Reiss, W. J. (1959b). Multidisciplinary views on the preparation of written clinical psychological reports: II. Acceptability of certain common content variables and styles of expression. *Journal of Clinical Psychology, 15*, 218-221.

Taylor, K. M., & Betz, N. E. (1983). Application of self-efficacy theory to the understanding and treatment of career indecision. *Journal of Vocational Behavior, 22*, 63-81.

Tellegen, A., Ben-Porath, Y. S., McNulty, J. L., Arbisi, P. A., Graham, J. R., & Kaemmer, B. (2003). *The MMPI-2 restructured clinical(RC) scales: Development, validation and interpretation.* Minneapolis: University of Minnesota Press.

The Social Adjustment Inventory for Children And Adolescents (SAICA)

Thurstone, L. L. (1938). Primary mental abilities. *Psychometric Monographs*, No. 1. Chicago: University of Chicago Press.

Tupes, E. C., & Christal, R. C. (1961). *Recurrent Personality Factors based on Trait Ratings* (Tech. Rep. Nos. 61-67). Lakeland, TX: U.S. Air Force Aeronautical Systems Division.

Tyler, L. E. (1961). Research explorations in the realm of choice. *Journal of*

Counseling Psychology, 8, 195-210.

Urban, W. H. (1963). *The Drawing-A-Person catalogue for interpretive analysis*. Los Angeles: Western Psychological Service.

Wallston, K. A., Wallston, B. S., & DeVellis, R. (1978). Development and validation of the multidimensional health locus of control (MHLC) scales. *Health Education Monographs, 6*, 161-170.

Wechsler, D. (1944). *The measurement of adult intelligence*. Baltimore: Williams & Wilkins.

Weiner, J. (1985). Teachers' comprehension of psychological reports. *Psychology in the Schools, 22*, 60-64.

Whinston, S. C. (2000). Individual career counseling. In D. A. Luzzo (Ed.), *Career counseling of college students* (pp. 137-156). Washington, DC: American Psychological Association.

Zuckerman, E. L. (2010). *Clinician's thesaurus: The guide to conducting interviews and writing psychological reports* (7th ed.). New York: Guilford Press.

Zunker, V. G. (2002). *Career Counseling: Applied Concepts of Life Planning*. Pacific Grove, CA: Brooks Publishing Company.

Zytowski, D. G. (1977). The effects of being interest-inventoried. *Journal of Vocational Behavior, 11*, 153-157.

[찾아보기]

인명

내용

[저자 소개]

김동민
위스콘신 대학교-매디슨 캠퍼스 철학박사(상담심리학 전공)
현 중앙대학교 교육학과 교수

강태훈
위스콘신 대학교-매디슨 캠퍼스 철학박사(교육측정 및 평가 전공)
현 성신여자대학교 교육학과 교수

김명식
고려대학교 심리학박사(임상심리학 전공)
현 전주대학교 상담심리학과 교수

박소연
숙명여자대학교 교육학박사(상담 및 교육심리 전공)
현 숙명여자대학교 기초교양대학 초빙교수, (주) 마인드업 대표

배주미
연세대학교 철학박사(임상심리 전공)
현 마음사랑 아동청소년상담센터 소장

선혜연
서울대학교 교육학박사(교육상담 전공)
현 한국교원대학교 교육학과 상담심리전공 부교수

이기정
서울대학교 교육학박사(특수교육 학습장애 전공)
현 대구교육대학교 초등교육과 특수통합교육전공 부교수

이수현
숙명여자대학교 교육학박사(상담심리 전공)
현 가톨릭대학교 학생생활상담소 책임상담원

최정윤
고려대학교 문학박사(임상심리학 전공)
현 담원심리상담연구소 소장

ΚCΛ 한국상담학회 상담학 총서 11

심리검사와 상담(2판)
Psychological Assessment and Counselling (2nd ed.)

2013년 4월 25일   1판 1쇄 발행
2015년 7월 30일   1판 4쇄 발행
2019년 3월   1일   2판 1쇄 발행
2021년 8월 20일   2판 4쇄 발행

지은이 • 김동민 · 강태훈 · 김명식 · 박소연 · 배주미
　　　　선혜연 · 이기정 · 이수현 · 최정윤
펴낸이 • 김진환
펴낸곳 • (주) **학지사**
　　　　04031 서울특별시 마포구 양화로 15길 20 마인드월드빌딩
대표전화 • 02)330-5114　　　팩스 • 02)324-2345
등록번호 • 제313-2006-000265호

홈페이지 • http://www.hakjisa.co.kr
페이스북 • https://www.facebook.com/hakjisabook

ISBN 978-89-997-1619-5 93180

정가 23,000원

이 도서의 국립중앙도서관 출판시도서목록(CIP)은 서지정보유통지
원시스템 홈페이지(http://seoji.nl.go.kr)와 국가자료공동목록시스템
(http://www.nl.go.kr/kolisnet)에서 이용하실 수 있습니다.
(CIP 제어번호: CIP2019002522)

출판 · 교육 · 미디어기업 **학지사**
간호보건의학출판 **학지사메디컬** www.hakjisamd.co.kr
심리검사연구소 **인싸이트** www.inpsyt.co.kr
학술논문서비스 **뉴논문** www.newnonmun.com
교육연수원 **카운피아** www.counpia.com